Klaus Gallas und Ulf-Dieter Klemm

Griechenland

21 Annäherungen an ein dreitausendjähriges Reiseziel

Mythologie · Geschichte · Archäologie · Volkskultur
Politik · Wirtschaft · Gesellschaft · Kunst · Umwelt

anabas

Inhalt

Vorwort   4

1. Athen   7
   Antike Metropole der Hellenen – mittelalterliches Dorf –
   eine der jüngsten Hauptstädte Europas

2. Mythische Erinnerungen   19
   Die griechischen Gottheiten und ihre »Geschichten«

3. Kreta. Ursprung Europas   49

4. Abenteuer Archäologie   69

5. Lavrion – das »Ruhrgebiet« Athens   85

6. Olympia   95
   Entstehung und Verfall eines kultischen Sportfestes

7. Kirche und Staat   107
   Griechisch-orthodoxe Religion – Quellen griechischer Tradition
   und griechischen Selbstverständnisses

8. Das heilige Bild der Ostkirche   119
   Ikonen und ihre Verehrung

9. Feuertanz, Blutopfer und Phalluskult   129
   Volkskultur im heutigen Griechenland

10. Xéni in Monemwassía   143
    Denkmalpflege und Tourismus in einer einst blühenden
    byzantinischen Stadt

11. Last und Lust der Tradition   151
    Griechische Literatur, Bildende Kunst, Musik, Theater, Film

12. Griechische Binnenstruktur   187
    Von der Vielfalt der Romiossini

13. Griechische Wirtschaft   199
    Ein Phänomen und sein Schatten

14. Jermanós und Jermanídha   209
    Griechen in und aus Deutschland

15. Frauen in Griechenland 221
Zwischen Prika, Abtreibung und Emanzipation

16. Sturm in der Ägäis 229
Griechisch-türkischer Konflikt an der Grenze zwischen
Europa und Asien

17. Politisches System, Regierungsstruktur, Parteienlandschaft, 239
Medien, Gewerkschaften, Sozialversicherungssystem

18. Griechische Geschichte 255
Von der Gründung des griechischen Nationalstaates zur
EG-Mitgliedschaft

19. Man tanzt nicht nur Sirtáki 283
Vom Kriegstanz zum Volkstanz

20. Die griechische Küche 291
Mehr als kalte und fette Speisen

21. 2000 Jahre Umweltprobleme 301
Von Platon bis Marina Dhisi

Literatur 314

Biographische Notiz 317

Register 319

Vorwort

Vor mehr als hundert Jahren traf der deutsche Griechenlandreisende Eduard Engel (›Griechische Frühlingstage‹, Jena 1857) folgende Feststellung: »Nach meinen Erfahrungen mit gebildeten Freunden darf ich dreist behaupten: Griechenland ist im allgemeinen unbekannter als manche Gebiete Ostafrikas. Über die Sprache, den Kulturzustand, die Sitten, die Tugenden und Gebrechen des Volkes herrschen selbst bei Höchstunterrichteten die allerverworrensten Anschauungen, – wenn überhaupt so etwas wie eine ›Anschauung‹ sich gebildet hat.« Das trifft, trotz der EG-Mitgliedschaft Griechenlands, trotz des Massentourismus in Richtung Ägäis noch heute zu.

Noch immer wird Griechenland im Ausland vor allem als antikes Griechenland wahrgenommen. Noch heute erscheinen bei uns pro Jahr mehr Übersetzungen aus dem Altgriechischen als aus der lebendigen Sprache. Und in der Griechenlandliteratur gerät die Migration arbeitssuchender Griechen unweigerlich zur ›Odyssee‹, ein hübsches Bauernmädchen zur ›schönen Helena‹ und ein gestikulierender Kaffeehauspolitikaster zum ›Demosthenes‹. Wie würden wir wohl eine Darstellung der Bundesrepublik Deutschland der 90er Jahre aufnehmen, in der ständig von den Nibelungen, von Siegfried und Brunhilde die Rede wäre? Diese Antikenobsession, von der auch manche Griechen nicht frei sind, verstellt den Blick auf die Wirklichkeit. Über das alltägliche Leben in diesem europäischen Partnerland erfahren wir wenig. Seit dem Sturz der Junta, seit in Griechenland einigermaßen demokratische Verhältnisse herrschen, ist das Land aus den Schlagzeilen der Weltpresse verschwunden. Gelegentliche Meldungen über politische Skandale, Hitzewellen, Waldbrände und Smogalarm nähren nur die Sensationslust der Medien, ohne ein auch nur annähernd präzises Bild zu vermitteln. Auch die persönlichen Erfahrungen von Millionen von Touristen scheinen daran nicht viel zu ändern. Man sieht nur, was man weiß.

Viele Griechenlandreisende, vor allem solche, die noch in den Genuß einer sogenannten klassischen Bildung gekommen sind, suchen die Spuren der Antike. Sozusagen mit Marmorscheuklappen eilen sie von Tempelrest zu Tempelrest, von Museum zu Museum. Ein Sonnenuntergang am Tempel von Kap Sunion zur Musik der klackenden Fotoverschlüsse ist dann für viele der Höhepunkt der Reise. Und es ist ja auch ein schöner Fleck Erde, ein mit Mythen und Geschichte getränkter Boden. Aber vielleicht sollte man auch wissen, daß dort, wo die Sonne glutrot in den Saronischen Golf kippt, die gesammelten ungeklärten Abwässer der Viermillionen-Agglomeration Athen-Piräus in die klassischen Fluten fließen (Kap. 21); daß hinter den unscheinbaren Hügeln zur Rechten einst Scharen von Sklaven Silbererz aus dem Boden holten und damit die finanzielle Grundlage für den Sunion-Tempel und viele andere heutige Touristenziele schufen (Kap. 5), daß die kahle, langgestreckte Insel im Osten von Sunion, Makrónissos, während und nach dem griechischen Bürgerkrieg eine unheilvolle Bedeutung hatte (Kap. 18). Dieses Wissen, das man bei der Lektüre der gängigen

Griechenland-Literatur kaum erwerben kann, wird den Genuß eines Ausflugs nach Sunion nicht mindern, es mag aber dazu beitragen, das wirkliche, lebendige Griechenland hinter der irrealen Welt der Reisekataloge zu entdecken.

Viele, vor allem jüngere Reisende, suchen das ›unverdorbene‹ urwüchsige Griechenland, möchten mit Aléxis Sorbás am Strand tanzen, sich mit Busuki-Rhythmen berauschen, den Frust über das allzu geordnete nordeuropäische Leben mit Retsina runterspülen. Sie mag interessieren, daß Sirtaki mitnichten ein uralter Volkstanz ist (Kap. 19), daß Rebettiki-Musik längst auf der roten Liste der gefährdeten Arten steht, daß moderne griechische Kultur mehr ist als mitreißender Rhythmus (Kap. 11). Sie sollten wissen, welche Müllberge durch ihr Inselhüpfen aufgehäuft werden (Kap. 21), welche Bedeutung ihre Devisen in der griechischen Volkswirtschaft haben (Kap. 13). Auch wer sich standhaft weigert, eines der zahlreichen Museen zu besuchen, mag sich dafür interessieren, wieviel antikes Brauchtum, oft unter einem christlich-byzantinischen Firnis, heute noch existiert (Kap. 2, 3, 9), woher unsere Olympischen Spiele kommen (Kap. 6), welche Rolle die äußerlich bescheiden auftretende Kirche eigentlich spielt (Kap. 7).

Es ist unmöglich, die komplexe griechische Realität zwischen zwei Buchdeckeln zu beschreiben. Die folgenden Kapitel sollen aber bei der Annäherung helfen, sollen Hinweise geben, auch andere Zugangsweisen zu suchen. Die Lektüre eines griechischen Romans z.B. oder ein Besuch in der Athener Nationalpinakothek mögen mehr Einblicke in das griechische Leben eröffnen, als Bände von Reiseführern.

Die Autoren

1. Athen

Antike Metropole der Hellenen – mittelalterliches Dorf
– eine der jüngsten Hauptstädte Europas

Wie anders ist doch heute die Ankunft am Flughafen Athen im Vergleich
zu meinem ersten Griechenlandbesuch, als ich vor siebenundzwanzig
Jahren, im August 1963, mit dem Zug anreiste. Wie anders sind meine
Erwartungen, meine Interessen – meine Gefühle. Damals galten meine
Liebe und Sehnsucht der Antike. Ich suchte die versunkene Welt der
Mythen, war auf den Spuren des Odysseus, begab mich auf meine eigene
griechische Odyssee. Homer lockte mich – und das Abenteuer der Archäo-
logie. Erst viel später entdeckte ich das nichtantike Athen, das lebendige
Griechenland der Gegenwart. Damals jedoch war ich blind für das Heute.
Die Museen mit ihren Schätzen, die antiken Kunstwerke ergriffen mich,
nicht das moderne Griechenland, seine Menschen, seine Probleme.

Dann entdeckte ich für mich die ganz im Schatten der Antike stehende
byzantinische Welt, das Mittelalter Griechenlands. Sah die Wirkungen der
griechisch-orthodoxen Kirche, welche die griechische Kultur bewahrt;
erkannte aber auch ihre Macht, die sie nicht immer verantwortungsbewußt
zum Wohle der Gläubigen einsetzt. Ich begriff die Kontinuität der im
Ursprung byzantinischen Kirche, ihren Kampf gegen Türkenturban und
Lateinerhut, ihre darin gewachsene Stärke, ihre Lebenskraft, ihren Einfluß auf das tägliche Leben der Griechen. Das Griechentum mit seiner
orthodoxen Kirche ist der direkte und einzige Nachfolger des Byzantinischen Reiches, des Oströmischen Reiches – aus diesem Grunde bezeichnen sich die Griechen bis heute als »Romios« (Römer/Byzantiner)!

So entdeckte ich die Lebendigkeit dieses Landes, seiner Inseln, Dörfer
und Städte. Der Griechin und dem Griechen, denen ich heute begegne,
gelten nun meine Aufmerksamkeit und Zuneigung. Ich möchte sie ken-
nenlernen. Ihr Schicksal berührt mich. Die Antike und Homer bleiben
wichtig, aber nur in dem großen Zusammenhang der griechischen
Geschichte und im Hinblick auf das heutige Leben.

Gewiß, meine Spannung und Nervosität 1963 im Hellas-Express von
Essen nach Athen waren anders, als bei dem kurzen Zweieinhalbstunden-
Flug heute. Auf der langsamen Fahrt hinein in die griechische Welt, in das
mediterrane Klima wird die Neugierde immer intensiver, steigert sich die
ungeduldige Freude, ganz besonders bei der ersten Berührung mit dem
Land. Der Blick auf Athen aus der Luft, auf die weiche Hügelkette, die das
triste graue, nicht-enden-wollende Häusermeer umschließt, ist atembarau-
bend. Dädalos und Ikaros kommen in Erinnerung, die sich das erste »Flug-
gerät« (aus Vogelfedern und Wachs) bauten, um vor Minos von Kreta zu
fliehen.

Akropolis (156 m) und Lykabettós (277 m) ragen, aus dieser Vogelper-
spektive gesehen, verschwindend klein aus dem amorphen Stadtraum heraus. Der Burgberg Akropolis, seit dem Neolithikum besiedelt, markiert

den Mittelpunkt des antiken und neuzeitlichen Athen. Hier kämpften Athena und Poseidon um die Stadt (s. S. 20). Hier entstand im Perikleischen Zeitalter das Zentrum der Antiken Welt. Im 5./4. Jh. v. Chr. sollen in der Stadt des Theseus mehr als 200.000 Einwohner (Bürger, Métiki – »Mitbewohner« – und Sklaven) gelebt haben.

Die Akropolis mit ihrer prachtvollen Architektur, die klassischen Bauten im dorischen, ionischen und korinthischen Stil sowie die zahlreichen Statuen auf der Agorá und in anderen Stadträumen verliehen dem antiken Athen Glanz und Ruhm weit über die Grenzen Attikas hinaus. Doch das Stadtbild und die Architektur erfreuten die Griechen nicht im Sinne unseres – durch Winckelmann und Goethe geprägten – klassischen Schönheitsideals. Nicht der reine weiße Marmor mit seiner für uns so klaren Ausstrahlung war den griechischen Baumeistern und Bildhauern wichtig, sondern die Polychromie ihres Kunstwerkes, der Farbenschmuck des Marmors. Alle Glieder eines Tempels und jeder anderen Architektur, aber auch die Skulpturen bildeten mit ihren kräftigen Farben einen lebhaften Kontrast zum blauen Himmelsgewölbe. Propyläen, Parthenon und Erechtheion im leuchtenden Farbgewand – schier unvorstellbar. Zu sehr ist unser Geschmack von den Gründern der Kunstgeschichte beeinflußt. Vielen Griechenlandbesuchern fällt es schwer, die antike Polychromie zu akzeptieren. Bunte Tempel und Skulpturen halten die meisten, ohne Verständnis für die Sehweise der alten Griechen, für Kitsch.

Doch das glanzvolle Athen der antiken Welt geriet nach der römischen und frühchristlichen Epoche nahezu in Vergessenheit. Aus der einstigen »Weltstadt« wurde ein unbedeutendes Dorf. Im 15./16. Jh. im großen Renaissance-Zeitalter Europas war Athen so unbekannt, daß viele Gelehrte die antike Metropole für völlig zerstört hielten. Sie vermuteten, die Stadt sei im Erdboden versunken. Doch die Akropolis und viele andere Gebäude hatten die tragische Geschichte der Stadt überdauert, obwohl sie seit Jahrhunderten als Steinbruch genutzt wurden. Ja, der Parthenon, inmitten der türkischen Wohnbebauung, war sogar bis vor 300 Jahren noch vollständig erhalten. Erst als sich die Geschütze der Venezianer am 21. September 1687 auf den zur Moschee umgebauten Parthenon richteten, wurde er teilweise zerstört. Der Tempel der Athena, der als islamisches Gotteshaus und als Pulvermagazin gedient hatte und nicht selten als das größte Vermächtnis der griechischen Architektur gepriesen wurde, explodierte und stand in Flammen.

Tatsächlich war Athen unter der Türkenherrschaft Provinz unbedeutendes Dorf an der westlichen Grenze des Osmanischen Reiches. Aus dem Briefwechsel von Martin Kraus und Symeon Kabasílas aus dem letzten Drittel des 16. Jh. erfahren wir sogar, daß Athen zu dieser Zeit nur noch 1.200 Einwohner hatte, wobei die Türken auf der Akropolis und die Griechen in der Unterstadt, der heutigen Pláka, wohnten.

Ein Jahrhundert später eskalierten die russisch-türkischen Auseinandersetzungen, das griechische Nationalbewußtsein erwachte, die Griechen begehrten Freiheit. Angesichts dieser heftigen Unruhen, die das Osmanische Reich in der zweiten Hälfte des 18. Jh. erschütterten, befestigten die Türken viele Städte und Dörfer in Griechenland, an ihrer westlichen

Athen. Blick vom Lykábettos auf die Akropolis.

Reichsgrenze. So auch Athen. 1778 wurde die Akropolis zur Festung ausgebaut und das dichte Häusergewirr der Unterstadt mit einem Festungs-
ring ummauert. Um 1800 lebten etwa 10.000 Menschen in Athen, in Piräus
hingegen fast 20.000.

Am 30. April 1833, drei Jahre nach Ausrufung der griechischen Unabhängigkeit, erhält endlich auch Athen, in dem nur noch ca. 5.000 Menschen wohnen, seine Freiheit: im Schatten der großen griechischen Politik
des neuen Nationalstaates, die in Nauplia und den Hauptstädten Europas
gemacht wird, übergeben türkische Soldaten dem Kommandanten einer
kleinen bayerischen Garnison, Christoph Neezer, Athen und die Festung
Akropolis. Am 23. Mai 1833 besucht König Otto I. erstmals die Stadt. Im
Juli des gleichen Jahres fällt die Entscheidung: Athen soll Hauptstadt des
befreiten Griechenlands werden. Stamatios Kleanthes und Eduard Schaubert legen König und Regierung erste Pläne für den Neubau der Residenz-
stadt Athen vor. Doch sowohl ihre Pläne, als auch die Überarbeitung
durch Leo von Klenze im Juli 1834 stießen bei der Bevölkerung auf zu großen Widerstand. Beide Planfassungen forderten erhebliche Enteignungen
von Grund und Boden, da sie im Norden der Akropolis ein weites Gelände
für die archäologische Erforschung des antiken Athen ausgewiesen hatten.

1836 erstellten dann Eduard Schaubert und Christian Hansen Teilbe-
bauungspläne, die auch ausgeführt wurden. Eine große städtebauliche

Gesamtkonzeption indes fehlte, und daran krankt Athen noch heute. Das im Mai 1832 von der griechischen Regierung erklärte Ziel, daß das neue Athen »ebenbürtig sein soll des alten Ruhmes und Glanzes dieser Stadt und würdig des Jahrhunderts in dem wir leben«, konnte nicht erreicht werden. Im Jahr 1836 war die Bevölkerung Athens bereits auf 14.000 Menschen angewachsen. Um die Jahrhundertwende betrug die Zahl der Bewohner schon über 130.000. Und heute, 150 Jahre später, leben in dem Großstadt-Moloch, in der Agglomeration Athen, 3.027.331 Menschen (1981) – 31 % der Gesamtbevölkerung Griechenlands.

Der Flughafen und der Verkehr in der Stadt
Der Athener Flughafen liegt mitten in einem gemischten Wohn- und Gewerbegebiet. Am Rande der Rollbahn Hotels und Wohnhäuser. Die Flugzeuge gleiten so tief, so dicht über die Flachdächer hinweg, daß man einen Blick in die Wohnungen werfen kann. Der Flughafen wird zu einem immer größeren Ärgernis für Athen. Seit Jahren diskutiert man seine Verlegung. In der Ebene der Messójia, östlich von Athen, hinter dem Berg des Imittós (Hymettos), nahe der attischen Ostküste, wurden ausgedehnte Ländereien für den neuen Flughafen enteignet. Es existieren bereits Straßenschilder mit der Aufschrift »Airport Exit«, doch die Zufahrten enden im Unkrautfeld. Athen erstickt weiterhin in Lärm und Smog.

Auch den Ankommenden macht der Flughafen Verdruß. Vielen verleidet er die Freude auf das »Urlaubsparadies« Griechenland bereits bei der Ankunft. Urlaubsstreß beginnt: Koffer schleppen, hektisches Suchen und Eilen zum Anschlußflug. In Athen kann man sich nicht einfach sorgenfrei dem Service der Fluggesellschaften überlassen. Das Reisegepäck wird nicht automatisch auf die Anschlußmaschine verladen. Es sei denn, man fliegt Athen mit der staatlichen Olympic an. Athen besitzt nämlich faktisch zwei Flughäfen mit einer gemeinsamen Start- und Landebahn. Dhitikós (westlicher, unmittelbar an der Küste) für alle Maschinen der Olympic Airways und Anatolikós (im Osten) für alle ausländischen Fluggesellschaften. Der Reisende muß mit seinem ganzen Gepäck irgendwie, mit Taxi oder Bus, auf die andere Seite der Rollbahn. Und das kann in der rush hour sehr lange dauern, manchmal zu lange. Dann heißt es warten auf den nächsten Anschlußflug und hoffen, daß dieser nicht ausgebucht ist. Hoffen, daß nicht gerade gestreikt wird: Piloten, Wartungspersonal oder Flugbegleiter; jede Gruppe zu anderen Zeiten natürlich, denn jede hat ihre eigene Gewerkschaft. Dann gibt es auch noch die Fluglotsen, die Zöllner und die Frachtarbeiter.

Am Flughafen ein Taxi zu bekommen ist relativ einfach. Man muß nicht lange Schlangestehen. Kein zeitraubender und entnervender Kampf wie in der City. Möglicherweise wird man bereits auf seiner ersten Fahrt in die Stadt mit einem originellen System der griechischen Taxifahrer konfrontiert: der »Mehrfachauslastung«. Das heißt, man wird nicht allein befördert, sondern teilt die Droschke mit einem oder mehreren Fahrgästen. Dennoch zahlt jeder den vollen auf dem Taxameter angezeigten Fahrpreis. Er ist so gering, daß man in München damit kaum Trambahn fahren könnte.

Für Athener und Griechen ist diese »Mehrfachauslastung« – obwohl gesetzlich verboten – eine Selbstverständlichkeit. Überhaupt hat das griechische Taxiwesen sehr eigene, für den Außenstehenden zunächst kaum zu durchschauende Gesetze. Kennt man sich aus, handelt es sich um ein rasches, einigermaßen flexibles und vor allem preiswertes Verkehrsmittel. Man darf bloß nicht erwarten, zu jeder Tageszeit von jedem Taxi an jeden gewünschten Punkt gefahren zu werden. Da es nur eine U−Bahnlinie gibt, die Busse langsam sind und viele Querverbindungen nur über einen Umweg über die Stadtmitte zu erreichen sind, ist man auf das gelbe Taxi mit dem blauen Streifen angewiesen. Es ist ein echtes Massenverkehrsmittel, mit dem Hausfrauen zum Einkaufen, Schüler in die Schule und Soldaten in die Kaserne fahren. Für die erfolgreiche Nutzung ist allerdings Voraussetzung, daß man den Athener Stadtplan sowie die Einbahnstraßenregelungen einigermaßen im Kopf hat und über eine kräftige Stimme verfügt. So ausgestattet kann man sich an den Straßenrand stellen und an der Taxibörse beteiligen. Nähert sich ein Taxi und gibt auch noch durch kurzes Aufblitzen der Scheinwerfer zu erkennen, daß Angebote angenommen werden, schreit man die gewünschte Grobrichtung, sei es der Stadtteil, ein Fußballstadion oder ähnliches heraus und harrt der Reaktion. Öffnet sich die Tür, hat man Glück und muß sich den Taxameterstand merken sowie die Feinrichtung angeben, damit der Taxidsís die Route in Einklang mit den übrigen Fahrgästen bringen kann. Fährt er ohne sichtbare Reaktion durch, hat er schon einen Fahrgast mit anderer Himmelsrichtung im Fond, oder das angebotene Fahrziel stimmt nicht mit seinen eigenen Wünschen überein. Oder man steht in der falschen Fahrtrichtung. Oder es ist Mittagszeit und der Taxifahrer strebt der verdienten Siesta zu. Oder es regnet, dann gibt es sowieso keine freien Taxiplätze mehr. Viele Athener Taxen haben hinter der Dachaufschrift »TAXI« noch ein geheimnisvolles »M« oder »Z«, was manchen Ausländer zu der Annahme führen könnte, auf Griechisch hieße »Taxe« mal »Taxim«, mal »Taxiz«. Die beiden Buchstaben markieren ein Kapitel kühner PASOK-Umweltpolitik, das von der Rechts-Links-Koalition wieder außer Kraft gesetzt wurde. Dazu kurz folgendes:

1988 machte die Regierung den Taxiunternehmern für die Zeit mit besonders großer Luftverschmutzung drastische Auflagen, welche die SATA (Vereinigung der Taxifahrer Athens) erbittert bekämpfte. Hauptangriffspunkt: Auch die Taxen sollten sich an das seit Jahren geltende alternierende Fahrverbot in der Innenstadt halten. Außerdem sollten die Taxibesitzer verpflichtet werden, ihre Fahrzeuge auf bleifreies Benzin umzurüsten. Seit »tó néfos« (die trübe Abgaswolke) fast täglich über der Stadt hängt, gibt es im Ballungszentrum Athens an den Werktagen nur noch eine eingeschränkte Fahrerlaubnis für Privatautos: Entsprechend den Monatstagen dürfen nur Autos mit passenden geraden oder ungeraden Endziffern des Kennzeichens fahren. Da die Kennzeichen auf Entfernung nicht leicht zu erkennen sind, montierten die einfallsreichen Taxidsídes mit ungeraden Endziffern ein »M« für »Monó« (= ungerade), die mit gerader Endziffer ein »Z« für »Zygó« aufs Dach, damit man sich je nach Monatstag den Stimmaufwand sparen konnte, falls man in die Innenstadt wollte. Die

Regelung ist, wie gesagt, seit Juni 1989 aufgehoben. Aber abmontiert hat den Buchstaben noch keiner. Man weiß nie.

Mit ca. 56 Taxen je 10.000 Einwohner liegt Athen in Europa an der Spitze (München 46, Paris 27, Brüssel 14, Köln 10). Insgesamt gibt es (Stand 1988) ca. 15.000 zugelassene und etwa 2.000 schwarz fahrende Taxen in Athen. Die Zulassung ist seit 1984 reglementiert. Bevorzugt bei der Lizenzvergabe werden kinderreiche Familien. Für jedes Taxi müssen mindestens zwei Fahrer zur Verfügung stehen, da nach den Vorschriften des Gesetzgebers ihre Dienstleistungen für den Bürger 24 Stunden, rund um die Uhr, garantiert sein müssen. Die Taxen im Ballungsraum Athen sind jeden Tag ca. 16 Stunden unterwegs, ohne Wartezeiten. Sie sind damit zu 70 % ausgelastet und fahren durchschnittlich 245 km pro Tag. Jedes Taxi (mit zwei Fahrern) fährt täglich etwa 45 bis 53 Touren. Bei einem durchschnittlichen Fahrpreis von DR 400.- sind das DM 265.- Bruttoeinnahmen; davon müssen 50 % und mehr an den Eigentümer und für Treibstoff bezahlt werden. Verständlich, daß Bürger und Taxifahrer eine Art gentleman's agreement abgeschlossen haben, das beiden Parteien Vorteile bringt. In Athen werden offiziell jeden Tag bis zu 400.000 Personen befördert. Geht man jedoch von den vorhandenen Taxen und den Fahrten pro Tag aus, so sind es annähernd 750.000 Fahrgäste, die täglich transportiert werden – ohne Berücksichtigung der »Mehrfachauslastung«. (Quelle für alle genannten Zahlen: griechische Diplomarbeit von E. Papadopúlu und E. Spyropúlu, Athen 1986 und eigene Berechnungen. Die folgenden Zahlenbeispiele stammen von YPECHODE – dem »Ministerium für Umwelt, Regionalplanung und öffentliche Bauten«.)

Im Sommer Smog
Noch in der Opposition versprach Papandreu, den Smog über Athen mit allen Mitteln zu bekämpfen, so daß man in wenigen Jahren das Blau des

Athen. Endstation der einzigen Metro, die zwischen Piräus und Kifisiá verkehrt.

Himmels wieder klar sehen kann. Doch in acht Jahren PASOK-Regierung ist wenig geschehen. Statt wirkungsvolle Maßnahmen zu ergreifen, erhöhte das zuständige Ministerium Jahr für Jahr die zulässigen Grenzwerte für Schadstoffe in der Luft – von 170 auf mittlerweile 400 Mikrogramm. Da die Taxen ca. 30 % des Gesamtverkehrs in Athen ausmachen, der Straßenverkehr aber zu 75 % Verursacher der Luftverschmutzung ist (Industrie 22 %, Zentralheizung 3 %), greift die Regierung vor den Wahlen panikartig zu dirigistischen Maßnahmen. Ab Januar 1988 gilt eine neue Regelung der Arbeitszeit, um die sechsmalige rush hour pro Tag zu verringern. Seitdem ist die lange Mittagspause, die diakopí, entfallen. Gearbeitet wird durchgehend (theoretisch) von 7.30 Uhr bis 15.00 Uhr, nur mit einer kurzen Pause, ohne Zeit, um nach Hause zu fahren. Damit reagierte der Umweltminister auf die massive Kritik des »Panhellenischen Zentrums für ökologische Forschung« (PAKOE). Diese unabhängige Forschungsgruppe entstand in den 70er Jahren und arbeitete während der Oppositionszeit mit der PASOK zusammen. Seit der Regierungsübernahme Papandreus (1981) ist sie ein unerbittlicher Kritiker der Regierung. Hauptkritik der PAKOE: die Regierung veröffentliche nur die Durchschnittswerte von 24 Stunden und verheimliche verantwortungslos die Spitzenwerte gefahrvoller Stunden, die in den heißen Sommermonaten einen maximalen Staubgehalt der Luft von 363 bis 406 Mikrogramm erreichen. Werte, bei denen in den USA Smogalarm ausgelöst würde! Die gefährlichste Belastung in Athen wird nicht durch Staub, sondern durch die NO- und SO2-Anteile in der Luft verursacht. Die neue Arbeitszeitregelung soll die Spitzenwerte der rush hour zur diakopí, d.h. während der heißen Mittagszeit, reduzieren. Hitze und Verkehr akkumulieren und bewirken die höchste Schadstoffkonzentration in der Luft. Während der Mittagszeit im Sommer wird die Umwelt am stärksten belastet. Eine Verkehrsberuhigung in diesem kritischen Zeitraum kann bei entsprechender Disziplin der Verkehrsteilnehmer tatsächlich eine große Entlastung bringen. Bisweilen tritt der Ernstfall ein. Dann wird tageweise der gesamte Verkehr in der Innenstadt verboten. Die Stadt wird zur Fußgängerzone. Aber niemand kann sich darüber freuen.

»Tó néfos« ist für Athen zum Gespenst geworden. Seit Jahren bedroht die »tödliche Wolke« im Sommer mit ihrem grauen Dunstschleier die Menschen in Athen und Piräus. Viele klagen über Augenentzündungen. Rachen und Bronchien werden von der ätzenden Luft angegriffen. Schwindelgefühl und Kopfschmerzen beeinträchtigen das tägliche Wohlbefinden. Ältere, kreislaufgefährdete Athener ringen mit dem Tod. Nach Berichten der PAKOE verdoppelt sich in Athen von Mitte September bis Anfang Oktober die Sterberate. Ursachen: Herzversagen und Lungenembolie!

Jahr für Jahr sehnen Bevölkerung und Regierung den erlösenden Herbstwind herbei. Denn schuld ist immer nur das Wetter!

Während die Regierung schönfärberisch die Grenzwerte heraufsetzt, ist andererseits unter den Athenern wenig Bereitschaft zu erkennen, sich einzuschränken, auf Bequemlichkeit zu verzichten, Fahrgemeinschaften zu bilden oder gar auf öffentliche Verkehrsmittel umzusteigen.

Allein 43 % der rund 2,34 Millionen (1988) in Griechenland zugelassenen Kraftfahrzeuge bewegen sich auf den vollgestopften Straßen der Agglomeration Athen: d.h. knapp eine Million! Davon werden 75 % ausschließlich privat genutzt. Auf die Gesamtbevölkerung Athens übertragen, bedeutet dies, daß 25 % aller Bürger ein Auto besitzen. Geht man von einem Durchschnittshaushalt von 4 Personen aus, dann verfügt jede Familie über ein Auto.

Fast 65 % aller Fahrzeuge entsprechen nicht den internationalen technischen Anforderungen, viele sind überaltert, allein 16 % der Privatautos sind älter als 17 Jahre. Wirksame Abgaskontrollen werden nicht durchgeführt. Und die erst 1986 eingeführte EKO, eine dem deutschen TÜV vergleichbare Überwachungsbehörde, hat noch nicht einmal die Überprüfung der Zulassungen aus den 50er Jahren abgeschlossen. Die Hauptquelle der Schadstoffemissionen läßt sich daher kaum eindämmen. Trotz der geschilderten Verkehrsreduktionen nimmt die Luftverschmutzung kontinuierlich zu.

Ein Fünfjahresplan der im Sommer 1989 abgewählten PASOK-Regierung hatte beschlossen, 1989 Autos mit Katalysator einzuführen, Taxen technisch umzurüsten und Katalysator-Autos steuerlich zu begünstigen. Geschehen ist bislang nichts. Die Athener wissen, wie es um die Verwirklichung solcher Pläne steht. Die Villenlagen, die einigermaßen außerhalb der Reichweite des »Néfos« liegen, sind mittlerweile für Durchschnittsathener unbezahlbar. Wer es sich leisten kann, flieht, denn »tó néfos«, »die Wolke«, kommt mit Sicherheit wieder.

Jahrzehntelang reagierte keine griechische Regierung auf die sich ankündigenden ökologischen Probleme Athens. Durch die Bevölkerungsexplosion einerseits und die Zentralisierung der Wirtschaft andererseits war die Umweltkatastrophe in Athen vorprogrammiert. Ein Zuwachs innerhalb von 150 Jahren von 5.000 auf 3 Millionen Einwohner kann weder die Natur noch die Gesellschaft ohne Schaden verkraften. Allein der rasante Bevölkerungsanstieg von 1951 bis 1981 ist alarmierend. Hier hat eine »Überverstädterung« (R. König) einer wirtschaftlich unterentwickelten Gesellschaft stattgefunden, aus der gravierende sozioökologische, soziale und wirtschaftliche Probleme folgen. Das Wachstum Athens in diesem Jahrhundert ist in Europa ohne Beispiel. Es weist eine Beschleunigung auf wie sonst nur in der Dritten Welt, und dennoch ist Athen keineswegs eine Dritte-Welt-Metropole. Barackensiedlungen und Massenelend wird man vergebens suchen. Es grenzt fast an ein Wunder, daß es gelang, die Flüchtlingsscharen aus Kleinasien (1923), die Flüchtlinge des Bürgerkriegs (1945–1949), die Wirtschaftsflüchtlinge der 50er und 60er Jahre menschenwürdig unterzubringen. Gewiß, zu Beginn gab es viele Wellblechhütten, viele Behelfsbehausungen, die illegal an den steinigen Hängen der Türkenberge (Tourkovoúnia), des Hyméttos, des Aegáleo errichtet wurden. Sie wurden längst durch solide, wenn auch einförmige Betonbauten ersetzt, an denen die typischen aus dem Mauerwerk ragenden Moniereisen das Prinzip Hoffnung verkörpern. An- und Weiterbau sind geplant. Diese spontane, ungeplante Bebauung, in dorf- und kleinstadtähnliche Siedlungen gegliedert, füllt das ganze attische Becken aus. Diese lockeren Streusiedlungen sind trotz aller planerischen Schwächen ein Erfolg. Keiner der Behörden, sondern der Menschen. Entscheidend dabei waren wohl die griechische Improvisationsgabe, der Familienzusammenhalt und die Beziehungen zum Land. Denn anders als in der Dritten Welt verbrennen die Griechen nicht alle Schiffe hinter sich, wenn sie die ländliche Arbeitslosigkeit fliehen, um ihr Glück in der Stadt zu machen. So verfügen viele Athener Vorstadtbewohner noch über einen Acker oder einige Olivenbäume oder eine Sommerfrische, was sie vor völliger Proletarisierung bewahrt. Griechischen Statistiken zufolge hat 90 % der Bevölkerung Landbesitz.

Der Bevölkerungszuwachs in Athen ist dort am geringsten, wo bereits 1951 eine hohe Dichte bestand: in der Athener City (59 %) und in Piräus (0,6 %). In den neu gewachsenen Stadträumen stieg die Zahl der Einwohner hingegen in dem Zeitraum von 30 Jahren bis zu 328 %. Noch ist kein Ende des Zustroms in die Agglomeration Athen abzusehen, auch wenn sich das Wachstum deutlich verlangsamt hat.

Parallel zur Bevölkerungsentwicklung konzentriert sich auch die Wirtschaft auf Athen. Die Regierung hat zwar industrielle Neugründungen in diesem Raum verboten, doch wird diese Vorschrift immer wieder unterlaufen. Mit den Umweltsündern der Industrie geht der Staat überdies sehr großzügig um. 1987 wurden nur 17 Strafbefehle erlassen und lächerliche Geldbußen zwischen DM 600.- und DM 1.200.- verhängt! Heute sind im Großraum Athen-Piräus-Eleusis fast 50 % aller wichtigen Bereiche von Industrie und Handel des Landes (Stand 1988) zusammengezogen:
– 71 % der Banken,
– 50 % des Handels,
– 50 % der öffentlichen Verwaltung,
– 47 % der Industrie,
– 43 % des Verkehrs.
Die Prognosen von Städteplanern, Soziologen und Umweltschützern für die ersten Jahrzehnte des 21. Jahrhunderts muten wie ein Alptraum an. Bei weiterer Verdichtung von Bevölkerung und Wirtschaft drohen Stadt und Umwelt ein Kollaps. Kritische Beobachter fordern die Dekonzentration und Aufteilung des wirtschaftlichen und kulturellen Lebens auf attraktive Nomós (Bezirks)-Zentren in der Provinz. Nur die Verlagerung des wirtschaftlichen Wachstums auf andere Standorte – wobei Umwelt und Lebensqualität der Bewohner gewahrt werden müssen – kann Athen und Piräus entlasten und eine gerechtere Verteilung des Wohlstandes im Land erzielen.

Die Altstadt erwacht zu neuem Leben
In Athen gibt es aber auch städtische Oasen mit urbanem Leben, die eine große Faszination ausüben. Für Fremde sind sie allerdings nicht immer leicht zu finden. Weniger, weil sie im amorphen Häusermeer versteckt lägen, sondern weil die meisten Athenbesucher meinen, erst das »Pflichtprogramm Antike« absolvieren zu müssen und sich für das lebendige Athen kaum Zeit lassen. Doch nur, wer sich mit der griechischen Gegenwart, mit der neugriechischen Geschichte auseinandersetzt, versteht die

Steine, die stummen Zeugen der Antike, nur ihm erzählen sie von der Odyssee Athens.

Seit dem Ende der Junta (1974) kämpfen Bürgerinitiativen um die Rettung ihrer Stadt und für mehr Lebensqualität. Sie setzen sich erfolgreich gegen Bau- und Bodenspekulanten zur Wehr, die skrupellos historische Bausubstanz aus den Anfängen des griechischen Nationalstaates opferten. Wo Denkmäler des neuen Griechenlands standen, wurden Bettenburgen errichtet. Unwiederbringliches wurde zerstört; das, was noch zu retten ist, steht nun nach zähem Ringen unter Denkmalschutz. Besonders die wissenschaftliche Arbeit von Mános Bíris über das »Klassizistische Athen«, erarbeitet im konstruktiven Dialog mit Oswald Hederer, dem Pionier der Klassizismusforschung, hat städtebauliche Ensembles und Bürgerhäuser jener Zeit gerettet.

Der Bauspekulation in der *Pláka* wurde Einhalt geboten. Es gelang, weitere Zerstörungen zu verhindern. Die Regierung verbannte den lärmenden Verkehr aus den engen Gassen. Die »Vergnügungsindustrie« in der Altstadt wurde auf ein erträgliches Maß reduziert, so daß in diesem ältesten Stadtraum Athens wieder Menschen leben. Behutsame Sanierungen verleihen den Gassen und Plätzen wieder Lebendigkeit. Die »Touristenfalle« Pláka ist entschärft. Dröhnende Diskotheken weichen mehr und mehr Galerien und Künstlerateliers. Tavernen entstehen, die nun auch von Griechen besucht werden. Der Charme der Pláka erwacht. Das Herz Athens beginnt wieder zu schlagen. In den so lange blutleeren Adern der Stadt pulst wieder Leben. Überall in der Stadt entstehen Fußgängerzonen, Oasen der Ruhe. Im Zentrum zwischen Sýntagma (Platz der Verfassung) und Omónia (Platz der Eintracht), Koraí und Wukurestíu, aber auch in dem unattraktiven Bahnhofsviertel »Stathmós-Larísis« wurde die Wohn-

Athen. Griechische Agorá. Trödelmarkt zu Füßen des Thesseion-Tempels.

gegend aufgewertet. Mit der Platía Philadhelfías entstand ein Farbtupfer im grauen Häusermeer. Der einst hektische und staubige Busparkplatz vor der Mitrópolis (Kathedrale) wurde zum einladenden Eingang zur Pláka umgestaltet, die sich dem Besucher nun mit der Bazarstraße Odhós Pandróssu öffnet.

Kolonáki, schon immer ein beliebtes Zentrum des Geld- und Bildungsbürgertums, wurde verschönert und bereichert: während die Treppenstraße Odhós Plutárchu im traditionellen Stil erhalten blieb, laden die Straßen Tsakálof und Cháritos mit dem Flair des neuen Athen zum Verweilen ein. Noch ein Stück aufwärts, am Fuße des Lykabettós, sind modernes und antikes Athen vereint. An der Stelle einer römischen Zisterne (griechisch = Dhexamení) – die Athen heute noch mit Wasser versorgt – befindet sich eines der traditionsreichsten Straßencafés. In Erinnerung an den römischen Zweckbau heißen Café und Platz »Dhexamení«! Treffpunkt vieler Studenten, Intellektueller und Künstler. Promenade der Bewohner von Kolonáki, die hier gern nach ihrem Einkaufsbummel verweilen.

Von hier aus sind es nur wenige Minuten zum Gipfel des Lykabettós. Schon auf halber Höhe der Blick auf Athen, das sich endlos in der Ebene Attikas auszudehnen scheint. Von einst 40 Quadratkilometern Fläche wuchs der Stadtraum auf mehr als 400. Athen, eine gigantische Stadtlandschaft. Im Sommer, bei brennender Hitze und »tó néfos«, reicht die Sicht nur mit Mühe über die Akropolis hinaus. Doch im Winter gibt es Tage, die die weite Ferne des Saronischen Golfes zeigen. Dann erkennt man die Küste, Piräus und die Industriezone Eleusis. Salamis, Ägina und andere Inseln mit klingenden Namen heben sich deutlich vom Horizont ab. Ganz weit im Süden lädt die blaue Ägäis zur Erkundung der griechischen Inselwelt ein. Das Meer erinnert an Odysseus und die Argonauten – an Theseus, den Sohn des Königs Aigeus von Athen, der dem ganzen Meer seinen Namen gab (s. s. S. 22).

Zu Theseus' Zeiten war die Stadt zum Land hin ausgerichtet. Das weite Meer schien den Athenern zu bedrohlich, voller Gefahren. Also mieden sie es (s. s. S. 20). Heute hat sich Athen zu einem Moloch entwickelt, der Land und Meer (s. s. S. 307) zu verschlingen droht. So wie das antike Athen seine Helden hatte, wie Herakles, der den Mordenden Sumpf, die »Schlange« von Lerna – die den Menschen bedrohende Natur – siegreich bekämpfte, so brauchen Griechenland und das Athen von heute moderne Helden, welche die gefährdete Natur vor dem erbarmungslosen Zugriff des Menschen retten...!

2. Mythische Erinnerungen

Die griechischen Gottheiten und ihre »Geschichten«

Im altgriechischen Sprachgebrauch sind »Mythen« ganz einfach »Worte«, vornehmlich Erzählungen und Schöpfungen der menschlichen Phantasie, die sehr verschiedenartige Inhalte behandeln können. Während Geschichte das Vergangene nachprüfbar und exakt in Zeit und Raum beschreibt, will Mythos die Gegenwart aus der Vergangenheit erklären und rechtfertigen. Dabei findet eine Konzentration aufs Wesentliche des Vergangenen statt, eine Typisierung, vielleicht sogar, wie C.G. Jung und K. Kerényi annehmen, eine Idealisierung in dem Sinne, daß menschliches und göttliches Handeln auf tiefenpsychologische Urbilder zurückgeführt wird. Also bezieht sich Mythos zwar auf Vergangenes, aber nicht um zu beschreiben, was wirklich war, sondern um der Gegenwart Sinn zu geben, ewige Wahrheiten zu vermitteln und menschliches Schicksal an sich auszudrücken.

Die ältesten schriftlichen Überlieferungen der Antike stammen von Homer und Hesiod aus dem 8.Jh.v.Chr. Selbstverständlich dürfen solche ›Quellen‹ keinesfalls unkritisch als Geschichtsschreibung gelesen werden.

Bedeutungsvoll für unser Bemühen, die antike Welt und besonders ihre frühen Anfänge, die der minoischen und mykenischen Kultur, zu erhellen, ist die Tatsache, daß Homer und Hesiod sich in ihren Schilderungen des Lebens in den jeweiligen Gesellschaftssystemen vortrefflich ergänzen: Beschreibt Homer in seiner *Ilias* eine im Krieg befindliche Gesellschaft mit ihrer dazugehörigen (Militär-)Aristokratie, so geht er in seiner *Odysee* verstärkt auf das Individuum in einer im Frieden lebenden Gesellschaft und deren vielschichtige Wirtschaftsverflechtungen ein. Hesiod behandelt hingegen genau den Teil, dem Homer kaum Beachtung geschenkt hat: Er erzählt spürbar engagiert von einer griechischen Gesellschaft, die vorwiegend vom Bauerntum getragen wird und läßt den einfachen Menschen viel Raum. Überdies durchdringt seine Schriften eine tiefe Abneigung gegen Krieg und jedwede Gewalt. Der Versuch, Homers epische Schilderungen historisch einzuordnen, stößt auf größte Schwierigkeiten. Gewiß zeichnet er kein realistisches »homerisches Zeitbild«. Zu deutlich läßt der Text erkennen, daß der Dichter längst Vergangenes für »seine Welt« festhalten und auferstehen lassen will, während er bestimmte Geschehnisse seiner Gegenwart verschweigt: So z.B. das Eindringen der Dorer und die frühen griechischen Kolonisationen in Kleinasien, besonders jene am Schwarzen Meer.

Homer behandelt wahrscheinlich die schriftlose Zeit der Ägäiskulturen zwischen der minoisch/mykenischen Zeit und dem Beginn der Antike. Allgemein nimmt man an, daß die Ilias ältere Erzählungen zum Inhalt hat als die Odysee. Insgesamt spielen die homerischen Epen in drei unterschiedlichen Epochen, die im Text bisweilen unentwirrbar miteinander verwoben sind. Dabei handelt es sich um Geschehnisse, die einerseits die mykenische Epoche der ausgehenden Bronzezeit beschreiben, andererseits jene

»dunkle Zeit« des 10. und 9. Jh. v.Chr. beleuchten, und schließlich Homers Welt der archaischen Epoche, in der die Entwicklung der *Polis* wurzelt, bruchstückhaft widerspiegeln (s.S.25).

Doch zurück zu den mythischen Erinnerungen der Griechen, zum Wettstreit zwischen Athena und Poseidon um Athen. Lassen wir jene Mythen sprechen, die sich um Athen ranken und die Verbindung des frühen Griechenlands mit den Ursprüngen Europas, der minoischen Kultur, erhellen. Und versuchen wir herauszufinden, was sie uns über das Erzählte hinaus zu sagen haben. Jener sagenhafte Wettstreit zwischen Athena und Poseidon ist im Grunde sehr einfach erzählt: Beide, die Tochter des Zeus wie auch dessen Bruder, wünschten, die Stadtgottheit Athens zu werden. Die Götter, vielleicht sogar Zeus selbst, regten einen Wettstreit an, der zur Zeit des Kekrops, des ersten Königs der Stadt, zwischen Nichte und Onkel ausgetragen wurde. Die Aufgabe bestand darin, der Stadt ein lebenswichtiges Geschenk zu machen, das Grundlage für Ansehen, Reichtum und Wachstum sein sollte. Während Poseidon auf der Akropolis beim Erechtheion-Gebäude mit seinem Dreizack eine Quelle aus dem Grund der Erde sprudeln ließ oder einen Salzwasserbrunnen schuf, wuchs dort, wo Athena den Fels mit ihrer Lanze berührte, ein Olivenbaum. Außerdem weihte die Göttin die Menschen Attikas in die Geheimnisse der Ölbaumkultur ein. Wer auch immer dann den Richterspruch fällte, Zeus, alle Götter zusammen, Kekrops oder die Bevölkerung der Stadt, die Entscheidung fiel zugunsten Athenas, die diesem Siedlungsplatz auf der Akropolis ihren Namen gab.

Soweit der Mythos. Auffällig ist die Tatsache, daß die Entscheidung *nicht* dem Meere, sondern der Erde galt. Tatsächlich entdeckten die Menschen Athens erst sehr viel später ihre Chancen auf den Wasserstraßen der antiken Welt. Erst Themistokles gelang es Anfang des 5. Jh. v.Chr., gegen hartnäckige politische Widerstände sein Flottenprogramm durchzusetzen und Athen in eine Seemacht zu verwandeln, die 480 v.Chr. in der Seeschlacht von Salamis Garant für den Sieg über die Perser wurde.

Somit äußert sich in der Wahl Athenas zur Stadtgöttin sehr wohl eine gewisse historische Realität. Die Menschen damals waren vorwiegend Bauern, Handwerker und Händler, sie mieden die »unsicheren« Schiffe des Meeres, vertrauten sich lieber der fruchtbaren Erde an. Öl, Oliven und Holz der von Athena übermittelten Ölbaumkultur wurden zu einem wichtigen Erwerbszweig der frühgeschichtlichen Gesellschaft Athens. Andererseits gilt Athena auch als die »Erbauerin« der ersten Schiffe. Damit war schon angedeutet, daß das künftige Schicksal und Wachstum der Stadt nicht allein auf Handwerk und Landwirtschaft beruhen würde. Zwar lehrte nicht die Göttin den Athenern die Kunstfertigkeit des Schiffsbaues, aber es ist merkwürdig, daß nicht Poseidon der »Erfinder der Navigation« ist. Dem mythischen König Danaos von Argos war es vorbehalten, das erste Schiff mit Athenas Hilfe zu bauen, damit er aus Ägypten vor seinem Bruder Aigyptos fliehen und in Argos sein Königreich aufbauen konnte. Schließlich verlieh Athena Argos die Fähigkeit, für Iason die seetüchtige Argo zu bauen, um das Goldene Vlies nach Thessalien zu holen. Zudem schützte die Göttin des Schicksals die Argonauten während ihrer gefahrvollen Mission.

Nun zu Athena selbst. Sie ist mutterlos aus dem Haupte ihres Vaters Zeus geboren, wobei »Haupt« im Altgriechischen »Korifí« heißt, das gleichzeitig aber auch »Berggipfel« bedeutet.diese Doppeldeutigkeit erinnert an die auf Berggipfeln geborenen Gottheiten Altkretas. Womöglich spiegelt sich in dem Wettstreit zwischen Athena und Poseidon das Eindringen eines fremden, aber griechischen Stammes wider, vielleicht der Ionier, der die von einem minoischen Mutterkult beeinflußte Urbevölkerung Attikas zu erobern versuchte. Auch finden sich bei Athena viele matriarchalische Elemente, die eine Brücke zum minoischen Kreta schlagen: So ist die Göttin in erster Linie Beschützerin vieler weiblicher Kunstfertigkeiten, wie z.b. des Spinnens und des Webens, zugleich ist sie aber auch Schutzpatronin der Handwerker. In ihrem Ursprung aber war sie vor allem die Palastgöttin mykenischer Burgen.

Eine andere Variante des Athena-Poseidon-Mythos wirft ebenfalls Licht auf alte matriarchalische Aspekte. Danach soll sich die Bevölkerung Athens eigenmächtig für Athena entschieden haben, und zwar stimmten alle Frauen mit einer Stimme Mehrheit für Athena, alle Männer für Poseidon. Erzürnt über seine Niederlage ließ Poseidon weite Landstriche Attikas mit wilden Fluten des salzigen Meeres überschwemmen. Um Poseidon wieder zu besänftigen, nahmen die Männer Athens den Frauen das Stimmrecht und befahlen, daß die Kinder in Zukunft nur noch den Namen der Väter tragen durften. Hier wird von einer ganz massiven Einschränkung der Frauenrechte berichtet, wodurch wir erfahren, daß es auch im alten Athen ausgeprägte matriarchalische Formen gegeben haben mag, die wiederum im Zusammenhang mit der altkretischen Kultur zu sehen sind.

Schließlich noch eine ganz eigentümliche Notiz über den mythischen Urkönig Kekrops von Athen: Er war ein erdgeborenes Wesen, aus einem Schlangenleib und einem menschlichen Oberkörper zusammengewachsen. Kekrops gilt als der Erfinder der Landwirtschaft. Außerdem soll er, wie berichtet wird, das Blutopfer von Menschen abgeschafft haben. Sein Ansehen reichte weit über die Grenzen Attikas hinaus. In Erinnerung all seiner Verdienste für die Menschen der Stadt errichteten ihm die Athener ein Grabmal genau an jener Stelle auf der Akropolis, nahe dem Erechtheion, wo Athena ihren Olivenbaum wachsen und Poseidon seine Quelle aus dem felsigen Grund sprudeln ließen. Wie tief beide Mythen das Bewußtsein der Athener durchdrungen hatten, beleuchtet besonders die »Zeit des Perikles«. Damals, beim glanzvollen Ausbau der Akropolis, beauftragte Perikles den bedeutendsten Bildhauer der Antike, Phidias, Schöpfer der griechischen Klassik, die Bildwerke des Parthenon (448−432 v. Chr.) zu gestalten. In den beiden großen Giebelkompositionen erweckte dieser die Mythen die »Geburt der Athena« im Osten und den »Wettstreit zwischen Athena und Poseidon« im Westen zu neuem Leben«. Selbst die wenigen Fragmente dieses »Wunderwerkes der Hochklassik« vermitteln noch den hohen Entwicklungsstand der Kunst dieser Epoche.

Von ganz besonderer Bedeutung aber ist die merkwürdige Nachricht, daß Kekrops als erster Mann und Herrscher erkannt habe, daß die Menschheit von den Vätern abstamme.

Ist damit die Einsicht in die biologische Vaterschaft gemeint? Das Wissen um die Zeugungsfähigkeit und -kraft des Mannes muß in der Tat ähnlich tiefgreifende Veränderungen im gesellschaftlichen Zusammenleben der Menschen bewirkt haben wie die umwälzenden Folgen der neolithischen Revolution. Die Erkenntnis des Mannes, an dem Leben eines neugeborenen Kindes Anteil zu haben, muß die Menschen dieser Zeit tief in ihrer Seele ergriffen haben. Dieses neue Phänomen markiert den Übergang vom Matriarchat zum Patriarchat. Erst aufgrund dieser Bewußtwerdung in Verbindung mit bestimmten ökonomischen Strukturen, ist die Durchsetzung des Vaterrechts als Erbfolge vorstellbar, scheint sich der Begriff *Vater* mit all seinen patriarchalischen Inhalten und Wesenszügen im gesellschaftlichen, politischen und religiösen Leben durchgesetzt zu haben. Der Mythos von Kekrops deutet also auch darauf hin, daß die autochthone Bevölkerung Athens mit der matriarchalischen minoischen Kultur in enger Berührung stand.

Vielfältige und deutliche Verflechtungen zwischen dem vor- und frühgeschichtlichen Athen und dem minoischen Kreta spiegeln sich auch im Theseus- und Ariadne-Mythos wider.

Dieser Mythos schildert die Auseinandersetzungen zwischen Athen und Kreta, beginnend mit Andrógeos, Sohn des Minos, und der Pasiphae. Als Königssohn des meerbeherrschenden Minos nimmt Andrógeos an den ersten Kultfeiern zu Ehren Athenas, den »Panathenaien«, in Athen teil und wird Sieger dieser Spiele. Doch Andrógeos kehrt nie nach Kreta zurück. Er stirbt in Attika. Die Mythographen erzählen seinen Tod in mehreren Versionen. Da heißt es u.a., der Königssohn soll beim Einfangen des kretischen Stiers, den Herakles von der Insel entführt hatte, getötet wor-

Kreta. Nídha-Hochebene. Mitata-Hirtenhütten, deren Bauprinzip sich bis in die frühminoische Epoche zurückverfolgen läßt.

Kreta. Ida-Gebirge mit der Nídha-Hochebene.

den sein. Andere berichten, er habe im Kampf den Tod gefunden, und wieder andere erwähnen, der sagenhafte König Aigeus aus Athen habe ihn ermordet. Aigeus wird in einigen Mythen als Vater des Theseus genannt. Vorwiegend wird jedoch überliefert, Theseus sei der Sohn Poseidons, da der Meergott in derselben Nacht wie Aigeus der Aithra beigewohnt habe, der Mutter des jungen Helden, der Athen später vom minoischen Joch befreite.

Doch wie auch immer Andrógeos in Attika zu Tode kam, Minos forderte Sühne für seinen verstorbenen Sohn und strafte die Athener, indem er von ihnen alle neun Jahre je sieben Jungfrauen und sieben junge Männer forderte, um sie dem Minotauros zu opfern.

Alle neun Jahre! Das erinnert natürlich an die Beratungen zwischen Minos und Zeus, die im gleichen zeitlichen Rhythmus auf dem Ida abgehalten wurden. Vielleicht klingt in dieser Sage von der Rache des Minos die Erinnerung durch, daß tributpflichtige Abgeordnete Athens an den Feiern anläßlich dieser Beratungen teilgenommen haben.

Als Athen zum dritten Male die Schiffe rüstete, um die Opfer nach Kreta zu bringen, entschloß sich Theseus (während die anderen durch das Los ausgewählt wurden), freiwillig mitzufahren, um Athen endlich von der grausigen Tributpflicht zu befreien. Diese Schilderung spricht eindeutig für die jahrhundertelange Seeherrschaft des Minos, der sich die Festländer irgendwann widersetzten, was durch archäologische Bodenfunde bestätigt werden konnte. Da fanden sich einerseits Stütz- und Handelspunkte der Minoer an den Küsten und auf den Inseln der Ägäis, und andererseits Spuren der mykenischen Eroberungen auf Kreta. Als Steuermann nahm Theseus den erfahrenen Phaiax mit, Nachkomme der sagenhaften Phäaken von Kérkyra/Korfú, die mit ihren Geisterschiffen Odysseus nach Ithaka zurückgebracht hatten. Auch hier klingt eine Besonderheit an, die schon im Mythos des Wettstreites zwischen Athena und Poseidon zu erkennen war (s. S. 20): die Athener waren tatsächlich in jener mythischen Zeit kein Seefahrervolk. Sie besaßen keine Kenntnisse der Navigation und waren gezwungen, für so schwierige Expeditionen über das wilde Meer fremde Hilfe zu suchen und erfahrene Schiffsmannschaften in ihre Dienste zu stellen.

Das Schicksal wollte es, daß sich Minos' Tochter Ariadne in Theseus verliebte. Sie wußte aber, daß der junge Held, auch wenn er ihren Halbbruder Minotauros töten würde, doch nicht die Freiheit für sich und seine Gefährten erlangt hätte. Denn das mordende Ungeheuer mit Stierkopf und Menschenkörper war in dem von Dädalos erbauten Labyrinth eingesperrt. Aus diesem Irrgarten wieder zu entrinnen, erschien indes ganz unmöglich. Ariadne fragte Dädalos um Rat, der ihr das Geheimnis des Wollknäuels preisgab. Sie verlangte daraufhin von Theseus das Versprechen, sie als seine Gemahlin mit nach Athen zu nehmen; nur dann würde sie ihm helfen, den Weg aus dem Labyrinth zu finden. Theseus willigte ein. So gelang es ihm, den Minotauros zu töten und von Kreta zu fliehen. Auf Dhia oder Náxos machten sie ihre erste Rast. In der Nacht ließ Theseus Ariadne schlafend zurück und segelte mit seiner Mannschaft weiter nach Athen. So die verbreitete Schilderung. Warum aber Theseus Ariadne verließ – darüber erfahren wir wenig.

Zwei sich extrem widersprechende Berichte scheinen sich auf die Bedeutung Ariadnes zu konzentrieren. Da heißt es nämlich einerseits, Dionysos habe Artemis den Auftrag gegeben, Ariadne zu töten, andererseits soll Dionysos die Tochter des Minos geheiratet haben. Von Homer und anderen antiken Quellen wissen wir, daß Ariadne eine minoische Vegetationsgöttin war. In den minoisch/mykenischen Linear-B-Texten wird sie *Labyrinthoio potnia* genannt. Vermählung und Tod der Göttin drücken den Wandel der Vegetation, den Kreislauf der Natur und der vier Jahreszeiten aus. Gleichermaßen deutet der gewaltsame Tod der Ariadne auch auf das Eindringen des fremden Gottes Dionysos in den ägäischen Raum hin, dem es nicht gelang, die autochthone Göttin zu vertreiben, so daß er sich erst mit ihr vereinen mußte, um sie dann töten zu können.

Ariadnes »Entführung« durch Theseus läßt sich aber auch als Hinweis darauf verstehen, daß die Mykener minoisches Kulturerbe auf das griechische Festland importierten, möglicherweise technische Errungenschaften, die sie raubten oder kopierten, um es dort mit eigenen Gedanken und Erfahrungen zu verschmelzen. Dies ist besonders gut nachweisbar an dem Beispiel der minoischen Linear-A-Schrift, die in der mykenischen Epoche zur Linear-B-Schrift entwickelt wurde. Als Linear-Schrift bezeichnet man eine aus »Linien« (und Strichen) bestehende Schrift, die frühere Hieroglyphenzeichen ersetzen, ohne ihren ursprünglichen Bildcharakter noch aufzuweisen.

Betrachten wir den Minotauros ganz einfach als die Inkarnation der Ängste Athens vor dem überlegenen Kreta, als Inbild vielleicht für die tatsächliche Abhängigkeit des Festlandes von der minoischen Welt, dann wäre der Theseus-Mythos der Nachklang der Befreiung vom »grausamen« Joch des Minos: Die Funde lehren uns, daß zumindest in kultureller Hinsicht diese Abhängigkeit jahrhundertelang bestanden hat, bis die griechischen Mykener, in deren Zeit die Anfänge Athens zurückreichen, schließlich die Vorherrschaft über Kreta erlangten.

Noch etwas zu unserem jugendlichen Helden Theseus: Andere mythische Erzählungen erinnern an seine gewaltigen Anstrengungen, um gerade den »Segen der Vegetation«, also die matriarchalischen Elemente der minoischen Religion, für sich und sein attisches Volk zu erringen. Sie zeigen wiederum, daß sich das heranwachsende Athen in vorgeschichtlicher Zeit gegen die Seeherrschaft des Minos und die Machtentfaltung Spartas zu behaupten versuchte. Mit seinem Begleiter Peirithoos stieg Theseus in den Hades hinab, um Persephone, die Tochter der Getreidegöttin Demeter zu rauben, was ihnen jedoch versagt blieb. Auch zog er gegen Sparta und entführte von dort die junge Helena, eine im Ursprung bedeutsame vorgriechische Vegetationsgöttin. Einige antike Autoren berichten sogar, Theseus habe mit Helena Iphigenie gezeugt, die danach nicht die Tochter von Agamemnon und Klytaimnestra ist. Erst nachdem das unzertrennliche göttliche Zwillingspaar Kastor und Pollux Athen erobert und Helena wieder nach Sparta geführt hatte, kam es zu der berühmten und verhängnisvollen Brautwerbung um Helena: Die Ehe mit Menelaos wurde geschlossen. Der trojanische Königssohn Paris entführte Helena und der zehnjährige Kampf um Troja begann.

Betrachten wir noch den Ausklang des Theseusmythos, weil er eine Verbindung zu unserer Zeit herstellt. Vor seiner Abfahrt hatte Theseus mit seinem Vater Aigeus vereinbart, nach erfolgreicher Mission bei seiner Heimkehr das weiße oder rote Segel zu hissen, damit Aigeus und die Athener schon aus weiter Ferne seine Botschaft erhielten. Doch Theseus und seine Schiffsmannschaft vergaßen dies voller Freude über die geglückte Rettung. So fuhren sie mit dem schwarzen Segel der Trauer nach Athen, das bis dahin bei allen Blutopfer-Fahrten zum Minos nach Kreta und zurück gebräuchlich war. Als Aigeus das Todeszeichen sah, stürzte er sich voller Schmerz und Kummer über den totgeglaubten Sohn ins Meer, das nach ihm bis heute das »Ägäische Meer« genannt wird.

Es gibt aber noch einen anderen wichtigen Aspekt, den die Mythen mit Theseus und Athen verbinden: die immer noch im Dunkel liegende Gründung der griechischen Polis. Irgendwann in homerischer Zeit des 8. Jh. v. Chr. mag sie sich langsam mit ihren für uns zunächst unscharfen politischen Konturen herausgebildet haben. Der Mythos spricht davon, daß Theseus all dies bewirkt haben soll. Nach seiner erfolgreichen Rückkehr von Kreta, wo er Athen von dem grausamen Bluttribut befreit hatte, erreichten sein Ansehen und seine Macht ihren Höhepunkt.

Schon seit Generationen war Attika in einzelne Gemeinwesen unterteilt, die, obgleich Athen unterstellt, autonom waren und sich selbst verwalteten – ein Zustand, der zu vielen Disharmonien zwischen Stadt und Land führte. Aufgrund einer fehlenden Zentralverwaltung gab es häufig unter den verschiedenen attischen Demen, den Dorfgemeinden, den kleinsten Verwaltungseinheiten einer Polis, Rivalitäten und sogar kriegerische Auseinandersetzungen. Theseus, so die Sage, brach mit dieser veralteten Verwaltungstradition, vereinte die Stadt Athen mit dem Land Attika und gründete den zentralistisch organisierten »Athenischen Staat« mit ersten demokratischen Strukturen: So übertrug der junge König einzelne Rechte den neu gebildeten Verwaltungsorganen.

Die Erinnerung an diese mythische Staatsgründung ist noch heute durch ein antikes Gebäude im modernen Athen lebendig. Es bezeugt, welch hohe Bedeutung die antiken Griechen den Mythen ihrer Vorfahren zumaßen und wie sehr sie an deren »historische« Inhalte glaubten. Da heißt es nämlich in den beiden Inschriften des Hadriansbogens von 131/32 n.Chr.: »(Dies ist) die alte Stadt des Theseus« und »Dies ist die Stadt des Hadrian, nicht die des Theseus«!

Werfen wir noch einen Blick auf die schon erwähnte Göttin Artemis. Der Mythos der Artemis erzählt von der Verbindung des frühen, mykenischen Griechenlands mit dem bronzezeitlichen Kreta. Artemis ist die beliebteste griechische Göttin, die ihrem vielschichtigen Wesen nach schon von verschiedenen antiken Autoren mit der mykenischen Aphaia (von Aigina), der vorgriechischen Britomartis und der kretisch/minoischen Diktynna gleichgesetzt wurde. Schließlich verknüpft der Mythos selbst all diese wesensverwandten Göttinnen miteinander und deutet auf ihre gemeinsame minoische Herkunft. Etymologisch ist der Name Artemis ein großes Rätsel. Es gibt bislang keine allgemein anerkannte Erklärung für ihn. Häufig wird ein lydischer Ursprung angenommen. Hauptsächlich gilt Artemis als Göttin der Jagd. Als Fruchtbarkeitsgöttin steht sie in enger Verbindung mit dem Baumkult und trägt häufig Beinamen von Bäumen. Gerade in dieser Eigenschaft erinnert sie an die Baumverehrung in der minoischen Kultur, wie sie auf vielen Darstellungen erhalten ist.

Diktynna, die wahrscheinlich älteste Göttin dieser Gruppe, wird »Herrin der Berge« und »Herrin der Fischernetze« genannt. Ihr Name läßt sich einerseits mit dem Berg Dikte in Ostkreta verbinden, andererseits hört man in ihm das griechische »díktyon« (= Netz). Dem Mythos nach ging die junge Diktynna gemeinsam mit Artemis in den kretischen Bergen der Jagd nach. Der in heißer Liebe zu ihr entbrannte Minos stellte ihr jedoch unermüdlich nach, so daß sich die Göttin in ihrer Verzweiflung ins Meer stürzte, wo sie von Fischern mit ihren Netzen gerettet wurde. Der Ort dieses Geschehens liegt in Westkreta auf der Halbinsel Rodhopú. Hier erinnern die antiken Reste des Diktynnaion-Heiligtums an dieses mythische Geschehen.

Inhaltlich verwandt ist der Mythos von Britomartis, der »süßen Jungfrau«(?). Auch sie war auf Kreta Jagdgefährtin der Artemis. Scheu und zurückgezogen mied sie den Kontakt mit Menschen. Wie Diktynna mußte aber auch sie sich der wilden Liebeswerbung des Minos erwehren. Sie floh zum Diktynna-Felsen, rettete sich mit einem Sprung ins Meer vor Minos'

»Herrin der Tiere«. Minoischer Siegelabdruck aus Knossós (um 1500 v. Chr.), Archäologisches Museum Iraklion (AMI).

Nachstellungen, wo sie Fischer mit ihren Netzen bargen und unversehrt nach Aigina brachten. Auf der Insel angelangt, noch scheuer, noch zurückhaltender geworden, verschwand (griechisch = »aphanís«) die Göttin in den dunklen Wäldern und wird dort seit mykenischer Zeit als Aphaia verehrt. Ihr bauten die Griechen auf einer Bergkuppe, nahe dem heutigen Ajía Marína, um 500 v.Chr. einen der künstlerisch ausgereiftesten Tempel der spätarchaischen Epoche. Seine Giebelskulpturen, die heute in der Münchner Glyptothek ausgestellt sind, zeigen uns einen Höhepunkt der Formensprache der Spätarchaik. In jeder einzelnen Skulptur wird der Wandel von der Archaik zur Klassik in der griechischen Kunst lebendig und spürbar: »ihre in einer äußeren Unbeweglichkeit keimhaft enthaltene ›innere Bewegtheit‹ wird gelöst und befreit« (D. Ohly).

Die Inhalte der Giebelkompositionen sind Rückgriffe auf längst Vergangenes, auf uralte mythische Erinnerungen. Sie stellen einen besonderen Aspekt des trojanischen Krieges und seine Verknüpfung mit der Insel Aigina dar. Die Hauptfront des Tempels im Osten krönten ehemals im Giebel Skulpturen des »ersten Feldzuges gegen Troja« mit dem Aigineten Telamon und Herakles. Der Westgiebel zeigt hingegen die »zweite Belagerung vor Troja«, an der auch die Ägineten, die Nachfahren des mythischen Königs Aiakos von Aigina, teilnahmen.

Dem Mythos zufolge soll Aiakos gemeinsam mit Apollon und Poseidon das trojanische Festungswerk erbaut haben. Nach Vollendung der Arbeiten versuchten drei Schlangen, die Wände der verschiedenen Bauabschnitte zu überwinden. Nur eine Schlange gelangte über die Festungsmauer in die Stadt, jene, die Aiokas' Werk »erstürmte«. Die beiden anderen Schlangen fielen tot zur Erde. Für Apollon und Poseidon eine geheimnisvolle Andeutung dessen, was das Schicksal vorherbestimmt hatte: nur mit Hilfe der Nachkommen des Aiakos, und zwar aus der dritten Generation, könne es je gelingen, Troja zu erobern! Schließlich waren es Sohn und Enkel des Aiakos, die sich beide dem Feldzug und der Belagerung Trojas erfolgreich anschlossen. Telamon, Sohn des Aiakos und der Endeis, war einer der unermüdlichsten Krieger vor Troja. Gewandter und schneller selbst als Herakles, überwand er die vom Vater gebaute Mauer und stürmte in die Stadt. Als erster Grieche betrat er im Kampfe trojanischen Boden. Sein Sohn Aias stellte sich dem Zweikampf mit Hektor, rettete die griechischen Schiffe beim Angriff der Trojaner und verteidigte den Leichnam des Patroklos. Auch im heftigen Kampf um den Leichnam des Achilleus siegte Aias und trug ihn vom Schlachtfeld. All dies geschah zum Ruhme des Aias und der Ägineten. Doch dann überfiel den jungen Helden der Wahn, er mordete die Herden der Griechen und nahm sich, als er seine Tat erkannte, schuldbewußt das Leben.

Wie wir gesehen haben, wurzeln in vielen griechischen Namen mythische Erinnerungen. Nicht allein die große Kunst spiegelt die Mythenwelt der antiken Griechen wider. Da sind die Küsten des Lichts, das Meer, die Landschaft, die einst den Menschen prägte und Leben schenkte. Dort wo sie von der modernen Zeit noch unverletzt blieb, ahnt man etwas von ihrer mythischen Vergangenheit, spürt ihre geheimnisvolle Anziehung, die Heiligkeit eines Ortes, der über Jahrtausende von Generation zu Generation verehrt und mit Leben erfüllt wurde. Der Name eines Berges, der Name einer Bucht, eines Flusses, einer Ebene, sie alle erzählen Mythisches, bisweilen Mystisches; sie alle wurzeln tief in der Frühzeit der Ägäiskulturen.

Abbildungen auf den Farbseiten:

S. 29: Aóos-Tal bei Konitsá, Mittelgriechenland.

S. 30: Anastenária-Fest in Langadás bei Thessaloníki. Der Feuertanz mit den heiligen Ikonen und (unten) das Blutopfer.

S. 31: Kreta. Osterliturgie in Dafnés.

S. 32: Monemwassía an der Ostküste Lakoniens (Peloponnes).
   unten: Ajía Sofía-Kirche in der Oberstadt (12. oder 13. Jh.).

S. 33: Halbinsel Máni (Peloponnes), Wathiá mit den typischen Turmhäusern dieser Gegend. Dieses traditionelle Dorf ist heute zum Hotel umfunktioniert.

S. 34: Umweltprobleme in Griechenland. Waldbrände vernichten jährlich große Flächen. Der Müll der Touristen verunreinigt die Strände.

S. 35: Alter Olivenbaum.

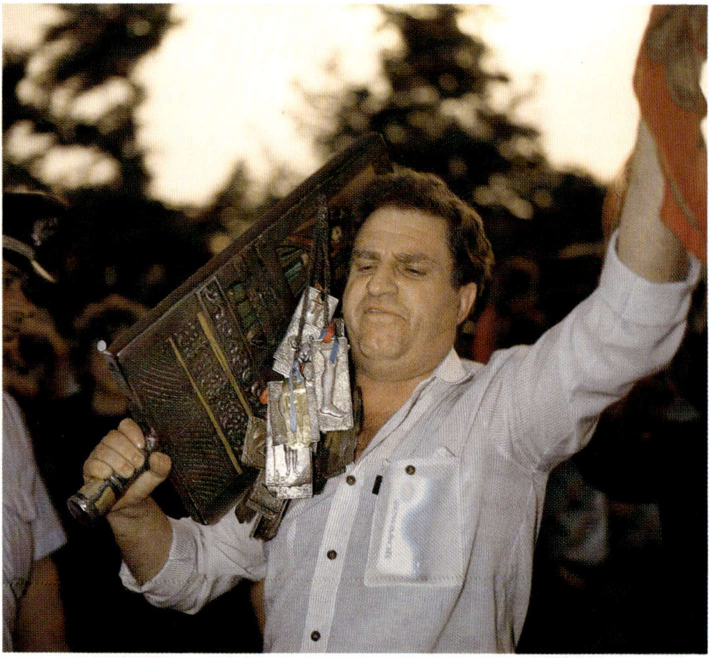

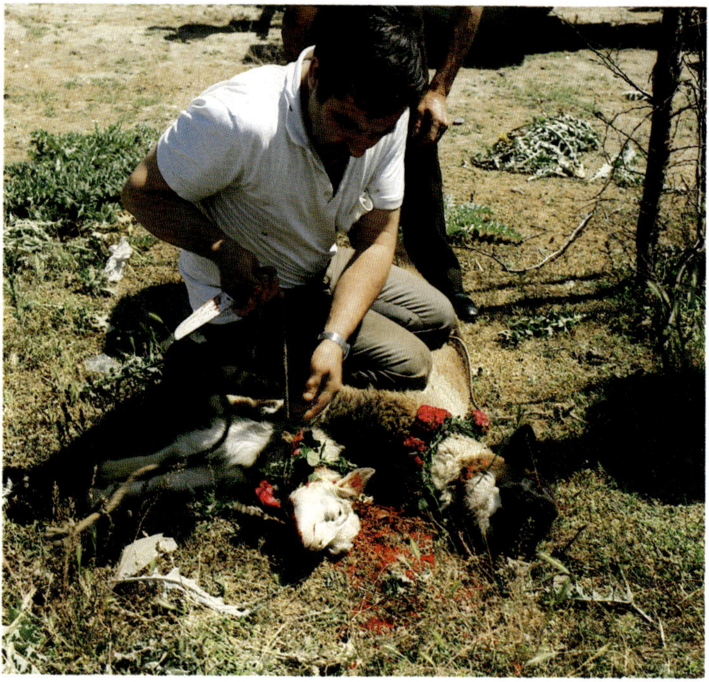

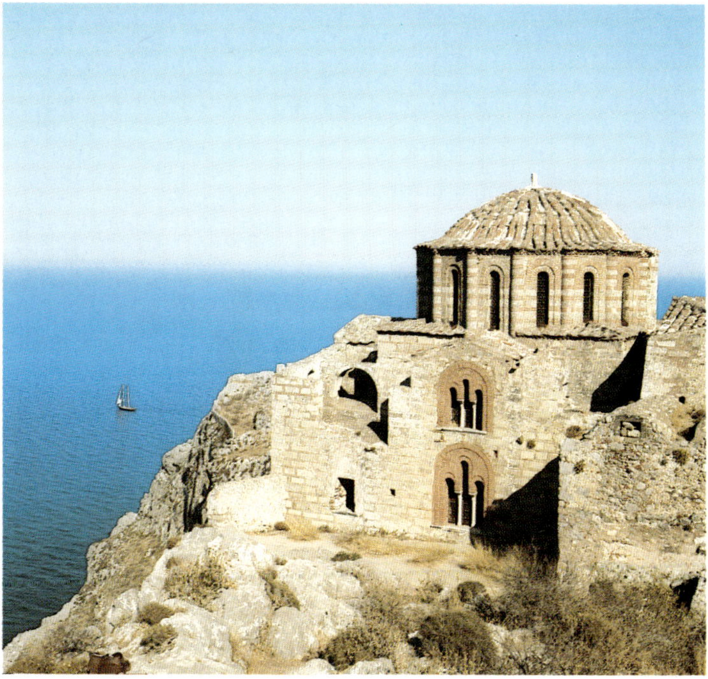

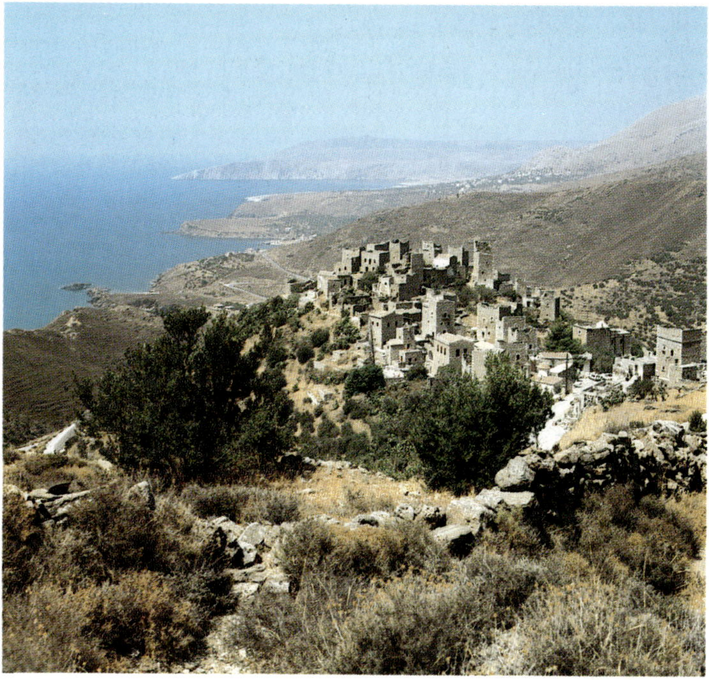

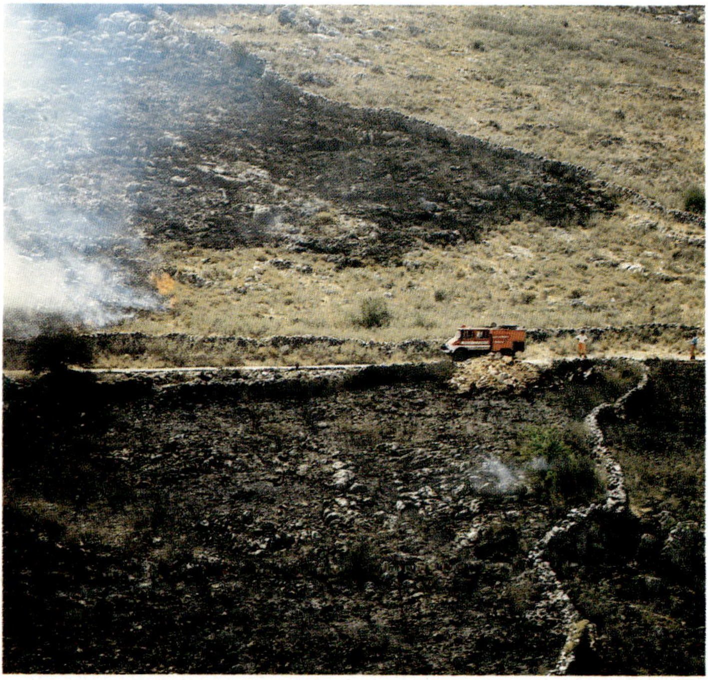

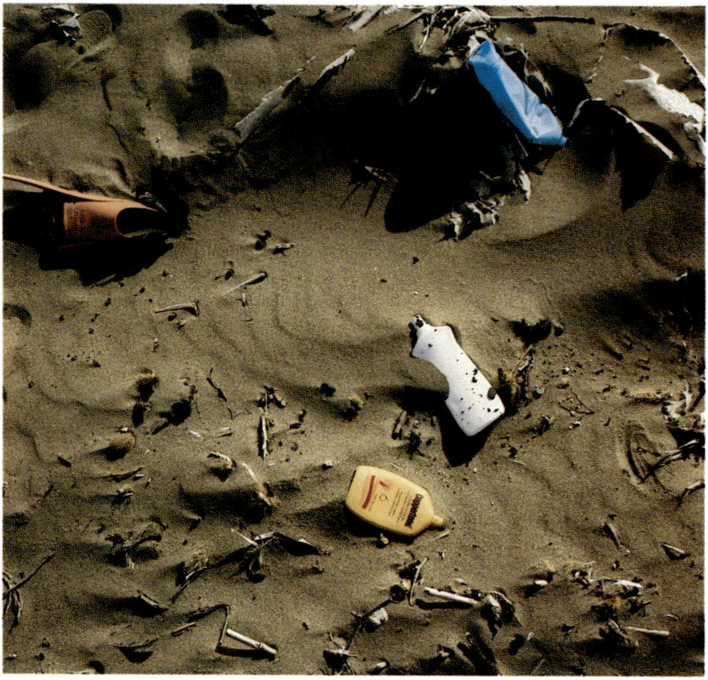

36

r.: Skiparadies im Pindus-Gebirge, Mittelgriechenland.

u.: Joánnia, Hauptstadt von Epiros, Mittelgriechenland.
Die Ali Pascha-Moschee.

u.r.: Jeráki. Byzantinische Stadt auf der Peleponnes.

S. 38 o.: Minoisches Fresko von Akrotíri/Santorin (um
1500 v.Chr.), Nationalmuseum Athen.

S. 38 u.: Pélla, Nordgriechenland,Hauptstadt Alexanders
des Großen: Detail aus einem Kiesel-Fußboden-
Mosaik (4. Jh. v. Chr.)

S. 39 o.: Árta. Die byzantinische Ájios Wassílios-Kirche
(14.Jh.) mit sehr seltenem Ziegeldekor.

S. 39 u.: Delphi. Schatzhaus von Síphnos. Klassisches
Relief (um 525 v. Chr.).

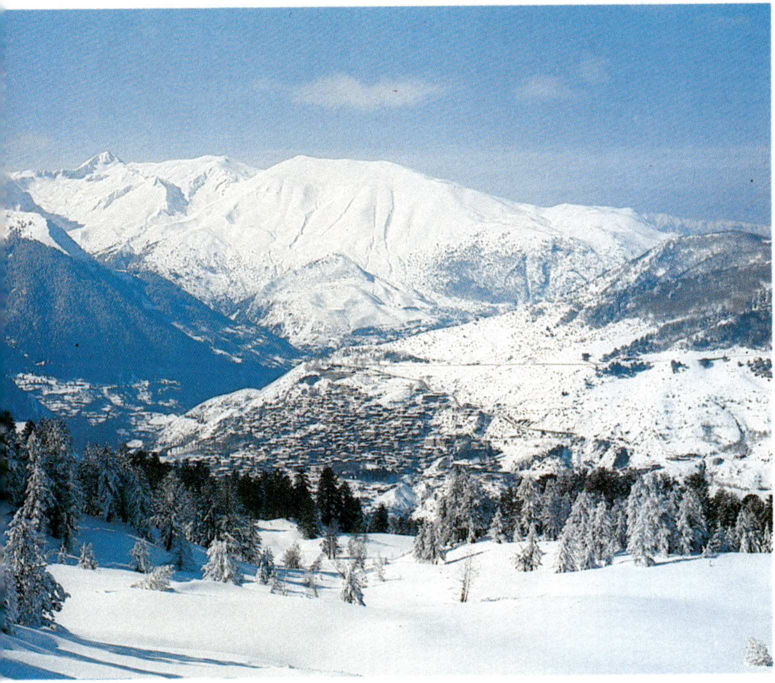

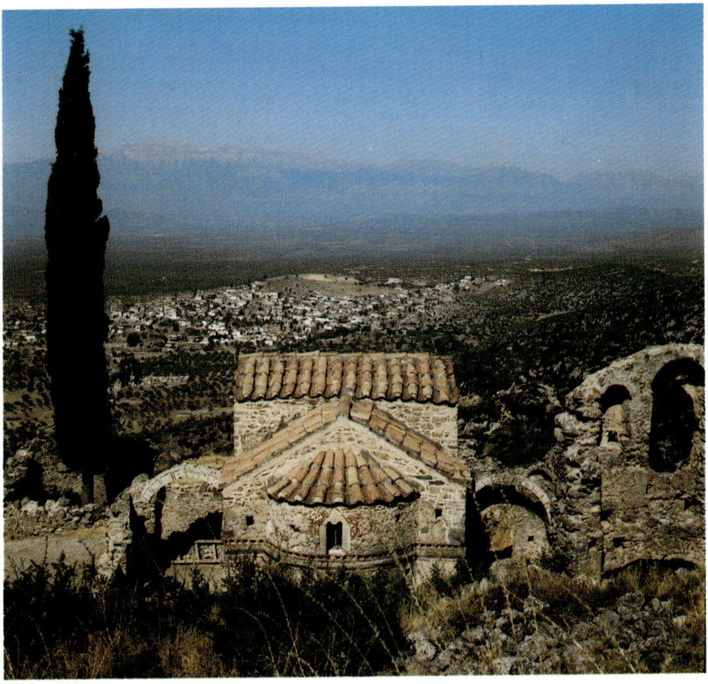

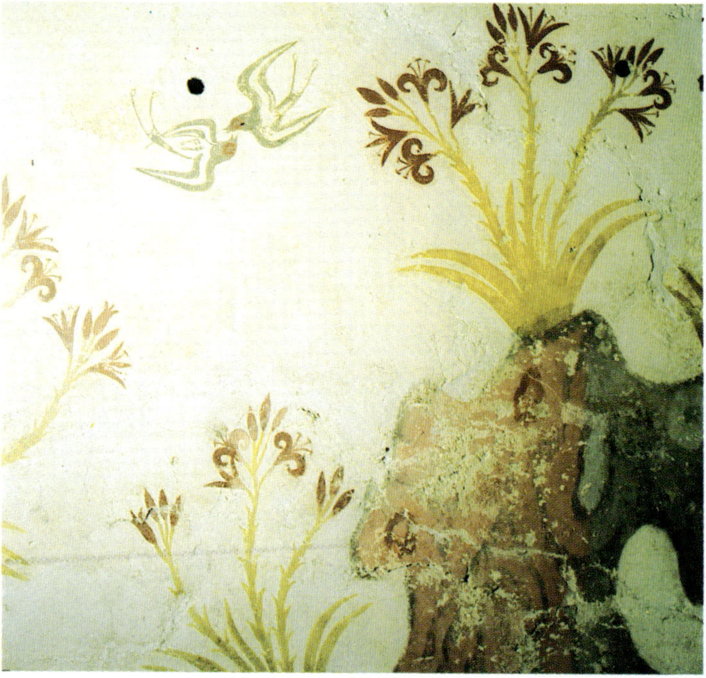

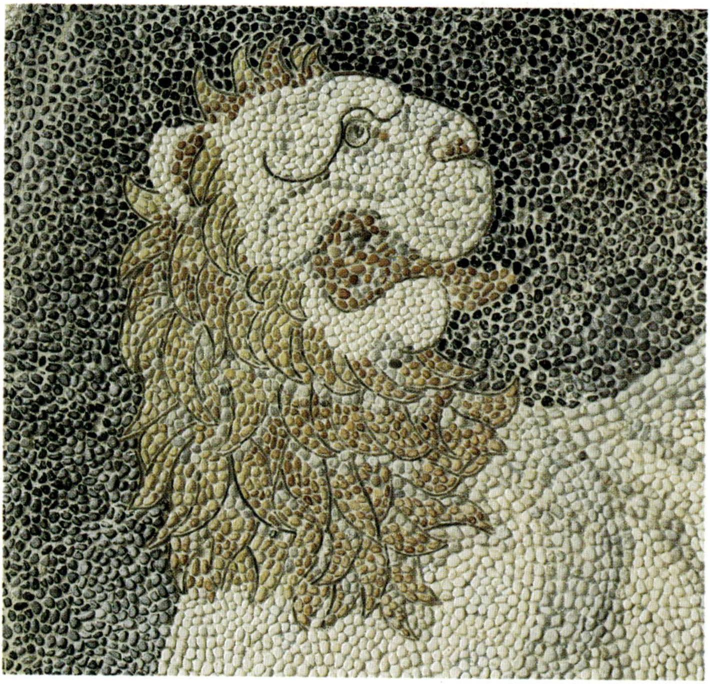

ΤΟΥΤΗ Η ΤΟΙΧΟΓΡΑΦΙΑ ΙΣΤΟΡΗΘΗ ΑΠΟ ΤΟ ΦΩΤΗ ΚΟΝΤΟΓΛΟΥ ΑΠ ΑΪΒΑΛΙ ΤΗΣ ΜΙΚΡΑΣ ΑΣΙΑΣ ꞏ ΤΟΝ ΒΟΗΘΗΣΑΝΕ Ο ΠΑΤΕΡΑΣ ΤΗΣ
ΔΕΣΠΩΣ ΧΡΗΜΠΑΣ ΚΙ ΟΙ ΜΑΘΗΤΕΣ ΠΑΝΗΣ ΤΣΑΡΟΥΧΗΣ ΑΠΟ ΠΕΙΡΑΙΑ ΚΙ ΝΙΚΟΣ ΕΓΓΟΝΟΠΟΥΛΟΣ ΑΠΟ ΚΩΝΣΤΑΝΤΙΝΟΥΠΟΛΗ
ΠΗΚΕ ΜΕ ΤΟ ΠΑΛΙΟ ΣΥΣΤΗΜΑ ΠΟΥ ΔΟΥΛΕΥΑΝΕ ΟΙ ΜΑΣΤΟΡΟΙ ΣΤΑ ΜΕΡΗ ΤΗΣ ΑΝΑΤΟΛΗΣ ΠΛΗΝ ΣΗΜΕΡΑ ΠΕΡΙΦΡΟΝΕΜΕΝΟ ΕΠΗ
ΟΙ ΤΕΧΝΗ ΑΝΘΡΩΠΟΙ ΧΑΣΑΝΕ Η ΓΕΥΣΗ ΤΗΣ ΑΠΛΗΣ ΤΕΧΝΗΣ ꞏ ΣΥΝΔΡΑΜΑΝΕ ΔΕ ΤΗ ΤΗΝ ΙΔΙΟΡΡΥΘΜΗ ΦΑΝΤΑΣΙΑ ΜΕ
ΤΗ ΓΝΩΜΗ ΚΑΙ ΜΕ ΕΡΓΟ ΦΙΛΟΙ ΤΗΣ ΣΠΙΤΗΣ ΑΓΑΠΗΜΕΝΟΙ ΑΝΔΡΕΑΣ ΣΥΓΓΡΟΠΟΥΛΟΣ ΑΠΟ ΑΘΗΝΑ ΑΡΧΑΙΟΛΟΓΟΣ ΚΩΣΤΑΣ
ΚΑΡΑΓΕΩΡΓΗΣ ΖΩΓΡΑΦΟΣ ΑΠΟ ΓΝΩΧΩΡΑ ΚΙ ΕΛΛΗ ΠΑΠΑΔΗΜΗΤΡΙΟΥ ΑΠΟ ΣΜΥΡΝΗ ꞏ ΤΟ ΣΠΙΤΙ ΕΙΝΕ ΑΠΟ ΤΣ ΤΣΕΝΙΕΡΗ ΚΙ
ΜΩΡΑ ΛΑΣΚΑΡΗ ΑΠΟ ΛΑΜΙΑ ꞏ

S. 40: Santorin. Episkopí, Panajía-Kirche aus dem 11. Jh. mit Marmorikonostás (Altar-
schranke).

S. 41: Korinth. Frühchristliche Spolien in antikem Mauerwerk.

l. o.: Fótis Kóndoglu: »Die Familie des Malers«. Detail aus einem Fresko. Nationalpinakothek
Athen.

l. u.: Jannis Tsarúchis: »Der Matrose«. Nationalpinakothek Athen.

o.: Spiros Wassilíu: »Der Fischfang«. Privatsammlung.

S. 44 o.: Páxos (Ionische Inseln). Hauptort der Insel Gájos.

S. 44 u.: Lésbos. Hafentaverne in Mýthimna.

S. 45: Kreta. Olivenernte im Amári-Tal. Im Hintergrund das Ida-Gebirge.

Spiros restaurant
Menu
roast pork
chicken
grilled pork chops
beef steak
spaghetti meat sauce
stuffed peppers
tomatoes
aubergines
fried aubergines
baked summer vegetables
KENT
OLYMPIC
OLYMPIC

ΕΣΤΙΑΤΟΡΙΟ
ΤΟ ΧΤΑΠΟΔΙ
Ν.Τ ΒΑΜΒΟΥΚΟΣ
RESTAURANT
ΦΑΓΗΤΟ ΣΕΡΒΙΡΕΤΑΙ 1230 - 300 700 - 1130
FOOD IS SERVED 1230 - 300 700 - 1130

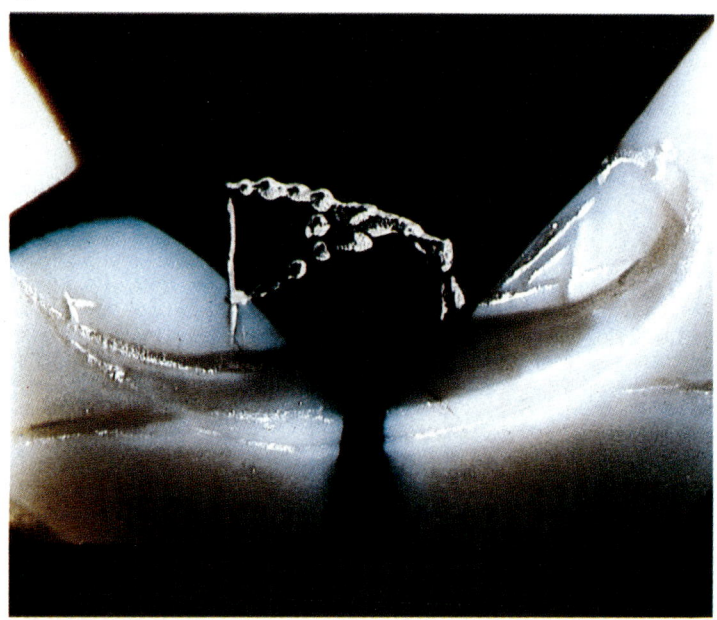

Halbedelstein-Siegel mit der Darstellung eines Mannes, der ein Boot ins Jenseits stakt. Fund aus dem minoischen Tempel mit dem »Menschenopfer« von Anemóspilia auf Kreta (um 1700 v. Chr.) AMI.

Minoisches Fresko von Akrotíri/Santorin. »Expedition in ein fremdes Land«.

Santorin. Hauptort Fíra.

3. Kreta. Ursprung Europas

Wenn die Morgensonne mit ihren ersten warmen Strahlen die sanfte Nídha-Hochebene auf Kreta belebt, erwacht eine Welt, die an biblische Erzählungen erinnert. Man ahnt etwas von dem mythischen Zauber dieser Landschaft, spürt die Lebenskraft, die Berg und Ebene seit Jahrtausenden ausstrahlen.

Die Anfänge Europas liegen auf Kreta. Darin stimmen Mythos und Archäologie überein. Im Osten des Mittelmeeres, auf dem südlichen Vorgebirge unseres Kontinents, entstand die europäische Kultur. Hier wurde der Sage nach Zeus selbst, der oberste der griechischen Götter, geboren.

Kreta ist ein Gebirge im Meer. Mächtig ragt die Insel als Massiv aus den Fluten empor. Insel und gleichwohl Kontinent, trennt es Europa von Afrika, scheidet ägäische von libyschen Gewässern.

Weit über das Meer hin sichtbar, thront mitten auf der Insel das Ida-Gebirge. Hoch oben lagert der Psilorítis mit seinem höchsten Gipfel, dem Tímios Stawrós (2.456 m). Das Massiv überragt die flachen Küsten im Norden, die Steilfelsen im Süden und die östlich wie westlich sich anschließenden Bergketten. Schneebedeckt vom Herbst bis in den Frühling, beeindrucken die kretischen Berge Inselbewohner wie Reisende. Wer hier verweilt, versteht die Religiosität der Menschen, die vom Neolithikum bis zur frühchristlichen Zeit in der kretischen Bergwelt, auf Gipfeln und in Höhlen, ihre Gottheiten verehrten. Hochheilig waren der Ida und seine heilige Grotte. Dieses Massiv ist das Zentrum eines bedeutungsvollen mythischen Landschaftsraumes.

Auf der Nordflanke des Psilorítis befindet sich jene Idäische Grotte (Idaíon Antron), die uns als mythische Geburtsstätte des griechischen Göttervaters Zeus überliefert ist. Der höchste Gott der Griechen aber war den Menschen Kretas in der vorgriechischen, Minoischen Epoche als patriarchalisch herrschender Vater der Götter und Menschen unbekannt. Der »kretische Zeus« der Minoer war vielmehr ein sterblicher Vegetationsgott in einer matriarchalischen Religion: Göttinnen der »Mutter Erde«, Spenderinnen des Lebens und der Fruchtbarkeit, umwarben die Götter im Frühjahr zur feierlichen Begattung, um sie im Herbst nach einem ähnlichen religiösen Ritual sterben zu lassen. Der kretische Zeus verkörpert den Wandlungsprozeß der vier Jahreszeiten.

Über den genauen Geburtsort des Zeus sind sich antike Autoren wie moderne Mythographen uneins. So wird neben dem Idaíon Antron auch die Diktäische Grotte im Osten der Insel, oberhalb der Messará-Hochebene, als Geburtsgrotte erwähnt. Jüngere Quellen berichten, Zeus sei in der Diktäischen Grotte geboren und in der Idäischen Grotte aufgewachsen, aufgezogen von der Melisseus, genährt mit dem Honig der Bienen (Melissai) und der Milch der Ziege Amaltheia.

Doch wo auch immer man die Geburt des Göttervaters annimmt, in der archaischen Landschaft der Nídha-Hochebene um das Idaíon Antron liegen die Ursprünge der minoischen und griechischen Religion, hier nahm die euopäische Kultur ihren Ausgang. Die Zeus-Grotte im Ida-Massiv ist von großer religiöser und kultischer Bedeutung. Hier stiftete Zeus seinen Söhnen Minos und Rhadamanthys, den späteren Totenrichtern im Hades, die »Erste Gesetzgebung an die Menschheit«. Hier findet sich Minos alle neun Jahre zum Zwiegespräch mit Zeus ein, um Erkenntnisse und Gesetze für sein Volk zu empfangen. Die Zahl 9 mag dabei an das Reifen der menschlichen Leibesfrucht in neun Schwangerschaftsmonaten erinnern. Viele berühmte Griechen suchten diese heilige Stätte auf, so Lykurgos, der sagenhafte Begründer der Verfassung Spartas (11.–8. Jh. v.Chr.), Solon (um 640–560 v.Chr.), Epimenides (6./5. Jh. v.Chr.), Pythagoras (2. Hälfte 5. Jh. – etwa 497/96 v.Chr.) und Platon (428/27 – 349/38 v.Chr.)

Ähnlich wie Lykurgos die spartanische Gesetzgebung aus dem »Altkretischen Recht« bildet, entwirft auch Platon nach dem Vorbilde der Rechtsprechung des Minos die Prinzipien seines »künftigen Idealstaates«: ». . . so werdet ihr, denke ich, nicht ungern über Staatsverfassung und Gesetze jetzt eine Untersuchung führen, redend und auch hörend, während der Wanderung« (zur Idaíon 'Antron-Grotte). »Jedenfalls ist, wie wir hören, der Weg von Knossós nach der Grotte und dem Tempel des Zeus dazu ausreichend, und es gibt, wie sich erwarten läßt, unterwegs für die gegenwärtige Hitze unter den hohen Bäumen schattige Ruheplätze. . .« (Gespräch zwischen Kleinias und dem Athener aus Platons »Nomoi« 625, a/b, deutsch von H. Müller).

Die Lebensweise hat sich in dieser kargen, ehemals bewaldeten Gebirgsregion um den Ida (griechisch = »Waldgebirge«) seit minoischer Zeit kaum verändert. Kretische Bergbauern leben noch heute in steinernen Hütten, den Mitata. Deren Bauweise erinnert an die frühminoischen Rundgräber des 3./2. Jahrtausend v.Chr. in der Messará, mögliche Vorläufer des mykenischen Kuppelgrabes des Agamemnon, des sogenannten Schatzhauses des Atreus (um 1350–1325 v.Chr.). Damals wie heute bilden Schaf- und Ziegenherden sowie Bienenzucht die Existenzgrundlage der Bergbauern Kretas.

Die Erforschung der Idaíon 'Antron-Grotte begann bereits 1884/85 (E. Fabricius), wurde aber bis 1955 (P. Faure) nie ernsthaft vorangetrieben. Seit 1982 arbeiten die griechischen Archäologen Evi und Ioánnis Sakellarákis mit Leidenschaft und Akribie an diesem heiligen Ort. Ihre wissenschaftliche Methode ist ebenso vorbildhaft wie erfolgreich. Das Ehepaar Sakellarákis geht den mühsamen Weg, den Mythos mit den Mitteln der Archäologie – im ursprünglichen Sinne des Wortes die Lehre von den Anfängen – zu erforschen. Auf Großraumförderbändern lassen sie die Erdmassen aus der Höhle abtragen, um historische Schichten freizulegen. Die dabei zutage geförderten Bodenfunde erhellen nach und nach das Dunkel der Sagen und Mythen griechischer Vorzeit. Was E. und I. Sakellarákis entdeckten, ist sensationell. Mit Gewißheit kann nun zum einen gesagt werden, daß in der Idäischen Grotte seit dem Neolithikum Menschen gelebt und ihre Götter verehrt haben. Zum anderen steht fest, daß sich seit Ende der Bronzezeit auf der 1370 m hohen Nídha-Hochebene auch Pilgereinrichtungen, also Herbergen und Gasthäuser, befunden haben.

Wie wir von spätantiken Autoren wissen, war die Grotte bis weit in die

Kreta. Hirten auf der Nídha-Hochebene.

frühchristliche Zeit eine Kultstätte Kretas. Archäologische Ergebnisse bestätigen dies.

Ein zweiter Berg Kretas ist von ähnlicher Bedeutung für die Erforschung der mythischen Anfänge Europas: der südlich von Knossós gelegene Júchtas (811 m).

Mit ihm verknüpft sich das Wort des Apostel Paulus: »Die Kreter sind allezeit Lügner« (Titusbrief 1.12). War die Idäische Grotte der Geburtsort des Göttervaters, so bezeichneten die Kreter seit jeher den Júchtas als das »Grab des Zeus«!

Wie fremd muß bereits den Griechen der Antike die Welt ihrer kretischen Vorfahren erschienen sein: Eingebunden in eine patriarchalische

Kultur, stoßen sie auf ein Volk, in dessen Tradition das Bild einer mythischen Herrscherin, die staatliche und religiöse Macht in sich vereint, seit Jahrhunderten fortwirkt. Ein lebendiger Mythos noch zu Zeiten Homers (um 800 v.Chr., also mehr als 500 Jahre nach dem Untergang der Minoer), als die Griechen begannen, mündlich überlieferte Geschichten niederzuschreiben.

In den Begriffen einer männlich bestimmten Welt denkend, können sich die Griechen eine Priesterkönigin (Minoa), von der altkretische Legenden erzählen, nicht vorstellen. Was sie nicht verstehen, halten sie für unwahr. Vielleicht rührt daher das Wort des Apostel Paulus: »Die Kreter sind allezeit Lügner« (Titusbrief 1.12). Die bekannte Sage von Minos als dem starken männlichen Herrscher und seinem Königreich ist wohl eine Korrektur der Griechen im Sinne ihres patriarchalischen Weltbildes.

Es war ein Kreter selbst, Epimenides, ein Theologe und Wundertäter im biblischen Alter (gemäß der Überlieferung von angeblich 157 und 299 Jahren), um 500 v.Chr. in Athen als Sühnepriester tätig, der als erster von den lügenhaften Kretern erzählte. Auf sein Zeugnis beziehen sich verschiedene spätantike Autoren, darunter auch der Apostel Paulus. Titus, den er auf Kreta als Bischof einsetzt, warnt er vor »jüdischen Fabeln und Geboten von Menschen, die sich von der Wahrheit abwenden« (Titusbrief 1.14).

Hirte von der Nídha-Hochebene.

Der Himmelsgott Zeus, der König des griechischen Pantheons, wurde vermutlich um die Wende des 3. vorchristlichen Jahrtausends (2.300–1.900 v.Chr.) von den Achäern und Ioniern aus dem Norden nach Griechenland und damit in den Bereich der minoischen Hochkultur eingeführt.

Die religiösen Vorstellungen der Einwanderer verschmolzen mit denen der Urbevölkerung, wie so oft in der Geschichte der Religionen. Die griechische Phantasie nahm die Mythen und Legenden eines unbekannten Volkes, einer fremden – ob unterlegenen oder überlegenen – Kultur auf und verwandelte sie. Aus dem minoischen Kult eines Vegetationsgottes, der jedes Jahr aufs neue geboren wird, wächst und stirbt, bildet sie den Mythos von der Geburt und Jugend des Zeus auf Kreta.

Aber der kretische Zeus führt offenbar ein sehr dauerhaftes Leben. Das Mysterium des Gottes – das die antiken Griechen wie die frühen Christen so sehr befremdete – findet gleichsam seinen Höhepunkt auf dem mythischen Berg Júchtas. An dessen Fuße liegt das Weindorf Archánes, wo atemberaubende Funde der minoischen Kultur gemacht werden. Bis auf den heutigen Tag hat sich in Archánes die Legende erhalten, der Júchtas sei das Grab des Zeus. Nach dem spätantiken Autor Porphyrios (234–301/ 05, Pythagoras § 17) soll sogar Pythagoras eine dem Zeus gewidmete Inschrift an der Grabstätte angebracht haben. In frühchristlicher Zeit verehrten die Kreter, wie berichtet wird, noch jahrhundertelang diesen heiligen Ort.

Die Silhouette des Berges gen Norden, weit über das Meer hin sichtbar, erinnert tatsächlich an das Profil eines liegenden bärtigen Mannes – das Haupt des »schlafenden Zeus«, sagen die Kreter. Der höchste aller Götter – hier auf Kreta sterblich und immer von neuem lebendig, jedes Jahr zu Grabe getragen und unter blitzendem Feuer wiedergeboren? Wenn Zeus im Frühjahr neu geboren wird, so ein anderer Mythos (Antonius Liberalis 19), dann lodert ein gewaltiges Feuer aus der Geburtsgrotte, genährt vom Geburtsblut des göttlichen Knaben. Dann erblüht die Natur, wächst und gedeiht. So wie sie stirbt, stirbt auch Zeus. Er ist hier nicht der zeitlose, unsterbliche Herrscher über Himmel und Erde, sondern einbegriffen in die Natur und ihren unaufhörlichen Wandel. Für die Griechen eine unannehmbare Vorstellung, ja eine Lüge.

Der Kult eines heiligen Ortes wird oft von einer Religion zur nächsten überliefert. So errichteten die orthodoxen Christen auf Berghöhen, dort, wo ihre griechischen Vorfahren Zeus als Wettergott verehrten, Kapellen des Propheten Elias, der ebenso wie der heidnische Gott für Sonne und Regen zuständig ist. Auf dem Júchtas hingegen ist die Gipfelkapelle nicht dem Elias geweiht, sondern, was ungewöhnlich ist, der Metamórphosis Christú – der Verwandlung und Verklärung Christi.

Zum Metamórphosis-Fest am 6. August pilgern die Menschen jedes Jahr zu Hunderten von nah und fern auf den Júchtas. Sie bringen Brote mit, um sie segnen zu lassen – sie feiern eine Art Erntedank. Darin schwingt gewiß die Erinnerung mit an jenen Vegetationsgott der Urahnen, der – immer neu geboren, sterbend und wiederauflebend – den jahreszeitlichen Zyklus allen Lebens verkörperte. Mit der Verehrung jenes »kretischen Zeus«, der ehemals wohl anders geheißen haben mag, war sicher

54

auch ein Erntedankfest verbunden. Es zeugt von einem geheimen Zusammenhang, daß gerade an dem mythischen Ort des Zeus-Grabes ein christliches Wandlungsfest gefeiert wird. Der Mythos prägt Phantasie und Sitten des Volkes bis in die Gegenwart. Heidnisches geht in christlichen Brauch über.

Die antiken Griechen haben, wie es scheint, den minoischen Zeus-Mythos insoweit übernommen, als sie die Jugendzeit ihres Gottes auf Kreta ansiedelten, während sie die Vorstellung der Kreter vom Tod des Zeus als geradezu blasphemisch zurückwiesen.

Die Erde um den Júchtas hütet vor Jahrtausenden gelebtes Leben. Es bedarf der besonderen Einfühlung und Vorstellungskraft, um dann mit archäologischer Methode – »mit sicherem Spatenstich« – Vergangenes zu bergen und gleichsam neu zu belegen. Nicht selten ist es Altbekanntes, das einen aufmerksamen Menschen rätselhaft anzieht. Er folgt seiner Ahnung und entdeckt eine archäologische Sensation.

Seit Jahrhunderten diente auf einem Hügel nordwestlich des Júchtas ein einfacher runder Steinbau nach Art der Mitáta-Rundhütten auf der Nídha-Hochebene den Hirten als Unterschlupf. Der runden Form eines Ofens ähnlich, heißen Hütte und Hügel Fúrni (»Ofen«). Ein geheimnisvoller

Sarkophag von Ajía Triádha. Blutopfer eines Stieres (um 1400 v. Chr.,), AMI.

Ort. Das spürten Evi und Ioánnis Sakellarákis. Die beiden Wissenschaftler, die sich bei ihren Forschungen immer wieder von ihrer Intuition leiten
lassen, entschlossen sich 1964, jenes merkwürdige Gebäude zu untersuchen. Sie machten einen ihrer größten Funde: ein vollständig erhaltenes
Tholosgrab (ein im Grundriß kreisrunder, gewölbter Grabbau). Die
Archäologen bezeichneten es mit A (alpha), da es das erste Grab dieser
Art war, das hier gefunden wurde. Das Grab war nicht geplündert. Eine
Schatzkammer tat sich auf: Insgesamt 402 Objekte konnten geborgen werden. Ohne das völlig zerfallene Skelett anthropologisch untersuchen zu
können, ergibt sich allein aus den Grabbeigaben – kostbarem Schmuck,
aber keinen Waffen – daß hier eine Frau bestattet wurde. Die Art der
Funde und der Charakter der Fundzusammenhänge sprechen sogar dafür,
das es sich um das Grab einer Priester-Königin handelt. Überdies werfen
die Funde ein helles Licht auf die Verbindungen des minoischen Kreta mit
Zypern und dem mykenischen Festland während der späten Bronzezeit.
Von der besonderen Totenfeier zeugt der Stierschädel, eingemauert in die
Bruchsteinwand, die den Zugang zur Grabkammer absicherte – ein selte-
nes Zeichen. Nur etwa zwei Dutzend Stieropfer konnten bisher im kre-
tisch-mykenischen Raum gefunden werden (davon fünf auf Kreta). Noch
bedeutsamer aber ist das Pferdeopfer, eines equus caballus, das die Forscher hier entdeckten. Es ist einzigartig auf Kreta und in der ganzen Ägäis
äußerst selten. Das Ritual fand vor dem Grab im Freien statt: Der Kopf
wurde vom Rumpf getrennt, der Tierleib zerlegt. Die zerlegten Glieder
wurden dann im Kuppelraum rechts neben dem vermauerten Eingang zur
Grabkammer aufgeschichtet. Daß zwei so außergewöhnliche Tieropfer
beim Begräbnis zelebriert wurden, bekundet den hohen Rang der Verstorbenen zu ihren Lebzeiten. Jener merkwürdige Ort am Fuße des Júchtas
erweist sich somit als ein hochverehrtes Heiligtum der Minoer. Der obere
Teil dieses Grabes ragte seit Jahrhunderten, wenn nicht Jahrtausenden,
aus der Erde heraus. Weder die Hirten, die den Kuppelraum als Schutz-
hütte benutzten noch die Menschen in byzantinischer Zeit, die in die
Wände des Baus ihre Namen ritzten – ein anscheinend uraltes Bedürfnis
der Menschen zum Schaden der Bauwerke –, ahnten, daß sich unter ihren
Füßen das Grab einer Königin und/oder Priesterin aus der Zeit um 1400 bis
1300 v. Chr. befand.

›Momentaufnahme eines Menschenopfers‹

Im Herbst 1979 gab der sagenumwobene Júchtas erneut ein Jahrtausende
altes Geheimnis preis. Wieder war es dem Ehepaar Sakellarákis vergönnt,
vergangenes Leben aufzuspüren. Beim routinemäßigen Sammeln von
Oberflächenfunden entschieden sie sich intuitiv, innerhalb eines bestimmten, engabgesteckten Bezirks am nordwestlichen Ausläufer des Júchtas zu
graben. Was sie dort entdeckten, ging als Sensationsmeldung »Menschen-
fresser auf Kreta« durch die internationale Presse. Wie in einer Momentaufnahme, lebhaft und anschaulich, zeigt sich hier das Geschehen von vor
rund 3700 Jahren – das erste große Erdbeben auf Kreta um 1700 v. Chr.,
das die alten Paläste der minoischen Hochkultur zerstörte.
    Was war geschehen? Entlang einer alten minoischen Bergstraße waren

die Forscher zu einem Ort namens Anemóspilia gelangt – das heißt »Höhlen des Windes«. Hier, in einer Landschaft von herber Schönheit, eröffnet sich ein weiter Blick bis zur Nordküste der Insel und hinaus auf die blaue Ägäis. Beim Absuchen der Bodenoberfläche stießen die Archäologen auf ein fragmentarisch »gebautes« Stierhorn, wie wir es ähnlich von der minoischen Palastarchitektur her kennen. Insbesondere dieser Fund veranlaßte sie zu einer Routineuntersuchung. Als sie begannen, an dieser Stelle die Erde abzutragen, ereignete sich etwas Seltsames: Ein alter kretischer Bauer kam seitwärts auf seinem Esel sitzend des Weges. Ob er wohl wußte, daß seine Reithaltung so alt ist wie die kretisch-minoische Kultur der ersten Europäer? Erinnerte er sich, daß er auf einer Jahrtausende alten minoischen Straße zum Feld ritt? Er war tief beeindruckt. Mit der ganzen Würde eines stolzen Bauern beglückwünschte er die Archäologen, daß sie gerade hier und nicht etwa wenige Meter weiter abseits die Erde aufgruben. »Warum?« fragte ihn Ioánnis Sakellarákis. »Weil hier die Vögel anders und schöner singen als irgendwo sonst auf Kreta…«

Langsam wuchs aus der Erde ein Gebäude. Die freigelegten Grundmauern zeigen einen Bau mit drei parallel angeordneten rechteckigen Räumen und einem gemeinsamen Vorraum. Nach Ansicht von Evi und Ioánnis Sakellarákis handelt es sich dabei um den einzigen »minoischen Tempel«, den man bislang auf Kreta entdecken konnte: Ein Sakralgebäude, in dem eilig durchgeführte Zeremonien abgehalten wurden, um die Naturgewalten zu besänftigen, als das große Erdbeben um 1700 v.Chr. Kreta erschütterte, die Kultfeier im Tempel unterbrach und gleichsam konservierte. Anfangs schien alles auf ein übliches Kultgebäude hinzuweisen. Im mittleren Raum, den man zuerst freilegte, fanden sich die Asche und die verkohlten Reste einer Xoanon-Göttinnenstatue, das ist eine menschengestaltige, einfache Skulptur aus Holz, sowie deren tönerne Füße und mehrere zerbrochene Keramikgefäße. Der östliche Nebenraum mit seinem treppenförmigen Altar wies Spuren eines Erntedankopfers auf. Ebenso boten die Funde in der Vorhalle auf den ersten Blick das bekannte Bild minoischer Opferhandlungen: im Westen lagen Tierknochen übereinandergehäuft, was darauf schließen ließ, daß der westliche Raum den blutigen, der östliche hingegen den unblutigen Opfern vorbehalten war. Nach Art der Keramik, ihrer Dekoration und den auf zwei Gefäßen angebrachten minoischen Schriftzeichen (Linear-A) können diese Kulthandlung und das Erdbeben, das den Tempel zerstörte, in die Zeit um 1700 v.Chr. datiert werden.

Der westliche Nebenraum schien zunächst leer. Knapp über dem gewachsenen Boden kam nach und nach ein Skelett zutage. Und dann entdeckte man im selben Raum ein zweites und drittes Menschenskelett, im Vorraum das eines vierten Menschen. Noch war dies nichts Außergewöhnliches: Priesterinnen und Priester wurden bei ihrer Opferhandlung von dem Erdbeben, das sie abwenden wollten, überrascht und getötet. Doch was opferten sie in dem für Blutopfer bestimmten Raum? Die Fundumstände entsprechen den bildlichen Darstellungen minoischer Kultopfer wie etwa auf dem Sarkophag von Ajía Triádha. Dann aber kam die grausige Erkenntnis: Hier war nicht wie auf dem Fresko des Sarkophages ein Stier

Bauer auf Kreta und minoische Darstellung

geopfert worden, sondern ein Mensch! Man hatte ihn auf dem Altar, an Händen und Füßen, Ober- und Unterschenkeln gefesselt, so daß das Opfer in der Hocke lag wie ein Kind im Mutterleib. Ganz ähnlich wie den Stier auf dem Fresko hat man dann das Opfer geschächtet. Sein kostbares Menschenblut wurde in einem Krug aufgefangen. Die Zeit eilte, man wartete nicht, bis der ganze Körper ausgeblutet war, sondern schickte eiligst einen jungen Helfer mit dem wenigen Opferblut zur Göttin im mittleren Raum. Doch der kurze Weg war zu lang. Die Göttin war nicht mehr erreichbar. Im Vorraum angelangt – da erbebte die Erde, dröhnend stürzte der Tempel ein und erschlug Opfer, Priesterin und Priester. So entstand die Momentaufnahme eines außerordentlichen Ereignisses der minoischen Religion, die uns über 3700 Jahre bis in unsere Zeit erhalten blieb.

Nach heutiger Auffassung gab es in den alten Kulturen des Mittelmeerraumes und Ägyptens durchaus Menschenopfer, doch scheinen sie stets eine Ausnahme gewesen zu sein. So berichtet der griechische Mythos, daß Agamemnon, der Führer der Griechen vor Troja, gezwungen war, seine Tochter Iphigenie zu opfern, um die Göttin Artemis zu versöhnen. Doch ähnlich wie der Gott des Alten Testaments Abraham im letzten Moment zurückhielt, seinen Sohn Isaak wie verlangt zu opfern, und ihm statt des Knaben einen Widder zuführte, so schonte auch Artemis Iphigenie und entführte sie ins Land der Taurer. Ein Menschenleben muß zur damaligen Zeit als das höchste, alles übertreffende Opfer erschienen sein. Und in diesem Sinne ist es denkbar, daß sich die Minoer angesichts höchster Gefahr in den Schutz ihres heiligen Júchtas begaben und zum letzten Mittel griffen, indem sie einen Menschen opferten. Vielleicht war das Opfer ein Priester oder ein junger Prinz, der die Insignien des sterblichen Vegetationsgottes – des kretischen Zeus – trug. Solche Bräuche sind von anderen Völkern, die eine Vegetationsreligion haben, bekannt.

Erst die kombinierten Daten aller Untersuchungen machten das Menschenopfer von Anemóspilia anschaulich. Im westlichen Raum, der einzig für Blutopfer bestimmt war, lag das Skelett einer etwa 18jährigen Priesterin (deren Schädel die Archäologen anfangs für ein Straußenei gehalten hatten) und das eines etwa 30jährigen, 1,80 m großen Priesters, der höchstwahrscheinlich die Opferhandlung mit einer 40,6 cm langen Bronzewaffe durchführte. Die hohe Stellung des Priesters ergibt sich aus den Insignien, die sich bei seinem Skelett fanden, dem Eisenring – Eisen war in der späten Bronzezeit wertvoller als Gold – und einem Siegel aus Halbedelstein mit der Darstellung eines Mannes, der ein Boot – wohl auf der Fahrt ins Jenseits – vorwärtsstakt: beides kostbarste Kultgegenstände. Das Opfer war ein ungefähr 18jähriger, 1,65 m großer junger Mann. Er lag auf dem gemauerten Altar mit seiner rechten Körperhälfte, den Kopf nach Süden, den Blick nach Osten (!) gewandt. Das Skelett war überraschenderweise – und zunächst für die Archäologen völlig unerklärlich – etwa bis zur Wirbelsäule auf der rechten Seite schwärzlich verfärbt, auf der linken Körperhälfte hingegen – also auf der nach oben liegenden Herzseite – normal knochenfarben, weiß. Aufgrund dieser Indizien kamen Gerichtsmediziner zu dem Schluß, daß der Tod sowohl durch hohen Blutverlust als auch durch Verbrennung erfolgte. Der Befund ist eindeutig, denn: verbrennt ein Mensch (der wahrscheinlich fensterlose, mit Fackeln erhellte Tempel von Anemóspilia war in Brand geraten), so bleiben seine Knochen nur dann weiß, wenn seine Adern blutleer sind, sie verfärben sich jedoch schwarz, wenn die Adern noch Blut enthalten. Ursache ist eine chemische Reaktion: das Eisen im Blut bewirkt bei Verbrennung Oxydation. Damit ist die teilweise Verfärbung des Skeletts des Opfers geklärt. Der junge Mann war mit der gefundenen Bronzewaffe geschächtet worden, d.h. der Priester hatte die Waffe in die Halsschlagader der linken Körperhälfte gestoßen, worauf der Mann verblutete und sein Herzschlag zum Stillstand kam. Inmitten der Opferhandlung muß aber das Feuer im Tempel ausgebrochen sein. Das Opfer verbrannte, noch ehe es ausgeblutet war, so daß sich die Knochen der unteren, rechten Körperhälfte schwarz färbten.

Die Kreter sind stolz auf ihre fünftausendjährige Vergangenheit. Sie betrachten sich zunächst als Kreter, erst dann als Griechen. Der archäologische Nachweis, daß die kretisch-minoische Kultur keine griechische war und zudem noch älter ist als jene, hat das Bewußtsein ihrer Eigenständigkeit und ihren Stolz nur noch gestärkt. Immer wieder kann man auf der Insel Kretern begegnen, die so würdevoll und traditionsbewußt auftreten, als ahnten sie, daß sie das geheimnisvolle Erbe der Ursprünge Europas in sich tragen – ja, daß in ihnen, den Nachfahren, diese mythische Geschichte fortlebt.

Die Erzeugnisse der ersten Europäer, die heute in den Vitrinen der kretischen Museen zu sehen sind (und das sind ca. 70 % aller auf Kreta gemachten Funde), erscheinen dem Betrachter unserer Tage als Kunstwerke. Doch wir müssen uns bewußt machen, daß unser Verständnis eines Kunstwerkes – nach dem Gegenstände allein oder insbesondere nur dazu geschaffen werden, um ästhetisch anzusprechen und zu erfreuen – erst rund vierhundert Jahre alt ist und in weiter zurückliegenden Epochen keine Gültigkeit besaß. »Schöne Kunst« entstand früher immer in einem legitimierenden Zusammenhang, nie als Selbstzweck. Vor allem in so frühen Zeiten wie der minoischen Epoche war es hauptsächlich die kultisch-religiöse Funktion, die Form und Inhalt eines »Kunsterzeugnisses« festlegte. Wir dürfen deshalb mit Recht annehmen, daß viele der ausgestellten Funde Kultobjekte waren. Es erscheint auch wenig glaubhaft, daß Gegenstände, die als technische Höchstleistungen des damaligen minoischen »Kunst«-Handwerks gelten müssen, einem alltäglichen Gebrauch gedient haben.

Der Versuch, die Anfänge der europäischen Kultur aus dem mythischen Dunkel ans Licht zu bringen, stößt indes auf Schwierigkeiten. Denn die Spuren der ersten Europäer, die Arthur Evans im Jahre 1900 in Knossós, unweit von Archánes, entdeckte, sind Zeugnisse einer uns sehr fremden – und doch seltsam nahen, uns ansprechenden – Kultur. Fremd muß bereits den Griechen der Antike die Welt ihrer Vorfahren erschienen sein. Unglaublich und phantastisch kamen ihnen wohl deren Geschichten vor, die mündlich überliefert wurden – die Mythen, denen wir tatsächlich die ersten Hinweise auf die Ursprünge Europas entnehmen.

Der menschliche Geist reagiert auf das Fremde, indem er es entweder einzuordnen sucht in Bekanntes, Vertrautes, oder indem er Geschichten erfindet, die das Fremde erklären. Gerade das Bauwerk von Knossós, wie die minoische Palastarchitektur überhaupt, gibt uns ein gutes Beispiel für diesen Vorgang. Die Minoer nannten Knossós »Labyrinth«, und sie verstanden darunter wohl nichts anderes als das »Haus der Doppelaxt«, denn »Labrys«, die Doppelaxt, war wohl das heilige Zeichen der Minoer, so wie das Kreuz Symbol des Christentums ist. Spätestens in der Antike fand eine Bedeutungsverschiebung statt. Das Wort meinte nunmehr, was wir noch heute unter einem Labyrinth verstehen. Offenbar war die Erinnerung an das Architekturkonzept und die Baulogik des Labyrinths verlorengegangen, und den Griechen erschien Knossós nur noch als verwirrender Grundriß, in dem man sich verlaufen konnte und nur schwer – mit Hilfe des Ariadnefadens! – herausfand. Ihnen galt das Labyrinth als Gefängnis des mythischen Minotauros, eines menschenfressenden Ungeheuers mit dem Kopf eines Stiers. Die verwirrend angelegten Gänge hatten eben den Sinn, ein Entkommen des Untiers zu verhindern. Möglicherweise deuteten sie das Labyrinth auch symbolisch als Lebenslabyrinth, aus dem sich der Mensch nur mühsam den Weg ans Licht bahnt. Noch heute tanzt man in Griechenland den Labyrinthtanz (s. S. 286) – er mag uns in Ausdruck und Musik an kretisch-minoische Tänze erinnern.

Mythisches Tier und kultisches Symbol im minoischen Kreta war der Stier: Der Sage nach befreit Theseus die Athener von der minoischen

Herrschaft, indem er den Minotaurus im Labyrinth tötet. Die mykenischen Griechen des Festlandes, die tatsächlich am Ausgang der Bronzezeit Kreta eroberten, wußten offenbar noch von der großen Bedeutung des Stieres in der minoischen Kultur. Sie drücken das Unheimliche in ihren Mythen aus. Nur so ist das blutrünstige Bild des Minotaurus verständlich. Die Archäologie findet überall Zeugnisse eines Stierbildes, die diese Legenden bestätigen: Opfergefäße in Gestalt eines Stiers oder Stierkopfs wie der Blutopferkrug von Anemósipilia, Darstellungen von Menschen, die das »unmögliche« Kunststück des Sprungs über den Stierrücken vollführen, oder schließlich das Stieropfer selbst wie im Tholosgrab A von Furní. Leider wissen wir heute nur wenig über den Stierkult der Minoer und den Sinn des Sprunges über den Rücken des Tieres.

Man kann sich die Faszination vorstellen, die Evans und die ersten Ausgräber empfanden, als die Hinterlassenschaften der Minoer ans Tageslicht kamen und das »Labyrinth« von Knossós mit seinen prächtigen Räumen und Treppenhäusern während der Ausgrabung langsam architektonische Gestalt annahm. Wie verblüfft mußten die Archäologen aber sein, als sie das Fresko einer jungen, geschminkten Frau entdeckten, die eine so merkwürdige Ähnlichkeit mit den eleganten Pariser Frauen ihrer Zeit aufweist, als sei sie einem soeben von Toulouse-Lautrec gemalten Bild entsprungen. Spontan gab Evans der minoischen Dame den Namen »kleine Pariserin«.

Blutopfer-Gefäß aus dem Heiligtum von Anemóspilia (um 1700 v.Chr.), AMI.

Gerade weil wir so wenig Sicheres über die Welt der Minoer wissen, ist die Versuchung groß, unseren Assoziationen zu erliegen und in die »stummen« und doch beredten Zeugnisse der Vergangenheit hineinzudeuten, was Produkt unserer Vorstellung, unserer Zeit ist. So entstanden zu Anfang unseres Jahrhunderts für Knossós Bezeichnungen wie »Palast«, »piano nobile« oder »Halle des Königs«. Und so baute man die wissenschaftlich anfechtbaren Rekonstruktionen der »Gemächer der Königin« mit ihrem Badezimmer. In solch einem prächtigen Bauwerk, so dachte man, konnte nur ein König mit aufwendiger Hofhaltung gelebt haben – obwohl es keinerlei Indizien dafür gab.

Ohne die Pionierleistungen von A. Evans zu schmälern, wird in Zukunft vieles von jungen Forschern behutsam und gewissenhaft überdacht werden müssen, um ein authentischeres Bild der minoischen Welt zu zeichnen. So wurde Jahrzehnte lang jenes Fresko, das Evans 1901 aus verschiedenen Fragmenten zusammengesetzt hatte und »Priester mit der Federkrone« – auch »Lilienprinz« – nannte, nahezu kritiklos in viele Publikationen über die Minoische Kultur übernommen. Erst die Untersuchungen des französichen Arztes J. Coulomb 1979 ergaben, daß die Evans'sche Rekonstruktion anatomisch falsch ist.

Wir können das Fremde zunächst nur beschreiben und müssen anerkennen, daß vieles unklar bleibt. Nur das Feststellen der Unterschiede kann die Grundlage für das Verstehen bilden. Das, was wir als fremd wahrnehmen, wie etwa die auffallende Kleidung minoischer Frauen mit ihren entblößten Brüsten, kann dann Ausgangspunkt vorsichtiger Interpretationen werden. Die Kleidung läßt sich zusammen mit dem Vorherrschen weiblicher Personen in den dargestellten Kultszenen als Indiz für einen minoischen Mutterkult werten. Die Paläste – behalten wir die Bezeichnung der Einfachheit halber ruhig bei – scheinen weniger der Sitz eines Herrschers oder einer Herrscherin gewesen zu sein, als vielmehr Zeremonial- und Kultzentren mit Verwaltungsfunktionen. Aus der Vielfalt dieser Aufgaben mag sich die labyrinthische, uns heute verwirrende Anlage der Bauten für die minoischen Architekten fast zwangsläufig ergeben haben.

Schon die Griechen der Antike befremdete, wie wir gesehen haben, daß die Minoer eine matriarchalische Organisation der sakralen und weltlichen Macht verwirklicht und in einer weiblich bestimmten Welt gelebt hatten. Doch unser Beweismaterial ist viel zu dürftig, um eindeutig zu sagen, daß es im minoischen Kreta je eine Herrschaft der Frauen gegeben hat. Vor allem fehlen schriftliche Quellen. Es gibt jedoch einige wichtige Anhaltspunkte, die ein minoisches Matriarchat, zumindest im Sinne einer hervorragenden Stellung der Frau im öffentlichen und religiösen Leben, wahrscheinlich machen.

Fresko-Szenen und vor allem Darstellungen auf Siegeln sprechen für eine exponierte, führende Rolle der Frau zumindest im kultischen Bereich. Stets werden Frauen als Hauptakteure der Kulthandlungen gezeigt. Männer hingegen erscheinen dabei in untergeordneten Rollen, etwa als Gabenträger oder Musikanten, wobei sie sogar Frauenkleider tragen.

Der archäologische Befund von Anemóspilia indes – jene Momentaufnahme einer Kulthandlung – zeigt erstaunlicherweise etwas anderes: An

Große Muttergottheit aus einem Rundgrab der Messará-Ebene , AMI.

Schlangengöttin aus dem Zentralheiligtum in Knossós , AMI.

diesem blutigen Ritual zur Abwehr der drohenden Katastrophe nahmen drei Männer, aber nur eine Frau teil. Zudem scheint die Opferhandlung selbst von einem Mann ausgeführt worden zu sein – anders als wir es auf dem Sarkophag von Ajía Triádha sehen.

Dennoch: die These von einem matriarchalischen Charakter der Minoischen Kultur wird durch das gesamte Erscheinungsbild ihrer Kunstwerke unterstützt. Die Anmut, die Vorliebe für bewegte ornamentale Dekorationen, die pflanzlichen sowie figuralen Motive der verschiedenen Keramikstile drücken – nach unserem heutigen Verständnis – eine hochsensible, feminin anmutende Wohnqualität und Lebensart aus. Kleinste Siegelringe zeigen zierliche bewegte Kompositionen. Kampf- und Kriegsdarstellungen hingegen finden wir unter der Fülle von minoischen Exponaten nur auf knapp einem Dutzend Siegeln und auf dem relativ späten (um 1500 v.Chr.) »Miniatur-Fresko« von Santorin, das, wie einige Forscher meinen, eine Expedition in ein fremdes Land – vielleicht nach Libyen – zum Thema haben soll. Gerade das Fehlen martialischer Inhalte entspricht unserer heutigen Vorstellung von Weiblichkeit. Aber diese Projektion auf eine völlig andere Epoche bleibt fragwürdig, kann zu gravierenden Fehlinterpretationen führen.

Wir dürfen uns die Minoische Kultur jedoch nicht ohne Männer in den wichtigen Funktionen der Gesellschaft vorstellen. Mit Sicherheit hat es die

Diskus aus dem minoischen Palast von Festós mit hieroglyphen-ähnlichen Schriftzeichen, AMI.

im Mythos überlieferte »Seeherrschaft des Minos« wirklich gegeben. Sie war Grundlage für den lebensnotwendigen Exporthandel der Insel. Die minoischen Schiffe beherrschten in der Bronzezeit, während des zweiten vorchristlichen Jahrtausends, die wichtigsten Handelsstraßen des Mittelmeeres von Ägypten bis nach Sizilien. Das erforderte technisch ausgereifte Schiffe und kundige, kampferprobte Seeleute, die den Gefahren des Meeres und der Fremde standhalten konnten. Auch mußte man sich vor der ständig drohenden Piraterie schützen. Doch wir finden weder szenische Darstellungen solcher Themen noch irgendwelche Heldendenkmäler. Möglicherweise verehrten die Menschen jener Zeit ihre Heroen in Liedern, Hymnen und Tänzen.

Kreta und Santorin/Thera müssen bei all diesen Betrachtungen zusammen genannt werden. Beide Inseln wurden von zwei schweren Katastrophen heimgesucht: am Ende der Alten Palastzeit, um 1700 v.Chr. – man denke an den Tempel von Anemóspilia – und am Ende der Neuen Palastzeit, um 1450 v.Chr. Konnte sich die Minoische Kultur nach der ersten Zerstörung wieder erholen und weiterentwickeln, so wurde sie im 15. Jh. v.Chr. so sehr in ihren Grundstrukturen erschüttert, daß ihr endgültiger Untergang nur noch eine Frage der Zeit war.

Rund zweihundert Jahre später, gegen 1200 v.Chr., endete dann auch die mykenische Kultur auf dem griechischen Festland. Die Welt der Ägäis fiel in einen Zustand der Primitivität zurück. Viele moderne Errungenschaften der Minoer und Mykene gerieten in Vergessenheit, wenige nur wurden von Generation zu Generation weitergereicht. »Dunkle Jahrhunderte« trennen die bronzezeitlichen Ägäiskulturen von den Anfängen der Antike. Auch die zweite Katastrophe hatte geologische Ursachen. Um

Kreta. Archaische Landwirtschaft: Dresch-Schlitten.

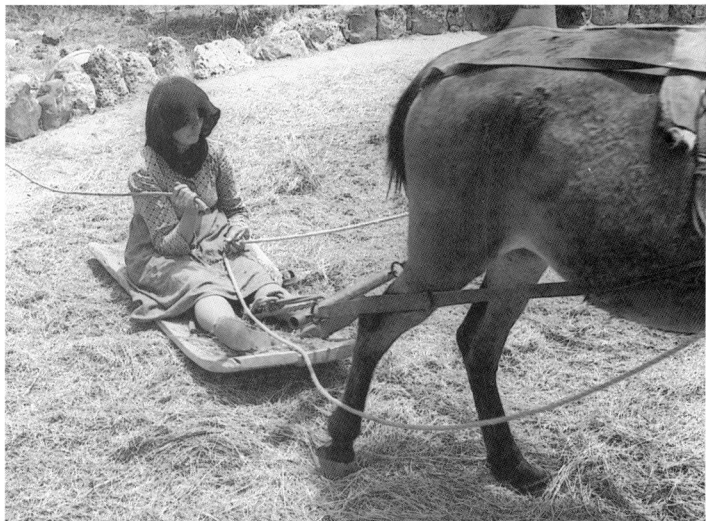

Den Frauen wird noch immer die harte Arbeit aufgebürdet. Beispiel aus Kreta.

1500 v.Chr. erfolgte eine Eruption des Inselvulkans Santorin, der rund einhundert Kilometer nördlich Kretas in der Ägäis liegt. Die beim Ausbruch
herausgeschleuderte Magma hinterließ Hohlräume. Diese brachen ein
und brachten den ganzen Vulkanberg zum Einsturz. Noch heute zeigt die
Form der Insel Santorin dieses Geschehen. Sie besteht nur noch aus dem
äußeren Kraterrand.

Die zunächst von Spyridon Marinátos aufgestellte These, der Santorin-
ausbruch sei *direkt* für das Ende des minoischen Kreta verantwortlich
gewesen, läßt sich heute nicht mehr aufrechterhalten. Dies ist jedenfalls
das Ergebnis archäologischer sowie geologischer Forschungen auf Santorin und Kreta. Dabei hatte man sogar schon vermutet, die Katastrophe von
Santorin und das Ende der minoischen Kultur Kretas seien jene historischen Ereignisse gewesen, die dem Mythos von Atlantis und dessen Untergang, wie ihn Platon überliefert, zugrunde lägen. Nach heutiger Kenntnis
ereigneten sich die Zerstörungen auf Kreta jedoch ca. fünfzig Jahre nach
dem Vulkanausbruch von Santorin, also erst um 1450 v. Chr. Die neueren
Forschungen auf Santorin widerlegten zwar eine interessante Theorie,
führten aber zu einer einmaligen Entdeckung: Der Aschenregen beim
Vulkanausbruch hatte eine minoisch-kykladische Stadt am Rande der

Insel konserviert – ähnlich wie über 1500 Jahre später die Flugasche des Vesuvs das römische Pompeji. Ein Teil dieser Stadt bei dem heutigen Ort Akrotíri ist mittlerweile freigelegt. Jahrzehnte wird es noch dauern, bis man den gesamten bronzezeitlichen Stadtraum ausgegraben haben wird. Die gut erhaltenen Häuser geben uns ein lebendiges Bild einer Stadt von vor 3500 Jahren: Vor allem die herrlichen Wandmalereien minoischer Tradition, die die Obergeschosse der Häuser schmücken, gehören zu den eindrucksvollsten Funden, die wir aus dieser Zeit besitzen.

Auf *indirekte* Weise wird der Vulkanausbruch von Santorin aber doch das Ende der Minoischen Kultur bewirkt haben. Es wäre denkbar, daß Kreta einen Großteil seiner Flotte durch Flutwellen und Seebeben einbüßte – und damit wären sowohl Verteidigungsfähigkeit wie auch Seehandel des Inselreichs empfindlich geschwächt worden. Aschenregen mag überdies noch einige Ernten vernichtet haben.

So hätten dann die Mykener fünfzig Jahre später dem angeschlagenen und sich nicht mehr erholenden Minoischen Reich den Todesstoß versetzen und sich der Insel bemächtigen können. Zu fern ist uns aber diese Zeit und zu dürftig noch unsere Quellenlage, als daß wir sicher wissen könnten, was sich genau in der Ägäis ereignete, als die mykenischen Helden von den minoischen Müttern die Macht übernahmen. Daß die Mykener die neuen Herren auf Kreta wurden, ist zweifelsfrei, neu diskutiert wird bei den jungen Forschern der Zeitpunkt dieses Machtwechsels in der Ägäis. Da werden Stimmen laut, die dieses Ereignis von 1450 v.Chr. bis auf 1375/1300 v.Chr. verlegen.

Eine andere Theorie soll in diesem Zusammenhang nicht unerwähnt bleiben. Die Geschichte lehrt uns, daß der Versuch des Menschen, eine stabile Ordnung – Kultur – zu schaffen, ein mühseliges Unterfangen ist, das nicht nur den Gefährdungen durch eine unberechenbare Natur ausgesetzt ist. Zahlreich sind die Beispiele für Rückschläge, die die Menschen zu allen Zeiten bei diesem Bemühen haben hinnehmen müssen. Vielleicht hat sich die minoische Kultur überlebt, vielleicht war ihre innere Organisation nicht stabil oder nicht flexibel genug, in der Geschichte zu bestehen. Schließlich mag man erwägen, ob das auf Kreta regierende Prinzip des Weiblichen dem des Männlichen weichen mußte – vielleicht, weil sich der Mann besser aufs Kämpfen versteht.

Doch auch die mykenisch-patriarchalische Ordnung hatte nicht lange Bestand. Liest man die griechischen Mythen, die uns ja Hinweise auf die mykenische Welt geben, dann gewinnt man den Eindruck, die Helden hätten sich gegenseitig zerfleischt. Von nichts als Kriegen und Raubzügen ist da die Rede, gleich, ob man gegen Troja oder gegen Theben zog. Zu diesem martialischen Geist passen die immer stärkeren Mauern, mit denen die Mykener kurz vor ihrem Ende ihre Burgen befestigten – die minoischen Paläste und Städte hingegen kannten überhaupt keine Befestigungen. Die zunehmenden und selbstzerstörerischen Auseinandersetzungen zwischen den einzelnen mykenischen Zentren hatten möglicherweise ihre Ursache auch darin, daß für die existentiell vom Handel abhängigen Ägäiskulturen die »Grenzen ihres Wachstums« erreicht waren. Dann konnten

Santorin. Hafen von Fíra

die Konkurrenten nur noch mit Waffengewalt um diese Märkte kämpfen, bis um 1200 v.Chr. ihre Wirtschaft und Kultur endgültig zusammenbrachen.

Noch eine Anmerkung zur Insel Santorin, die für uns als Sinnbild der Beharrlichkeit des Menschen stehen mag. Seit jeher droht der schönen Insel Vernichtung. Immer noch ist der Vulkan tätig – er hat überlebt. Gestalt und Aussehen Santorins sind deutlich geprägt von den Naturgewalten. Obwohl also stets schwerste Katastrophen zu befürchten sind, immer wieder Erdbeben die Insel erschüttern und ihre Gestalt verändern, hat der Mensch nicht aufgehört, hier zu siedeln, hier in Hoffnung zu leben. Die Insel übt eine magische Anziehungskraft aus – sie lockt mit ihrem fruchtbaren vulkanischen Boden, ihrer wilden Schönheit – und löst doch zugleich eine unheimliche Furcht aus. Dies verspürt auch der Inselbesucher. Und da, wo der Bauer heute mühsam die Asche und das Geröll durchpflügt, mögen in der Tiefe der Erde noch weitere Geheimnisse verborgen sein…

4. Abenteuer Archäologie

Der Mensch ist das größte Geheimnis des Menschen. Seit Urzeiten strebt er danach, dieses Geheimnis zu erhellen – seine Existenz in der Welt, im Kosmos zu ergründen und zu begreifen. Er will sich seiner Herkunft, seiner Anfänge versichern, und dies nicht nur, um zu erfahren woher er kommt. Mehr noch scheint dieses Streben des Menschen nach Erkenntnis Ausdruck des Selbstbewußtseins und der Würde, der Suche nach Sinngebung überhaupt zu sein. Der Wille, dem Dasein Sinn zu geben, bewegte ebenso die Griechen der Antike. Das Medium ihrer Selbstvergewisserung war ihnen der Mythos.

Die mythischen Gestalten der Griechen stellen Wirklichkeit dar. In den Mythen begegnen wir dem Wesen und dem Geist der Antike, ihrer Weltanschauung und Religion. Überdies gilt: Wer die Kultur des Abendlandes studieren will, muß bei den antiken Kulturen, den Ursprüngen Europas beginnen. Das Christentum, seine Idee und Lehre, ist nur aus dem Selbstverständnis der Spätantike, aus den antiken Religionen und den mythischen Erinnerungen unserer mediterranen Vorfahren zu erklären.

Eine Möglichkeit, dem Geheimnis des Menschen näherzukommen, bietet die Archäologie. Sie stellt eine Art Brücke vom Mythos zum Wissen dar. Die Idee, im Erdreich systematisch nach Zeugnissen ältester Zeiten zu forschen, gab es schon im 5. Jh. v.Chr. Thukydides (um 460–400? v.Chr.), einer der bedeutendsten antiken Geschichtsschreiber, berichtet von dem frühen Bemühen, Bodenfunde mit historischen Tatsachen des karischen Volkes im Südwesten Kleinasiens in Zusammenhang zu bringen: »Unter den eifrigsten Seeräubern waren die Inselbewohner karischer und phönikischer Herkunft. Diese Stämme bewohnten nämlich die meisten Inseln, wie sich neuerdings in dem jetzigen Kriege gezeigt hat: als die Athener die Reinigung der Insel Delos vornahmen und alle Sarkophage wegschafften, stellte sich heraus, daß über die Hälfte der Verstorbenen Karer waren, was man an der Waffenrüstung sah, die ins Grab beigegeben war, und an der Bestattungsweise, die heute noch bei den Karern üblich ist.« (Thukydides: »Der Peloponnesische Krieg«)

Cicero (106–43 v.Chr.) weiß sogar zu berichten, daß man in Syrakus auf Sizilien »antiken« Quellen folgend das Grab des Archimedes (287–212 v.Chr.) gefunden habe.

Bei der Suche nach der Vergangenheit auch die Mythen als Orientierung zu nehmen, diesen Gedanken hat erstmals Heinrich Schliemann konsequent verfolgt. Es ist sein Verdienst, unser Wissen von der griechischen und damit auch europäischen Frühgeschichte wesentlich bereichert zu haben. Als erster nahm er den griechischen Mythos beim Wort – der Mythos war ihm Ausgangspunkt für seine archäologischen Abenteuer. Vor allem schenkte er der Ilias Glauben, dem Epos Homers vom Trojanischen Krieg, das zwar bis dahin als frühestes Zeugnis abendländischer Dichtung bewundert, bis zu Schliemanns Zeit jedoch niemals auf eine verborgene historische Wahrheit hin befragt worden war. Warum sollten Mykene und Troja nicht doch existiert haben? Gegen die Skepsis und das

Gespött der Fachwelt ging Schliemann dieser Frage nach und begann zu graben. Er behielt recht. Ende des 19. Jhs. präsentierte Schliemann einer staunenden Öffentlichkeit die Überreste der Burgen von Troja, Mykene und Tiryns sowie aufsehenerregende Schätze: Schmuck, Waffen, allerlei Gerät von großer Schönheit, Kostbarkeiten, die von einem außerordentlichen technischen und künstlerischem Niveau zeugen. Vor allem aber war damit erwiesen, daß der Mythos der Griechen nicht einer blühenden Phantasie und Fabulierlust entsprang, sondern daß sich die mythischen Erinnerungen durchaus auf Vergangenes beziehen – an menschliches Schicksal erinnern. Befangen, geradezu boshaft reagierte anfangs die internationale Presse auf Schliemanns Erfolge. Die »Times« machte die Ausgrabungsergebnisse von Troja und Mykene lächerlich: Schliemann habe, so spottete man, nicht mehr als eine byzantinische Burg des 10. Jhs. gefunden. Und die kostbaren Schätze erklärte der Deutsche Adolf Boetticher schlechthin als Betrug.

Die Archäologie hinterfragt also die Aussagen des Mythos – dies ist ein Teil ihrer Forschungsarbeit. Doch der Weg vom Mythos zum Wissen ist beschwerlich. Die Fundstücke, in mühevoller Arbeit aus dem Boden gegraben, müssen gesäubert und sortiert werden. Man versucht, Fragmente zusammenzufügen, den Zusammenhang der Fundstücke zu rekonstruieren. Schließlich müssen die Funde kunstgeschichtlich und historisch eingeordnet werden. Die Funde zum Sprechen zu bringen – das ist die schwierigste Aufgabe. Stets bleibt viel Unklares, Schillerndes. Phantasien entfalten sich, Spekulationen gewinnen Raum. Nicht zuletzt deshalb ziehen jene rätselhaften Dinge aus ferner Zeit den Menschen immer aufs neue in ihren Bann.

Als sich zu Beginn unseres Jahrhunderts die Anfänge Europas aus den vagen Umrissen des Mythischen herauskristallisierten und praktisch als Gegenstand der Wissenschaft Gestalt annahmen, verschlug dies selbst nüchternsten Forschern den Atem. Seit Schliemanns Zeiten haben sich Konzeption und Methoden der Archäologie radikal verändert. Heute ist sie ohne die Hilfe naturwissenschaftlicher Disziplinen undenkbar.

Ausgangspunkt jeder archäologischen Grabung ist stets die Bestimmung der historischen Fundschichten (Stratigraphie), die sich in der Folge von Zerstörung und Wiederaufbau in Jahrtausenden abgelagert haben.

Geologischer Beobachtung zufolge nimmt man an, daß meist jüngere Schichten ältere überlagern. Die exakte Auswertung und Beschreibung der übereinanderliegenden Schichten und ihres jeweiligen Fundmaterials wird in der sogenannten *relativen Chronologie* zusammengefaßt. »Relativ«, weil sie die einzelnen Bodenschichten weder nach den Jahreszahlen einer allgemeinen Zeitrechnung bemißt, noch mit historischen Daten beschreibt. Die Unterscheidung der einzelnen Schichten basiert allein auf der Beobachtung der im Boden gefundenen Keramik: Ihr ständiger Wechsel in Form und Dekoration im Laufe einer Generation ermöglicht es, verschiedene »Kulturepochen« entsprechend dem jeweiligen Keramikstil zu unterscheiden.

Doch erst die Auflösung der relativen in eine *absolute Chronologie* mit bestimmten Jahreszahlen läßt die Vergangenheit historisch greifbar werden. Hilfreich sind Vergleiche mit bereits bekannten Kulturen, deren Chronologie durch schriftliche Quellen abgesichert ist.

Eine andere Möglichkeit, Funde zu datieren – jedoch nur solche, die aus organischen Materialien bestehen – bietet die C14 – Methode, auch Radiokarbonmethode genannt: Sie erlaubt heute Altersbestimmungen fast aller organischen Substanzen bis zu 70.000 Jahren mit einer Genauigkeit von ± 40 Jahren. Danach kann man aus dem C-14-Rückstand in einem Baumstumpf oder in einem Fragment einer Holzstatue errechnen, wann der Baum gefällt, nicht jedoch, wann aus dem Holz die Figur geschnitzt wurde.

Die ganze Lebenswelt des Menschen, also auch die natürliche Umwelt, in der der Mensch der Vor- und Frühgeschichte und der Antike lebte, wird von den Archäologen immer intensiver erforscht. Die in den Bodenschichten abgelagerten Blütenstaubkörner werden aus der Erde herausgelöst, vom Fundmaterial getrennt und dann auf ihren pflanzlichen Ursprung untersucht. Durch diese *Pollenanalyse* erhält der Archäologe bzw. der Paläobotaniker Daten über die Arten der Bäume und Pflanzen und ihre Verbreitung in einem begrenzten Raum zu einem bestimmten historischen Zeitpunkt.

Santorin. Grabungsfunde in Akrotíri, das um 1500 v. Chr. durch einen Vulkanausbruch zerstört wurde.

Obwohl es bereits im 18. Jh. in ganz Europa lebhaftes Interesse an der Antike gab und man begeistert »klassische« Kunst sammelte, wurden erst in der 2. Hälfte des 19. Jhs. konsequent Ausgrabungen durchgeführt. Nachdem 1723 der Franzose Bernard de Montfaucon die Aufmerksamkeit der Altertumsforscher auf Olympia gelenkt hatte, griff Johann Joachim Winckelmann die Idee auf, in Olympia archäologisch zu forschen: »Ich bin versichert, daß hier die Ausbeute über alle Vorstellungen ergiebig sei, und daß durch *genaue Untersuchungen dieses Bodens* der Kunst ein großes Licht aufgehen würde.« Doch Olympia mußte noch mehr als ein Jahrhundert auf seine Erforschung warten. Winckelmann, selbst nie in Griechenland gewesen, konnte seine Idee nicht realisieren, 1768 wurde er in Triest ermordet.

Zu Anfang des 19. Jh. steigerten die aufsehenerregenden Funde der Ägineten (1811 durch Otto Magnus von Stackelberg und Martin von Wagner) und des Frieses vom Apollon-Tempel zu Bassae (1812 durch Stackelberg und Georg Gropius) bei Fachleuten wie interessierten Laien die Begeisterung für die Antike. Während jener berühmte Fries vom Bassae in den Besitz des British Museum London ging, erwarb Ludwig I. die Ägineten für Bayern.

Archäologie als exakte Wissenschaft gab es aber immer noch nicht. Die strenge archäologische Forschung im heutigen Sinne beginnt in Griechenland mit Ludwig Roß. Er wird 1834 im Athen des jungen Königreiches Griechenland Oberkonservator und leitet erste Grabungen auf der Akropolis. Unter seiner Leitung wird der Nike-Tempel aus der türkischen Festungsmauer befreit und restauriert. Auch beobachtet er erstmals beim Abtragen der Kulturschichten stratigraphische Besonderheiten und bezeichnet die durch die Perser in Athen verursachten Zerstörungen als »Perserschutt« (mit rotfigurigen Vasenscherben).

Schliemann kommt erst 1871 nach Troja. Und im gleichen Jahr 1874, in dem er in Mykene den Spaten ansetzt, um die Schätze Agamemnons ans Licht zu bringen, wird in Athen das »Deutsche (Archäologische) Institut« gegründet. Ein Jahr später, am 14. Oktober 1875, beginnen die Arbeiten in Olympia. In einem Staatsvertrag zwischen Griechenland und Deutschland wird vereinbart: »Deutschland übernimmt alle Kosten des Unternehmens. ... Griechenland erwirbt das Eigentumsrecht an allen Erzeugnissen der alten Kunst und allen anderen Gegenständen, welche die Ausgrabungen zutage fördern.«

Damit war der Schatzsuche vieler Ausländer in Griechenland ein Ende gesetzt. Von nun an ist nicht mehr das Entdecken einzelner sensationeller Kostbarkeiten das Ziel der Arbeiten, sondern die wissenschaftliche Erforschung des Altertums als Ganzes. Zusammentragen von Details soll den Blick für kulturgeschichtliche Zusammenhänge der antiken Welt schärfen. In diesem Sinne reagierte auch Schliemann, als er 1882 Wilhelm Dörpfeld, Grabungsleiter in Olympia, zu seinem wissenschaftlichen Mitarbeiter machte.

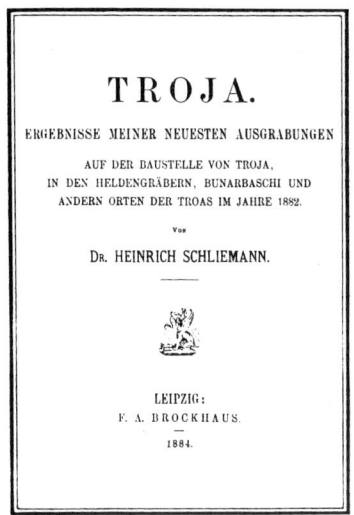

TROJA.

ERGEBNISSE MEINER NEUESTEN AUSGRABUNGEN

AUF DER BAUSTELLE VON TROJA,
IN DEN HELDENGRÄBERN, BUNARBASCHI UND
ANDERN ORTEN DER TROAS IM JAHRE 1882.

VON

Dr. HEINRICH SCHLIEMANN.

LEIPZIG:
F. A. BROCKHAUS.
1884.

HEINRICH SCHLIEMANN
ABENTEUER
MEINES LEBENS

Titelseiten der Schriften von und über Schliemann.

»Wenn ich dieses Werk (*Ilios*) mit einer Geschichte des eigenen Lebens beginne, so ist es nicht die Eitelkeit, die dazu mich veranlaßt, wohl aber der Wunsch, klar darzulegen, daß die ganze Arbeit meines späteren Lebens durch die Eindrücke meiner frühesten Kindheit bestimmt worden, ja, daß sie die notwendige Folge derselben gewesen ist; wurden doch sozusagen Hacke und Schaufel für die Ausgrabung Trojas und der Königsgräber von Mykene schon in dem kleinen deutschen Dorfe (Ankershagen in Mecklenburg-Schwerin) geschmiedet und geschärft, in dem ich acht Jahre meiner ersten Jugend verbrachte... Es stand (1830) zwischen uns schon fest, daß wir (H. Schliemann und Minna Meincke) sobald wir erwachsen wären, uns heiraten würden und... zuletzt aber die Stadt Troja ausgraben wollten.« Dieser Traum des achtjährigen Heinrich Schliemann (1822–1890) ging nur teilweise in Erfüllung: er heiratete nicht seine Jugendliebe Minna Meincke, sondern die Russin Katharina Petrowna Lyschina, später in zweiter Ehe die Griechin Sophia Kastriotis. Zwar entdeckte er Troja, doch nicht die von ihm erträumte homerische Stadt, nicht den Palast des Priamos. Schliemann legte das vorgeschichtliche Troja I – VII frei. Nach seinem Tode gelang es Wilhelm Dörpfeld (1893/94), Troja VIII und IX zu erforschen. In seinem Grabungsbericht bemerkte er: »Die Burg der II. Schicht, die wir bis dahin mit Schliemann für das homerische (Troja) gehalten hatten, muß jetzt einer älteren prähistorischen Schicht zugeschrieben werden... Es war ein eigentümliches Verhängnis, daß Schliemann bei seinen früheren Grabungen die stattlichen Bauwerke der VI. Schicht nicht gefunden hat.«

Ein Mythos ist um den Troja-Entdecker entstanden. Doch werfen wir einen Blick auf die zwiespältige Persönlichkeit Schliemanns – ohne die Verdienste dieses Pioniers der Archäologie schmälern zu wollen – und lesen in seinen Tagebüchern und Briefen. Schliemann war durchaus nicht unbeteiligt an seiner eigenen Legende, die wesentliche Züge seines Charakters verschleierte. Die Selbstüberhöhung beginnt schon damit, daß Schliemann von sich selbst berichtet, bereits als Achtjähriger den Entschluß gefaßt zu haben, Troja zu entdecken. Als junger Mann verdiente er durch Handel in Deutschland, Rußland und Amerika ein beträchtliches Vermögen, das ihm die Voraussetzung bot, seine enthusiastische Vision von der Entdeckung des homerischen Troja zu verwirklichen. Seine sensationellen Erfolge, die nur mit Mühe, Geduld und unglaublicher Kraft errungen werden konnten, brachten ihm jedoch nicht die erhoffte Anerkennung bei den Altertumswissenschaftlern. Der Versuch, in Deutschland zu promovieren, scheiterte zunächst. Von 1866–70 studierte er indes an der Sorbonne »Antike«. 1869 verlieh ihm die Universität Rostock die Doktorwürde für sein »Ilios«. Akademische Ehren (Dr.h.c.) wurden ihm schließlich (1883) auch von der Universität Oxford zuteil. Zwei Jahre zuvor hatte er nach Moltke und Bismarck als Dritter die Ehrenbürgerrechte der Stadt Berlin erhalten. Doch die oft unqualifizierten, bisweilen hämischen und bösartigen Angriffe gegen den »Dilettanten« der Archäologie verletzten den auf jede Kritik überaus empfindlich reagierenden Schliemann sehr. Der Spott und Hohn in all diesen Jahren mögen ihn letztlich dazu veranlaßt haben, seine autobiographischen Aufzeichnungen zu färben und sein Lebenswerk mit dem Mythos des genialen Kindes zu verbinden.

Doch zurück zur Entdeckung der homerischen Welt. Im April 1868 bricht Schliemann auf in die mythische Vergangenheit der Ilias und Odyssee. Er reist über Rom und Neapel ins Land der Phäaken, sucht auf Kérkyra/Korfú die Wiesenfelder, wo einst die Prinzessin Nausikaa Odysseus schlafend fand; schifft über nach Kefallinía und weiter nach Itháki, um dort, auf dem Aëtos-Berg, vergeblich nach dem Palast des Odysseus zu suchen – an dem Ort, den Strabon mit der Stadt Alalkomenai identifiziert und der im Volksmund »Burg des Odysseus« heißt. Weder in der »Grotte der Nymphen«, von der Homer in der Odyssee erzählt, noch in der »Schweinehöhle des Sauhirten Eumaios« konnte Schliemann die sagenhaften Schätze, die er suchte, finden. Auch die Argolis, Mykene und Tiryns besucht Schliemann, bevor er, ganz erfüllt von Homers Erzählungen, die Westküste Kleinasiens betritt. Am 8. August 1868, morgens um 10.00 Uhr, kommt er mit dem Schiff in Konstantinopel/Istanbul an. Unruhig ist er, erregt, voller Spannung. Nichts hält ihn in der christlich-islamischen Stadt. Er nimmt das nächste Schiff, noch am selben Tag erreicht er die Dardanellen. Diese strategisch so wichtige Einfahrt zum Schwarzen Meer, einst von Troja bewacht und von den Griechen zehn Jahre lang heftig umkämpft – nicht um einer schönen Frau willen entbrannte der Trojanische Krieg!

Endlich ist Schliemann in der homerischen Landschaft von Troja. Später erinnert er sich daran: »Ich gestehe, daß ich meine Rührung kaum bewältigen konnte, als ich die ungeheure Ebene von Troja vor mir sah, deren Bild mir schon in den Träumen meiner ersten Kindheit vorgeschwebt hatte. Nur schien sie mir beim ersten Blick zu lang zu sein und Troja viel zu entfernt vom Meer zu liegen, wenn Bunarbaschi wirklich innerhalb des Bezirks der alten Stadt erbaut ist, wie fast alle

Archäologen, die den Ort besucht haben, behaupten.«

Noch ganz unsicher, wo er zu suchen habe, orientierte sich Schliemann anfänglich an der bekannten Überlieferung des Franzosen Lechevalier, der Ende des 18. Jh. das homerische Troja gefunden zu haben glaubte und es oberhalb des Dorfes Bunarbaschi auf dem Felsplateau Skamander lokalisierte. Als 1864 der Österreicher J.G. von Hahn hier erste Ausgrabungen durchführte und ebenfalls zu dem Urteil kam, daß Troja auf dem Skamander liege, besuchten viele Reisende, darunter auch E. Curtius und H. Kiepert, diesen Ort in der Meinung, hier auf trojanischem Boden zu wandeln.

Schliemann kam zur Überzeugung, daß die antiken Reste auf dem Felsberg von Skamander nicht die Trojas sein können. Der Amerikaner Frank Calvert zeigte ihm daraufhin die viel näher am Meer gelegene Hügellandschaft von Hissarlik. Schliemann war sich sofort sicher, daß nur hier das homerische Troja zu finden sei. Zudem kam ihm der Umstand zu Hilfe, daß Calvert, ebenfalls ein aufmerksamer Leser Homers, bereits einige Grundstücke in Hissarlik besaß, die er Schliemann für sein Abenteuer überließ. Zunächst bemühte sich Schliemann um den Nachweis, daß die Siedlung bei Bunarbaschi nicht Troja sei. 1869 führten ihn Geschäfte in die USA, wo er sich fast das ganze Jahr aufhielt. Im gleichen Jahr vermählte er sich mit seiner zweiten Frau. Dann erst, 1870, war die Zeit reif: Die Entdeckung Trojas konnte beginnen. Schliemann drängte, ungeduldig versuchte er, so schnell wie möglich von der türkischen Regierung die Grabungsgenehmigung zu erhalten. Unerträglich langsam schien ihm die orientalische Bürokratie. Da entschloß er sich zu einer geheimen, illegalen Probegrabung – in Hissarlik. Die Ergebnisse dieser Aktion vom 9.–18. April 1870 bestärkten ihn in seiner Überzeugung, hier Troja zu finden. Übergroß seine Euphorie! Doch es mußte noch mehr als ein Jahr vergehen. Offiziell konnte Schliemann erst am 11. Oktober 1871 mit seiner Ausgrabung in Hissarlik beginnen. Seine letzte Grabungskampagne leitete Schliemann in seinem Todesjahr 1890. Er wagte jeden materiellen Einsatz. Neben seinen Wissenschaftlern beschäftigte er bis zu 150 Arbeiter. Doch er hatte auch gegen Intrigen zu kämpfen. Nicht nur die Presse in aller Welt feindete ihn an, auch manche seiner Arbeiter waren unredlich und hintergingen ihn. So erstatteten einige Türken aus seiner Grabungskolonne in Istanbul Anzeige. Sie behaupteten, daß die Grabung in Troja nur zum Schein durchgeführt werde, in Wirklichkeit wolle man das nahegelegene Festungswerk von Kum Kaleh für die Feinde der Türkei ausspähen. Für Monate wurde Schliemann verboten, Grabungszeichnungen und Tagebuchberichte vor Ort auszufertigen. Die türkischen Arbeiter achteten streng darauf, daß das Verbot aus Istanbul nicht unterlaufen wurde. Erst diplomatisches Handeln bewog die türkische Regierung zum Einlenken und brachte wieder bessere Arbeitsbedingungen.

Im April 1873 beschloß Schliemann müde und enttäuscht, die Grabung Ende Mai für immer einzustellen. Es schien, als habe er all seinen Glauben an das Troja Homers verloren. Zu mühsam war der Kampf gegen die etablierte Altertumswissenschaft und gegen die internationale Presse. Kraftlos und entmutigt will er seinen Kindertraum aufgeben. Da geschieht am letzten Arbeitstag eine Art Wunder: Schliemann entdeckt im Ziegelschutt einer Mauer den »*Schatz des Priamos*«!

Wieder wird Schliemann zum Tagesgespräch in der Weltpresse. Sein sensationeller Schatzfund läßt selbst die größten Gegner fürs erste verstummen. Heimlich entführt Schliemann inzwischen den Schatz nach Athen, versteckt ihn bei Freunden seiner griechischen Frau, so daß er selbst bei einer Hausdurchsuchung nicht gefunden wird. Zwei Jahre zieht sich der Streit mit der türkischen Regierung um den Schatz hin. Es gibt Komplikationen. Die Arbeiten in Troja stocken. Vertraglich ist Schliemann verpflichtet, von allen Funden 50 % der türkischen Regierung zu überlassen. Er wollte jedoch nach eigener Aussage den Schatz in seinem Zusammenhang für die Wissenschaft erhalten. Es kommt zu einem Vergleich: Schliemann soll 10.000 Francs zahlen, er zahlt freiwillig 50.000 Francs, um die Hohe Pforte in Istanbul wieder freundlich zu stimmen. Der wahre Handelswert des Schatzes ist bis heute unbekannt geblieben, da Schliemann nie ans Verkaufen dachte: »Sie kennen mich nicht«, schreibt er an Johanna Diestel, »wenn Sie glauben, ich grabe in Troja, um die gefundenen historischen Gegenstände zu hohen Preisen zu verkaufen. Ich grabe nur, um die allerinteressantesten Seiten der Weltgeschichte für die Wissenschaft zu Tage zu bringen. …Ich bin stets Käufer, nie ein Verkäufer von Altertümern.«

Wenn man den sagenhaften »Schatz des Priamos« näher betrachtet, so zeigt sich auch hier eine gewisse Unredlichkeit – oder Phantasterei – Schliemanns. Er hat offenbar seine eigenen Grabungsbefunde gefälscht. Der hohe Erfolgsdruck, der Zwang, Sensationen zu bringen, mag ihn dazu bewegt haben. Heute sind die meisten Forscher der Ansicht, daß der Fund kein einheitlicher Schatz gewesen sein kann, sondern daß Schliemann mehrere Einzelfunde zum »Schatz des Priamos« zusammenfügte, an einer bestimmten Stelle, angeblich »unter Zeugen«, ausgrub und so die gesamte Weltöffentlichkeit täuschte.

Die Wahrheit werden wir nie erfahren. Auch die Wissenschaftler aller späterer Generationen treffen ihre Aussagen nur aufgrund eigener Spekulationen! In seinem Testament vermachte Schliemann den »Schatz des Priamos« und die »trojanischen Sammlungen« dem »deutschen Volk«. Knapp ein Jahr nach seinem Tode, im Herbst 1891, gelangte Schliemanns »Trojanisches Erbe« nach Berlin. Ein halbes Jahrhundert später, im Mai 1945, wollen die alliierten Truppen den »Schatz des Priamos« in Verwahrung nehmen. Doch der Schatz ist bis heute in Berlin und andernorts nicht auffindbar. »Beim Bombenangriff im Flammenmeer versunken…« lautet die offizielle Erklärung ….Da kündigt sich ein anderes Abenteuer an: Entdeckung der im 2. Weltkrieg geraubten Kunstwerke und Überführung möglicher Täter aus Politik und Wirtschaft…!

Noch etwas zu Schliemann und seinen wissenschaftlichen Leistungen in der Pionierzeit der Archäologie. Allzuoft sind sie angegriffen worden, nicht selten in unseriöser Weise. Der bereits verstorbene Roland Hampe, einer der bedeutendsten deutschen Archäologen nach dem 2. Weltkrieg, sagte einst zu diesem Thema: »Die Methoden systematischen Ausgrabens haben sich erst seit Schliemann richtig entwickelt. Durch seine Erfolge und

Fehler hat er diese Entwicklung wesentlich vorangetrieben. Er mußte alles aus sich selber lernen. Schliemanns Forderung nach Tiefgrabungen bis zum gewachsenen Boden – dem Urboden – eine Forderung, die heute allgemein anerkannt ist, war damals ganz neu. Grabungen, wie die von Olympia oder auch Pompeji waren in Schliemanns Augen Oberflächengrabungen. Er regte schon 1876 an, auf dem Gelände von Olympia in die Tiefe zu graben, um die Vorgeschichte dieser Stätte zu klären. Dörpfeld folgte später dieser Anregung und stellt dort prähistorische Anlagen fest. Aber seine Arbeit blieb unvollendet. Bis heute ist das Problem des vorgeschichtlichen Olympia ungelöst, bleibt Schliemanns Forderung bestehen. Den Wert der Stratigraphie hat Schliemann im Prinzip erkannt. Daß er in der Praxis daran anfangs beinahe irre wurde, lag an dem besonders verwikkelten Befund von Troja.«

Führten zu Schliemanns Zeiten vor allem Abenteuerlust und Schatzsuche auf die Spuren der Ägäiskulturen, so kündigte sich mit der Entdeckung von Knossós im Jahre 1900 durch *Arthur Evans* (1851–1941) eine ganz andere und neue Art der archäologischen Forschung an: Evans begann seine Grabungen auf Kreta nicht wie Schliemann, um »Homer zu beweisen«, sondern mit der präzisen wissenschaftlichen Frage: Was war vor den Mykenern?

Evans, Sohn einer sehr wohlhabenden englischen Mittelstandsfamilie, war Ethnologe; seine Studienzeit hatte er in Oxford und Göttingen verbracht. Während sein besonderes wissenschaftliches Interesse prähistorischen Schriftzeichen der Ägäis galt, engagierte er sich als Dreißigjähriger politisch mit spitzer Feder für eine Lösung auf dem Balkan. Als Journalist schrieb er für den antitürkischen Manchester Guardian. Enthusiastisch verfocht er das Recht der Slawen auf Selbstbestimmung. 1882 wurde er auf einer Balkanreise wegen seiner kritischen Berichte in Dubrovnik für einige Wochen von der »Schutzmacht« Österreich verhaftet, das auf dem »Berliner Kongreß« (13.6.–13.7.1878) das Mandat über Bosnien und Herzogewina erhalten hatte. All dies – die Unterdrückung der Balkanländer und ihr Freiheitskampf – waren wichtige Erfahrungen seines Lebens, die Evans in seinem Reisebericht »Through Bosnia and Herzegovina on foot« (London 1877) verarbeitete – einer scharfen Auseinandersetzung mit der damals sogenannten »Orientalischen Frage«.

1883 kam der erste Kontakt mit dem fast doppelt so alten Schliemann zustande, den Evans in Athen besuchte, um Informationen und Material für seine prähistorische Schriftforschung zu erhalten. In Trödelläden der Athener Plaka konnte Evans weitere »Milchsteine« erwerben, die er schon oft griechischen Frauen abgekauft hatte – kleine Steinchen, aus gebranntem Ton mit merkwürdigen »Kratzspuren«, die die Griechinnen als Amulett um den Hals trugen. Und immer wieder erhielt er auf seine Frage, woher diese Steinchen stammten, die gleiche Antwort: von Kreta!

Evans hielt diese seltsamen »Kratzspuren« für Schriftzeichen einer frühen Ägäiskultur. Im Herbst 1893 war er sich gewiß, daß es auf Kreta eine noch viel ältere Kultur als die mykenische zu entdecken gab. Vor der »Griechischen Gesellschaft« in Athen erläuterte er seinen Vergleich der verschiedenen Schriftsiegel aus seiner eigenen Sammlung und jener in Berlin mit den Stücken, die er jüngst in Griechenland gefunden hatte: unzweifelhaft war damit bewiesen, daß einst auf Kreta ein »prähistorisches Bilder-Schriftsystem« existiert hatte.

Im Frühjahr 1894, acht Jahre nach der ersten Kretareise Schliemanns, bereiste nun Evans erstmals die Insel, begleitet von dem Italiener Frederico Halbherr, der dort seit Jahren archäologische Feldforschung betrieb. Schon die ersten Untersuchungen bestätigten Evans These: Im vorgeschichtlichen Kreta der frühen Bronzezeit wurden Informationen in Hieroglyphenschrift und Linearschrift verschlüsselt. So nannte Evans bereits 1896 in einem Aufsatz der Zeitschrift »Academy« die Urbevölkerung Kretas nach dem Mythos des Minos »*Minoer*« – vier Jahre bevor er mit seinen langwierigen archäologischen Forschungen in Knossós begann.

Lange hütete der Landschaftsraum zwischen Iráklion und Archánes das Geheimnis einer bronzezeitlichen Kultur des 2. vorchristlichen Jahrtausends. Der Hügel von Makrytíchos/Kéfala – die »lange Mauer« oder der »Kopf«, das heutige Knossós – galt bei den Kretern seit Generationen als ein bedeutungsvoller Ort. Robert Pashley und T.A.B. Spratt, zwei Reisende aus Mitte des 19. Jahrhunderts, äußerten als erste die Vermutung, dieser Ort könne das sagenhafte Knossós des Königs Minos sein.

Doch erst beim dritten Versuch durch Arthur Evans glückte es, »Minos und sein Reich« samt seiner Schätze ans Licht unseres Zeitalters zu holen. Als wahrer Entdecker der Minoischen Welt muß freilich ein Kreter betrachtet werden. Minos Kalokairinós war ein reicher und gebildeter Mann. Nach seinem Jurastudium in Athen arbeitete er lange Zeit als Dolmetscher des britischen Konsulats auf Kreta. Seine besondere Intuition für archäologische Phänomene stellte er bereits als Vierzehnjähriger unter Beweis: Im Sommer 1857 entdeckte er den ersten Inschriftenblock des »Stadtrechts von Górtys«, des einzigen größeren zusammenhängenden griechischen Gesetzestextes (Ende 5. Jh. v.Chr.). Im Winter 1878/79 – also acht Jahre nach Schliemanns Entdeckung von Troja – wagte sich auch Kalokairinós auf den Weg in die mythische Vorzeit. Dabei mag ihn besonders der Wunsch bewegt haben, die Kultur seiner kretischen Vorfahren in vorgeschichtlicher Zeit aufzuspüren und zu erhellen. Nachdem auf dem Kéfala-Hügel schon mehrere erfolglose Raubgrabungen versucht worden waren, konnte Kalokairinós in nur drei Monaten fast 55 m der westlichen Palastfassade und sechs der insgesamt 21 Westmagazine mit zwölf Vorratsgefäßen (Pithoi / aus Magazin 3) freilegen!

Den zweiten Versuch, die kretische Erde zum Sprechen zu bringen, unternahm 1886 Heinrich Schliemann. Er scheiterte jedoch bereits bei den Kaufverhandlungen für das Grabungsgelände, ohne je den Spaten in Knossós angesetzt zu haben. Zwar erhielt Schliemann von der damaligen türkischen Regierung der Insel die Grabungsgenehmigung, konnte aber mit dem Grundstückseigentümer nicht handelseinig werden.

Hier sei auch der Amerikaner W.J. Stillmann erwähnt, der 1880 in einem Fachartikel erstmals den Zusammenhang zwischen dem Siedlungsplatz des Kéfalahügels und dem Labyrinth von Knossós hergestellt hatte.

Kreta. Tontäfelchen mit Linear-A-Schriftzeichen. Museum Sitía, Ost-Kreta.

Danach erst zeigte Evans Interesse an dem Grabungsplatz. Auch er hatte zuerst administrative Probleme zu überwinden. So kaufte er während seiner zweiten Kretareise 1898 anfangs soviel Grund, daß er für die Vergabe einer möglichen Grabungsgenehmigung an andere Interessenten eine Sperrminorität besaß.

Am 23. März 1900 begann Evans mit seiner Grabung in Knossós. Langsam entstand aus den Funden ein Bild der versunkenen minoischen Welt. Für die Menschen zu Beginn unseres Jahrhunderts und auch für uns eine Märchenwelt – das sagenhafte Reich des Königs Minos, der Jahrhunderte vor den Mykenern eine uneingeschränkte Seeherrschaft über die Ägäis erreicht hatte. In den Hinterlassenschaften jenes Reiches, in den Ruinen und Fragmenten erkennen wir heute die Zeugnisse der ersten europäischen Hochkultur. Auch Evans war wie Schliemann ein Pionier der Archäologie, doch seine Arbeitsweise folgte den damals modernsten wissenschaftlichen Methoden. So hat seine 1905 für die Minoische Kultur festgelegte relative Chronologie, basierend auf exakten Stratigraphiebefunden, noch heute grundlegende Gültigkeit. Mit anfangs nur dreißig, später mit fast zweihundert Arbeitern und erfahrenen Archäologen (Duncan Mackenzie, Theodore Fyfe, John D.S. Pendlebury u.a.) legte er in knapp drei Jahren fast 20.000 m² des sogenannten Palastbereiches frei. Die den

Palast umgebende minoische Wohnstadt liegt noch heute größtenteils unter den Weinbergen begraben. Ein halbes Jahrhundert hat sich Evans der minoischen Kultur gewidmet und die bedeutendsten Zeugnisse der ägäischen Bronzezeit des zweiten vorchristlichen Jahrtausends entdeckt. Er verhalf ihr zur »Wiedergeburt«.

Manche der Fragen, die Evans aufwarf, konnte selbst die moderne Forschung bis heute nicht klären. Es bleiben viele Rätsel.

Evans Leistungen sind in der Fachwelt – anders als Schliemanns Arbeiten – allgemein anerkannt, wenn auch aufgrund erneuter archäologischer Untersuchungen in Knossós wesentliche Erkenntnisse hinzugewonnen werden konnten, die Evans' Interpretationen und Darstellungen in einigen Punkten korrigierten. Bedenklich – und besonders für den Laien verwirrend – sind die Bezeichnungen, die Evans den einzelnen Räumen des Palastes gab. Die Namen suggerieren Raumfunktionen, die in keiner Weise durch archäologische Funde beweisbar sind. Schärfste Kritik richtet sich immer wieder gegen die in Knossós ausgeführten Rekonstruktionen aus Beton. Doch auch diese von Evans bestimmte Maßnahme sollte differenziert betrachtet werden. »Zwei Generationen nach Schinkels Entwurf für ein Königsschloß auf der Akropolis von Athen, wenige Jahrzehnte nach der Wiederherstellung der Kaiserpfalz Goslar und etwa gleichzeitig mit der Neuerrichtung des römischen Kastells Saalburg wird das Vorhaben des Engländers jedoch historisch verständlich, ja es erscheint sogar durchaus fortschrittlich in der Gewissenhaftigkeit, mit der Altes und Neues unterschieden wurden«, so Wolfgang Schiering, deutscher Archäologe.

Noch etwas zum ursprünglichen Motiv, das Evans nach Kreta führte – seinem Interesse an der frühen Schrift im ägäischen Raum. Ehrgeizig und hartnäckig wie er war, wollte Evans die minoische Schrift *selbst* entziffern! Das gesamte Fundmaterial der schriftlichen Denkmäler von Linear-A und Linear-B betrachtete er als seinen persönlichen Besitz. Er hat es den Wissenschaftlern der ganzen Welt bis zu seinem Tode vorenthalten, und so hat Evans die Entzifferung der minoischen Schrift und die ganze Forschung auf dem Gebiet der prähistorischen Schriften für fast ein halbes Jahrhundert blockiert. Erst elf Jahre nach seinem Tode – er starb 1941 – wurde die Linear-B-Sammlung aus seinem Nachlaß der Wissenschaft zugänglich gemacht.

Schließlich sei noch ein anderer Pionier der Archäologie erwähnt, der, obgleich er einen streng wissenschaftlichen Weg ging, auch der Faszination Homers erlag und sich zuletzt in seinen archäologischen Arbeiten »blind« verrannte: *Wilhelm Dörpfeld* (1853–1940), der auf Léfkas Itháka suchte. Dörpfeld widmete sein ganzes Leben als Bauforscher der Archäologie. Von 1887 bis 1912 war er der erste Direktor des Deutschen Archäologischen Instituts in Athen. In dieser Eigenschaft leitete er einige Jahre die bedeutende deutsche Grabung in Olympia und hatte dem Schliemann-Abenteuer in Troja die entscheidende Wende zu einer wissenschaftlichen Kampagne gegeben. 1911 wurde er von Kaiser Wilhelm II. von Olympia nach Korfú gebeten, um dort die Ausgrabungen des Artemistempels zu leiten, der im Dezember 1910 zufällig von einem Bauern beim Pflügen seines Ackers entdeckt worden war. Die spärlichen Architekturfragmente gehörten zu einem der ersten und gewaltigsten Tempel der früharchaischen Zeit. Mit diesem Sakralbau beginnt die große Entwicklung der Steinarchitektur jener Epoche. Sein Gorgo-Westgiebel (um 590 v. Chr.) ist ein Meisterwerk und von unschätzbarem Wert für die Erforschung der archaischen Plastik. Nach Schliemanns Tod führte Dörpfeld die Arbeiten in Troja und Tirnys weiter. Indessen verfolgte er weiterhin seine eigene Suche nach der »Homerischen Welt«. Für ihn stand fest, daß nicht Itháki das homerische Itháka sei, sondern Homers topographische Beschreibung genau auf die Insel Léfkas zutreffe. Dort und nicht auf Itháki glaubte er also den Palast des Odysseus, in dem Penelope auf ihren Gatten wartete, zu finden. Noch heute erinnern sich viele ältere Bewohner von Léfkas an Dörpfeld und sprechen mit gebührender Achtung über den großen Forscher, immer noch fasziniert von seiner Idee, Léfkas sei das Itháka des Homer.

Die archäologischen Ergebnisse sprechen hingegen eine ganz andere Sprache: Die von Dörpfeld in der Nydhrí-Ebene ausgegrabenen Rundbauten sind nicht mykenisch, sondern Hinterlassenschaften einer Kultur der frühen Bronzezeit etwa um 2000 v. Chr. Weder hier noch auf Itháki konnte bis heute die Existenz eines mykenischen Palastes des Odysseus nachgewiesen werden. Mehr als einhundert Jahre nach Schliemanns Entdeckung von Troja, mit der dieser den Beweis lieferte, daß die Schilderungen Homers keine Märchen sind, liegt die Heimat des Odysseus weiterhin im Verborgenen – hütet die griechische Erde das Geheimnis des Helden Odysseus.

Dörpfeld war überzeugt, daß die Vlychú-Bucht der Hafen Ithákas gewesen sei und sich die Stadt einst am Westufer der Bucht ausgebreitet habe. Die Schweinehöhle des Eumaios, dem sich Odysseus bei seiner Heimkehr zu erkennen gab, und der dem Helden beim »Freiermord« half, vermutete er im Süden der Insel bei dem Dorf Efjiros.

Bis zu seinem Tode glaubte Dörpfeld, Léfkas sei Itháka. Auch über seinen Tod hinaus blieb der große Altertumsforscher der Insel treu. Auf seinen Wunsch hin erhielt er seine letzte Ruhestätte an der Ostküste der Vlychú-Bucht – am »Hafen von Ithaka« – auf der Prínos-Halbinsel, an einer Stelle, wo weder er noch andere Archäologen je den Palast des Odysseus gesucht haben. Ob Dörpfeld ihn hier vermutete?

Heute ist die archäologische Forschung für Ausländer von der griechischen Regierung streng reglementiert. Jeder Nation können maximal drei Forschungsprojekte im Jahr bewilligt werden, die vom jeweiligen nationalen Archäologischen Institut mit Sitz in Athen durchgeführt werden müssen. Das Deutsche Archäologische Institut betreibt seit Jahrzehnten vier Grabungen in Griechenland und zwar: Olympia, Tiryns, das Heräon auf Samos und den Keramaikos-Friedhof in Athen. Doch es kann immer nur an drei Ausgrabungsplätzen gearbeitet werden.

Die Geschichte der deutschen Archäologie sei an der Traditionsgrabung in Olympia dokumentiert. In Deutschland verstärkte sich seit der Mitte des 19. Jhs. das Interesse, Olympia archäologisch zu erforschen. Am 10. Januar 1852 hielt Ernst Curtius, einer der großen Wegbereiter der deutschen Archäologie in Griechenland, in Berlin einen leidenschaftlichen Vortrag über Olympia und entfachte die Begeisterung des preußischen Königs Friedrich Wilhelm IV. (1840–1861). Dieser beauftragte seinen Kultusminister, sich für die Olympia-Grabung einzusetzen. Ein Jahr später rief der Altertumswissenschaftler Ludwig Roß öffentlich zu einer Spendenaktion auf und warb am 4. Mai 1853 mit dem Slogan »Ausgrabung von Olympia. Ein Vorschlag« bei den Freunden der Antike in Deutschland. Doch das Ergebnis war erbärmlich: insgesamt kamen nur 262 Taler Spendengelder zusammen!

Das Bemühen der Deutschen um eine Grabungsgenehmigung nahm mehr Zeit in Anspruch, als Curtius erwartet hatte. Innenpolitische Geschehnisse von höchster Brisanz vereitelten vorerst das Projekt. Am 11. Oktober 1862 wurde König Otto I. durch einen Aufstand abgesetzt, ihm folgte der dänische Prinz Wilhelm als Georg I. auf dem Königsthron Griechenlands. Seit 1873 verhandelte nicht mehr Preußen, sondern das Deutsche Reich mit Griechenland. Am 25. April 1874 schließlich unterzeichnete Curtius in Athen gemeinsam mit dem kaiserlichen Minister E. von Wagner sowie dem griechischen Außenminister J. Delijánnis und dem Direktor der Altertümer P. Eustratiádes den Vertrag über die Olympiagrabung. Die Forderung Deutschlands, einen Teil der Fundobjekte zu erhalten, wurde bereits in den Vorverhandlungen aufgrund des griechischen Antikengesetzes vom 20. Mai 1834 abgelehnt. Am 4. Oktober 1875 konnte endlich die deutsche Grabung in Olympia beginnen. Dem heutigen Besucher bietet sich, gerade weil alle Funde in Olympia bleiben mußten, ein umfassendes Bild der antiken Kultstätte, ihrer Kunstschätze und ihrer Grabungsgeschichte. Die Ausgrabungen sind bis heute, nach mehr als 100 Jahren, noch nicht abgeschlossen, sie werden noch viel Einsatz von Wissenschaftlern und viel Zeit erfordern. Seit 1875 werden die Grabungen vom Deutschen Archäologischen Institut Athen geleitet und durchgeführt. Derzeitiger Grabungsleiter ist Helmut Kyrieleis, Präsident des Deutschen Archäologischen Instituts.

Die griechische Erde birgt noch viele Zeugnisse der antiken Welt. Man schätzt, daß weniger als ein Drittel ihrer historischen Plätze bisher ausgegraben und erforscht wurden. An ihrer wissenschaftlichen Entdeckung sind immer mehr hochqualifizierte griechische Archäologen beteiligt. Spýridon Marinátos, der Akrotíri auf Santorin ans Licht brachte und Nikólaos Pláton, der mit der Erforschung von Káto Zákros auf Kreta unser Wissen um die Welt der Minoer bereicherte, gehören zu den bekanntesten und erfolgreichsten. Gleichermaßen haben Manólis Andrónikos mit seinem sensationellen Schatzfund im Grabgebäude Philipps II. in Makedonien und Ioànnis Sakellarákis mit seinen vorbildlichen Forschungen im minoischen Kreta großartige Ergebnisse vorzuweisen. Doch bevor sich griechische Archäologen der praktischen Forschungsarbeit voll widmen können, müssen sie andere Schwierigkeiten überwinden: Die Vorarbeiten ihrer ausländischen Kollegen – gesammelt in unzähligen Büchern, geschrieben in allen westlichen Sprachen – müssen studiert werden. Das sind nicht selten Hindernisse, die vielen Griechen die Freude an der archäologischen Erforschung ihrer eigenen Kultur nimmt und sie auch

Minoisches Fresko mit Papyros-Blüten aus Akrotíri/Santorin (um 1500 v. Chr.), Nationalmuseum Athen.

manchmal scheitern läßt.

Die Hauptaufgabe der heutigen Archäologie ist allerdings nicht mehr das Ausgraben ganzer Städte, Tempel und Palastanlagen. Zum einen gibt es mittlerweile viel publiziertes und noch mehr unpubliziertes Material, das der wissenschaftlichen Aufarbeitung und Systematisierung bedarf, so daß manche Erkenntisse auch am Schreibtisch, im Labor oder am Computer zu gewinnen sind. Zum anderen setzt sich auch immer mehr die Meinung durch, daß die Erde den antiken Hinterlassenschaften einen vorzüglichen Schutz bietet; Schutz vor Verwitterung! Viele antike Ruinen, insbesondere im Großraum Athen, leiden unter zersetzenden Umwelteinflüssen, so daß etliche Grabungen nur noch zum Zwecke der wissenschaftlichen Erfassung durchgeführt und anschließend wieder zugeschüttet werden (z.B. der große Tempel von Samos).

Für Griechenland sind heute viele Grabungen auch eine Last. Sie müssen nicht nur von den Eforen, den staatlich angestellten Archäologen, überwacht werden, sie verursachen auch enorme Folgekosten (Gehälter für Wächter, Umzäunungen, Museumsbauten etc.), die nur selten von ausländischen Institutionen, die hier arbeiten, übernommen werden. Rühmliche Ausnahmen sind u.a. die vom Ausland finanzierten Museumsbauten von Neméa (USA) und Samos (Bundesrepublik Deutschland).

5. Lavrion – das »Ruhrgebiet« Athens

Die wenigsten der zigtausend Touristen, die täglich an die Südspitze Attikas fahren, um den Poseidon-Tempel auf Kap Sunion zu besichtigen, ahnen, daß hinter den unscheinbaren Hügeln in ihrem Rücken die Gegend liegt, der das antike Athen seinen Reichtum und seine politische Vorherrschaft zu verdanken hatte. Kein Hinweisschild längs der Straße zeigt die Richtung zu der kargen Hügellandschaft, die im Volksmund »Chaos« heißt, weil sie aussieht, als hätten sich vorzeitliche Riesenmaulwürfe durch den Boden gewühlt und überall ihren Auswurf verstreut. Das Gebiet hieß im Altertum Laureotik (Λαυρεωτική), wird im deutschen Schrifttum meist als Laurion, Laureion oder nach der lateinischen Form Laurium bezeichnet und hier nach der im 19. Jahrhundert gegründeten Stadt Lavrion benannt.

Wo heute nicht einmal Ziegen weiden und nur die unermüdlichen Zikaden die Stille durchbrechen, wimmelten im 5. und 4. Jahrhundert v. Chr. bis zu 20000 Menschen durcheinander, emsig beschäftigt, dem felsigen Grund Erzgestein zu entreißen, dieses zu sortieren, zu zerkleinern, zu zermahlen, zu waschen, zu schmelzen und das gewonnene Metall zu trennen, um schließlich Silber zu gewinnen, reines Münzsilber, das, mit der Athener Eule geprägt, wortwörtlich bares Geld war. Mit diesem Geld wurden der Tempel in Sunion und der Parthenon gebaut. Mit diesem Geld finanzierte Themistokles das ehrgeizige Flottenprogramm, das den Sieg der Athener in der Seeschlacht von Salamis ermöglichte und Griechenland vor persischer Besetzung rettete.

Hier stehen keine Marmorsäulen und keine Reliefs. Und doch birgt der Boden eines der aufregendsten Zeugnisse menschlicher Erfindungsgabe der Antike. Auf einem Gebiet von wenigen Quadratkilometern senken sich über 2000 Schächte in den Boden, die tiefsten bis über 100 Meter, in den blanken Fels getrieben mit Hammer und Meißel. Unter der Erdoberfläche sind viele dieser Schächte, oft in mehreren Etagen, miteinander durch Stollen verbunden. In einem Bergwerk hat man Stollen mit einer Gesamtlänge von vier Kilometern gemessen.

Das Bergwerkrevier von Lavrion verfügt über eine bemerkenswerte Vielzahl von Metallen und Mineralien. Ein kleines, aber sehenswertes Mineralogisches Museum in Lavrion vermittelt einen Eindruck dieses Reichtums. Den antiken Bergleuten kam es jedoch fast ausschließlich auf das Silber an. Nur trat dieses Edelmetall nie rein auf, sondern vermischt mit Bleioxid, bergmännisch Bleiblende. Der Silberanteil betrug 2 bis 4 Prozent. Dieser geringe Anteil war das Ziel aller Mühen, das anfallende Blei nur ein Nebenprodukt.

Das trockene Klima hat die meisten Schächte erhalten. Und staunend lauscht man noch heute lange Sekunden auf den Aufprall des Steinchens, das eine Vorstellung von der Tiefe des dunklen Schachts vermittelt, der sich, exakt quadratisch gemeißelt, vor einem auftut. Oft zeigt der Aufprall nur den ersten Abschnitt an. Der Schacht macht einen Knick, bildet eine Zwischenetage, und führt seitlich versetzt zur nächst tieferen Erzader.

Man hat Mühe sich vorzustellen, daß allein Hammer, Meißel und Muskelkraft dies geschafft haben sollen.

Fachleute haben errechnet, daß bei Schichtbetrieb rund um die Uhr der Vortrieb im Monat acht Meter betrug. Traf der Schacht eine erzführende Schicht an der Kontaktstelle zwischen Schiefer und Kalkstein, wurden Querstollen angelegt, die dem Erzgestein folgten. Um die Bergleute ausreichend mit Sauerstoff zu versorgen, mußten in Abständen Luftschächte angelegt werden. Das im Schein von trüben Öllämpchen gebrochene Erz wurde schon unter Tage sortiert und nur das reichhaltigere Gestein nach oben befördert. Bei Tageslicht wurde die Ausbeute erneut sortiert. Nur Gestein mit einem Metallgehalt von über 8 %, wie man an Gewicht und Farbe feststellte, wurde weiterverarbeitet. Der Rest wanderte auf Halden, die sich rings um die Schächte aufhäuften. Das reichhaltige Erzgestein wurde mit Hämmern auf großen Steintischen zertrümmert, auf denen heute noch Spuren dieser Arbeit zu sehen sind: Die unzähligen Hammerschläge und das scharfkantige Gestein haben Kuhlen in die Tische gegraben. Das auf Kieselgröße verkleinerte Erzgestein wurde abermals sortiert, und auch rings um die Zertrümmerungstische erhoben sich Halden mit minderwertigem Gestein.

Um das Metall vom Stein zu trennen, mußte weiter zerkleinert werden. Dies geschah – nach allerdings nicht unbestrittener Meinung – in mehreren Arbeitsgängen in steinernen Mühlen. Diese Mühlen, von denen noch einige erhalten sind, bestehen aus einem Mahltisch aus hartem Vulkangestein (Trachyt von der Insel Milos) mit rauher Oberfläche und einem viereckigen Mühlstein aus dem selben Material. Zwei schräg zur Unterseite des Mühlsteins verlaufende Flächen mit einem Durchbruch an der tiefsten Stelle bilden eine Schütte, durch welche das granulierte Gestein während des Mahlvorgangs nachrutscht, um zwischen Mühlstein und Mahltisch zerrieben zu werden. Die Energie für das Mahlwerk lieferte menschliche Muskelkraft. Zwei Sklaven bewegten den Mühlstein mit einer Holzstange, die durch zwei Einkerbungen des Steins lief, auf dem Mahltisch hin und her.

Bei dem so erzeugten Steinmehl konnte aus einsichtigen Gründen die weitere Trennung vom Gestein nicht mehr manuell erfolgen. Jetzt mußte mit physikalischen Methoden gearbeitet, das unterschiedliche spezifische Gewicht des schweren Metalls und des leichteren Gesteins ausgenutzt werden. Dazu war Wasser notwendig. Doch Wasser war und ist knapp an der Südspitze Attikas. Natürliche Quellen sind nicht vorhanden, und Regen fällt nur selten. Zur Lösung dieses Problems haben sich die antiken Ingenieure allerlei einfallen lassen: In den Talsohlen zwischen den Hügeln wurden zahlreiche Zisternen angelegt, um das Regenwasser aufzufangen. Ein sinnreiches System von Kanälen verband sie untereinander und bewirkte, daß, sobald eine Zisterne gefüllt war, das Wasser zur nächst tieferen lief. Bevor das Regenwasser eine Zisterne erreichte, lief es in einen Vorfluter, wo sich Verunreinigungen absetzten. Der Grund der Zisterne wurde jeweils aus dem gewachsenen Fels gemeißelt, um dem enormen Wasserdruck standzuhalten. Die Wände wurden aus Quadern gemauert und an der Innenseite mit einer wasserdichten Mörtelschicht versehen, so dicht,

r.: Lavrion. Antike
Erz-Waschanlage.

u: Lavrion. Stol-
len-Eingang zu den
Erzgruben.

daß manche Zisternen noch heute das Regenwasser monatelang speichern und mitten in der wasserlosen Macchia-Landschaft saftig grüne Oasen von Schilfrohren mit quakenden Fröschen bilden. Hunderte von Zisternen lieferten das Wasser für die zahlreichen Erzwaschanlagen und die Versorgung Tausender von Bergwerkssklaven mit Trinkwasser.

Die Erzwaschanlagen, am einfachsten zu besichtigen in Thorikos, der damaligen Revierhauptstadt, bestehen in der Regel aus viereckigen, länglichen Wasserbecken, an die sich, etwas tiefer gelegen, ein nahezu quadratisches Kanalsystem mit jeweils kleinen Wasserbecken an den Endpunkten anschließt. Dieses System garantierte, daß möglichst wenig Wasser verloren ging, reinigte es gleichzeitig, damit es wiederverwendet werden konnte, und funktioniert auf folgende Weise:

Das schmale Becken wurde mit Wasser und Erzmehl gefüllt und der Inhalt umgerührt, wobei die schwereren Metallkörner sich zuerst absetzten, während das Wasser-Stein-Gemisch durch mehrere Düsen in halber Höhe der Stirnwand des Beckens abfloß in den ersten Kanal, der sich längs des Wasserbeckens erstreckte. Einige Forscher sind der Ansicht, daß das Wasser dabei über schräge Bretter mit aufeinanderfolgenden Mulden floß, in denen sich das Erz absetzte. Vom ersten Kanal floß das Wasser in den nächsten, der einen rechten Winkel zum ersten bildete, und dann in das Senkbecken, von dort in einen dritten Kanal, parallel zum ersten, in ein zweites Senkbecken und anschließend durch einen vierten Kanal, parallel zum zweiten, in ein Auffangbecken unmittelbar, wenngleich tiefer, vor dem Ausgangsbecken. Hier konnte das durch die zwischengeschalteten Sedimentationen gereinigte Wasser wieder hochgeschöpft werden in das Ausgangsbecken. Auf der glatten quadratischen Fläche zwischen den Kanälen wurde das nun auf ca. 80 % angereicherte Erz getrocknet. Jetzt konnte der nächste Produktionsvorgang beginnen, das Ausschmelzen des Blei-Silber-Gemisches.

Da dieser Vorgang hochgiftige Dämpfe erzeugt, wurde dieser Produktionsabschnitt auf Hügelspitzen oder vorgeschobene Halbinseln verlagert, und das schädliche Gas den beständigen Nordwinden anvertraut. An der Küste von Lavrion hat man mehrere Erzschmelzen entdeckt. Leider hat die boomartige Verarbeitung der antiken Schlacken Ende des 19. Jahrhunderts die meisten dieser Zeugnisse der antiken Industrieproduktion zerstört. Die wenigen Reste weisen auf eine fast industrielle Großproduktion hin, wie sie in diesem Ausmaß wohl erst im 19. Jahrhundert wieder entwickelt wurde. Lange Reihen von drei bis vier Meter hohen röhrenförmigen Öfen wurden mit einem Gemisch von Holzkohle und angereichertem Erzmehl beschickt. Unter beständiger Zufuhr von Sauerstoff aus Blasebalgen wurden die für das Ausschmelzen notwendigen Temperaturen erreicht. Das flüssige Metall sammelte sich auf dem Boden des Ofens und floß in aufgestellte Formen.

Dieses nun fast reine Blei-Silber-Gemisch mußte noch in einem weiteren Arbeitsgang, der sogenannten Kuppelation, in seine Bestandteile zerlegt werden. Dabei nutzte man die Eigenschaft von flüssigem Blei – im Gegensatz zum Silber – bei Sauerstoffzufuhr zu oxidieren. Das Bleioxid bildete eine Kruste auf dem flüssigen Metall und konnte abgeschöpft wer-

Lavrion. Erz-Waschanlage.

den. Was übrig blieb und schließlich unverkennbar aufblitzte, war das Ziel all dieser Anstrengungen, reines Silber.

Um sich ein Bild von den Größenordnungen machen zu können, einige Zahlen: 5 Tonnen mühsam mit der Hand gebrochenes Erzgestein ergaben etwa 1 Tonne Bleioxid, aus dem 2 bis 4 Kilogramm Silber gewonnen wurden. Nach vorsichtigen Schätzungen wurden bis zum 1. Jahrhundert vor Christi etwa 3500 Tonnen Silber, d. h. 3 500 000 Kilogramm Silber gewonnen, sowie 1 400 000 Tonnen Blei. 70 % dieser Förderung erfolgte allein im 5. und 4. Jahrhundert. Dieser enormen Menge geförderten Metalls entspricht die fünffache Menge an Abraum.

Das bedeutet, daß das Gebiet schon im Altertum eine von Menschenhand weitgehend zerstörte Industrielandschaft war. Heute sind nur noch Spuren dieser Landschaftszerstörung zu sehen. Und dennoch, wer einmal durch dieses von Menschenhand erschaffene Chaos gewandert ist, nimmt Abschied von der Illusion, daß die antike Produktion im Einklang mit der Natur gestanden habe.

In Thorikos, der antiken Revierhauptstadt unweit der Stadt Lavrion, wo auch heute die Fahrstraße aus Athen das Meer erreicht, liegt unmittelbar westlich des Theaters eines der ältesten Bergwerke Europas. Wie eine Höhle öffnet sich ein waagerechter Stollen in den Hang. Die braunschwarze Färbung des Gesteins zeigt, daß hier eine metallführende Schicht an die Oberfläche tritt. Und so muß der Bergbau wohl begonnen haben. Als man herausgefunden hatte, was sich aus diesem auffällig gefärbten, merkwürdig schweren Gestein gewinnen ließ, begann man, die Erzspur in den Berg hinein zu verfolgen. Wegen mangelnder Luftzufuhr stieß man dabei rasch auf Grenzen und kam dann wohl darauf, vom Hang aus senkrechte Schächte nach unten zu graben bis auf den Stollen. Auf diese Weise erwarb man eine praktische Lagerstättenkunde, die es erlaubte, Schächte

auch dort hinabzusenken, wo die Erdoberfläche keinen Hinweis auf erzführende Schichten gab. Wie man darauf kam, daß in dem geschmolzenen
Erz ein winziger Anteil Silber steckte, entzieht sich unserer Kenntnis. Das
Silber-Blei-Amalgam selber gibt den Sinnen jedenfalls keinen Hinweis.
Unbekannt ist ferner, wie man auf das Kuppelationsverfahren zur Trennung von Blei und Silber kam. Dieses Verfahren ist alles andere als einfach, erfordert hohe Temperaturen, mehrere Arbeitsgänge und eine
genaue Kontrolle des Oxidationsvorgangs, um zu verhindern, daß bei der
Trennung all zu viel kostbares Silber verloren geht.

Und wer waren die Menschen, die all dies vollbrachten, die sich wie
Maulwürfe durch die Hügel bohrten und unermüdlich hartes Gestein zu
Staub mahlten? Es waren vor allem Sklaven. Und ihr Leben wird nicht einfach gewesen sein. Sie mußten teilweise ständig unter Tage leben. Von
Sklavenaufständen wird allerdings erst aus römischer Zeit berichtet. Sie
waren, vor allem wenn sie die komplizierten Gewinnungs- und Verhüt-
tungsmethoden beherrschten, nicht leicht zu ersetzen. Die Minen wurden
nicht in staatlicher Regie, sondern durch Privatunternehmer ausgebeutet,
welche die kostbare Arbeitskraft schonen mußten. Ein erfahrener Berg-
mann kostete das Dreißig- bis Vierzigfache eines einfachen Sklaven und
konnte sogar die Stellung eines Betriebsleiters einnehmen. Die Sklaven
gehörten wie Zubehör zur Mine, in deren unmittelbarer Nähe ihre Wohn
und Grabstätten lagen. Sie bildeten eine geschlossene Gesellschaft mit
Vereinigungen und eigenen Kultgemeinschaften. In klassischer Zeit
betrug ihre Anzahl fast ein Drittel aller attischen Sklaven. Dies belegt die
Bedeutung, welche der Silbergewinnung in der Athener Wirtschaft
zukam.

Der Stadtstaat Athen benutzte ein raffiniertes System zur Ausbeutung
der Silberbergwerke, das staatliche Kontrolle und kräftige fiskalische Einkünfte mit unternehmerischer Initiative verband. Der Grund und Boden
gehörte dem Staat und wurde nur für einige Jahre an Private verpachtet.
Erschlossene Minen, deren erzführende Schichten einigermaßen bekannt
waren, wurden nur für drei Jahre vergeben. Das befristete Bergbaurecht
wurde gegen ein hohes Entgelt verkauft und der Staat war außerdem am
Gewinn beteiligt. Unerschlossenes Gelände wurde für sieben Jahre verpachtet, ohne Anzahlung und gegen minimale Gewinnbeteiligung. Auf
diese Weise gelangte der Staat ständig in den Besitz erschlossener Minen,
für die er nichts aufgewendet hatte. Wegen der geringen Steuer lohnte sich
dieses Verfahren auch für die Unternehmer, vorausgesetzt, sie stießen auf
erzführende Adern. Das Risiko trugen die Unternehmer, was erklärt,
warum unter Zeitdruck gearbeitet wurde. Nach sieben Jahren fiel die
erschlossene Mine an den Staat und konnte nur gegen eine hohe staatliche
Gewinnbeteiligung wieder erworben werden. Dieser Druck ist sicher zula-
sten der Arbeiter gegangen, gemildert nur durch das Interesse der Unternehmer an der Erhaltung der Arbeitskraft.

War es Zufall, daß Athen so lange geistiges und kulturelles Zentrum des
antiken Griechenlands war? Oder besteht nicht eine direkte Verbindung
zwischen den schwarzen Abraumhalden von Lavrion und den weißen Marmorsäulen des Parthenon? Als im sechsten Jahrhundert vor Christi der

umständliche Tauschhandel durch das Münzwesen abgelöst wurde, waren verständlicherweise diejenigen griechischen Stadt- oder Inselstaaten im Vorteil, die über eigene Silbervorkommen für die Münzprägung verfügten. Und Athen besaß bei weitem die größten, auch wenn es sich nach heutigen Begriffen um eine magere Lagerstätte handelte. Moderne Untersuchungsmethoden erlauben es, das Ursprungsbergwerk jeder antiken Münze zu bestimmen, da auch das reinste Münzsilber Spuren von Zusätzen enthält, die für jede Region charakteristisch sind. Diese chemische Erkennungsmarke verrät, daß auch viele Münzen anderer Stadtstaaten aus Lavrion stammen. Athen konnte nicht nur eigenes Geld drucken, sondern auch Münzsilber verkaufen.

Das Münzsilber fiel den Athenern jedoch nicht in den Schoß. Die Silbergewinnung war eine Kulturleistung ersten Ranges. Die Bergwerke und Werkstätten von Lavrion dokumentieren eine menschliche Anstrengung, die dem Bau des Parthenon nicht nachsteht. In ihnen manifestiert sich eine enorme Ingenieurleistung, eine gewaltige Ansammlung von praktischen Erfahrungen im Bergwerks- und Hüttenwesen, ein hochentwickeltes handwerkliches Können sowie eine differenzierte soziale Ordnung.

Daß von den gewaltigen Abraumhalden im Minenrevier heute nur noch ein Bruchteil zu sehen ist, liegt daran, daß spätere Generationen in römischer und frühbyzantinischer Zeit, als der Erzabbau wegen Erschöpfung der Lagerstätten und günstigerer Silbervorkommen im Ausland zum Erliegen kam, daran gingen, das herumliegende ärmere Gestein auszuschmelzen. Urkundlich verbürgt ist, daß auch der Bau der Haghia Sofia in Konstantinopel mit Silber aus Lavrion finanziert wurde.

Dann wurde es still um die Minen. Die zahlreichen Wohnquartiere verfielen, aber das Gewirr von unterirdischen Stollen und Schächten blieb in dem trockenen, regenarmen Klima weitgehend erhalten. Die kunstvollen Zisternen füllten sich mit Flugsand und die zahlreichen Erzwaschanlagen verschwanden unter einer dünnen Erdschicht und Macchia-Bewuchs.

Erst in der zweiten Hälfte des letzten Jahrhunderts quoll wieder Qualm aus Kaminen in den meist wolkenlosen Himmel über Lavrion. Der junge griechische Staat, seit seiner Gründung von Finanzproblemen bedrängt, ließ die Frage der erneuten Nutzung der laureotischen Silberminen von einem ausländischen Fachmann prüfen. Der beauftragte Bergbauingenieur, ein Deutscher namens Fielder, kam 1840 zu einem negativen Ergebnis. 20 Jahre später untersucht ein junger griechischer Bergbauingenieur namens Andreas Kordellas, der gerade sein Studium beendet hatte, erneut das Gebiet. Er ist der Überzeugung, daß sich die riesigen Halden antiker Schlacke, die einen Restbleigehalt von durchschnittlich 10 % aufweise, zu wirtschaftlich günstigen Bedingungen nutzen ließen. Er legt seiner Regierung einen entsprechenden Bericht vor, worauf jedoch nichts geschieht. Der Bericht gelangt zur Kenntnis eines italienischen Metallurgen namens Enrico Serpieri, der im Auftrag französischer Kapitalinteressen mit der griechischen Regierung verhandelt – ohne Ergebnis. Daraufhin kauft er, gestützt auf juristische Gutachten, wonach die antike Schlacke dem jeweiligen Grundeigentümer gehöre, von der Gemeinde Keratea und einem Kloster die Rechte zur Nutzung der Schlacken, gründet eine Gesellschaft mit vorwiegend französischem Kapital, stellt Kordellas als Ingenieur ein und beginnt in der Nähe des heutigen Hafens Lavrion mit der Bleigewinnung. Der Fleiß der antiken Bergleute trug erneut Nutzen, in der Einöde entstand eine blühende Industrie. Die heutige Stadt Lavrion wurde gegründet. Arbeiter aus allen Teilen des jungen griechischen Staates sowie erfahrene Bergleute aus Asturien kamen herbei und bildeten bald die größte Industriesiedlung Griechenlands. Eine Schmalspurbahn verband sie mit der Hauptstadt Athen. Heute wird im ehemaligen Bahnhof von Lavrion eine Taverne betrieben, der man den Einfluß der französischen Architektur des letzten Jahrhunderts deutlich ansieht.

Die von Serpieri geleitete französische Gesellschaft begnügte sich nicht mit der antiken Schlacke, sondern verarbeitete auch, ohne gesicherte Rechtsgrundlage, den Auswurf der Gruben und die beim Erzwaschen angefallenen Überreste. Die griechische Regierung bestritt ihr das Recht daran. Die Gesellschaft bat die französische und italienische Regierung um diplomatische Intervention in ihrem Sinne, was auch geschah. So entsteht in den Jahren 1870–72 die »lavriotische Frage«, ein Politikum ersten Ranges, das Regierung, Opposition und Presse aufs äußerste bewegt. Die Krise wird schließlich durch den griechischen Industriellen Syngros gelöst, der die Anteile der Serpieri-Firma aufkauft. Diese wird daraufhin in »Griechische Metall-Gesellschaft« umbenannt und erhält gegen eine für damalige Verhältnisse ungewöhnlich hohe 50%ige staatliche Gewinnbeteiligung das Recht, sämtliche Überreste der antiken Bergwerkstätten auszubeuten. Diese Tätigkeit dauerte bis 1917 an, bis der letzte antike Abraum verarbeitet ist. Die Kupon-Scheren im fernen Paris und im neoklassizistischen Athen ernteten 50 Jahre lang die Früchte der Mühen der antiken Bergwerkssklaven. Die gewaltigen schwarzen Abraumhalden in und um Lavrion lassen noch heute ahnen, welche Ausmaße der antike Bergbau gehabt hat.

Lavrion. Stillgelegte Anlagen aus dem 19./20. Jh.

Nach dem Verkauf der ersten gründet Serpieri 1876 eine neue Firma unter der Bezeichnung »Compagnie Francaise des Mines du Laurium«, die auf den Spuren der antiken Bergleute im laureotischen Untergrund nach Erz schürft. Sie nutzt dabei in weitem Ausmaß die antiken Schächte und Stollen. Ziel war allerdings nicht mehr das Silber, sondern Blei, Menninge und kohlehaltiges Quecksilber. Das silberhaltige Blei wird zur Weiterverarbeitung ins Ausland geschickt. Diese Abbautätigkeit währte genau 100 Jahre. 1976 mußte sie wegen Erschöpfung der Lagerstätten eingestellt werden. Die heutige Bleischmelze von Lavrion verarbeitet importiertes Erz. Der in grauer Vorzeit begonnene Erzabbau ist damit 1976 wohl endgültig zuende gegangen.

Silber wurde in der Neuzeit nur ausnahmsweise und unter dramatischen Umständen produziert. Während der deutschen Besatzung herrschte, vor allem in den Städten, eine fürchterliche Hungersnot. Von den ca. 5000 Einwohnern Lavrions starben im ersten Besatzungswinter 1941/42 752 Personen. Wie der damalige Ingenieur der Compagnie Francaise und spätere Ausgräber antiker Erzverarbeitungsanlagen, Professor Kostantinos Konofagos berichtet, wurde auf seinen Vorschlag, ohne Wissen der Besatzungsbehörden, nachts unter Lebensgefahr Silber aus vorhandenen Erzhalden gewonnen und auf dem Schwarzmarkt verkauft, um mit dem Erlös Lebensmittel für die Lavrioten zu kaufen.

Ohne die gewaltigen Vorleistungen der Antike wäre das heutige Lavrion wohl nicht entstanden. Die Bedeutung dieser ersten großen Hüttenbetriebe im modernen Griechenland für die Ausbildung griechischer Arbeiter und Ingenieure kann kaum überschätzt werden. So haben Bergbau und Erzverarbeitung der Antike entscheidend zur industriellen Entwicklung des modernen Griechenlands beigetragen.

6. Olympia

Entstehung und Verfall eines kultischen Sportfestes

Am 31. Januar 1990 hat sich Griechenland offiziell beim IOC um die Austragung der Olympischen Sommerspiele 1996 beworben. Man kann davon ausgehen, daß diese Bewerbung sehr gute Chancen hat. 1996 werden »Jubiläums-Spiele« eröffnet, und sie sollen nicht nur nach Meinung der Griechen dort gefeiert werden, wo die Olympische Idee der Neuzeit ihren Ausgang nahm: Genau 100 Jahre zuvor, vom 25. März bis 3. April 1896, fanden in Athen die »ersten« Olympischen Spiele der Neuzeit statt. Der Geschichte des Sports ist allerdings zu entnehmen, daß es bereits vor Baron Pierre de Coubertin (1863–1937) andere gab, welche die Idee hatten, die antiken Olympischen Spiele neu zu beleben. Schon vor 1896 wurden »Olympische Spiele« veranstaltet, jedoch mit weniger Erfolg. Das 17. und 18. Jh. waren noch nicht reif für ein so kühnes Projekt.

Rudimente des olympischen Fünfkampfes leben heute noch in verschiedenen Formen des griechischen Brauchtums fort und knüpfen – mit häufigen Unterbrechungen – an die Olympischen Spiele der Antike an, die erst in frühchristlich byzantinischer Zeit verboten wurden. Über das Ende der antiken Olympischen Spiele gibt es unterschiedliche Berichte aus der Spätantike. Ein Erlaß Kaiser Theodosius I. (379–395) verbot alle heidnischen Kulte und beendete damit auch den uralten Zeuskult aus Olympia. Mit der 293. Olympiade im Jahre 393 wurde er letztmals gefeiert. Andererseits wird in Lukanios Schulkommentar (10. Jh.) berichtet, daß die Olympischen Spiele der Antike erst unter Kaiser Theodosius II. (408–450) im Jahre 426 erloschen seien. Die (offizielle) Olympische Siegerliste endet hingegen mit den 287. Spielen im Jahre 369 n.Chr.

In Griechenland werden noch heute in *Aráchowa* (Böotien) östlich von Delphi an drei Tagen, am Patrosiniums-Tag des Ájios Jeórjios (23. April), einen Tag davor und einen Tag danach »olympische Sportwettkämpfe« durchgeführt, die möglicherweise bis zur Antike zurückreichen: Kurzstreckenlauf (1. Tag), Weit- und Dreisprung (2. Tag), Speerwerfen und Steinwurf sowie Gewichtheben und Ringkampf (3. Tag).

In einigen anderen Dörfern Griechenlands, wie etwa in Nighríta (Makedonien/Sérres) finden am Sonntag nach Ostern ähnliche Sportspiele statt, die an den antiken Fünfkampf erinnern. Hier beginnen die Wettkämpfe mit einem 500 m-Lauf, es folgen der Dreisprung, der Steinwurf, ein 200 m-Ritt sowie am Nachmittag Ringkämpfe. Die Sieger erhalten ein Lamm.

Auch in Makedonien werden solche traditionellen Sportwettkämpfe veranstaltet: in Epanomí/Thessaloníki und in Lakkowíkia/Kavála; ferner in Thrakien (Kastanéai/Alexandrúpolis in Pílion), in Épiros (Párgha/Thesprotia) und auf der Insel Kós der Dodekanés.

Im 18. Jh. kennt man *Olympia* nur aus den Berichten antiker Historiker, vor allem von Pausanias, der diesem heiligen Ort in seiner Beschreibung

Griechenlands des 2. nachchristlichen Jahrhunderts das 5. und 6. Buch widmet. Aufgrund dieses Wissens, begeistert von der Idee, die Antike für die Neuzeit wieder lebendig werden zu lassen, regte *erstmals* 1723 ein französischer Geistlicher, Bernard de Montfarcon, die Erforschung Olympias an.

Noch waren es vor allem Ausländer, die der mythischen Faszination Olympias erlagen. Die Griechen waren zu sehr mit dem täglichen Existenzkampf in ihrem von Türken besetzten Land beschäftigt. 1766 fragte sich Richard Chandler, ein englischer Theologe, bei der türkischen Bevölkerung durch, fand Olympia und besuchte vermutlich als erster wissenschaftlich Interessierter das antike Gelände. Er sah die gewaltigen Bauquader sowie Reste von Säulentrommeln des Zeus-Tempels und stand in der Cella des Kultbaus, das dem höchsten der olympischen Götter geweiht war.

21 Jahre später gelang es der französischen Botschaft, bei der »Hohen Pforte« in Istanbul die Genehmigung für eine erste Felduntersuchung zu erhalten, so daß 1787 Fauvel einen ersten topographischen Plan des nördlichen Alpheios-Ufers, nahe dem Dorf Olympia, aufnehmen konnte.

Indessen wuchs das griechische Nationalbewußtsein. Die Griechen begehrten gegen die mehr als 400 Jahre alte Türkenherrschaft auf. Am 25. März 1821 begann schließlich der griechische Befreiungskampf.

Im gleichen Maße wie in Griechenland selbst die nationale Bewegung an Stärke gewinnt, wachsen überall in Europa Griechenlandbegeisterung und Philhellenismus. Innerhalb dieser Strömungen üben Olympia und die antiken Olympischen Spiele eine ganz besondere Faszination auf die Menschen des 19. Jahrhunderts aus.

Auch in Griechenland erwachte der Wunsch, Olympia wieder zu beleben. Die Bevölkerung von Letriní, einem Dorf zwischen Olympia und Pyrghos, gründete ein Komitee, das in Pyrghos Olympische Spiele plante. Diese sollten im olympischen Zeitmaß alle vier Jahre stattfinden und immer am 25. März, dem Tag der griechischen Befreiung, beginnen. Leider ist nicht überliefert, woran diese Idee scheiterte.

Den Geist Olympias erweckte P. de Coubertin für das 20. Jh. 1894 nutzte er die Chance bei einem Kongreß an der Sorbonne in Paris, der die Regeln des Amateursports international festlegen sollte. Vor diesem Forum stellte er am 23. Juni den Antrag, die Olympischen Spiele der Antike neu zu beleben und sagte in diesem Zusammenhang, »Deutschland habe ausgegraben, was von dem alten Olympia noch vorhanden sei – warum sollte Frankreich nicht die alte Herrlichkeit wiederherstellen« (nach C. Diem). Zwei Jahre später fanden vom 25. März bis 3. April 1896 die ersten Olympischen Spiele der Neuzeit in Athen statt. Damals wurden neben 12 Leichtathletikdisziplinen auch Schwimmen, Turnen, Fechten, Schießen, Gewichtheben, Ringen und Tennis zugelassen. An diesen ersten Spielen nahmen keine Frauen aktiv teil – ganz im Gegensatz zur Antike, wie wir noch hören werden. Auch mit der Wahl des Austragungsortes Athen nahm man Bezug auf die antike Tradition der Wettkämpfe. Das auf Kosten des reichen Auslandsgriechen Avéroff mit pentelischem Marmor ausgestaltete Stadion geht auf eine antike Stadiongründung des Jahres 330 v.Chr. zurück.

Schon 1896 in Athen wurden die Olympischen Spiele von jenem Virus infiziert, der sich besonders schädlich bei der Olympiade 1936 in Berlin und bei dem den Sportlern aufgezwungenen Boykott der Spiele von Moskau (1980) und Los Angeles (1984) auswirkte: dem Virus der Politik. Schon damals gleichsam als »olympische Erbsünde« angelegt, verstärkte sich die Politisierung des Sports immer mehr und bestimmt heute, verbunden mit der Kommerzialisierung, die Olympischen Spiele total. »Wenn aber die Weltmächte schon bei der Diskussion des Themas Weltfrieden kaum mehr als ihre Ohnmacht formulieren können, was soll unsere Jugend sagen oder gar tun? Gott sei Dank (wissen) sie mehr zu sagen als die Festredner-Floskel, die Olympischen Spiele seien eine Friedensbewegung in sich. Das stimmt doch gar nicht. Es gibt Entartungen, symbolisch ausgetragenen Streit. Es geht im sportlichen Wettkamp wie im Krieg um die Überbietung eines Gegners mit dem Ziel, ihn zu besiegen. *Es geht um politischen Mißbrauch*, um Beweise für die Überlegenheit des eigenen Gesellschaftssystems bzw. der eigenen Ideologie, es geht um Propaganda. Es geht um die Aufrüstung des menschlichen Körpers durch extreme Art von Training. All das gleicht sehr ernsthaft den militärischen Begriffen von Rüstung und Aufrüstung« (Willi Daume in: S. Güldenpfennig/ H. Meyer, Köln 1983, S. 7).

Schon bei der ersten Olympiade der Neuzeit wurde die Verknüpfung von Politik und Sport deutlich. Die Türkei verweigerte ihre Teilnahme in Athen, weil Griechenland sich »in die inneren Angelegenheiten« des türkischen Staates eingemischt habe. Zu dieser Zeit kämpften Festlandgriechen gemeinsam mit Kretern um die seit 1669 besetzte Insel Kreta. 1896/97 (im »Olympiajahr«) brach zwischen beiden Ländern Krieg aus.

Die Spiele in Athen waren dennoch ein erster Erfolg in dem zähen Ringen um die Verwirklichung der olympischen Idee, wie sie Coubertin entworfen hatte. Die folgenden Spiele in Paris (1900) aber waren eine Farce, was besonders Coubertin schmerzhaft traf, weil sie allein seinetwegen an Paris vergeben worden waren. Die in das Rahmenprogramm der Weltausstellung integrierte Olympiade wurde zu einer Nebensache degradiert.

Pierre de Coubertin widmete sein ganzes Leben – und sein Vermögen – seiner olympischen Idee. Mit 63 Jahren, 1925, trat er vom Amt des IOC-Präsidenten zurück und leitete bis zu seinem Tode das »Olympische Museum« in Lausanne. Dort starb er am 2. September 1937. Sieben Monate später wurde sein Herz in einer Marmorstele beigesetzt, die heute vor der Internationalen Olympischen Akademie in Olympia steht. Wenn die Grabungen eines Tages abgeschlossen sind, soll sie schließlich im Olympiastadion der antiken Kultstätte aufgestellt werden, und zwar dort, wo einst Endymion seine letzte Ruhe fand…!

Damit schließt sich der Kreis zur Antike: Endymion ist nach Pausanias (111/115 – nach 180) einer der mythischen Stifter und Gründer der olympischen Zeus-Spiele des Altertums; er wurde in Olympia an der Startlinie für den Stadionlauf im Olympiastadion bestattet.

Der griechische Mythos spricht jedoch vornehmlich von Herakles als dem Gründer der Zeusspiele in Olympia, wobei Pindar den thebanischen und Diodor sowie Pausanias den kretischen Herakles erwähnen. Historisch ist, daß 776 v. Chr. Iphitos, König von Elis, die erste *gezählte* Olympiade initiierte, die bis 393 n.Chr. bzw. 426 n.Chr. alle vier Jahre veranstaltet wurde. Die Olympischen Kultspiele wurden also knapp 1.200 Jahre durchgeführt (wahrscheinlich ohne Unterbrechung, nur für die Zeit von 277 bis 369 sind keine Sieger überliefert).

Pausanias beschreibt die Wiedereinführung der Olympischen Spiele wie folgt: »In späterer Zeit stiftete Iphitos... die Kampfspiele in Olympia und stellte die olympische Festfeier und den Gottesfrieden wieder her, die beide, ich weiß nicht wie lange, ausgefallen waren... Damals nämlich, als Griechenland durch Parteienzwist und durch pestartige Krankheiten zerrüttet war, beschloß Iphitos, den Gott von Delphi um eine Lösung von dem Übel zu bitten. Er soll von der Pythia den Auftrag erhalten haben, er selbst und die Elier sollten die olympischen Spiele wieder einführen. Iphitos überredete die Elier, auch dem Herakles zu opfern, den sie früher als für sie feindlich gehalten hatten« (V. 4,5/6).

Im Ursprung gehen die von Iphitos in historischer Zeit erneuerten Zeus-Sportspiele auf Kulte der mythischen Vergangenheit Olympias zurück. Funde des 11./10. Jh. v.Chr. belegen, daß bereits zu dieser Zeit in Olympia Wagenrennen durchgeführt wurden. Das waren rituelle Wagenrennen im Rahmen eines frühen Fruchtbarkeitskultes zur Erinnerung an die Hochzeit von Pelops und Hippodameia. Der fremde Vegetationsgott Pelops hatte in einem Wagenrennen König Oinomaos von Olympia besiegt und dadurch die Hand von dessen Tochter Hippodameia und das ganze Königreich gewonnen. Hier zeigt der Mythos deutlich das Eindringen patriarchalischer Elemente und ihre Verschmelzung mit der autochthonen matriarchalischen Kultur. Ebenso war das Wagenrennen Bestandteil der »Leichenspiele des Pelops«, die in der Antike gleichbedeutend mit den Olympischen Spielen waren. Zu diesen Kultspielen gehörten außerdem: Laufen, Diskuswerfen, Speerwerfen und Bogenschießen. All dies weist daraufhin, daß bereits im »vorolympischen« Olympia verschiedene sportliche Wettkämpfe ausgetragen wurden, die im engen Zusammenhang mit dem Vegetationskult standen.

Einige Forscher (L. Drees) vermuten sogar, daß in Olympia Relikte des minoischen Vegetationskultes weitergelebt haben, und beziehen sich dabei auf den Mythos von Demeter und Iason, die sich auf Kreta »auf dreimal gepflügtem Brachland« zeugend vereinigt hätten. Iason mag andererseits auch mit dem kretischen Herakles identisch sein, der, wie bereits erwähnt, als der mythische Gründer der Olympischen Spiele gilt, wie es Pausanias zu berichten weiß: »Da habe nun Herakles, als der älteste unter ihnen, seine Brüder zu einem Wettlauf zusammengestellt und den Sieger unter ihnen mit einem Zweig vom wilden Ölbaum bekränzt... Von dem idäischen Herakles geht die Sage, er habe als erster den Wettkampf angeordnet und ihm den Namen der olympischen Spiele gegeben. Er setzte fest, daß sie alle fünf Jahre gefeiert werden sollten, denn er selbst und seine Brüder waren fünf an der Zahl« (V. 7,7 und 9).

Die mythische Vorstellung der Griechen, daß es Herakles gewesen sei,

Olympia. Westgiebel des Zeus-Tempels mit Apollon, Peirithoos und Theseus (um 470/460 v. Chr.), »strenger Stil«.

der die Olympischen Spiele eingeführt habe, zeugt zugleich von einem tiefgreifenden Wandel in der griechischen Religion (der durch das archäologische Fundmaterial bestätigt wird): der mit der Völkerwanderung nach Griechenland eingedrungene Zeus läßt sich in Olympia nicht gleichberechtigt neben der Urgöttin Gaia (sie verkörpert die Fruchtbarkeit der Erde) verehren, sondern er hat in Elis die Alleinherrschaft als Zeus Olympios errungen.

Doch nun zu den antiken Spielen selbst, zur »Olympiade«. Das Olympische Zeitmaß (= 1 Olympiade!) betrug vier, nicht wie Pausanias überliefert fünf Jahre. Auch erhielten die Athleten 776 v.Chr. als Preis keinen Kranz aus Blättern des wilden Ölbaums, sondern einen Apfel. Erst bei der 7. Olympiade (752 v.Chr.) wurden die Sieger mit Ölbaumblättern bekränzt.

Die *Olympiade* bedeutete in der Antike, anders als heute, nicht nur das olympische Sportfest, sondern eine *panhellenische Festperiode*, die für die antiken Griechen, ihre verschiedenen Völkerschaften und Stadtstaaten die Grundlage ihrer Zeitrechnung war. Jedoch hatte die Olympiade nicht die Funktion eines Kalenders oder einer Zeitrechnung im heutigen Sinne. Sie galt allein für die Geschichtsschreibung sowie für die Erstellung von Siegerlisten und Ehreneinschreibungen, die tatsächlich mit Ausnahme der oben erwähnten Lücke für 12 Jahrhunderte vorliegen. Das Zeitmaß einer Olympiade war eine halbe Oktaeteris, bestehend aus 99 Monaten. Bereits in der Spätantike unterteilte man die Oktaeteris in Viertel, um so die genaue Jahreslänge bestimmen zu können, die Hipparchos in der Mitte des 2. Jh. v.Chr. mit 365 Tagen, 5 Stunden, 55 Minuten, 12 Sekunden errechnet hatte. Das Ergebnis differiert gegenüber heutigen Berechnungen nur um 6 Minuten und 26 Sekunden!

Im Laufe der Jahrhunderte entwickelten sich auch an anderen Orten Griechenlands aus frühen Kulten Sportfeste, deren zentraler Sinn wie bei den Spielen in Olympia der Gottesfrieden, d.h. die Versöhnung verschiedener religiöser Strömungen, war. Die Olympischen Spiele blieben jedoch im Rahmen der panhellenischen Spiele stets die bedeutendsten. Ihnen folgten die *Isthmien von Korinth*, die ab 570 v.Chr.(?) zu Ehren Poseidons alle zwei Jahre, jeweils im April, veranstaltet wurden. Anfangs erhielten die Sieger bei diesen Spielen einen Kranz aus Fichtenzweigen, später einen aus Sellerie. 480/79 versammelten sich die Griechen anläßlich der Isthmien, um über Maßnahmen gegen das Herannahen von Xerxes und dessen persischem Heer zu beraten. Politische Aktivitäten dieser Art während der Panhellenischen Spiele waren die Regel.

Die *Pythischen Spiele* zu Delphi sind nach den Olympischen Spielen die ältesten. Sie fanden seit 582 v.Chr. jeweils im 3. Jahr der Olympiade statt, also stets ein Jahr vor dem Beginn der Olympischen Spiele und immer im August zu Ehren des Gottes Apoll. Die Sieger wurden mit einem Apfel, später mit einem Lorbeerkranz ausgezeichnet. Die *Nemeischen Spiele* entstanden 537/36 v.Chr. und wurden alle zwei Jahre zur Feier des Zeus im Sommer abgehalten. Ein Kranz aus Eppiah (Petersilie, Efeu und Sellerie) war der Siegerpreis.

Die Panhellenischen Festspiele waren stets so terminiert, daß sie sich zeitlich nicht überschnitten und Olympia zu Beginn einer jeden Olympiade den Festzyklus eröffnete. Hinzu kamen noch die *Panathenaien*, die Peisistratos in der Mitte des 6.Jh.v.Chr. in Athen mit vielen musikalischen Wettbewerben und gymnastischen Spielen neu inszenierte, die aber schon im Athen der mythischen Zeit zu Ehren der Athena ausgiebig gefeiert worden waren.

So wie sich die Olympischen Spiele der Neuzeit seit 1896 erst allmählich entwickelten (Athen verzeichnete 43 ausgetragene Sportdisziplinen und Seoul 160), bildete sich auch das Fest- und Sportprogramm im antiken Olympia über eine sehr lange Zeitspanne aus. 776 v.Chr., bei den 1. Olympischen Spielen, stand nur eine Disziplin auf dem Programm: der *Stadionlauf* (192,27 m), der auch bei den folgenden 12 Olympiaden der einzige Wettkampf blieb. Aus ihm entwickelte sich dann der Doppellauf (= zwei Stadien; ab der 14. Olympiade/ 724 v.Chr.) sowie der Lang- und Waffenlauf (ab der 15. Olympiade/ 720 v.Chr). Von diesem Zeitpunkt an kamen die Athleten nackt zum Wettkampf. Und erst bei der 18. Olympiade (708 v.Chr.) wurde mit Einführung der »Leichenspiele des Pelops« der klassische antike *Fünfkampf* ins Programm aufgenommen: Diskuswerfen, Weitsprung, Speerwerfen, Stadionlauf und Ringen. Nach mehr als 500 Jahren umfaßte das olympische Programm schließlich 18 Wettbewerbe. Das Wagenrennen (mit Zweigespannen) wurde erstmals 408 v.Chr. bei der 93. Olympiade durchgeführt. Ab der 96. Olympiade (396 v.Chr.) ehrte man auch die besten Trompeter als Sieger. Immer aber stand der Stadionlauf im

Mittelpunkt der Sportveranstaltungen. Er wurde stets im Anschluß an das große Zeusopfer, am 3. Festtag der Spiele, ausgetragen.

Insgesamt dauerten die Spiele fünf Tage. Nach der hypothetischen Rekonstruktion des Festprogrammes (nach L. Drees) ergibt sich folgender Ablauf:

1. Tag
Reinigungszeremonien und Eidesschwur vor der Statue des Zeus Horkios (=»Schwurgott«). Das Verbot für verheiratete (!) Frauen wird ausgesprochen. Ihnen sei das Zuschauen bei Todesstrafe untersagt. Dann beginnen die Wettkämpfe der Herolde und Trompeter.

2. Tag
Vormittags Pferdesport, Wagenrennen mit Zwei- und Vierspännern (für Pferde 9.229,44 m/ für Fohlen 6.152,96 m) und Pferderennen mit Reitern (769,12 m). Am Nachmittag der Fünfkampf. Für den Diskus (21,0 cm Durchmesser, 1,4 cm dick, ca. 2 kg) ist die Rekordweite von 30,44 m überliefert (diese Weite wurde 1896 von dem Sieger R. Garrett in Athen nicht erzielt – er schaffte nur 29,15 m!). Bei Einbruch der Dunkelheit erreichte der Zweite Tag mit dem »Totenopfer an Pelops« seinen Höhepunkt: ein schwarzer Widder wird vor dem Grabe des Pelops im Heiligtum geschächtet, das Blut fließt in eine Opfergrube, und das Fleisch wird Pelops zur Freude und zu Ehren verbrannt (s. Anastenária-Kult S. 129).

3. Tag
Höhepunkt der Festspiele. Früh am Morgen wird Zeus Olympios die »Hekatombe der Elier« geopfert: hundert Stiere, gespendet vom Staat Elis, von ausländischen Gesandten und von Privatleuten, werden vor dem großen Aschenaltar (ca. 39 m Umfang und 7 m Höhe) geschächtet, und ihre Schenkelstücke auf dem Altar verbrannt. Der Sieger im Stadionlauf erhält die ehrenvolle Aufgabe, das Opferfeuer zu entzünden. Das Opferblut habe, so Pausanias, Raubvögel angezogen, die Olympia von Kadaver und Abfällen reinigten, und der Rauch und Qualm des Opferfeuers habe lästige Fliegen und Mücken vertrieben.

Spätestens zur Mittagsstunde ist das Opferritual beendet, dann folgen die Sportveranstaltungen: Langlauf, 4.614,72 m (er beginnt bereits zu einem frühen Zeitpunkt, noch während sich die Festgäste im Stadion versammeln), Stadionlauf und Doppellauf. Ein Fehlstart wird von dem Alytes (Start-Richter) mit Prügel bestraft.

4. Tag
Schwerathletisches Programm: Ringen, Faustkampf (aus den Siegerlisten der 1200 Jahre alten Spiele sind zwei Todesfälle bekannt), Pankration (eine Mischung aus Ringen und Boxen, bei der jeder Griff und jeder Schlag erlaubt war), Waffenlauf der Hopliten (die nackten Athleten liefen den Doppellauf mit Helm, Beinschienen und Schild).

5. Tag
Feierlicher Ausklang mit Siegerehrungen, Dankopfern an Zeus Olympios und die anderen Göttern Olympias und Festgelage für die Athleten, Kampfrichter sowie für die Staatsgäste.

In der Antike zogen Herolde von den jeweiligen Orten der Panhelleni-schen Festspiele aus und verkündeten allen griechischen Stämmen das genaue Datum der Spiele und für die Zeit der Festspiele einen einmonati-gen Frieden und Waffenstillstand. Monate zuvor begann bereits eine große Wallfahrt nach Olympia. Allen Reisenden garantierte man vollkommenen Schutz und Sicherheit auf ihrem Reiseweg zum Austragungsort der Spiele wie auf ihrer Heimreise. Diese Schutzperiode wurde zwei bis drei Monate gewährt.

Der *olympische Frieden* des Zeus war bindender Bestandteil jeder Olympiade und einte im Laufe der Jahrhunderte – entsprechend der Teil-nehmerstaaten – nahezu die gesamte *griechische Welt*. Dies jedoch nur für die Zeit der Spiele. Nur *freien Griechen* war die Teilnahme an den Spielen gestattet. So mußte selbst, wie Herodot berichtet, Alexander I., König von Makedonien (494–454 v.Chr.), aus der Ahnenreihe Alexander d.Gr. (356–323 v.Chr.) in Olympia nachweisen, daß er ein freier Grieche und kein Barbar sei. Er gewann dann mit einem anderen gemeinsam den Sta-dionlauf.

Elis, der Staat, der die Olympischen Spiele veranstaltete, entwickelte seit 776 v.Chr. intensive politische Aktivitäten, um zu erreichen, daß sich alle Nachbarstaaten tatsächlich an den Gottesfrieden hielten. Für Elis bedeutete dies eine »kultisch bedingte Neutralität«, die dem Staat selbst einen dauernden, fast ungestörten Frieden brachte. Teilnehmer aus Staa-ten, die diesen Frieden brachen, wurden zwangsläufig ausgeschieden. So war den spartanischen Athleten bei der 90. Olympiade im Jahre 420 v.Chr. der Start verboten, weil Sparta den Gottesfrieden während des Peloponne-sischen Krieges (431–404 v.Chr.) gebrochen und die Städte Phyrkos und Lepreon erobert hatte. Später mußen die Spartaner noch eine Geldstrafe von 2000 Minen zahlen (dafür konnte man zur damaligen Zeit ca. 6.600 Ochsen kaufen). Olympia als friedenstiftende Kultstätte war zugleich ein politisches Forum. Hier wurden Politiker, die sich in und um Griechenland verdient gemacht hatten, hoch geehrt (z.B. Themistokles für seinen Sieg gegen die Perser bei Salamis, 480 v.Chr.). Hier auf neutralem, heiligem Boden trafen sich verfeindete, miteinander im Krieg liegende Staaten zum Gespräch, wurden Friedensabschlüsse verhandelt. Während der Fest-spiele konnten Politiker und Philosophen ihre panhellenischen Ideen auf »volkreichem Boden« verbreiten. Bei der 93. Olympiade im Jahre 408 v.Chr. beschwor Georgios von Leontini erfolglos die Griechen, den bereits 23 Jahre andauernden Peloponnesischen Krieg zu beenden; er wurde noch vier Jahre unvermindert heftig weitergeführt!

Doch wie sah die praktische Organisation der antiken Olympischen Spiele durch den Staat Elis aus? Das sehr schlichte, nur aus aufgeschütte-ten Erdhängen bestehende Stadion faßte ca. 40.000 Zuschauer. Es dürften jedoch weitaus mehr Gäste Olympia besucht haben. Für die Massen muß-ten Unterkünfte (meist auf Zeltplätzen außerhalb des heiligen Bezirkes, der Altis) und alle sonstigen Versorgungseinrichtungen bereitgestellt wer-den. Besonders die neun Brunnen, die das Trinkwasser lieferten, bedurf-ten ständiger Pflege. Eine kaum minder schwierige Olympia-Organisation wie bei unseren modernen Fernsehspielen! Doch der Staat Elis hat diese

Viergespann. Attisches Weihrelief (410 v. Chr.), Nationalmuseum Athen.

Hockeyähnliches Spiel. Reliefbasis (500–490 v. Chr.), Nationalmuseum Athen.

Aufgaben stets hervorragend gelöst, so berichten jedenfalls viele antike Autoren. Dabei blieb es nicht aus, daß viele nach Olympia nur reisten, um Geschäfte zu machen und aus den Spielen Gewinn zu schlagen. Olympia war aber auch eine Qual, wie wir von Epiktetos (55–135) hören: »Es gibt im Leben genug lästige und unangenehme Dinge, gibt es nicht solche auch in Olympia? Brennt euch nicht dort die Glühhitze? Werdet ihr dort nicht zusammengepfercht? Ist das Baden dort nicht eine Last? Werdet ihr nicht naß bis auf die Haut? Belästigen euch nicht Lärm, Geschrei und andere Widerwärtigkeiten? Aber, wie ich sehe, vertragt ihr das alles leicht und duldet es gerne (um nur dabei gewesen zu sein), wenn ihr es mit den fesselnden Schauvorführungen vergleicht.«

Begannen die Olympischen Spiele der Neuzeit ohne Frauensport, so wurden im antiken Olympia eigene Frauen-Spiele zu Ehren der Göttin Hera ausgetragen. Sie fanden ebenfalls im Vierjahreszyklus – aber stets kurz vor oder kurz nach der Männer-Olympiade – statt. Zu den Disziplinen gehörte der verkürzte Stadionlauf (über 160,23 m), an dem aber *nur unverheiratete Frauen* in drei Altersgruppen teilnehmen durften. Die Athletinnen liefen nicht nackt wie die Männer, sondern waren mit einem Chiton bekleidet. Die Siegerinnen erhielten einen Kranz aus Blättern des wilden Ölbaums und ein Stück Fleisch der der Hera geopferten Kuh. Die ruhmreichste Auszeichnung für die Siegerinnen war das Vorrecht, Hera ein Portrait weihen zu dürfen. Schwer verständlich ist für uns heute das kultische Tabu für verheiratete Frauen. Mit Ausnahme des Dienstes als Priesterin im Hera-Tempel war den Ehefrauen grundsätzlich die aktive und passive Teilnahme an den Spielen verboten. Widersetzten sie sich, drohte ihnen sogar die Todesstrafe. Liegt diesem harten Gesetz die uralte Rivalität zwischen Matriarchat und Patriarchat zugrunde? Geht dieser Brauch auf den Beginn der Alleinherrschaft des Zeus in Olympia, auf die Vertreibung der Muttergottheit zurück? Möglicherweise erschien der männlichen Priesterkaste die verheiratete Frau, die Mutter – die Verkörperung der Fruchtbarkeit – als bedrohliche Kraft.

Den Athleten ging es in Olympia um Ruhm und Unsterblichkeit, um die Chance, sich aus der anonymen Masse herauszuheben. Sie wurden in Siegerlisten für die Nachwelt verewigt und hatten das Recht, Portraitstatuen von sich mit Inschriften in der Altis aufzustellen. Der Neuzeit sind die siegreichen Wettkämpfer der Antike vor allem durch die Oden Pindars bekannt, der die berühmtesten Sieger aller Panhellenischen Spiele, nicht nur der Olympischen, pries. Die *kultische Ehrung*, ein schlichter Siegerkranz, verblüfft nicht nur die kommerzialisierte Welt des 20. Jh., sondern erregte bereits in der Antike Erstaunen. Nach Herodot sollen übergelaufene Griechen Xerxes von den Spielen erzählt haben: »Die Arkader erwiderten (den Persern), die Hellenen feierten das olympische Fest und schauten den gymnischen und hippischen Wettkämpfen zu. Er fragte weiter, um was sie denn da kämpften. Sie antworteten, um einen Kranz von Ölbaumzweigen. Da sagte (ein Perser)... ein sehr schönes Wort, das ihm freilich von dem König den Vorwurf der Feigheit eintrug. Denn als er hörte, daß der Siegerpreis bei den Hellenen ein Kranz, nicht eine Geldsumme sei, konnte er nicht an sich halten und sagte laut vor der ganzen Versammlung:

›Weh, Mardonios! Du führst uns in den Kampf gegen ein Volk, das nicht um Geldeswert ringt, sondern um den Tugendpreis!‹« (VIII,26)

Doch den Siegern der antiken Olympischen Spiele winkte nach dem »Tugendpreis« auch materieller Lohn. Schon in der Solonschen Verfassung von 594 v.Chr. war verankert, daß Sieger der Spiele von Athen 100 Drachmen und jene von Olympia 500 Drachmen erhalten sollten. Außerdem wurden Ehrenämter verliehen, die mit finanziellen Einnahmen verbunden waren. Die Heimatstadt gewährte dem Sieger Steuerbefreiungen, belohnte ihn mit den Ehrenbürgerrechten und Bargeld. Antike Quellen sprechen von Summen bis zu 5 Talent (1 Talent = 100 Drachmen). Zur Zeit der Römer erhielten Männer 500 Denare, in Ausnahmefällen sogar bis zu 1340 Denare. Auch scheint es bei den Olympischen Spielen der Antike keine Amateur-Ideologie wie im 20. Jh. gegeben zu haben. Die Athleten mußten sich täglich strengen Prüfungen und hartem Training unterziehen, was ihre ganze Kraft und Zeit erforderte. »Die Athleten leisteten dazu noch folgenden Schwur, daß sie sich insgesamt zehn Monate hintereinander vor den Spielen in Olympia der sorgfältigsten Übung hingegeben hätten« (Pausanias V,24,9).

In der Antike gab es wie heute Hochleistungssport, der die Athleten an ihre physischen und psychischen Grenzen trieb. Der finanzielle Anreiz bei den modernen Spielen unserer Zeit scheint den meisten Athleten das vermeintlich kurzfristige Gesundheitsrisiko wert zu sein. Al Oerter, viermaliger Diskuswurf-Olympiasieger, schätzte den Wert einer Goldmedaille in Los Angeles (1984) etwa auf 50.000 bis 1,5 Millionen US-Dollar. Die Spitzensportler der Leichtathletik verdienen heute pro Start zwischen 3.000 DM (U. Meyfarth, C. Thränhardt) und 40.000 DM (C. Lewis); die Spitzenverdiener des Olympischen Sports sind seit Seoul 1988 die Tennisspieler.

Würden 100-jährige Jubiläumsspiele 1996 eine Rückbesinnung auf die antiken Spiele fördern? Bei den Festrednern gewiß. Doch was bedeutet in diesem Fall Rückbesinnung? Alles, was die modernen Olympiaden neben faszinierenden Sportwettkämpfen kennzeichnet – Showeffekte, Geschäfte und Politik – hat schon im alten Griechenland spätestens seit Solon (noch vor 600 v.Chr.) den Spielen ihren Charakter als Wettkampf um seiner selbst willen und zu Ehren der Götter genommen.

7. Kirche und Staat

Griechisch-orthodoxe Religion – Quelle griechischer Tradition und griechischen Selbstverständnisses

Zwischen Frühjahr und Sommer 1987 berichtete die europäische Presse häufig über einen scharfen Konflikt zwischen Kirche und Staat in Griechenland. Doch den wenigsten Lesern dürften die Dimension dieses »historischen Streites« und dessen Wurzeln vertraut gewesen sein.

Was war geschehen? Die sozialistische Regierung Griechenlands unter Ministerpräsident Andreas Papandreu hatte im Frühjahr 1987 ein Gesetz verabschiedet, dessen Ziel es war, unter dem Deckmantel einer Landreform das gesamte kirchliche Vermögen von etwa 130000 Hektar Grundbesitz unter staatliche Kontrolle zu bringen. Staatlich ernannte Vertreter sollten die Mehrheit in allen Gremien der Kirchenvermögensverwaltung erhalten. Das war neu und unterschied sich von früheren Landreformen zu Lasten der Kirche. Seit der Gründung des griechischen Nationalstaates im Jahre 1830 war die griechisch-orthodoxe Kirche schon mehrfach zur Ader gelassen worden. Auch diesmal hatte sie keine prinzipiellen Einwände gegen die Enteignung ihres brachliegenden Landbesitzes. Doch auf die Versuche des Staates, Kontrolle über die Verwaltung des gesamten Kirchenvermögens zu erlangen, reagierte sie allergisch. Der Erzbischof von Athen und ganz Griechenland, Seraphim, drohte, seine Kirche werde sich mit all ihren Ländereien und Besitztümern wieder dem Ökumenischen Patriarchat in Konstantinopel (Istanbul) unterstellen, falls der griechische Staat an dem Gesetz festhalte. Zwar hat diese Drohung in der Auseinandersetzung eine eher symbolische Rolle gespielt, doch wirft sie ein bezeichnendes Licht auf das Selbstverständnis der griechischen Kirche. Ausschlaggebend für das Nachgeben der Regierung waren schließlich die überraschend großen Solidaritätsveranstaltungen kirchentreuer Bürger, die die politischen Kosten für die Regierung zu groß werden ließen. Als sich nämlich hunderttausende braver Bürger, darunter ganze Familien aus allen Teilen des Landes, auf dem Syntagma-Platz vor dem Parlament versammelten, byzantinische Kirchenlieder anstimmten und für den Erhalt ihrer Kirche beteten, gab Papandreu nach. In einer persönlichen Unterredung mit dem Erzbischof, zu der der für den Entwurf zuständige Kultusminister Trítsis nicht hinzugezogen wurde, entschärfte er das Gesetz. Die Kirche behielt die Kontrolle über ihr Vermögen.

Aber was hat Konstantinopel mit der griechisch-orthodoxen Kirche zu tun, und weshalb tauchte dieses »Reizwort« im Streit zwischen Kirche und Staat überhaupt auf? Dem westeuropäischen Beobachter mag dies zunächst unverständlich erscheinen. Aber vielleicht erinnert sich der eine oder andere an frühere Pressemeldungen, die ebenso erstaunlich klangen: auf seiner offiziellen Palästinareise traf Papst Paul VI. am 5. Januar 1964 auf dem Ölberg in Jerusalem den Ökumenischen Patriarchen von Konstantinopel Athenagoras I. Beide hatten das Ziel, die Aussöhnung der beiden christlichen Kirchen – nach mehr als 1000 Jahren – einzuleiten. Immerhin hatte das letzte Treffen zwischen den beiden Oberhäuptern der Ost- und Westkirche 1439 stattgefunden und zudem unter sehr dramatischen Umständen. Knapp zwei Jahre später hob Paul VI. in Rom den Bannfluch von 1054 gegen Konstantinopel auf.

1968 besuchte Papst Paul VI. den Patriarchen Athenagoras I. in Istanbul, um den konstruktiven Kontakt zwischen der orthodoxen und der römisch-katholischen Kirche weiter auszubauen. Und tatsächlich gelang eine weitere Annäherung: auch Athenagoras I. hob nun formell den von Byzanz gegen Rom ausgesprochenen Kirchenbann und die damit verbundene Exkommunikation auf. In fanatisch-orthodoxen Kreisen gilt der Patriarch seitdem als Verräter. Für sie ist eine Einigung mit der Westkirche nur durch deren Unterwerfung unter den wahren (orthodoxen = rechtgläubigen) Glauben möglich. »Orthodoxiai thánatos« (Orthodoxie oder Tod) ist die trotzige Losung, welche z.B. am Esfigménon-Kloster auf dem Berg Athos von den Zinnen flattert.

Die historische Dimension der Begegnungen der beiden höchsten Vertreter der Ost- und Westkirche in Jerusalem und Istanbul wird sichtbar, wenn man sich vergegenwärtigt, welch politische Bedeutung die Trennung der beiden Kirchen in der Welt des Mittelalters hatte: sie war Voraussetzung für den 4. Kreuzzug 1204, der bekanntlich zum Vorteil der venezianischen Handelsinteressen nicht in Jerusalem, sondern in Konstantinopel landete und das Byzantinische Reich unrettbar schwächte. Sie war auch Grund dafür, daß die Unterstützung seitens der westlichen Christen halbherzig und schwach blieb, als Konstantinopel 1453 im tödlichen Würgegriff der Osmanen lag. Diese Trennung schnitt die griechisch-orthodoxe Kirche von der Entwicklung im Westen ab. Mit ihrer Kultur, ihrem Brauchtum, ihren Traditionen und ihrer reichen Vergangenheit prägt sie noch immer das Gesellschaftsbild der orthodoxen Christen und die griechische Gegenwart. Für den Nicht-Orthodoxen, den Griechenlandreisenden aus den westlichen Industrieländern, wird griechisches Wesen nur verständlich, wenn er Grundzüge der orthodoxen Kirchengeschichte Griechenlands kennt, die teilweise bis in die frühchristliche Epoche zurückreichen.

In den ersten christlichen Jahrhunderten war gerade das Griechentum für die Übernahme und Verbreitung christlicher Werte und Inhalte geeignet. Die Voraussetzungen dafür sind bereits im Hellenismus angelegt. Mit der Ausbreitung des Alexanderreiches gab es von der kleinasiatischen Westküste über Palästina und Syrien bis hin nach Ägypten hellenisierte Städte und zahlreiche hellenistische Stadt-Neugründungen. Zu Tausenden drängten Griechen auf der Suche nach einer neuen Heimat aus dem überfüllten Mutterland in die neu kolonisierten Länder des Ostens und verbreiteten dort griechische Kultur und Sprache. Die Griechen schlugen kräftige Wurzeln, die selbst im Römischen Imperium Bestand hatten. Und schließlich fanden christliche Missionierungen im Osten in griechischer Sprache statt. Das Neue Testament wurde von seinen jüdischen Autoren gleich auf Griechisch, der Lingua franca des Ostreiches, verfaßt! Im ganzen Imperium fand eine Gräzisierung statt, die Voraussetzung für die Christianisierung des Römischen Reiches war, so daß schließlich griechische Kultur, römisches Staatswesen und der christliche Glaube ein Fundament für Byzanz wurden.

Doch nun zu den Begriffen »Patriarch« und »Papst«. In der altchristlichen Zeit des 4./5. Jh. bildeten sich fünf Kirchenzentren heraus: Konstantinopel, Alexandria, Antiochia, Jerusalem und Rom, die alle gleichberechtigt nebeneinander ihre religiöse Funktion in »Stellvertretung Jesu Christi« und in »Nachfolge des Apostels Petrus« ausübten. Seit der 2. Hälfte des 4. Jh. werden die Oberhäupter dieser Kirchenzentren inoffiziell in Inschriften und Briefen »páppas« (= Vater) genannt. Bereits in der Mitte des 5. Jh. bildet sich offiziell für alle fünf Ämter der Titel »Pápas« heraus. Kurze Zeit später (im 6. Jh.?) scheinen dann alle fünf Kirchenführer den Titel Patriarch (Patriarchis = Ur-, Stammvater) erhalten zu haben.

Seit der Zeit Konstantin d. Gr. gab es zwischen Konstantinopel und Rom Streit darüber, welche Kirche allein Anspruch auf die wahre Nachfolge Petri habe. Das 4. Konzil von Chalkedon (451) erkannte dem Patriarchat von Konstantinopel den Ehrenvorrang vor Rom zu. »Papst« Leo I. (440–461) protestierte dagegen und ließ diesen Beschluß für ungültig erklären, was aber ohne Auswirkung blieb. Er gab seinem Amt den Titel »Ökumenisches Patriarchat Rom«, den jedoch niemand akzeptierte. Offiziell wird dieser Titel erst 1830 dem Patriarchat von Konstantinopel verliehen und zwar im Zusammenhang mit der Gründung des griechischen Nationalstaates.

Im Codex Justinianus (529) werden die Patriarchate in der Rangfolge Rom, Konstantinopel, Alexandria, Antiochia und Jerusalem aufgeführt. In Rom hat sich für den Patriarchen der griechische Ehrentitel »Páppas« erhalten. Gregor VII. (1073–1085) legt schließlich fest, daß der Titel Páppas (= Papst) allein für die lateinische Kirche in Rom Gültigkeit habe. Die Bezeichnung »Patriarch des Abendlandes« gehört allerdings noch heute zu den offiziellen Titeln des Papstes.

Die ganz besondere Machtkonstellation im 11. Jh. – das schwache Kaisertum in Byzanz unter Konstantin IX. Monomachos (1042–1055) einerseits und die absolutistischen wie selbstherrlichen Kirchenfürsten Leo IX. (1049–1054) in Rom und Michael Kerullarios (1043–1058) in Konstantinopel andererseits – verschärfte den Konflikt beider Kirchen, bis er schließlich in unüberwindbaren dogmatischen und liturgischen Streitigkeiten gipfelte. Aber da spielte noch eine andere, nicht zu unterschätzende Macht eine wichtige Rolle: die Normannen. Sie waren noch auf der Suche nach einem Landschaftsraum für ihr Königreich, das sie später, 1091, auf Sizilien gründeten, und das bis 1194 dauerte. Und so ist es verständlich, daß ihnen eine Einigung zwischen Rom und Konstantinopel ein Dorn im Auge gewesen sein muß.

Die Rivalität zwischen den Patriarchen von Konstantinopel und Rom führt 1054 schließlich zum Bruch (Schisma). Wie immer bei kirchlichen Machtfragen geht es vordergründig um einen dogmatischen Disput, in diesem Fall um das Filioque, d.h. ob der Heilige Geist vom Vater ausgehe (so die Ostkirche) oder von Vater und Sohn (so die Westkirche), um den liturgischen Gebrauch von gesäuertem Brot (Ostkirche) oder ungesäuertem Brot (Westkirche) sowie um die Priesterehe.

Am 16. Juli 1054 vollzog sich der entscheidende und bislang nicht überwundene Bruch der Christenheit, als Kardinal Humbert mit seinen päpstlichen Legaten auf den Altar der Hagia Sophia die Bannbulle legte, die den Patriarchen Michael Kerullarios und seine Anhänger exkommunizierte. Doch der Papst erhielt nicht die erhoffte Zustimmung des schwachen Kaisers von Byzanz. Konstantin IX. ließ sich von seinem Patriarchen überzeugen und unterzeichnete seinerseits eine Bannbulle gegen den Papst und seinen Kardinal. Genau diese Akte wurden 1965 in Rom und 1968 in Istanbul von den beiden »Patriarchen« formell aufgehoben.

Die letzte Begegnung zwischen byzantinischem Kaiser, Patriarchen und Papst in den Jahren 1438/39 war zugleich der letzte Versuch gewesen, beide Kirchen wieder zu einigen. An dieses Treffen hatte der byzantinische Kaiser die Hoffnung geknüpft, im christlichen Abendland Hilfe im Kampf gegen die drohende osmanische Gefahr zu finden. Auf dem 17. Konzil in Ferrara und Florenz traten der byzantinische Kaiser Johannes VIII. (1425–1448), sein Patriarch Joseph III. (1416–1439) und mehrere griechische Metropoliten offiziell zum römischen Glauben über. Vom Untergang bedroht, haben sie an diesem Tage ihre tausendjährige byzantinische Tradition geopfert.

Kurz vor dem Zusammenbruch des Oströmischen Reiches verlor das Patriarchat aufgrund dieses ungeschickten politischen Manövers sein Ansehen innerhalb der Ostkirche. Die Anpassung an Rom erschien den Byzantinern als Verrat. Die Wende hat Byzanz obendrein nichts genützt. Denn die Verträge über die militärische Hilfe für Konstantinopel und die Verwirklichung der Kirchenunion blieben Makulatur. Dennoch waren die Ereignisse von Ferrara und Florenz von großer historischer Tragweite. Erzürnt über den Verrat, machte sich die seit dem 10./11. Jh. zu Konstantinopel gehörende russisch-orthodoxe Kirche selbständig, sprach Byzanz die Führungsrolle der orthodoxen Kirche ab und beschloß, fortan ihre Metropoliten selbst zu wählen. Seit diesem Zerwürfnis verstand sich das russisch-orthodoxe Moskau als das »dritte Rom«. Daß der ökumenische Patriarch von Konstantinopel aber auch in Rußland als Repräsentant der internationalen orthodoxen Kirchengemeinde noch hohes Ansehen genießt, zeigte sich bei dem historischen Besuch von Patriarch Dimitrios in Rußland im Jahre 1987. Die orthodoxen Gläubigen der Sowjetunion bereiteten ihm einen begeisterten Empfang und bewiesen augenfällig, daß das Adjektiv »ökumenisch« im Titel des Patriarchen mehr ist als nur ein Anspruch.

1453 folgte dann die Katastrophe. Knapp tausend Jahre nach dem Untergang des Weströmischen Reiches (476) ging auch das Oströmische Reich unter. Am 29. Mai zog Mehmed II. Fati (der Eroberer) in die Stadt ein. Vom 7. April an hatte er Konstantinopel mit Kanonen – der neuesten Erfindung der abendländischen Kriegskunst – belagern lassen. Den modernen westlichen Feuerwaffen der Osmanen hielt das in tausend Jahren nicht erstürmte Festungswerk Konstantinopels nicht stand.

Dieses Schicksalsjahr ist für den neugriechischen Staat von eminenter Bedeutung, denn fortan lebte »das Griechentum« vor allem in der Institution der orthodoxen Kirche weiter.

Athen. Oster-Prozession der griechisch-orthodoxen Würdenträger.

Die Ursachen der bis heute wirksamen Macht der griechisch-orthodoxen Kirche liegen vor allem in der osmanischen Haltung gegenüber der Kirche. Sie gründet in dem islamischen Gebot, allen Nichtmuslimen gegenüber tolerant zu sein und ihnen Religionsfreiheit zu gewähren. Nach islamischem Recht muß keine im Islam lebende Minderheit Vertreibung oder Zwangsbekehrung fürchten. In der Rechtspraxis ist den Minoritäten sogar ausdrücklich Schutz zugesichert. Die Gemeinschaften der Andersgläubigen wurden im Osmanischen Reich und werden auch heute im türkischen Staat als »Nationen« (= millet) mit autonomem Status behandelt. Die im islamischen Glauben verankerte Toleranz den Millet-Gemeinschaften gegenüber ist jedoch häufig nur theoretisch.

Immerhin konnten die Griechen auch nach der Eroberung des byzantinischen Reiches ihre Existenz als organisierte Gemeinschaft im Schutz der orthodoxen Kirche im gesamten Osmanischen Reich einigermaßen bewahren. Oberhaupt der orthodoxen Gemeinde blieb der Patriarch von Konstantinopel, der die Griechen in allen Belangen bei den Türken vertrat. Er besaß sogar mehr Macht als zu Zeiten des byzantinischen Kaisers: er war Patriarch und zugleich Nachfolger des Kaisers Ethnarch. Er regierte unter osmanischer Oberherrschaft über einen »Staat im Staate«, über ein »Volk ohne Staatsraum«!

Die griechisch-orthodoxen Christen waren für die osmanischen Herrscher ein großer Gewinn. Ihr Wissen, ihre Kontakte und ihr (im Ausland befindliches) Kapital für den Aufbau des osmanischen Staates zu nutzen, war das primäre Interesse der Sultane. Die Griechen befanden sich nach 1453 in tiefem Dilemma: fliehen oder sich unterwerfen. Einige gingen nach Kreta, das bis 1669 unter venezianischer Herrschaft stand, die meisten blieben. Mit Bitterkeit gedachten viele Griechen noch immer der Greueltaten der lateinischen Kreuzfahrer, die 1204 Konstantinopel geplündert und gebrandschatzt hatten. Auch kamen aus den venezianisch besetzten

Gebieten keine ermutigenden Nachrichten – man hörte von erdrückenden Steuerlasten, von blutig niedergeschlagenen Aufständen und daß die Venezianer den Friedensvertrag (»Pax Alexii Calergii«, 1299) auf Kreta nicht eingehalten hätten. Aus Adrianopel (heute Edirne), das bereits 1361 von Murat I. erobert und 1368 zur Hauptstadt der Osmanen gemacht worden war, wurde dagegen berichtet, daß Griechen unter osmanischer Herrschaft zu Wohlstand gelangt seien. Daher wählten in der zweiten Hälfte des 15. Jh. viele Griechen »lieber den Türkenturban als den Lateinerhut« und blieben in ihrer Heimat Konstantinopel und Kleinasien. Dabei hat sicher auch der uralte Streit zwischen der orthodoxen und der lateinischen Kirche eine Rolle gespielt. Die Griechen wurden zwar dank der religiösen Toleranz der Türken nicht vernichtet, mußten sich aber – ohne ihren christlichen Glauben abzulegen – den Osmanen unterwerfen. Das bedeutete nicht selten tiefes Leid. Zu den grausamsten Tributverpflichtungen, die den Griechen auferlegt wurden, gehörte die »Knabenlese« (griechisch = paidhomázoma), die erst Ende des 17. Jahrhunderts abgeschafft wurde (die letzte offizielle Aushebung der sechs- oder siebenjährigen Christenkinder erfolgte 1676). Nur wenige Griechen konnten ihre Söhne von dieser Militär-Sklaverei freikaufen. Andere Familien sahen in der Zwangsrekrutierung ihre einzige Chance, aus ihrem oft armseligen sozialen Milieu herauszukommen, denn dieser »Staatsdienst« wurde gut bezahlt.

Die Türken zwangen aus jeder Christenfamilie einen Sohn in eine islamisch-türkische Ausbildung, um ihn in der Elitetruppe der Janitscharen (= »neue Truppe«) oder im Staatsdienst einzusetzen. Nur wenige wurden für die Dienste am Hofe der Sultane ausgewählt. Als sich 1566 die Janitscharen durch eine Revolte das Recht zu ehelichen erstritten, war der Dienst in dieser Einheit bei den Griechen teilweise sogar begehrt. Die Folge war, daß sich innerhalb des Osmanischen Reiches aus den Christenkindern der Knabenlese allmählich eine herrschende Schicht herausbildete, die der griechischen Bevölkerung im osmanisch/türkischen Staat großen Einfluß verschaffte. Das führte zu starken Spannungen zwischen Griechen und Türken. Die größte Macht innerhalb der griechischen Millet-Gemeinde lag jedoch in den Händen des Patriarchen. Der Gehorsam der Griechen soll indes von den Vertretern der Kirche häufig mißbraucht worden sein. Noch heute werden in Griechenland Stimmen laut, die der Kirche ihr würdeloses Verhalten und ihr egoistisches Profitstreben während der fast vierhundertjährigen Türkenherrschaft (1453–1821/30) vorwerfen.

Heftige Diskussionen über die Haltung der Kirche flammten im Herbst 1965 auf. Damals setzten sich die Bischöfe der Heiligen Synode über geltendes Kirchen- und Staatsrecht hinweg und verteilten untereinander freigewordene, finanziell lukrative Bischofssitze. Das schürte erneut das Mißtrauen gegen den Klerus. Es kam zu Protestmärschen, und vor dem Metropolitenpalast in Athen rief man sogar im Sprechchor: »Wollt ihr Christus oder das Gold wie einst Judas?«

Nach orthodoxem Brauch gilt ein Bischof mit der Gemeinde verheiratet, in der er seine Weihe erhalten hat; er darf sich nicht von ihr scheiden. Der Kampf zwischen Kirche und Staat erreichte eine neue Dimension. Der von den Kirchenfürsten zum Metropoliten von Piräus gewählte Bischof

Dorfpriester auf Rhodos

Chrysostomos wurde am 19. Januar 1966 wegen »Amtsanmaßung« vom Staatsanwalt angeklagt. Erstmals in der Geschichte des jungen Staates Griechenland stand ein Bischof vor Gericht und wurde zu zwei Monaten Gefängnis mit fünfjähriger Bewährung verurteilt. Auch diese Auseinandersetzung zwischen kirchlicher und weltlicher Macht ist historisch bedingt und hängt mit der Neuorganisation der orthodoxen Kirche Griechenlands in der Zeit von 1833 und 1850 zusammen.

Aus der Sonderstellung des Patriarchen unter osmanischer Herrschaft erklärt sich auch, daß die orthodoxe Kirche nach dem Staat noch immer der zweitgrößte Grundbesitzer Griechenlands ist. Von den byzantinischen Kaisern oftmals wohlwollend mit Schenkungen beehrt, war die Kirche bereits 1453 sehr reich; sie durfte aufgrund ihres Sonderstatus auch während der Osmanenherrschaft alle Ländereien behalten. Die Griechen als Privatpersonen hingegen mußten Enteignungen und Verkäufe – meist unter dem Marktwert – akzeptieren. Damit ihr Grund und Boden nicht in die Hände der Türken falle, schenkten viele ihre Ländereien der Kirche. 1821/30 besaß die orthodoxe Kirche mehr als 1 Million Hektar Ackerland, Wiesen und Wälder. Der größte Teil dieser Flächen wurde von Klosterbrüdern bewirtschaftet. Heute gibt es noch ca. 470 Klosteranlagen in Griechenland, die oft nur von zwei bis drei Mönchen bewohnt werden, die nicht in der Lage sind, ihre Felder selbst zu bestellen.

Bei aller berechtigten Kritik an der Kirche, die heutzutage in Griechenland geäußert wird, bleibt doch festzuhalten, daß die Griechen ohne die Integrationskraft ihrer Kirche die Jahrhunderte während Fremdherrschaft der Türken und der Venezianer, als Volk mit eigener Sprache und eigenem Brauchtum, kaum überlebt hätten. Die griechischen Klöster waren zu allen Zeiten und auch im 2. Weltkrieg Keimzellen des organisierten Widerstandes gegen fremde Machthaber. Die Priester und Mönche griffen zu den Waffen, kämpften und starben für ihren Glauben und ihr Volk. Auch ohne Waffen galt ihr Kampf der christlichen Lehre und ihren orthodoxen Brüdern und Schwestern. Unter Lebensgefahr, geheim, in der Nacht, waren sie Hüter und Vermittler des griechischen Erbes, gaben den Kindern Elementarunterricht und hielten so Sprache und Kultur, den Geist der griechischen Nation mit ihrer großen Vergangenheit wach und lebendig.

Und 1821 war es tatsächlich der Klerus, der die Gunst der Stunde erkannte und die Griechen zu den Waffen rief. Bischof Germanos von Patras hißte am 25. März 1821 (einer Legende zufolge im Kloster Ajía Láwra auf der Peloponnes, ca. 40 km südöstlich von Patras) die »Fahne der Freiheit«, das Signal für die Griechen im ganzen Land, sich gegen die Türken zu erheben. Nach neunjährigem erbitterten Kampf mußte Sultan Mahmut II. Griechenland als unabhängigen Staat anerkennen.

Dem Befreiungskampf der Griechen gingen politische Ereignisse voraus, die ganz Europa zu Beginn des 19. Jh. an den Rand eines Krieges brachten: das Feuer der Französischen Revolution (1789) war ausgebrochen. Ihr Ruf nach »Freiheit und Unabhängigkeit« hatte auch die Griechen ergriffen und ihr Nationalgefühl geweckt. Große griechische Politiker, Rigas Velestinlis (auch Feräos genannt) und Ioannis Kapodistrias, führten sie auf ihrem Weg zum unabhängigen Nationalstaat und verloren ihr Leben in diesem Kampf; ersterer wurde 1798 in Istanbul von den Türken erschossen, letzterer fiel als Staatspräsident des Neuen Griechenland am 27. September 1832 in Nauplia einem Attentat zum Opfer.

Die nationale Wiedergeburt Griechenlands gründet in dem ungebrochenen Willen der Griechen nach Freiheit und ihrer Sehnsucht nach Verwirklichung eines Griechentums, das über Jahrhunderte von der orthodoxen Kirche gepflegt und verteidigt worden war. Doch es ist auch sicher, daß dieser Kampf ohne die Unterstützung des Auslandes, die Lieferung von Waffen und Hilfsgütern, aussichtslos geblieben wäre.

In Istanbul reagierte die Hohe Pforte auf den Widerstand mit Pogromen gegenüber der griechischen Bevölkerung sowie mit der Ermordung des Patriarchen Gregor V. Die Türken erhängten ihn an der Mittelpforte des Patriarchats, die bis auf den heutigen Tag nicht mehr geöffnet wurde. Das griechisch-orthodoxe Patriarchat hat seit 1601 seinen Sitz im Fanar-Stadtteil Istanbuls.

Im befreiten Griechenland war man nach 1821 den neuen Patriarchen gegenüber skeptisch, da sie nur mit Zustimmung des Sultans eingesetzt werden konnten. In der Vergangenheit hatten die Osmanen gerne schwache Patriarchen ins Amt gehoben, auf die sie beliebig Einfluß nehmen konnten. Viele Griechen befürchteten, daß der neu ernannte Patriarch auf

Weisung der Hohen Pforte die orthodoxen Griechen zum Niederlegen der Waffen aufrufen könnte. So erhoben sich unter Führung von Theófilos Farmakídhes immer mehr Stimmen, die eine autokephale Nationalkirche Griechenlands mit einem unabhängigen Oberhaupt forderten. Schon I. Kapodistrias förderte die Idee der Autokephalie, und unter König Otto I., dem ersten griechischen König, wurde 1833 die Loslösung der national-griechischen Kirche vom Patriarchat in Konstantinopel verwirklicht. Und genau auf dieses Ereignis bezog sich 1987 die Drohung Erzbischofs Seraphims: die Wiedervereinigung mit dem Patriarchat, um sich damit dem Zugriff des griechischen Staates zu entziehen und die Enteignung von Kirchengrundbesitz zu verhindern!

Alle seinerzeit befreiten Gebiete Griechenlands sowie die später hinzugewonnenen – die Ionischen Inseln (1864), Thessalien (1881), Makedonien (1913) und Thrakien (1920) – gehören seit der Trennung von Konstantinopel zur kirchlichen Jurisdiktion des Erzbischofs von Athen und ganz Griechenland. Lediglich Kreta, die Dodekánes-Inselgruppe mit Rhodos und der Heilige Berg Athos bleiben weiterhin dem Patriarchat von Konstantinopel direkt unterstellt.

König Otto I. konstituierte eine griechische Staatskirche, die ihn, den Katholiken, als Oberhaupt anerkannte. Er hatte das Recht, zu allen Sitzungen der Heiligen Synode einen »Prokuror« zu entsenden, der zwar kein Stimm-, wohl aber ein Vetorecht hatte. Erst 1923 wurde dieses Amt von der »Generaldirektion für Kirchenfragen«, die dem Ministerium für Nationale Erziehung und kirchliche Angelegenheiten unterstellt ist, abgeschafft.

Das Patriarchat von Konstantinopel akzeptierte schließlich den autokephalen Status der Nationalkirche Griechenlands und bestätigte diese Entscheidung im patriarchalen Tomos (Rechtsakt) vom 29. Juni 1850: »Wir haben die Synode als oberste kirchliche Autorität eingesetzt, daß sie die Kirche betreffende Fragen konform mit den göttlichen Kanones frei und ohne Hinderung durch Einmischung einer säkularen Instanz regele.«

Dieser eindeutige Auftrag an die Autokephalie Athen, für die kirchliche Unabhängigkeit Sorge zu tragen, wird in einem Synodalakt vom 14. September 1928, durch den auch die Einbeziehung der durch Balkankriege und Ersten Weltkrieg dazugewonnenen »neuen« Gebiete sanktioniert wurde, nochmals bekräftigt. Und genau an diesem Auftrag entzündet sich der Streit zwischen Staat und Kirche stets von neuem. Die griechische Staatskirche ist kraft Gesetzes in all ihren Angelegenheiten unabhängig von der staatlichen Gesetzgebung. Allein die Heilige Synode hat das Recht, Bischöfe zu wählen und in ihrem Amt zu bestätigen sowie festzulegen, welche Schriften als antireligiöse Literatur zu betrachten sind usw.

Die rechtliche Unabhängigkeit der orthodoxen Kirche – mit Bezug auf Tomos und Synodalakt – wurde auch in der Verfassung Griechenlands vom 9. Juni 1975 verankert. Da heißt es in Artikel 3.1.: »Vorherrschende Religion in Griechenland ist die der Östlich-Orthodoxen Kirche Christi. Indem sie als Haupt unseren Herrn Jesus Christus anerkennt, bleibt die Orthodoxe Kirche Griechenlands in ihrem Dogma mit der Großen Kirche in Konstantinopel und jeder anderen Kirche Christi des gleichen Bekenntnisses unzertrennlich verbunden und bewahrt wie jene unerschütterlich die heiligen apostolischen und die von den Konzilen aufgestellten Kanons sowie die heiligen Überlieferungen. *Sie ist autokephal und wird geleitet von der Heiligen Synode* der sich im Amte befindlichen Prälaten und der aus deren Mitte hervorgehenden dauernden Heiligen Synode, die sich nach den Bestimmungen der Grundordnung der Kirche zusammensetzt unter Beachtung der Vorschriften des Patriarchalischen Tomus von 1850 und des Synodalaktes von 1928.«

Die Verfassung ist also in religiösen Angelegenheiten nicht neutral. Die orthodoxe Religion wird als vorherrschende bezeichnet, und von diesem Normalfall geht auch die einfache Gesetzgebung aus, die auf religiöse Minderheiten keine Rücksicht nimmt. So werden z.B. bis zum heutigen Tage Mitglieder der katholischen Minderheit auf einigen Ägäis-Inseln (Sýros, Tínos, Náxos) nicht als Lehrer an öffentlichen Schulen eingestellt. Auch die Auseinandersetzung mit Geistlichen anderer Glaubensrichtungen, die versuchen, in Griechenland Fuß zu fassen (etwa Mormonen, Zeugen Jehovas), wird auf Betreiben der Kirche mit Mitteln des Strafrechts geführt. Eine mittelalterlich anmutende Strafgesetzgebung gegen Proselytismus aus der Zeit der Metaxás-Diktatur kann noch heute Prediger, die nicht der »vorherrschenden Religion« angehören, in Schwierigkeiten bringen. Diese Regelungen stehen in einem merkwürdigen Spannungsverhältnis zur prinzipiell garantierten Religionsfreiheit und zu den entsprechenden Garantien der Europäischen Menschenrechtskonvention, die auch in Griechenland gilt. Die öffentliche Meinung nimmt an diesen Widersprüchen jedoch wenig Anstoß.

In der Regel versucht sich die Kirche mit der Staatsgewalt zu arrangieren. Unter osmanischer Herrschaft war dies ein Gebot des Überlebens. Bei Ausbruch der griechischen Erhebung im Frühjahr 1821 war der Patriarch sogar gezwungen, die Aufständischen zu exkommunizieren, um die griechische Bevölkerung Istanbuls vor einem Blutbad zu bewahren. Im griechischen Nationalstaat war das Verhältnis zwischen Staat und Kirche nicht immer ungetrübt. Es begann gleich nach der Staatsgründung 1833 mit der Auflösung von mehr als 400 Klöstern und der Verteilung des Landbesitzes. In finanziellen Dingen bestand Trennung, und die staatliche Alimentierung des Klerus wurde erst während der Junta eingeführt.

Unter Führung des von der Militärregierung eingesetzten Erzbischofs Ierónymos beschloß die Heilige Synode, der neuen Regierung vier Fünftel ihres Kirchengrundbesitzes (ca. 700.000 Hektar) zu überschreiben und sicherte ihr ferner 55 % ihrer Einkünfte zu. Als Gegenleistung sicherte die Junta zu, die Priester für alle Zukunft wie Beamte zu besolden. Weitere Verpflichtungen hat der Staat nicht. Eine vom Staat einbehaltene Kirchensteuer existiert nicht. Die Gemeinden müssen sich selbst finanzieren. Wenn man sieht, wieviele neue Kirchen errichtet werden, scheint das kein Problem zu sein. Auch wurden während der Obristenzeit fünfundzwanzig Bischofstühle neu besetzt. Am 12. Januar 1974, kurz vor dem Sturz der Junta, trat Erzbischof Seraphim sein Amt an. Er ist noch heute Erzbischof von Athen. Insgesamt elf der damals neu berufenen Bischöfe wurden nach 1974 bei der »Säuberung« der Kirche suspendiert.

Knapp zwanzig Jahre später kann sich Seraphim erfolgreich gegen die

Verstaatlichungspläne Papandreus wehren. Noch immer bleiben der Kirche ca. 200000 Hektar Grundbesitz. Allein 135000 Hektar davon gehören den etwa vierhundertsiebzig Klöstern (hinzu kommt noch der Kirchenbesitz der Bistümer Kreta, Dodekanés und Athos, der, zum Patriarchat von Konstantinopel gehörig, dem Zugriff Athens entzogen ist.)

Das neue Scheidungsrecht und die gesetzliche Regelung der Abtreibung konnten zwar gegen den Willen der orthodoxen Kirche durchgesetzt werden. Doch daß die Zivilehe erst so spät und nur fakultativ, nicht obligatorisch, eingeführt wurde, spricht für den Einfluß der Kirche in Griechenland. Die Zivilehe ist keine staatliche Verpflichtung, jeder Grieche kann frei zwischen der staatlichen und einer kirchlichen Eheschließung wählen: acht Jahre nach dem neuen Gesetz werden nur 2 % aller Ehen vor den Bürgermeistern geschlossen. Auch Bevölkerungskreise, die der Kirche nicht sehr nahestehen (über 10 % der Griechen wählen kommunistisch), lassen sich nach dem byzantinischen Ritual trauen. Taufe, Hochzeit, Beerdigung und das Osterfest finden eben in und mit der Kirche statt, auch wenn man sie sonst meidet. Die orthodoxe Religion mit ihren altehrwürdigen Riten ist einfach ein Teil des Griechentums. Und es muß schon jemand betont antikirchlich oder laizistisch eingestellt sein, um in einer nüchternen griechischen Amtsstube zu heiraten. In einem Land, dem jede laizistische Tradition fehlt und in dem 98 % der Bevölkerung »éllines orthódhoxi« sind, ist dies eben eine verschwindende Minderheit.

Ansonsten tangiert die Kirche den Durchschnittsgriechen wenig. Sie mischt sich nicht in sein Intimleben ein und enthält sich auch sonst moralischer Appelle. Es muß schon ein Angriff auf sie selbst – wie das PASOK-Gesetz – oder auf ihre heiligen Dinge – wie die Verfilmung des Níkos Kazantzákis-Romans über Jesus »Die letzte Versuchung« – erfolgen, damit sie ihre Gläubigen mobilisiert.

Die Kirche ist in erster Linie eine Angelegenheit des Klerus und der Klöster. Die Laien spielen eine passive Rolle. Deshalb gibt es auch nur wenige orthodoxe Sekten oder Laienorganisationen. Die wichtigste Sekte bilden die sogenannten Altkalendarier, eine Gruppe besonders eifriger, ca. 200000 Seelen zählender orthodoxer Christen, welche die vom Ökumenischen Patriarchen 1923 vollzogene Umstellung vom Justianischen zum Gregorianischen Kalender nicht anerkennen.

Erst in jüngster Zeit beginnt die Kirche, auch soziale Aufgaben zu übernehmen. Die Klöster leben auf sich selbst bezogen in asketischer Abgeschlossenheit, wie es am deutlichsten auf dem Berg Athos zum Ausdruck kommt. Aber sie wirken durch ihr Beispiel. Die Zahl der griechischen Pilger ist in den letzten Jahren stark gestiegen. Desgleichen die Zahl der Novizen. Während vor zwanzig Jahren die Mönche auszusterben schienen, sind die Klöster heute von neuem Leben erfüllt. Für die Pilger aus allen Schichten des Volkes öffnet sich der Blick auf ein völlig anderes Leben, fern ihrer üblichen Sorgen um Familie und Konsumgüter. Gleichzeitig schauen sie in eine Welt, in der die Zeit stehengeblieben zu sein scheint, in der Byzanz lebt. In diesen Schenkungen und Stiftungen byzantinischer Kaiser leben die Mönche wie vor Hunderten von Jahren. Für sie ist die osmanische Besatzung nur eine Episode gewesen.

8. Das heilige Bild der Ostkirche

Ikonen und ihre Verehrung

Novemberregen in Piräus, Mittwoch, der 4. des Monats; Tausende von Menschen drängen sich um das Hafenbecken. Den Offiziellen von Kirche und Staat aber sind es noch viel zu wenig Bürger, die sich für diesen hohen Besuch eingefunden haben. Am grauen Horizont erkennt man nur undeutlich den Schriftzug am Bug des einlaufenden Schiffes: »Aris«. Ein stolzer Name für eines der modernsten griechischen Kriegsschiffe. Ares, Sohn des Göttervaters Zeus und der Hera, war der Gott des Krieges. Die antiken Griechen wandten sich jedoch mehr aus Not an ihn, da sie zu häufig in Kriege verwickelt waren, als daß sie ihm herzliche und freudige Verehrung entgegengebracht hätten. Doch nun war »Aris« auserwählt, den »hohen Staatsgast« sicher nach Athen/Piräus zu bringen.

Beim Einlaufen in den Hafen erklingen alle Kirchenglocken der Stadt, dazu das dumpfe Dröhnen der Schiffshörner und der helle Ton der Sirenen der im Hafen ankernden Schiffe. Da geschieht etwas Unvorhergesehenes. Ein Aufschrei des Entsetzens: »Aris« fährt geradewegs gegen den Hafenkai. Im Bug klafft ein riesiges Loch, Hektik auf dem Schiff, aufgeregtes Manövrieren, dann geht die Fahrt weiter. Es gelingt – zum Glück ohne Verletzte – das Schiff bis zur Anlegestelle zu steuern.

Am Kai spielt eine Marinekapelle die griechische Nationalhymne. Der rote Teppich ist ausgerollt. Ein Meer von Blumen wird für den Empfang auf das Schiff getragen. Die Limousine für den Gast fährt ganz dicht an den Teppich heran. Der Bischof von Piräus wartet in der ersten Reihe mit dem Kirchenvorstand und dem Bürgermeister, dahinter Priester, Mönche und Nonnen, kniende Frauen mit Kerzen in den Händen, auch Kinder... doch nur wenige Männer stehen am Straßenrand. Alles geht dann so schnell, daß kaum jemand den Gast zu Gesicht bekommt, zumal der Regen stärker geworden ist und das Empfangskomitee eilig in das Auto flieht. Polizeiautos und Motorräder mit Blaulicht und Sirenen begleiten das Fahrzeug aus dem Hafen.

In Athen das gleiche Bild! Vom Lykabettós künden achtundzwanzig Böllerschüsse die Ankunft des hohen Staatsgastes an. Wieder wird die griechische Nationalhymne gespielt. Vor der Mitrópolis warten Erzbischof Seraphim, Vertreter der Regierung und der Opposition sowie der Bürgermeister von Athen. Mehr als zehntausend Menschen drängen sich auf dem weiten Platz vor der Bischofskirche und begehren Einlaß zu dem Ehrengottesdienst, an dem auch Staatspräsident Chrístos Sartzetákis, Ministerpräsident A. Papandreu mit einigen seiner Minister sowie höchste Würdenträger von Kirche und Militär teilnehmen werden.

Dann die Ankunft. Es hat aufgehört zu regnen. Alles schart sich um das ankommende Auto. Die blumengeschmückte »Hoheit« wird herausgetragen. Erzbischof Seraphim geht zu »Ihr«, kniet nieder und küßt den Goldbeschlag der »*Axión Estin*«... Es ist die wundertätige *Ikone des Athos*

(»Hágion 'Oros«), des Heiligen Bergs, Griechenlands wohl berühmteste Ikone!

Erstmals 1963 erlaubte die »Hierá Kínotis«, die Heilige Gemeinschaft der Athos-Klöster, die streng gehütete Ikone zur 1000-Jahr-Feier des Athos nach Athen zu bringen. Einer Legende zufolge stammt die kostbare Tafel aus dem 8. Jahrhundert. Das Marienbild vom Typus der »Gottesmutter der Barmherzigkeit« (Panajía Eleúsa), das Maria mit dem Christuskind zeigt, soll also älter sein als die Mönchsrepublik selbst. Ein zweites Mal durfte die Ikone den Heiligen Berg verlassen, um am 13. November 1987 am Empfang des Ökumenischen Patriarchen Dimítrios aus Konstantinopel in Athen teilzunehmen.

Das wahre Alter der Ikone ist unbekannt. Der jüngere Goldbeschlag macht eine genaue kunstgeschichtliche Beurteilung und Altersbestimmung unmöglich. Das »wundertätige« Bild stammt aus der Protáton Basilika von Karyés und soll sich dort der Legende nach seit dem 8. Jh. befinden. Während des Bilderstreites, der mit einer Unterbrechung fast über ein Jahrhundert dauerte (726–780 und 815–843), zogen Soldaten des Kaisers Leon III. (717–741) durch das gesamte Oströmische Reich mit dem Auftrag, alle figurativen Darstellungen christlichen Inhalts zu vernichten. Wie ein Feuer zerstörte der Bildersturm nahezu alle Werke der frühchristlich/byzantinischen Kunst. Nur ein Wunder konnte demnach unsere Marienikone retten.

Wie die Legende berichtet, wollte ein Soldat die Ikone zerstören und durchstieß sie mit dem Schwert. Doch da floß plötzlich Blut aus der Wange der Gottesmutter. Erschrocken und voller Furcht floh der Soldat; Reue trieb ihn zum Berg Athos. Er gab das Kriegshandwerk auf und blieb dort. Eines Tages sah er auf den Wellen des Meeres die von ihm verwundete Ikone treiben. Langsam wurde sie ans Land gespült. Noch immer blutete die Wunde, und das salzige Meerwasser färbte sich rot vom heiligen Blut. Tief betroffen nahm der Mönch die Ikone und trug sie in die Hauptkirche des Hágion 'Oros (in die Protáton Basilika). Im Allerheiligsten hörte die Wunde zu bluten auf. Ehrfurchtsvoll dankten die Mönche des Klosters der Gottesmutter und sangen im Chor das Mariengebet: »Axión Estín« (= es ist würdig und recht...).

Von der Ikone der »Gottesmutter der Barmherzigkeit« sind heute nur noch das Gesicht Mariens und das sich an die Wange der Gottesmutter schmiegende Antlitz des Jesuskindes zu sehen. Die übrige Bildfläche wird schützend vom Gold verhüllt. Jesus hält in seiner Rechten als Zeichen seines Prophetenauftrages eine geöffnete Buchrolle mit den Worten: »Der Geist Gottes des Herrn ruht auf mir, dieweil mich der Herr gesalbt hat; er hat mich gesandt, den Elenden frohe Botschaft zu bringen, zu heilen, die gebrochenen Herzens sind, den Gefangenen Befreiung zu verkünden und den Gebundenen Lösung der Bande...« (Jesaja 61.1).

Bis zum Eintreffen des Patriarchen aus Konstantinopel werden fünfundfünfzig Messen in der Mitrópolis mit der »Axión Estín« gelesen. Vor allem Frauen besuchen die Marienfeiern. Denn diese heiligste der heiligen Muttergottes-Ikonen wird auf dem Athos nur von Männern verehrt; Frauen ist der Zutritt zum Heiligen Berg der Mönche seit jeher untersagt. Und so ist es verständlich, daß besonders die Frauen diese außergewöhnliche Gelegenheit nutzen und sich um die Muttergottes scharen, denn sie ist nach orthodoxem Glauben durch ihr Abbild auf der Ikone leibhaftig anwesend. Maria – auserwählt zur Gebärerin des Gottessohnes, jungfräuliche Mutter Christi, der durch sie Mensch wird – erfährt die höchste Verehrung vor allen Heiligen und Engeln. Nicht selten wandelt sich unter den orthodoxen Gläubigen – besonders in den archaisch-bäuerlichen Landregionen – die Verehrung der Gottesmutter in reine Anbetung, die jedoch streng nach orthodoxer Lehre nur Gott allein gelten darf.

Maria wird von den orthodoxen Christen mit tiefer Hingabe als die Mit-Erlöserin und ständige Fürsprecherin der sündigen Menschheit verehrt, als gütige Mittlerin zwischen Gott und den Menschen. (Weiß sie doch als Mutter ihre Bitten und Wünsche – für die Menschen – ihrem Sohn mit besonderer Liebe stets erfolgreich zu unterbreiten. Diese volkstümliche Vorstellung entspricht der Rolle der Mutter im patriarchalischen Griechenland: »Mutter wird's schon richten«). Maria ist die »Freude der Gläubigen« und der »Reinigungsort der ganzen Welt«…

Das wirklichkeitsgetreue Urbild der Gottesmutter – das jeder Marien-Ikone inhaltlich und formal zugrundeliegt – soll der Apostel Lukas gemalt

Korfú. Reliquie des Heiligen Spirídon.

haben. Keine seiner legendären Marienikonen blieb indes der Nachwelt erhalten. Häufig geht eine Bildtradition auch auf uralte, angeblich nicht von Menschenhand gefertigte Vorbilder (achiropiiti) zurück. Diese aus übernatürlicher Quelle offenbarten Vorbilder, die häufig – wie im Fall der Axión Estín – vom Meer irgendwo angeschwemmt wurden, was dann meist zu einer Klostergründung führte, durften natürlich nicht von Menschen abgeändert, sondern nur getreu kopiert werden.

Überall in Griechenland – in kleinen Betsäulen (Ikonastássia) am Straßenrand, in winzigen zimmerähnlichen Kapellen, bei Heiligenfesten, an höchsten Kirchenfeiertagen, in Dörfern und Städten – immer sind die Ikonen Mittelpunkt der Verehrung. Dieser Verehrung entspricht die ständige Übung, die Ikonen ehrfurchtsvoll zu küssen. So wie kein gläubiger Katholik eine Kirche betritt oder verläßt, ohne sich mit geweihtem Wasser zu bekreuzigen, so pflegt ein orthodoxer Christ die wichtigsten Ikonen einer Kirche zu küssen.

Die dargestellten Heiligen nehmen in ihrer ganzen Lebendigkeit an den Festen teil. Sie sind also für den Gläubigen gegenwärtig. Bei orthodoxen Kirchenfesten demonstrieren Kirche, Staat und Militär eine untrennbare Einheit. An Ostern findet in Athen gleichsam ein Aufmarsch der höchsten Kirchenfürsten, der wichtigsten Politiker aus Regierung und Opposition und der führenden Militärs statt. »Geeint« schreiten sie feierlich hinter den heiligen Ikonen durch die Straßen der Stadt.

Auch Menschen der westlichen Welt, die Griechenland oder andere Länder, die von der orthodoxen Religion durchdrungen sind, bereisen, werden von der Faszination der Ikone ergriffen. Sie sehen, daß die Ikone, anders als das Bild im Westen, unabhängig von ihrem Kunstwert einen sehr hohen sakralen Rang einnimmt und einen religiösen Gehalt besitzt, der die rein menschliche Wirklichkeit übersteigt. Die Ikonen stellen Christus, Maria und die Heiligen dar. Die charismatischen Bilder vermitteln visuell die Geheimnisse des Glaubens und haben in der orthodoxen Kirche die gleiche Bedeutung wie die Heilige Schrift selbst. Das liturgische Bild (die Ikone) und das liturgische Wort (die Heilige Schrift) verschmelzen in der Ostkirche zu einer Einheit.

Schon früh gab es scharfe Auseinandersetzungen darüber, ob Gott dargestellt werden dürfe. Ein glühender Verfechter des (Gottes-) Bildes war Johannes von Damaskos († ca. 750): »Gott, der weder Leib noch Form hat, wurde einst überhaupt nicht dargestellt. Doch nun, da er im Fleisch zu uns gekommen ist und unter den Menschen gewohnt hat, stellte ich die sichtbare Gestalt Gottes dar.«

Ein Jahrhundert später, knapp drei Jahrzehnte nach dem Bilderstreit (843), dem nahezu alle Kunstwerke der frühchristlichen Epoche zum Opfer fielen, wurde auf dem 4. Konzil der Ostkirche in Konstantinopel (869/70) die Bedeutung der Ikone erstmals offiziell festgeschrieben: »Die Ikone hat zum Ziel, die wirkliche und nicht illusorische Inkarnation Gottes und des Wortes zu beweisen… So ist es richtig, den Ikonen um ihrer Würde willen, da sie sich ja auf Vorbilder beziehen, gleichsam abgelichtete Ehre und Verehrung zu erweisen genau wie dem heiligen Buch der Evangelien und der Gestalt des kostbaren Kreuzes. Wer also die Ikone Christi

Ikone des Heiligen Antonius, Byzantinisches Museum Rhodos.

des Heilands nicht verehrt, der soll auch nicht seine Gestalt schauen, wenn er in die väterliche Glorie wiederkehrt… (Durch die Ikone) werden wir dazu veranlaßt, uns die Fleischwerdung (Gottes) in Erinnerung zu rufen, sein Leiden, seinen Sühnetod und die dadurch bewirkte Erlösung der Welt.«

Die Ikone, das *heilige Bild der Ostkirche*, erhielt durch diesen Konzilsbeschluß ihre Existenzberechtigung. Die Ikonenmaler, zumeist Priester oder Mönche, schufen und schaffen also Abbilder Gottes, Mariens und der Heiligen, wobei sie den strengen kanonischen Regeln in Komposition, Farbigkeit und Physiognomie folgten und folgen.

Und genau diese festgeschriebene Form der byzantinischen Malerei läßt uns Ikonen zunächst meist starr und fremdartig erscheinen. In der Frontalität vor opakem Grund und ohne Raumtiefe (also ohne Realität, die der Wirklichkeitserfahrung des Betrachters entspricht) erscheint der Heilige in seiner himmlischen Aura, er wird – in der Andacht des Gläubigen – im Geist vergegenwärtigt. Ein Heiliger im Profil würde nicht die vollkommene Präsenz und Intensität vermitteln, wie in harmonischer Frontalität auf den tragbaren Ikonen. Stets war aber die *Heiligkeit der Ikone*, nicht ihr Kunstwert, des Malers tiefstes Anliegen.

Dennoch läßt sich über die verschiedenen Stilepochen eine Entwicklung der Ikonenmalerei erkennen. Die scheinbare Starre löst sich langsam auf. Westliche und östliche Maltraditionen verschmelzen, besonders seit der venezianischen Präsenz im griechischen Raum ab 1204. Die Kunst aus Byzanz öffnet sich in feinen Nuancen den kreativen Impulsen aus Venedig. Die Entwicklung der byzantinischen Malerei von der frühchristlichen bis

Osterzeremonien auf der Insel Rhodos.

zur nachbyzantinischen Zeit läßt sich an der Ikonographie der »Kreuzigung« beispielhaft skizzieren:

Seit dem Ende des 6. Jahrhunderts kennen wir Kreuzigungsdarstellungen in zwei verschiedenen Grundtypen. Der eine zeigt eine *Dreiergruppe* (der Gekreuzigte, Maria und Johannes) mit den johannäischen Worten: »Siehe, das ist Deine Mutter« und »Siehe, das ist Dein Sohn« unter dem Kreuzbalken. Außerdem erscheinen symbolisch Sonne und Mond. Der zweite Typus zeigt den *Gekreuzigten zwischen den beiden Schächern* und eine mehr oder weniger reiche Zahl von Zeugen der Ereignisse, darunter gelegentlich die um das Gewand Christi würfelnden Soldaten. Man hat diesen Typus gerne den »historischen« genannt, er ist aber auch stark mit Symbolen beladen.

Der Drei-Figuren-Typus ändert sich bis in die nachbyzantinische Zeit nicht wesentlich (die Jesus-Worte können gelegentlich fehlen, weinende oder begrüßende Engel können hinzukommen). Der »historische« Typus hingegen erfährt in der mittelbyzantinischen Zeit immer stärkere Erweiterung. Auf Zypern und Euböa gerät er durch Venedig gelegentlich unter westlichen Einfluß. So wird z.B. die »Ohnmacht der Gottesmutter« in einer sehr gefühlserregenden Darstellungsweise hinzugefügt.

In nachbyzantinischer Zeit wird der »historische« Typus immer willkürlicher ausgestaltet. Er orientiert sich noch mehr an westlichen Vorbildern,

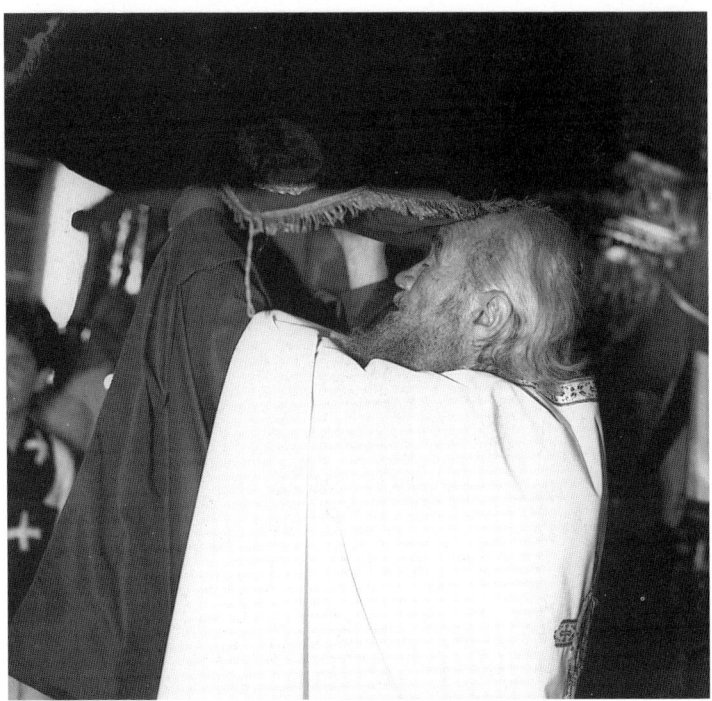

die besonders durch Kupferstich- oder Holzschnittblätter in den Osten gelangen. Im Zeitalter des Barocks schließlich sind manche künstlerisch hochentwickelte Werke so stark verwestlicht, daß sie mit der alten byzantinischen Tradition kaum mehr etwas zu tun haben.

Fremd steht der orthodoxe Christ solchen kunstgeschichtlichen Betrachtungen gegenüber. Ob alt, echt oder künstlerisch wertvoll, das ist für den gläubigen Griechen ganz unbedeutend. Der Heilige ist dem Gläubigen durch die Ikone nahe. Doch diese Nähe ist als eine geistig erfahrbare zu verstehen; sie meint keine körperliche Präsenz. Sie bildet so einen krassen Gegensatz zur westlichen Kunstauffassung – es ist eine andere Nähe des himmlischen Wesens als die des leibhaftigen Heiligen, der mit beiden Beinen im empirischen Raum eines Renaissance-Bildes steht.

Ikonen als Zeugnisse einer hochentwickelten Bildkunst, als Träger ästhetischer Kategorien, als Spuren der eigenen Vergangenheit – das sind in Griechenland relativ neue Entdeckungen. Lange stand die byzantinische Kunst im Schatten der Hinterlassenschaften der Antike. Lange teilten die Griechen die gesamteuropäische Sicht, die in Griechenland nur die Antike suchte. Erst mehr als fünfzig Jahre nach der Staatsgründung, 1884, wird in Athen die »Christliche Archäologische Gesellschaft« gegründet, die u.a. den Grundstein für die Ikonensammlung im Byzantinischen Museum Athen legte. Es war, wie so oft, eine private Initiative, welcher

Panajía Kirche von Episkopí/Santorin.

der Staat keine Beachtung schenkte. 1891 klagt der Gründer der Gesellschaft, Geórgios Lambákis, daß man um kleinste Geldbeträge zur Rettung der Zeugnisse christlicher Vergangenheit betteln müsse, während Millionen zur Rettung von Aphrodites Fingernagel ausgegeben würden.

Und erst in den 30er Jahren beginnt die griechische bildende Kunst in der Folge von Fótis Kóntoglu (s. S. 163), sich aktiv mit dem byzantinischen Erbe auseinanderzusetzen.

Daß die kontemplative Nähe auch wahrgenommen und gelebt wird, zeigen viele Einblicke in das tägliche Leben der Griechen. Auf dem Lande und selbst in den Städten gibt es kaum eine Wohnung, in der nicht inmitten von vielen Familienfotografien das Bild eines Heiligen verehrt wird. Oft sind es nur aufgezogene Fotografien, selten »echte« Ikonen. Für den Griechen erfüllen beide Bildtypen den gleichen heiligen Dienst. Die Ikone in der Dorfkirche ist oft der kostbarste Besitz der Dorfgemeinschaft. Sie gilt es bei Gefahr zu retten. Bei der großen Vertreibung aus Kleinasien (1922/23) versuchten die Flüchtlinge wenigstens ihre Ikonen und damit einen Teil ihrer Identität zu retten.

Auch die zahlreichen weißgekalkten Betsäulen oder aus Blech geformten Miniaturkirchen (Ikonostássia) mit heiligen Ikonen sind charakteristisch für die griechische Landschaft. Und die in Kirchen vor den Ikonen auf Fäden aufgereihten silbernen Täfelchen, Taxímata (abgeleitet von tó táxmon = das Gelübde), gehören zur traditionellen Verehrung von Heiligen. Es sind Geschenke und Bitten zugleich. Dargestellt auf ihnen sind menschliche Gliedmaßen, Kinder, Frauen, Männer u.a. »Wünsche«. Mit diesen Taxímata bittet der Gläubige, daß ihm der Partner des Lebens, die Geburt eines Kindes oder die Genesung von einer Krankheit durch göttliches Eingreifen geschenkt werde. Als Mittler werden die Heiligen, die Ikonen, angesprochen.

Dem Griechenlandreisenden ist diese traditionelle Ikonenverehrung bei jeder Bus- oder Taxifahrt erfahrbar. Oft gleicht die Windschutzscheibe eines Autos fast dem Ikonostas einer orthodoxen Kirche. Zahlreiche Heiligenbilder und Taxímata mögen vielleicht das Sichtfeld des Fahrers einschränken, sie schützen ihn jedoch unfehlbar vor den Gefahren der Straße. Votivtafeln dieser Art, aus gebranntem Ton oder Stein geformt, waren bereits bei den Minoern auf Kreta gebräuchlich. Man fand sie in vielen Kultgrotten der großen Insel, auch in den Palästen und Herrenhäusern.

Demutsvoll und mit Liebe werden die Ikonen von den orthodoxen Gläubigen auch heute verehrt. Die am Wegesrand stehenden Betsäulen werden mit frischen Blumen geschmückt, die Öllämpchen mit neuem Öl versorgt. Als »ewige« Lichter brennen sie Tag und Nacht.

9. Feuertanz, Blutopfer und Phalluskult

Volkskultur im heutigen Griechenland

Die griechisch-orthodoxe Kirche bildete innerhalb des Osmanischen Reiches über fast 450 Jahre eine Art Staat im Staate, eine konservative Macht, die Religion, Tradition und Brauchtum konservierend schützte und rettete (s. S. 107). Als Enklave war das Griechentum abgeschirmt gegen all jene gesellschaftspolitischen Veränderungen, die den Westen erschütterten. So drangen Reformation und Aufklärung nur sehr schwach bis nach Griechenland vor. Auch die Industrialisierung und die damit verknüpfte Landflucht wie die Entwicklung städtischer Agglomerationen vollzogen sich erst nach dem 2. Weltkrieg. Das sind die Gründe, weshalb sich in Griechenland wichtige Elemente der Volkskultur wie z.B. der Anastenária-Kult und orthodoxe Kirchenfeste über Jahrhunderte in ihren Urformen nahezu unverfälscht erhalten konnten.

Das Anastenária-Fest
Langadhás, ein kleines Dorf mit ca. 3000 Einwohnern in Nordgriechenland, 15 km nordöstlich von Thessaloníki. In einem Kafeneíon bei der Agorá (Markt) wird die ruhige und spannende Erzählung über das traditionelle Anastenária-Fest, das am orthodoxen Kirchentag der Heiligen Konstantínos und Eléni, am 21. Mai, gefeiert wird, jäh unterbrochen.

Als Micháli die Anastenaríden, eine kleine Minderheit des Dorfes Thiasós, mit »sarah« bezeichnet, springt Kyriákos zornig auf und verläßt laut schimpfend die kleine Männerrunde. »Sarah«, ein aus dem Türkischen entlehntes Wort, bedeutet sinngemäß »Epilepsie«. Doch Epileptiker sind die Anastenaríden bei ihrem ekstatischen Feuertanz keineswegs; mit »sarah« beschimpft zu werden, war demnach für Kyriákos und seine Glaubensanhänger eine tiefe Beleidigung. Damit gab es für uns kaum noch Hoffnung, authentische Informationen über dieses seltsame, semichristliche Fest mit seinem komplexen Zeremoniell, das auf christliche und heidnische Wurzeln zurückgeht, zu erfahren. Der einzige direkte Zugang zu den Anastenaríden in Langadhás hatte sich verschlossen.

Doch das impulsive, oft in heftigen Ausbrüchen sich entladende Temperament der Griechen, ihre Fähigkeit, Wut zuzulassen und auszuleben, sie nicht aufzustauen, bis sie die ganze Lebendigkeit des Menschen tötet, wirkt meist reinigend und befreiend. Was dem kühlen Mitteleuropäer wie ein alle Freundschaft zerstörender Streit erscheint – mit Gewalt und Kraft brechen die Worte hervor, ungestüm sind die Gesten (uns muten sie meist theatralisch an) – ist für Griechen eine Erlösung. Da bleibt nichts Schweres. Niemand ist nachtragend. Nach dem Gewitter lebt man wieder befreiter miteinander. Nur selten, und dann handelt es sich meist um uralte Familienfehden, die früher in grausamer Selbstjustiz – Blutrache – ausgetragen wurden, überdauert der Streit denselben Tag!

Und so lädt Kyriákos bereits am Nachmittag mit der sprichwörtlichen

Philoxenía (= Gastfreundschaft) der Landbewohner in sein einfaches Bauernhaus ein. Im Hof ein Meer von Blumen, zu dieser Jahreszeit meist Rosen, ein uralter Birnbaum, ein paar Hühner, ein Esel und ein typisch griechischer Hund, der bellt, um sich Mut zu machen und dann doch fortläuft.

Ohne jede Verärgerung erzählt Kyriákos bei Kaffee und Wasser mit Leidenschaft von den Anastenaríden: von ihrer Flucht bzw. Umsiedlung aus Kleinasien und Bulgarien, ihren Schwierigkeiten, in Makedonien eine neue Existenz aufzubauen, von der Willkür der Lokalbehörden, die immer wieder auf hartnäckiges Betreiben der orthodoxen Kirche die Anastenária-Feste zu verhindern suchen. Diese sind dem Klerus schon lange ein Dorn im Auge: »heidnisches Spektakel«, »Götzenanbetung«, so empören sich die Kirchenmänner über den ihnen fremdartigen Kult. Bischöfe drohten, all jene zu exkommunizieren, die sich aktiv an diesen »heidnischen Spielen« beteiligten. Die Behörden erklärten das Fest zu einer »öffentlichen Veranstaltung«, das somit einer Genehmigung bedurfte. Sie schlugen vor, die den Anastenaríden heilige Zeremonien, die sie abfällig »Kunststücke« nannten, doch besser in der Provinzhauptstadt Sérres aufzuführen, dort gebe es mehr Platz und mehr zahlende Zuschauer. Tatsächlich werden in Langadhás seit 1974 Eintrittsgelder verlangt; mit den Erlösen werden allerdings öffentliche oder kirchliche Vorhaben finanziert. 1972 kamen ca. 15000 Zuschauer nach Langadhás, 1988 waren es ca. 3000.

Schließlich gipfelte der Kampf von Kirche und Staat gegen das Anastenária-Fest in einem behördlichen Erlaß, der das Töten von Jungtieren verbietet. Damit ist es den Anastenaríden nicht mehr gestattet, zu ihrem Fest nach ihrer Tradition Jungtiere, die noch nie im Joch gestanden haben, zu opfern. Wütend und zornig fügt Kyriákos hinzu: »Aber, daß Ostern Tausende von jungen Lämmern sterben müssen, dagegen hat niemand von der Kirche etwas einzuwenden!« Nach groben Schätzungen werden in Griechenland zum orthodoxen Osterfest knapp eine Million Lämmer geschlachtet.

Da tobt ein Kampf, der sich vornehmlich in Verboten und behördlichen Erlassen äußert. Er ist angeheizt von einer zynischen Presse, die reißerisch und ohne Respekt vor dem Glauben einer christlichen Minderheit den rituellen Feuertanz bei der Anastenária-Feier als »Fakir-Kunststück« verächtlich macht. Dabei ist dieser Tanz nur ein Element aus einem großen Festzyklus. Die Anastenaríden ihrerseits reagieren Jahr für Jahr mit gleicher Gelassenheit. Sie ignorieren nach griechischer Art möglichst alle Verbote und belassen es bei verbalen Auseinandersetzungen, solange sie nicht ernsthaft daran gehindert werden, Konstantin und seine Mutter Helena nach ihrer Tradition und ihrem Brauch zu verehren.

In Griechenland ist das Anastenária-Fest nur in den vier makedonischen Dörfern Ajía Eléni, Langadhás, Mavroléfki und Melíki bekannt. Dorthin gelangte der Anastenária-Kult erst Anfang des 20. Jh., als nach den Balkankriegen (1912/13) Griechen aus Thrakien (Ájios Stéfanos, Askitzím, Bródivo, Kostí, Kólantzás, Trúllia und Urghás) nach Makedonien umgesiedelt wurden. Zuvor hatte der Kult am Bosporus in 18 Dörfern mit griechisch-bulgarischer Bevölkerung geblüht, in jenem Landschaftsraum, wo

Opfertiere für das Anastenáriafest.

die Haimos-Halbinsel zum Festland übergeht, im Küstengebiet des Euxinischen Pontus am Schwarzen Meer.

Ethymologisch wird Anastenária überwiegend von »anastenáso« (= stöhnen, seufzen) abgeleitet. Andere Forscher beziehen sich auf eine anonyme Quelle des 12. Jh. und sehen eine Verbindung zu »astenária« (= dämonenbesessen). Wenig Anerkennung finden die Ableitungen von »nistía« (= Fasten) und »éstia« (= Herd, Feuer).

Im Mittelpunkt des Kultes steht die Verehrung der Ikonen Konstantin d.Gr. und seiner Mutter Helena. Über den Ursprung des Anastenária-Festes gibt es viele Spekulationen. Aus den vorwiegend bulgarischen und griechischen Forschungen über dieses Brauchtum haben sich zwei Hauptmeinungen herauskristallisiert. Während die einen der Ansicht sind, der Kult gehe auf die mittelalterliche Häresie der Paulikaner zurück, eine Sekte in der Folge des Manichäismus, die von Kaiserin Theodora verfolgt und nach Thrakien umgesiedelt wurde, halten andere ihn für eine rein vorchristliche, orgiastisch-dionysische Zeremonie thrakischer Herkunft. Tatsächlich fällt auf, daß sich im Dionysos- und Anastenária-Kult die Festelemente gleichen. Hier wie dort sind die Hauptelemente der sehr komplexen Zeremonien: Vorbereitung (Hagiasmós) – Stieropfer – Umzug (Pompé) mit der Konstantin-und-Helena-Ikone (bzw. der Dionysos-Statue) – ekstatischer (Feuer-)Tanz – Musikbegleitung mit Trommel (Daúli), Lyra und Dudelsack (Gáidha) und ekstatische Kultschreie »i-ak-che« und »ich-ach-ech«. Schließlich das Phänomen der Unverletzbarkeit beim Feuertanz (Akáia), dies allerdings nur bei den Anastenaríden.

Bei dieser Vielfalt von Brauchtumserscheinungen ist es verständlich, daß sich mittlerweile die verschiedensten Fachdisziplinen mit ganz speziellen Forschungsfragen auf das Anastenária-Fest konzentrieren. Die Archäologen suchen den Bezug zur *Antike*. Für sie ist das Fortleben des Dionysoskultes die zentrale Frage. Sie diskutieren außerdem den Einfluß des antiken Theaters auf das Festritual. Den Verbindungen zur *frühchristlichen Epoche* gehen die byzantinische Kunstgeschichte und die Religionswissenschaft nach. Die neugriechische Philologie befaßt sich mit den Liedern und Gebeten. Und letztendlich zeigen auch *Psychologen* und *Mediziner* ihr Interesse. Der Feuertanz und die Ekstase der Tänzer sind für sie von besonderem Interesse.

Die mögliche Herkunft des Anastenária-Festes aus der Spätantike ist durch keinerlei Quellen nachzuweisen. Überhaupt ist das Quellenmaterial zu diesem Brauchtum sehr dürftig. Der älteste Augenzeugen-Bericht stammt aus dem Jahre 1866 (von dem Bulgaren Petros Slowejkoff). Das Interesse eines größeren Publikums findet der Kult erst seit 1873 durch eine Veröffentlichung des Griechen A. Churmuziádhis. Aus früherer Zeit gibt es nur einen einzigen anonymen Hinweis aus dem 12. Jh.: in einem Bericht über den vlachobulgarischen Aufstand gegen den byzantinischen Kaiser Isaak II. Angelos (1185–1195) im Jahre 1186 werden die »Anastenária« als »Dämonenbesessene« und »Pseudopropheten« bezeichnet.

Aus dem Reich der Sagen und Legenden seien zwei Versionen erwähnt, die beide den Kult mit der Rettung des Christentums verbinden. In ihren Liedern singen die Anastenaríden von »Mikró-Konstantínos«, dem Retter der Christen. Um welche historische Person es sich dabei handelt, ist ungewiß. Die Quellen geben darüber keine Auskunft. Daher gehen die Meinungen auseinander: man spricht von Konstantin Dukas, Sohn des byzantinischen Feldherrn Andronikos Dukas (Anfang 10. Jh.) und Konstantin Komnenos, Sohn des Kaisers Andronikos I. Komnenos (1183–1185). Möglicherweise geht das »Mikró-Konstantínos-Lied« auf ein episches Heldenlied zurück, das die Taten eines dieser beiden Konstantin-Helden zum Inhalt hat.

Die Anastenaríden erzählen auch zwei Helden-Legenden, die sich auf die Herkunft des Kultes beziehen. In der einen heißt es, »Mikro-Konstantínos« sei gegen die Perser in den Krieg gezogen, um das Christentum zu verteidigen. Den Sieg habe er dann mit Hilfe eines »Feuermeeres« errungen. Die Bedeutung des Feuers in Verbindung mit den Persern weckt Assoziationen an den persischen Feuerkult der Zarathustrier.

In deutlich engerer Beziehung zum Feuertanz steht die bulgarisch-thrakische Legende: als in Thrakien die griechisch-orthodoxen Christen von den Türken überfallen, ihre Häuser und Kirchen angezündet wurden, liefen einige Griechen mit bloßen Füßen in die brennenden Kirchen und kamen unversehrt zurück und hatten so die Ikonen des Heiligen Konstantin und seiner Mutter Helena gerettet.

In den vier makedonischen Dörfern wird das Anastenária-Fest mit nur geringen Abweichungen nach dem gleichen Zeremoniell gefeiert. Die Vorbereitungen beginnen am Vorabend des 21. Mai. Die Feier selbst dauert heute drei Tage. Ursprünglich (so in Kostí, dessen Bewohner nach Melikí umgesiedelt wurden) erstreckten sich die Festlickeiten über acht Tage. In den jeweiligen Dörfern ist die Zahl derer, die am Feuertanz teilnehmen, verschieden.

Die Anastenaríden verstehen sich als orthodoxe Christen, werden jedoch von der orthodoxen Kirche in der Ausübung ihres völlig singulären Kultes bekämpft. In jedem der genannten Dörfer (griechischen wie bulgarischen) gibt es eine selbständige Gemeinde, die von dem Archianastenáris geführt, ja regiert wird. Es handelt sich um ein gewähltes Oberhaupt, das über das Anastenária-Fest absolute Befehlsgewalt ausübt. Der Versammlungsort der Gemeinde ist das Haus der Archianastenáris, Konáki genannt (nach dem türkischen Konak = Verwaltungshaus/Palast). Hier werden die Ikonen, die heiligen Tücher, die Musikinstrumente und die Geräte für das Blutopfer in einem heiligen Schrein gehütet. Die Anastenária-Zeremonien finden im Konáki und unter freiem Himmel, an heiligen Orten (»agiásmata«), statt.

Zu den Vorbereitungen gehören bereits die festlichen Umzüge am 27. Oktober, bei denen die Gemeindemitglieder Geld für den Ankauf des Opfertieres spenden. Am 18. Januar, dem Patrozinium des Heiligen António, finden erneut Prozessionen statt, die den feierlichen Rahmen für den Ankauf des Stieres bilden. Das Tier soll möglichst fleckenlos weiß sein. Die Farbe spielt auf die christliche Symbolik der Reinheit an.

Am Vorabend des 21. Mai beginnt das eigentliche Fest. Bei dumpfen Trommelschlägen und weichem Lyraklang tanzen die Anastenaríden in schnellem, stampfendem Rhythmus und bewegen ihre Arme wie Vögel ihre Flügel beim Fliegen. Synchron zum Flügelschlag senken sie ihren Körper mit schlangenförmigen Bewegungen und abgewinkelten Knien tief zum Boden und gleiten so im harten Rhythmus der Musik wie Wellen durch den Raum. Mit zischenden Lauten vertreiben die Tanzenden die bösen Dämonen und Geister aus dem Konáki.

Die Ikonen sind bei allen Festen der Anastenaríden Mittelpunkt der Zeremonien. Die Heiligen, hier Konstantin und Helena, sind durch die Ikonen gegenwärtig. Ihnen zu Ehren wird gefeiert. Nach Meinung der Anastenaríden sind ihre heiligen Bilder große Kunstwerke und 500 oder mehr Jahre alt. Kunstgeschichtlich betrachtet sind jedoch alle beim Anastenária-Fest (1988) gezeigten Ikonen wertlos. Die ältesten lassen sich nur bis in die Mitte des 19. Jh. datieren. Ihr Format ist meist nicht größer als 30 x 40 cm. Ein Silberrahmen mit Trauben- und Rankenmotiven endet in einem Handgriff, der das Tragen beim Feuertanz erleichtert. Konstantin und Helena sind gemäß der traditionellen byzantinischen Ikonographie dargestellt. Eine Besonderheit ist der »Tanzschritt« Helenas, so jedenfalls deuten die Anastenaríden das leicht angehobene linke Bein der Mutter Konstantins. Die Ikonen sind zusätzlich mit kleinen Glöckchen und den heiligen Tüchern behängt. Diese »amanétia« haben die Größe und Form eines Taschentuches, auch sie sind oftmals mit kleinen Glöckchen behängt.

Die Tücher und Glöckchen haben für die Anastenaríden apotropäische Kräfte, sie schützen Menschen und Tiere vor Seuchen und Epidemien, vor Unwetter und Mißernten.

Am frühen Morgen des 21. Mai beginnen mit Trommelschlag und Lyraklang erneut die beschwörenden Tänze im Konáki. Die Tänzer steigern sich langsam in Ekstase, die am Abend beim Feuertanz ihren Höhepunkt erreicht. Der Trommelschläger (»dauliéris«) hat die wichtige Aufgabe, einfühlsam zu stimulieren. Mit dem Rhythmus seines Trommelschlages vermag er die Tänzer anzutreiben und sie zu beruhigen. Der Trommler muß die verzückten Tänzer vor Überreaktion bewahren. Der Archianastenáris und der Dauliéris stehen beim Tanz oft in Blickkontakt. Gemeinsam kontrollieren sie den ekstatischen Tanz und bestimmen den Rhythmus.

Auf heftigen Rausch folgt Entspannung. Den ganzen Vormittag durchleben die Anastenaríden den Wechsel von Ruhe- und Tanzphasen. Sie warten auf ihre heilige Ikone. Seit sieben Uhr früh wird in der Dorfkirche (von Melíki/1988) die Messe für Konstantin und Helena gelesen. Auch der Archianastenáris mit Begleitern – in ihrer Mitte die Ikone Konstantins und seiner Mutter – nimmt am Gottesdienst teil und empfängt den kirchlichen Segen. Gegen 11.00 Uhr wird die Ikone, das Zentralobjekt des Anastenária-Kultes, mit dem Auto von der Kirche zum Konáki gebracht.

Jetzt kann das eigentliche Fest beginnen. Wieder die gleiche Musik mit ihren ewigen Wiederholungen. In einer feierlichen Prozession wird die noch verhüllte Ikone ins »Allerheiligste« geführt. Dort wechseln sich Andacht, Gebete und ekstatische Tänze ab. Schließlich beginnen unter Führung von Trommelschlägern und Lyraspielern die Umzüge durch das Dorf, um die Opfertiere abzuholen. In Melíki waren es 1988 drei Opfertiere: Stier, Ziege und Lamm. Sie alle sind mit Blumen bekränzt und werden vor dem Konáki an einem Baum festgebunden. Dort – Kerzen sind entzündet, Weihrauch steigt auf – empfangen sie durch die Ikone die heilige Weihe. Dann werden sie zum Opferplatz gebracht, der mit Pfählen abgesteckt ist.

In Melíki läßt sich der Stier nur unwillig abführen. Mehrere Männer müssen ihn mit aller Kraft halten, um ihm den Blumenschmuck zwischen die Hörner zu binden. Lang ist der Weg vom Stall zum Opferplatz. Immer wieder stämmt sich das Tier mit seinen Hinterläufen fest in die Erde. Kein gutes Omen, denn nur ein williges Opfer im Sinne einer Selbstopferung ist ein gutes und wertvolles Opfer. Der Kampf und Widerstand des Tieres bedeuten Unheilvolles: Krankheiten, Mißernten, Katastrophen! Vor dem Konáki die heilige Weihe – jedes der drei Tiere wird mit der Ikone bekreuzigt, ebenso die Opferwerkzeuge. Dann geht alles sehr rasch. Die Mittagssonne hat den höchsten Punkt überschritten, Regen kündigt sich für den Nachmittag und Abend an. Viele Schaulustige (übrigens nur Griechen aus der Umgegend) haben sich eingefunden. Die Tiere kommen zum Opferplatz, werden auf die Seite geworfen, nochmals, nun mit dem Messer, bekreuzigt und in Sekundenschnelle getötet: der Stier mit einem sicheren Kopfschuß, Ziege und Lamm mit einem Schnitt durch die Halsschlagader. Danach wird auch dem Stier die Karotisarterie durchschnitten. Das Blut der Tiere pulsiert aus ihren noch zuckenden Körpern und versickert im

Der Opferstier wehrt sich – ein böses Omen.

Boden als Opfer, wie es der Anastenáris-Brauch fordert, dargebracht der Mutter Erde. Das Blutopfer ist vollbracht. Nun kann am Abend der Feuertanz beginnen!

Anschließend werden die Tiere gehäutet und zerlegt. Die Anastenaríden verteilen das Fleisch untereinander, nehmen es mit nach Hause, kochen es dort, um es nach dem Feuertanz gemeinsam um Mitternacht zu verzehren.

Aus Berichten über Tieropfer im Ursprungsgebiet des Anastenária-Kultes, in Thrakien, geht hervor, daß das Ritual heute in Makedonien nur noch vereinfacht ausgeführt wird. So hoben die Anastenaríden einst vor der Tötung eine Opfergrube aus, in der sie alle Eingeweide der Tiere samt Galle, Ohren und Schwanz vergruben. Der Stier wurde nicht erschossen, sondern mit einem heiligen Messer geschächtet. Ferner nahm man ursprünglich Waschungen an einer heiligen Quelle vor (wie heute noch in Ajía Eléni). Außerdem war es den Frauen damals grundsätzlich verboten, dem Blutopfer beizuwohnen.

Am späten Nachmittag setzt Regen ein. Die Anastenaríden werden unruhig; ein weiteres böses Vorzeichen. Das Wetter zwingt sie zu warten. Doch der Feuertanz zu Ehren von Konstantin und Helena muß ausgeführt

Das Feuer für den Feuertanz wird entzündet.

werden, um die bösen Dämonen für das neue Jahr abzuwehren und Fruchtbarkeit und Regen für die Erde, Segen für die Menschen zu erbitten. Die Anastenaríden sind in ihrer tiefen Andacht und Kontemplation von der Vorstellung des Heiligen Konstantins und seiner Mutter bereits so ergriffen, daß sie sich kaum noch der steigenden Ekstase erwehren können.

Sie warten bis zum Abend. Erst gegen halb zehn Uhr kann das Feuer entzündet werden. Etwa zwei Meter lange dünne Äste wurden sorgfältig vom Feueranzünder (»sydhavlitís«) zu einer spitzen Zeltform zusammengestellt. Das Amt des Sydhavlitís ist hoch geschätzt. Er schürt das Feuer knapp zwei Stunden lang, bis die Äste durchglüht sind und das »Feuerzelt« in sich zusammenbricht. Dann breitet der Sydhavlitís die Glut mit einem langen Ast zu einem Feuerkreis aus. Die Glut ist nun fast 100 °C heiß!

Angeführt von Trommelschläger und Lyraspieler kommen die Anastenaríden vom Konáki tanzend in den umfriedeten Freiraum, in dem der Feuerkreis glüht. Der Archianastenáris trägt die Ikone und gibt sie während des etwa halbstündigen Tanzes an die anderen Tänzer weiter. Sie alle befinden sich in Ekstase. Wenn Flamme mit Flamme sich vereint, bedeutet dies nach ihrer Vorstellung Zeugungskraft. Aber im Feuer wirkt auch das zerstörerische Böse. Dessen Macht zu brechen, ist Sinn des verzückten

Tanzens. Mit stampfenden *nackten* Füßen durchqueren sie in alle Richtungen tanzend den Feuerkreis und rufen flüsternd und stöhnend: »Stácht ná jén!« (= »Asche sollst du werden!«). Die bösen Geister dürfen das Feuer und die Glut nicht verlassen, damit sie Menschen und Tiere nicht mit Unheil plagen. Mit ihren stampfenden Tanzschritten treten die Anastenaríden das Feuer aus und bannen und zwingen damit die bösen Geister in die Asche. So wird das Böse vernichtet, und das Gute kann auf Erden gedeihen zum Wohl der Menschen.

Außergewöhnliches ereignete sich beim Feuertanz in Langadhás (am 22.5.88). Da starker Regen das Feuer zu löschen drohte, wurde der Feuerkreis frühzeitig gebildet. Außerhalb des Kreises legte man die großen noch nicht ganz durchglühten Holzstücke. Beim Tanzen verließ der Archianastenáris den Bannkreis, um genau diese Glut – die bösen Geister! – tanzend zu zertreten. Zu Beginn des Tanzes bemerkten die Anastenaríden, daß sich ein Fremder (ein Artist) unter die gläubigen Tänzer gemischt hatte… Mit Schlägen und wütendem Geschrei vertrieben sie ihn aus dem Feuerkreis und dem heiligen Ort.

Den Zuschauer, den Nichteingeweihten, beeindruckt besonders das Phänomen der Akáia, der Unverbrennbarkeit der Fußsohlen. Ungläubig beobachtet der Fremde die Tänzer. Man vermutet irgendwelche Tricks und sucht nach logischen Erklärungen, man spricht von Schnellfüßigkeit beim Tanzen, von Dickhäutigkeit bzw. lokaler Betäubung der Fußsohlen, weist auf erhöhte Transpiration hin und darauf, daß die Schweißverdunstung an den Fußsohlen Verdunstungskälte verursache.

Tanz auf glühenden Kohlen.

Neurophysiologen versuchten vergeblich, dem Phänomen mit Elektrodenmessungen am Kopf der Tänzer auf die Spur zu kommen. Die physiologischen Zusammenhänge der Akáia sind bislang unerforscht. Es dürfte sich um Ausnahmereaktionen des Körpers auf Grund der psychischen Disposition durch die Ekstase handeln.

Von den vielfältigen Brauchtumserscheinungen in Griechenland werden nachfolgend noch einige lokale Zeremonien erwähnt, die mit ihren Besonderheiten aus dem griechischen Festkalender herausragen (nach K. Kakuri, W. Puchner und eigenen Beobachtungen).

Hebammentag

8. Januar

Wird meist von Flüchtlingen aus Kleinasien, wenn auch nicht mehr regelmäßig gefeiert. Das Fest gerät allmählich in Vergessenheit, weil es von der ansässigen Bevölkerung als anstößig abgelehnt wird.

Das Fest, ein Phalluskult mit stark matriarchalischen Zügen, wird zu Ehren der Dorfhebamme gefeiert, die über Leben und Tod von Mutter und Neugeborenen wacht. Aktiv teilnehmen dürfen *nur verheiratete Mütter*, also weder kinderlose verheiratete Frauen noch Witwen. Zentralobjekt des Kultes ist ein von ausgewählten Frauen im Hause der Hebamme modellierter Phallus. Sie formen aus einer Lauchstange ein etwa 20 cm langes Glied mit Eichel, Hoden und Haaransatz. Über die Lauchstange wird ein Schweinsdarm gezogen, der als Vorhaut über die Eichel bewegt werden kann. Dann gestalten die Frauen eine Vagina, küssen den Phallus und führen ihn in das künstliche weibliche Geschlecht ein. Zu diesen geheimen Zeremonien in den verschlossenen Räumen der Hebamme ist außer den Frauen nur der Musikant zugelassen, sonst ist jedem Mann der Zutritt verboten. Nach dem Ritual werden die wartenden Frauen zum Festmahl zugelassen. Doch bevor sie daran teilnehmen dürfen, müssen sie die Vorhaut bewegen und die Glans des Phallus küssen. Nach dem Festmahl tanzen die Frauen durchs Dorf. Ihr Umzug erinnert an die orgiastischen Dionysos-Festzüge der Antike. Auf den Straßen zeigen sie den anderen Mädchen und Frauen die beiden Geschlechtsteile in Kopulation und fordern sie auf, den Phallus zu küssen.

Schwalbenumzug

1. März

Nur noch in wenigen Regionen Griechenlands ist der Brauch des Schwalbenumzugs lebendig, der sich an Texten und Vasenbildern bis in die Antike zurückverfolgen läßt. Die bei den Umzügen von Kindern gesungenen Lieder gehen inhaltlich auf die Verse des Athenaios von Naukratis (um 200 n.Chr.) zurück. Ihr Ursprung dürfte jedoch weitaus älter sein. Eine Version des Schwalbenliedes lautet:

>»Eine Schwalbe kommt
>Übers weiße Meer geflogen,
>Setzte sich und sang:

März, mein guter März,
Und trüber Februar,
Wenn du auch schneist und gießt,
Riechst du doch nach Frühling.«
(nach Ch.Fauriel/W.Puchner)

Nach dem römischen Kalender fing das Jahr ursprünglich mit dem Monat
März an. Erst ab 153 v. Chr. wurde der Januar zum Jahresbeginn. Die
Schwalbe war für Griechen und Römer also nicht nur das Symbol des Früh-
lings, der beginnenden wärmeren Jahreszeit, sondern auch das Zeichen
des Jahresanfangs.

Bei den Schwalbenumzügen gehen Kinder mit selbstgebastelten Schwal-
ben, die auf einem Stock befestigt und mit Glöckchen behängt sind, durchs
Dorf. Sie tragen Körbe mit Efeu und Weidenzweigen mit sich und singen
das in ihrer Landschaft übliche Schwalbenlied.

Kynomartyrion (Hundsfolter)

Meist am Ende der Karnevalszeit:
Käsemontag (Montag in der 3. Karnevalswoche) und am Reinen Montag
(Beginn der orthodoxen Osterfastenzeit)
Dieses makabre und grausame Ritual wird nur in wenigen Ortschaften
Griechenlands abgehalten. An fünf bis acht Meter hohen Holzstangen, die
in den Erdboden gerammt und mit Blumen geschmückt sind, werden an
fünf bis sechs Meter langen Seilen (= der »Hundeschleuder«) Hunde
durch die Luft geworfen. Ziel der Hundefolter ist es nicht, das Tier zu
töten, sondern lautes und ins Mark gehendes Hundegeheul zu erzeugen.
Das Gejaule und Gebelle soll »hundsköpfige Dämonen« vertreiben und
vor Hundebissen und Tollwut schützen. Man spricht aber auch von symbo-
lischer Bestrafung streunender Hundehorden (die jedoch nur selten Menschen anfallen). Einige Forscher sehen in dem Kynomartyrion aber auch
ein Relikt des antiken Hekate-Kultes. Der aus Karien stammenden Göttin
Kleinasiens wurden ganz besonders gern Hundeopfer dargebracht. Der
Hund war in der Vorstellung der antiken Griechen ein dämonisches
Wesen.

Lazarus-Fest

Palmsonntag
Neun Tage vor Ostersonntag, der Auferstehung Christi, feiern die griechisch-orthodoxen Christen die *Auferstehung des Lazarus*. Das Fest dieses
sehr beliebten griechischen Heiligen, den Christus als einzigen Menschen
vom Tod auferweckt hat, leitet den gesamten Festzyklus der Megáli Ewdhomádha (Karwoche) ein. Das Lazarusfest wird jedoch wie die Auferstehung Christi ganz im Sinne des Frühlingserwachens und der Wiedergeburt
der Vegetation gefeiert. Das Lazaruskleid, das meist von einem Knaben
getragen wird, ist mit bunten Frühlingsblumen geschmückt und erinnert an
den blumengeschmückten Epitáphios Christi.

Die schönsten Lazarusfeiern gibt es auf Zypern, besonders in Lárnaka,
der zweiten Heimat des Heiligen, wo er nach seiner Auferstehung mit sei-

nen Schwestern Maria und Martha als der »Nicht-lachende« (aghélastos) lebte. Auf Zypern wurde auch ein Lazarus-Passionszyklus aufgeführt.

In einigen Gegenden Griechenlands ziehen Mädchen und Jungen – gemeinsam oder auch getrennt – mit Lazaruspuppen durch ihr Heimatdorf und singen das traditionsreiche, auf das Johannesevangelium zurückgehende Lazaruslied. In anderen Dörfern tragen Kinder nur das Lazaruslied vor. In allen Variationen dieses Liedes wird nach dem Hades gefragt:

> »Sag uns, Lazarus, was sahst du
> Im Hades, wo du warst:
> – Ich sah Schrecken, sah Entsetzen,
> Ich sah Qualen und Schmerzen.
> Gebt mir ein wenig Wasser,
> Das Gift hinwegzuspülen
> Von meinem Herzen, von den Lippen,
> Und fragt mich nicht mehr.«
> (Nach N.Kararas)

Judasverbrennung
Ostersamstag/Ostersonntag
Judas gilt bei den orthodoxen Christen als der Teufel in Person, das Böse schlechthin. Sie argwöhnen, daß der Verräter von Jesus Christus seinen Selbstmord am biegsamen Feigenbaum mit List geplant habe: Judas habe sich töten wollen, um vor Christus im Reiche des Satans zu sein, damit auch er von Christus erlöst werde. Andererseits bezweifeln sie, daß sich Judas wirklich erhängt hat. Um sich seines Todes sicher zu sein, verbrennen sie den Erzsünder im Osterfeuer (= orfanós und labrakián), damit Judas, der auch als Todes- und Vegetationsdämon angesehen wird, nicht die jährliche Auferstehung der Vegetation und des Lebens überhaupt behindern kann.

Die Judasverbrennung ist bis auf wenige Ausnahmen in der griechischen Inselwelt verbreitet, wobei Kreta mit 17 Beispielen den Schwerpunkt bildet. Die lebensgroße Judasfigur wird aus einem Holzkreuz oder einem gefüllten Sack geformt, mit alten Kleidern angezogen und erhält als Kopf einen Kürbis oder eine Melone. Stets hängt an seinem Gürtel der Beutel mit dem Verräterlohn, den 30 Silberlingen. In einigen Dörfern sammeln Kinder in der ganzen Karwoche Holz für das Osterfeuer und bewachen es Tag und Nacht. Auf der Insel Léfkas, in dem Ort Kióni, wird Judas rücklings auf einen Esel gesetzt und unter Schimpf- und Spottliedern durchs Dorf geführt. Die Verbrennung findet hier bereits am Karfreitag statt.

Maikugeln
(Das »Brautlager auf dem Ackerfeld«)
1. Mai
In Mittelgriechenland, im Gebiet von Lárissa, ist ein alter Fruchtbarkeitskult lebendig geblieben: Frauen und Mädchen setzen sich mit hochgezogenem Rock in die noch feuchten Wiesen und reiben ihr Gesäß im Gras. Entscheidend bei diesen zeremoniellen Handlungen, die oftmals von Gesängen und Sprüchen begleitet werden, ist das Nässen des weiblichen

Geschlechts. Die Fruchtbarkeit der Erde und der Frau, symbolisiert durch Feuchtigkeit und Wasser, werden hier beschworen. In seltenen Fällen soll früher auch ein Phallussymbol mitgeführt worden sein, das die Frauen mit Blumen schmückten und küßten.

Aus dem bulgarisch-thrakischen Raum sind verschiedene Aussprüche der Frauen überliefert: »Der Verstand in den Kopf und der Rausch in die Erde«/»Iß, muní (=Vulgärausdruck für Vulva), Gras, und über's Jahr vom Bräutigam« (Nach W. Puchner).

Regentag
Sommer bei Dürre
Bei starker Sommerdürre, aber auch, wenn das Frühjahr sehr trocken ist, werden in vereinzelten Regionen Mittelgriechenlands Regenzeremonien durchgeführt. Mittelpunkt der Feiern ist ein armes (Waisen-)Kind, das angeblich das Erbarmen Gottes leichter erwirken kann. Es wird in Blätter gekleidet, muß eine Pfanne oder einen Topf auf dem Kopf tragen, zieht im Dorf von Haus zu Haus und singt ein Regenlied. Die Hausfrauen übergießen das Mädchen mit Wasser, das von den Blättern zu Boden tropft und so das Geräusch des rauschenden Regens erzeugt. Auf diese Weise bitten die Feiernden Gott um das Geschenk des lebenspendenden Regens.

In einigen Gemeinden kann das Mädchen bei seinem Regengang von anderen Mädchen begleitet werden. Selten übernimmt die Rolle ein Mann, der dann aber für die Zeremonie einen Mädchennamen erhält. Das erinnert an minoische Zeremonien, bei denen Männer zumeist ausgeschlossen waren. Und wenn sie teilnehmen durften, dann nur als Musikanten und Diener, aber stets in Frauengewändern.

Griechenland ist überaus reich an Brauchtumserscheinungen. Immer wieder lassen sich singuläre christliche Kulte bestimmter Regionen auf antike Wurzeln zurückführen. Der Feuertanz und das Blutopfer mit den christlichen Ikonen in Makedonien, in Langadhás und den anderen genannten Ortschaften, gehören zu den spektakulärsten semichristlichen Feiern. Andere Riten und Kulte, die in der wilden Bergwelt Griechenlands oder auf einer der sonnenreichen Inseln der Ägäis gepflegt werden, sind nicht weniger ergreifend. Auch sie zeigen Spuren, die bis in das Altertum zurückreichen, so z.B. das Metamórphosis-Fest am 6. August auf Kreta (s. S. 53). Es gehört zu den eindrucksvollsten Erlebnissen, in einem kleinen Dorf Gast und Zeuge eines solchen traditionellen Festes zu sein.

10. Xéni in Monemwassía

Denkmalpflege und Tourismus in einer einst blühenden byzantinischen Stadt

Zuletzt entschloß ich mich doch noch, am späten Nachmittag nach Monemwassía aufzubrechen. Von Mistrá/Sparta sind es knapp 100 km. Mein Entschluß kam fast zu spät, den Bus in Sparta erreichte ich im letzten Augenblick. Das war Ende Mai 1968.

Drei Stunden holprige Schotterstrasse, nicht endenwollende Serpentinen. Bei fast jeder Kurve, wenn sich der Abgrund jäh vor unseren Augen auftut, bekreuzigen sich die meisten der griechischen Mitreisenden, Männer wie Frauen. Ich bin der einzige Xénos (Ausländer) im Bus. Noch immer ist nichts von Monemwassía zu sehen. »Minoa« und der »Felsbrokken«, das waren die verführerischen Bilder, die mich diesen mühsamen Weg an die äußerste Grenze der Peloponnes wagen ließen. Wann würde ich sonst je wieder in diese entlegene Landschaft Griechenlands kommen?

Hier auf dem fast 300 m hohen Vorgebirge, das sich etwa 1,5 km als Halbinsel von der Südspitze Lakoniens ostwärts in die Ägäis streckt, sollen bereits in der frühen Bronzezeit die Minoer von Kreta eine Handelsniederlassung unterhalten haben. Denkbar wäre dies, befand sich doch auf der nahe gelegenen Insel Kýthera eine minoische Siedlung, wie sich aus archäologischen Funden ergibt und wie es die Inschrift des Inselnamens im Totentempel Amenophis III. (1408–1373 v. Chr.) in Theben-West beweist. Als Sprungbrett für den Handel mit der Peloponnes mag Monemwassía für die Minoer ein durchaus günstiger Standort gewesen sein. Doch fehlt bisher jeder Beweis für die Existenz einer minoischen Handelsniederlassung auf dieser Felseninsel. Auch in dem 10 km weiter nördlich gelegenen Epídawros Liméra an der lakonischen Küste wurden keine Hinterlassenschaften der Minoer entdeckt (nicht zu verwechseln mit dem gleichnamigen Ort bei Epídawros).

Nach knapp vier Stunden taucht endlich die Küste Lakoniens auf. Dann, einige Kilometer weiter, der Fels von Monemwassía, das Gibraltar des Peloponnes. Er ist viel gewaltiger, als ich ihn mir aufgrund der kläglichen Reisebeschreibungen in meiner Phantasie vorgestellt hatte: ein stolzer, schöner Berg. Nur durch einen einzigen Zugang (»moní émwasis«), über die Landzunge, die ihn mit der Ostküste Lakoniens verbindet, ist er zu erreichen. Steil ragen die Felswände in die Höhe. Das Meer umspült den Fuß des Berges. Weit dehnen sich die schroffen Klippen zu allen Seiten aus. An die Südseite des Berges, vom Festland aus nicht sichtbar, schmiegt sich die befestigte Stadt Monemwassía. Das Felsplateau mit der mittelalterlichen Oberstadt gleicht einer schiefen Ebene, von West nach Ost geneigt. Seit Jahrhunderten trotzen Berg und Stadt den Stürmen der Zeit. Byzantiner, Venezianer und Türken waren ihre Herren. Auch Franken gaben ein kurzes Gastspiel.

1821, bei der griechischen Befreiung, erlebte die Stadt einen letzten historischen Höhepunkt: hier wurden die ersten nationalen Pläne für das neue Griechenland entworfen und diskutiert. Dann folgte ihr bis in unsere Tage unaufhaltsamer Niedergang.

Zu spät erreichte der Bus Jéfira (= Brücke), das Küstendorf gegenüber der Bergfestung. Nur eine schmale Brücke verbindet beide Orte miteinander. Es war schon zu dunkel, die mittelalterliche Stadt noch aufzusuchen. In der kleinen Ortschaft mit etwa 120 Einwohnern fand ich direkt am Meer eine einfache Unterkunft, die einzige des Dorfes. Am frühen Morgen weckte mich der Sonnenaufgang. Ein roter Feuerball stand in meinem Fenster und rief mich nach Monemwassía. Karges griechisches Frühstück, ein Métrio-Kaffee und ein Glas Wasser. Gleich nach der Brücke beginnt die Hafenbefestigung. Ein schmaler Höhenweg an der Südseite steigt vom Meer aus langsam an. Vorbei an dem Friedhof des 19./20. Jh., stand ich nach etwa zwanzig Minuten vor dem Stadttor.

Ich war aufgeregt und neugierig. In Griechenland gibt es keine vergleichbare Stadt. Mistrá und Jeráki, zwei weitere byzantinisch/venezianische Städte auf der Peloponnes, sind gänzlich zerstört, verödet und nur noch museal. Hier aber soll die mittelalterliche Stadt noch bewohnt sein!

Doch dann meine Enttäuschung: Monemwassía schien eine Totenstadt zu sein. Ruinen über Ruinen. Inmitten der Zerstörung vereinzelte Oasen: Häuser mit schattigen Gärten, wenige Olivenbäume, zwei Eukalyptusbäume und ein Blütenmeer aus Oleander. Nur etwa 35 Menschen leben hier noch. Überall erkennt man indes die hervorragende Bausubstanz vergangener Epochen. Wenige Schmuckmotive an Fenster- und Türumrahmungen aus türkischer Zeit, prachtvolle venezianische Fassaden und sorgfältig gebaute byzantinische Gewölbe. In den Höfen und Gebäuden Zisternen. Während all der vielen, oft langjährigen Belagerungen litt die Stadt nie an Wassermangel.

Von den einst mehr als 40 Kapellen der Stadt ist nur die Christú Elkómenos-Kirche am Hauptplatz geöffnet. Großartig hingegen die Ajía Sofía-Kirche hochoben auf den Steilfelsen der Oberstadt, ein Juwel byzantinischer Sakralarchitektur aus der Zeit Kaiser Andronikus II. 1958 restauriert, gehört sie zu den sehenswertesten mittelalterlichen Baudenkmälern der Peloponnes. Die Oberstadt selbst ist völlig zerstört. Wilde Macchia breitet sich überall aus, ein Paradies für die Tier- und Pflanzenwelt dieser Region; ein lohnendes Ziel für Naturfreunde.

Erstaunt über mein Interesse an seinem orthodoxen Gotteshaus, zeigt der Pápas mir freudig all seine Kostbarkeiten. Ganz an kretische Malerei erinnerte mich die Kreuzigungsikone des 16. Jh., die sich mittlerweile im Byzantinischen Museum von Athen befindet. Dann erzählt der Priester von den schweren Zeiten. Erst 1911 seien die letzten Alten von der Oberstadt heruntergezogen; 1858 hätten noch knapp 700 Menschen in Monemwassía gelebt.

Auf dem Friedhof zeigt er mir Grabstelen, die meist an Menschen erinnern, die im Alter von 80 oder mehr Jahren gestorben sind. Die Jugend ist ausgewandert. Viele nach Athen, einige nach Übersee und in die Bundesrepublik. Monemwassía und Jéfira bieten keine Existenzgrundlage mehr. Überall fehlen Arbeitsplätze. Der gewinnbringende Exportschlager der

Venezianerzeit, der Malvasier-Wein, benannt nach der italienischen Form des Stadtnamens, wird seit türkischer Zeit nicht mehr angebaut. Das fruchtbare Küstenland und das Meer ernähren nur noch die wenigen Menschen, die geblieben sind. Die Stadtflucht hat die Bewohner entmutigt. Sie haben jede Eigeninitiative verloren, die Infrastruktur ihrer Stadt zu verbessern. Wieder werden es Fremde sein, die Monemwassía zu neuer »Blüte« und zu Wohlstand verhelfen. Nach Byzantinern, Venezianern und Türken kommen die Athener; Xéni, wie all die anderen auch...

Zwanzig Jahre später. August 1988. Von Sparta führt eine gute Asphaltstraße nach Monemwassía. Am Ortseingang von Jéfira kündet ein Schild »Monemwassía« an! Gleich nach dem Damm mit der Brücke führt eine gleichfalls asphaltierte Straße zur mittelalterlichen Stadt. Schon auf halbem Wege, etwa vom Friedhof an, ist sie links wie rechts zugeparkt. Vergeblich versucht ein Polizist, mit Strafzetteln gegen dieses »ruhende« Verkehrschaos anzugehen. Fast alle Autos haben griechische Kennzeichen. Viele stammen aus Athen. Vor dem Stadttor ein aus dem Felsen herausgehauener Platz. Direkt am Felsrand übervolle, stinkende Mülltonnen, davor wieder Autos über Autos. Das Stadttor beherrschen fliegende Händler, die frische Gewürze und Monemwassía-Souvenirs anbieten.

Spätestens hier ahnt man, was mit der Stadt und unter den Augen ihrer Bewohner passiert ist. Das mittelalterliche Monemwassía mit seiner ergreifenden Lage über dem Meer und mit all seinen versteckten Schönheiten inmitten des Stadtraumes, ist zu einem begehrten Spekulationsobjekt geworden. Kostete 1968 eine Ruine mit etwa 120–150 m^2 Wohnfläche DR 60000 (DM 7.500/ 1 DM = 8 DR), so zahlt man heute für ein ähnliches Anwesen ab 15 Millionen DR (= DM 183000/ 1 DM = 82 DR)! Das sind Grundstückspreise wie in Athen. Sie richten sich nach dem Erhaltungszustand bzw. der Bausubstanz der Ruine oder nach der Qualität des Wiederaufbaus.

Nahezu die gesamte Stadt befindet sich heute im Besitz von Athenern und wenigen europäischen Ausländern. Doch bewohnt ist sie nicht. In der Hochsaison wird sie für zwei bis drei Monate von etwa 600 Xéni touristisch bewirtschaftet. In der übrigen Jahreszeit, im »Winter«, wie die Griechen zu sagen pflegen, leben nicht mehr als 10 bis 15 alte Menschen in der Stadt, die einschließlich der Oberstadt während der venezianischen Epoche 32000 bis 40000 Einwohnern Lebensraum bot. Wenige Anwesen sind noch im Besitz traditionsreicher griechischer Handelsfamilien. So gehören z.B. einige Häuser in Monemwassía der Familie Rítsos, die 1715 vor den Türken nach Kreta floh und nach 1821 nach Monemwassía zurückkehrte. Berühmtester Nachkomme ist Jánnis Rítsos, der 1909 in der kleinen byzantinisch-venezianischen Stadt geboren wurde und heute zu den bedeutendsten Lyrikern Griechenlands gehört (s. S. 158). Knapp 60 % der historischen Stadt, die als »archäologische Zone« ausgewiesen sind, wurden im Sinne der Denkmalpflege vorbildlich wiederaufgebaut. Jedes Haus, jeder Platz muß vor Baubeginn archäologisch untersucht werden. Jede Wiederaufbau- und Restaurierungsmaßnahme bedarf der Genehmigung der 5. Eforía Byzantinón Archaiotíton (Denkmalschutzbehörde) in

Sparta. Oft beanspruchen die komplizierten Behördenwege Jahre (und das gilt für ganz Griechenland!). Erweist sich ein Anwesen als archäologisch und historisch schützenswert, darf nicht gebaut werden. Laut Gesetz muß dann der Staat das Grundstück zum ortsüblichen Höchstpreis kaufen, um archäologische Untersuchungen durchzuführen. Doch der Boden Griechenlands ist voll von Schätzen und Geheimnissen. Deshalb ist es dem Staat gar nicht möglich, jeden Quadratmeter Boden zu erwerben, auch wenn noch so faszinierende historische Fakten für eine Grabung sprechen. Und darum werden erst einmal die Genehmigungsverfahren verschleppt. Denn wird ein Bauantrag aus archäologischen Gründen abgelehnt, muß der Staat binnen einer bestimmten Frist sein Kaufrecht ausüben, andernfalls darf gebaut werden!

Größtes Problem beim Kauf einer Ruine in Monemwassía (wie bei jedem Grundstück in Griechenland) ist der Eigentumsnachweis. Nach 1821 übernahm der junge griechische Staat das Eigentum am Land, das einst den Türken gehörte. Nur jene Griechen, die Grundeigentum während der türkischen Epoche urkundlich nachweisen konnten, behielten ihr Anwesen und ihre Ländereien. Ein Grundbuch oder Kataster wie in der Bundesrepublik existiert in Griechenland bis heute nicht. Besitz- und Eigentumswechsel von Grund und Boden werden nach wie vor »nur« durch notarielle Urkunden dokumentiert.

Unter diesen Voraussetzungen wurde der griechische Staat Eigentümer der gesamten Oberstadt von Monemwassía. In der Unterstadt gehören dem Staat bis zu 20 % der Grundstücke mit byzantinisch-venezianischer Bausubstanz. Sie alle liegen seit Jahrhunderten brach. Die Restaurierung und Erhaltung der Stadt, die zu neuem Leben erwacht ist, wird einzig durch Privatinitiative, vorangetrieben, die dabei allerdings spekulativ und eigennützig verfährt.

Bisher wird Monemwassía vornehmlich von griechischen Touristen aufgesucht. Die Stadt ist einzigartig auf der Peloponnes und in ganz Griechenland. Nur Rhodos und Korfú blicken auf eine ähnliche Geschichte des Städtebaus zurück. Zwar haben auch Chaniá, Nauplia und Thessaloníki schöne Altstädte, sie sind jedoch nicht so gut erhalten und zeigen kein so einheitliches Bild wie Monemwassía, Korfú und Rhodos. Sie alle sind großartige, urbane Zeugnisse des Mittelalters, kontinuierlich bewohnt und bis heute Hauptstädte. Alle übrigen Städte Griechenlands waren aufgrund der jahrhundertelangen Türkenherrschaft von der mittelalterlichen Stadtentwicklung ziemlich ausgeschlossen. Nur Korfú, das nie von den Türken erobert werden konnte und bis zum Untergang der Adriarepublik Venedig (1797) zum Herrschaftsbereich der Dogen gehörte, hat noch heute den Charme italienischer Städte. Rhodos hingegen ist eine mittelalterliche Stadt, die sich unter der Herrschaft der Johanniter entwickelte. Nach 1522 von den Osmanen erobert, ist sie noch heute eines der eindrucksvollsten Beispiele der Stadtbaukunst der Kreuzritter. Monemwassía strahlt nicht die romantische Ritteratmosphäre von Rhodos aus, auch fehlt ihr der urbane Zauber des »italienischen« Korfú. Monemwassía lebt von der reizvollen Mischung byzantinisch-venezianischer Elemente des späten Mittelalters. In gewisser Weise ist die Stadt eine Enklave. Schon nach ein paar

Monemwassía.

Tagen wird man unruhig und vermißt Griechenland. Dann drängt es einen zur Ostküste Lakoniens, zum Festland.

Die Bevölkerung von Monemwassía und Jéfira hat die (touristische) Entwicklung ihrer Region buchstäblich verschlafen. Anfangs wunderten sich die Bewohner nur über die verrückten Xéni, die soviel Geld (seit 1968) für ihre Ruinen im Kastell und für ihre Grundstücke in Jéfira zahlten. Heute profitieren die meisten Einheimischen allenfalls von den Folgegeschäften des Tourismus. Das große Geld machen die Xéni.

Das verschlafene Jéfira am äußersten Ende der Peloponnes hat sich zu einer häßlichen Streusiedlung ausgebreitet, die rücksichtslos die Landschaft zerstört. Eine Entwicklung, die überall in Griechenland zu beobachten ist. Knapp 1000 Einwohner zählt der Küstenort mittlerweile. Seit 1977 gibt es auch ein Gymnasium.

Das Beispiel von Jéfira zeigt aber auch, wie die Abwanderung von Arbeitskräften gestoppt werden kann. Remigranten aus Lakonien und anderen Gebieten investieren hier mit Erfolg in die Touristikbranche. Selbst die Landwirtschaft benötigt fortan Saisonarbeiter. In Jéfira hat sie einen neuen Absatzmarkt gefunden.

Doch die Entwicklung in Monemwassía/Jéfira steht erst am Anfang. Die ergreifende Landschaft Lakoniens mit ihren Buchten und Stränden wird noch stärker touristisch ausgebaut werden, wenn ein neuer Flughafen im Süden der Peloponnes die Wege verkürzt. Es bleibt zu hoffen, daß zuvor genaue Infrastrukturanalysen und Standortuntersuchungen vorgenommen werden, um Überkapazitäten zu vermeiden. Zuviel kann zerstört werden! Monemwassía ist heute trotz der Schattenseiten ein gelungenes Beispiel für die Rettung eines Stadtensembles unter Denkmalschutz, das sich aus eigener Wirtschaftskraft, ohne staatliche Hilfe, trägt.

Um die Bewahrung der traditionellen Architektur Griechenlands bemüht man sich mittlerweile vielerorts. Oft wurden und werden diese

Monemwassía.

Denkmalschutzmaßnahmen vom Tourismus initiiert. Auch geht es da nicht immer um Profite, sondern um die Rettung griechischer Kulturgüter.

Auf der Halbinsel Máni, am »Mittelfinger« der Peloponnes, wurden viele Turmhäuser der traditionellen Dörfer einzig für Wohnzwecke restauriert – zunächst nur für reiche Athener. Die Sanierungsmaßnahmen waren aber für einige auch Anreiz, zu ihren alten Dorfstrukturen zurückzukehren. Neues Leben erwachte in den Dörfern.

Wathiá, ganz im Süden der Máni, wurde hingegen vom griechischen Staat zu einem Tourismusdorf der Luxusklasse ausgebaut. Hier fehlt die gesamte dörfliche Infrastruktur, so daß der Gast schließlich doch wieder in einem Getto lebt.

Ähnliche Aktivitäten des Staates retteten im Pílion-Gebirge (1.651 m), an der Ostküste Thessaliens, ganze Dorfensembles mit der typischen Architektur aus der Zeit der türkischen Besetzung. Métsowo, hoch oben im Pindus-Gebirge gelegen, zeigt, daß traditionelle Dörfer nicht nur für die

Tourismuswirtschaft erhalten werden. Métsowo ist ein lebendiges Gebirgsdorf mit knapp 3000 Einwohnern, das nur selten von Individualreisenden aufgesucht wird. Das Schnee- und Skiparadies, mit freien Pisten in dieser Region, wurde von den deutschen Wintersportlern noch nicht entdeckt. Dabei hätte gerade das einen großen Reiz:»Antike und Ski ohne Touristen. Winter in Griechenland«!

Beispielhaft wurde auch hier Architektur saniert, die vorwiegend auf die türkische Epoche des 17./18. Jhs. zurückgeht. Denkmalschutz dieser Art wird auf dem Festland wie auf den Inseln der Ägäis populär. Viele Griechen beginnen, neue Aspekte ihrer reichen Vergangenheit zu entdecken.

11. Last und Lust der Tradition

Griechische Literatur, Bildende Kunst, Musik, Theater, Film

Es bedarf eigentlich keiner Erläuterung, daß sich das griechische Kunst-schaffen – auch wenn man sich auf den griechischen Staat der Neuzeit beschränkt – nicht auf einigen Seiten darstellen läßt. Es werden daher nur die Haupttrends, das Typische der Entwicklung skizziert, wobei die Akzente notwendigerweise subjektiv sind. Gelegentliche Hinweise auf deutsche oder englischsprachige Literatur (s. Literaturverzeichnis) sollen als Schlüssel zum weiteren Eindringen in die Materie dienen.

Voraussetzungen der künstlerischen Produktion in Griechenland

Griechenland, ein Mitglied der Europäischen Gemeinschaft, ein Urlaubs-land, das jährlich von Millionen Ausländern besucht wird – doch seine Kul-tur ist im Ausland weithin terra incognita. Aufgefordert, einen griechi-schen Dichter oder Schriftsteller zu nennen, würden die meisten der zahl-reichen Touristen wohl schweigen – oder auf Homer und Sophokles kom-men. Ein griechischer Maler? Vielleicht El Greco. Ein griechischer Kom-ponist? Allenfalls Míkis Theodorákis. Und ein griechischer Filmregisseur? Cineasten würde vielleicht Theódoros Angelopulos einfallen. Die meisten könnten sich nicht erinnern, je einen griechischen Film gesehen zu haben. Artistophanes hat nunmal keine Drehbücher geschrieben.

Griechisch wird allzu oft gleichgesetzt mit Altgriechisch. Bezeichnen-derweise wird die heutige Form des gesprochenen und geschriebenen Griechisch im Ausland Neugriechisch, Modern Greek, Grec Moderne genannt, die vergangene Form jedoch schlicht Griechisch. Heutige Fran-zosen sprechen Französisch, nicht Neufranzösisch, obwohl die Sprache ihrer Vorfahren heute Altfranzösisch genannt wird.

Dieses Mißverständnis erstreckt sich auch auf offizielle Kontakte: Mit dem Wunsch der griechischen Seite nach Einrichtung von Lehrstühlen oder Instituten zur Lehre und Erforschung der griechischen Sprache und Kultur konfrontiert, verweisen nordeuropäische Verhandlungspartner auf die zahlreichen Einrichtungen zur Lehre der klassischen Philologie. Nicht, daß die Griechen ihr klassisches Erbe nicht schätzten, sie pflegen es im Gegenteil liebevoll und mit vergleichsweise großem Aufwand. Aber sie möchten als Zeitgenossen mit eigener Kultur wahrgenommen werden, nicht nur als Epigonen oder Erben.

Das Mißverständnis hat Tradition. Ende des 18. Jahrhunderts beginnt die Mode der Griechenlandreisen, damals beschränkt auf eine kleine, meist wohlhabende Schicht von Bildungsbürgern. Diese fahren durch das Land, das zunächst noch unter türkischer Herrschaft lebt, und haben nur Augen für Spuren der Antike. Die Einwohner des Landes werden nur schemenhaft wahrgenommen, erregen allenfalls Interesse, wenn sich Reste der antiken Kultur in Sprache und Gebräuchen entdecken lassen.

Übersehen wird meist, daß Griechenland ein Nachfolgestaat – und zwar der einzige – des Byzantinischen Reiches ist, so wie die meisten westeuropäischen Länder Erben des Römischen Reiches sind. Das klassische Erbe ist im wesentlichen ein späterer Re-Import. Die vierhundertjährige türkische Fremdherrschaft hat zwar die byzantinische Kultur unterdrückt und deren Weiterentwicklung behindert, aber keine kulturelle tabula rasa geschaffen. Der in der Literatur öfters bemühte Topos von der vierhundertjährigen Nacht, die sich mit der osmanischen Eroberung über Griechenland gesenkt habe, ist mindestens ungenau. Teile Griechenlands (die Ionischen Inseln) sind nie, andere Teile der venezianischen Besitzungen, vor allem Kreta, erst relativ spät von den Osmanen erobert worden. Während Athen, das schon in byzantinischer Zeit keine Rolle mehr gespielt hatte, zu einem Dorf degenerierte, dessen Einwohner das klassische Erbe, soweit aus Marmor, über den Umweg des Kalkofens vor allem zum Anstreichen der Häuser nutzten, erlebte Kreta eine kulturelle Blüte, die Werke wie das zehntausend Verse umfassende Epos »Erotókritos« und Maler vom Range eines Doménikos Theotokópulos, später als El Greco bekannt geworden, hervorbrachte. Aber auch die Griechen unter osmanischer Herrschaft waren nicht ausnahmslos auf den Status leibeigener Bauern reduziert. In Städten wie Smyrna und Alexandria entwickelte sich eine wohlhabende gebildete griechische Bourgeoisie, lange bevor sich eine ähnliche Entwicklung im unabhängigen Griechenland vollzog, und im Zentrum des Osmanischen Reiches, im früheren Konstantinopel, saßen griechische Beamte an vielen Schalthebeln des Staates, Nachfahren des byzantinischen Amtsadels, die der osmanischen Staatsführung dienten und gleichzeitig ihr Griechentum pflegten.

Bis heute bezeichnen sich die Griechen als »Romios«, d.h. Römer bzw. Oströmer, Byzantiner. »Ellinas«, d.h. Hellene, bedeutete bis ins letzte Jahrhundert vor allem »Altgrieche«, »Heide« und »Götzenverehrer«. Erst allmählich nahm dieser Begriff wieder die Bedeutung »Grieche« an. Nicht zufällig nannte Míkis Theodorákis eine Vertonung von Gedichten von Jánnis Ritsos »Romiossíni«, d.h. Griechentum. Text und Musik wurden zum Identifikationspunkt des Widerstandes gegen die Obristenherrschaft 1967–1974.

Das Andauern der byzantinischen Tradition ist besonders augenfällig in den Riten der orthodoxen Kirche, in der ungebrochenen tausendjährigen Tradition des Berges Athos und der noch älteren des orthodoxen Patriarchats in Konstantinopel. Die griechische Sprache hat dem Zahn der Zeit und der Fremdherrschaft ungleich zäher getrotzt als andere lebende Sprachen Europas. Dennoch war schon vor der Befreiung von der Türkenherrschaft klar, daß ein neu zu gründender griechischer Staat nicht beim Fall Konstantinopels wieder ansetzen konnte, auch wenn die Rückeroberung der byzantinischen Hauptstadt bis zur Kleinasiatischen Katastrophe von 1922 Staatsdoktrin (Megáli Idéa) war. Zu sehr hatte sich das Umfeld außerhalb des Osmanischen Reiches verändert. Renaissance, Aufklärung, Beseitigung des Feudalismus, Entwicklung der Naturwissenschaften hatten (West-)Europa geprägt, und Griechenland hatte – bedingt durch die Fremdherrschaft – diese Entwicklung kaum mitvollzogen. Dies, obwohl byzantinische Gelehrte als Flüchtlinge vor der osmanischen Eroberung gerade an der Wiederentdeckung der antiken Welt einen oft übersehenen Anteil hatten.

Die griechische Staatswerdung im 19. Jahrhundert war verbunden und belastet mit den Auseinandersetzungen über die kulturelle Identität: Anknüpfung an der Antike? Am christlichen Byzanz? An der lebendig gewachsenen Volkskultur und Ausrichtung an Westeuropa? Oder anders formuliert: Wiederbelebung eines antiken Griechenlands in modernen Formen? Wiederherstellung und Fortführung des Byzantinischen Reiches? Oder Entwicklung eines zurückgebliebenen Balkanstaates nach westlichem Muster, wobei das kulturelle Erbe Dekor bliebe?

Diese Fragen sind bis heute nicht eindeutig geklärt. Sie lassen sich auch nicht im Sinne klarer Alternativen beantworten. Diese Gemengelage macht den Reiz der griechischen Kultur aus, ihre kaum zu übertreffende Vielschichtigkeit, aber auch Zerrissenheit, das Schwanken zwischen enger Anlehnung an westliche Vorbilder bis hin zur Überanpassung einerseits und der Suche nach Ellinikótita, d. h. grécitude, und der brüsken Abweisung alles Lateinischen andererseits.

Auch neun Jahre nach dem Beitritt Griechenlands zur EG fahren Griechen immer noch nach »Europa«, wenn sie ins westliche Mitteleuropa reisen, hat der spontane Sprachgebrauch die EG-Eingliederung noch nicht vollzogen, und blitzt in volkstümlichen Liedern der achtziger Jahre des 20. Jahrhunderts die bittere Erinnerung an den 4. Kreuzzug, an die durch niederträchtige Franken erlittene Schmach, auf.

Kein griechischer Künstler kommt um die Auseinandersetzung mit den Grundfragen seiner Identität herum. Ohne diesen, hier nur grob skizzierten, Hintergrund ist das Verständnis griechischer Kunstprodukte schwierig. Was einem Westeuropäer daran bisweilen verstaubt, provinziell oder epigonal vorkommt, erklärt sich häufig aus den geschilderten Bedingungen.

Schließlich sei noch auf die folgenden äußeren Grundbedingungen der kulturellen Produktion in Griechenland hingewiesen:

Der griechische Staat bedeckte bei seiner Gründung 1830 ein Drittel der heutigen Fläche und den am wenigsten entwickelten Teil des von Menschen griechischer Zunge bewohnten Gebietes. Thessaloníki, zweitgrößte Stadt des Landes, wurde erst 1912 befreit. Es gab bis Anfang dieses Jahrhunderts eine städtische griechische Kultur nur außerhalb der griechischen Grenzen, vor allem in Istanbul, Smyrna (Izmir), Alexandria und Kairo.

Der griechische Sprachraum ist klein. Außer von den zehn Millionen in Griechenland wohnenden Griechen wird die Sprache noch auf Zypern und von etwa 5 Millionen Griechen der Diaspora gesprochen. Alle an die Sprache gebundenen Manifestationen richten sich daher an ein kleines Publikum. Noch viel geringer ist das Lesepublikum. Eine Lesekultur entwickelte sich nur in Ansätzen in den Städten. Heute ist sie durch Fernsehen und Video ebenso bedroht wie in anderen Staaten. Das bedeutet, daß auch Erfolgsschriftsteller (bereits 20000 Auflage sind ein großer Erfolg) von dieser Beschäftigung allein nicht leben können. Fast jeder Künstler geht noch einem Broterwerb nach, ringt, wie es ein griechischer Ausdruck auf den

Begriff bringt (Viopalästís), um das (Über-)Leben. Der Nobelpreisträger Seféris z. b. hat sein umfangreiches lyrisches Werk neben einer normalen (und erfolgreichen) Karriere als Diplomat geschaffen.

Soziale und politische Umwälzungen haben seit der Staatsgründung immer wieder Hunderttausende von Griechen, oft die aktivsten, in die Emigration getrieben, darunter hervorragende Künstler und Wissenschaftler. Oft mag sich ihr Talent auch unter der Herausforderung des Auslandes, des Exils, erst entfaltet haben. Viele von ihnen bleiben im Ausland, kappen zwar ihre Verbindungen zu Griechenland nicht, integrieren sich aber in die kulturelle Umwelt ihrer Aufenthaltsländer, denen sie dann eher zuzuordnen sind als ihrem Herkunftsland. Das griechische Außenministerium hat z. b. einen Katalog der griechischen bildenden Künstler der Diaspora zusammengestellt. Er umfaßt 200 Namen.

LITERATUR

Griechische Sprache

Die griechische Sprache, seit fast 3000 Jahren ununterbrochen gesprochene und geschriebene Kultursprache, hat sich trotz ihrer wechselvollen Entwicklung als bemerkenswert konservativ erwiesen. Zunächst die Sprache der griechischen Stadtstaaten in der Antike und als solche Medium der höchsten Kulturleistungen der damaligen Welt, dann völkerüberspannende Reichssprache der Makedonier und der hellenisierten Welt, Bildungssprache des Römischen Weltreiches, Sprache des Neuen Testaments, des Byzantinischen Reiches, im Zuge der Renaissance, neben Latein, Bildungssprache Europas, Quelle für Tausende von wissenschaftlichen Wortschöpfungen auf vielen Gebieten, insbesondere der Medizin, heute weitgehend beschränkt auf Griechenland, Zypern sowie die Griechen der Diaspora. Auch wenn ein heutiger Grieche die Ilias im Original ohne Unterricht nicht verstehen kann, so benutzt er doch die gleichen Grundbegriffe wie der Dichter vor 2800 Jahren: Tod, Himmel, Sonne, Meer, Liebe etc. Das heutige Griechisch ist natürlich eine Fortentwicklung des antiken und angereichert durch zahlreiche Lehn- und Fremdworte, vor allem aus dem Italienischen, Slawischen, Albanischen und Türkischen. Die grammatische Struktur jedoch ist trotz gewandelter Syntax griechisch geblieben, und die griechische Formstrenge (Vermeidung von Konsonantenhäufung, festgelegte Auswahl von Endungen) hat fast alle Sprachimporte gräzisiert.

Es mag deshalb als willkürlich erscheinen, diese kurze Skizzierung der griechischen Literatur mit der griechischen Staatswerdung Anfang des 19. Jahrhunderts einsetzen zu lassen. Die in deutscher Sprache erschienenen Darstellungen der neugriechischen Literatur von Línos Polítis und von Pavlos Tzermiás beginnen beide mit dem Mittelalter, noch vor dem Fall Konstantinopels. Auf sie soll insoweit verwiesen werden. Jedoch beginnt mit der Gründung des griechischen Staates eine neue Epoche, da jetzt erst die Voraussetzungen für ein Verlagswesen, für Zeitschriften, für Übersetzungen, für akademisch betriebene Philologie, kurz für Literaturbetrieb vorliegen, auch wenn viele griechische Literaten noch außerhalb der zunächst engen Grenzen des griechischen Staates leben.

Das ganze literarische Schaffen des 19. Jahrhunderts ist überschattet durch den Sprachenstreit, durch den Kampf um die angemessene Form des Griechischen, in der sich Staat und Gesellschaft ausdrücken sollten. Die Auseinandersetzung zwischen Anhängern der archaisierenden gereinigten Hochsprache (Katharéwussa) und Verfechtern der Volkssprache (Dhimotikí) nahm bisweilen groteske Züge an, führte zu Demonstrationen und Straßenschlachten mit Todesopfern, so wegen der ersten Übersetzung des Neuen Testaments in die Dhimotikí, die von ihren puristischen Gegnern immer nur als die »Abscheuliche« (chydhaía) apostrophiert wurde. Sicher diente die Sprachenfrage auch als Knüppel bei der Auseinandersetzung zwischen sozialen Schichten, mußte als Vorwand herhalten für politische Kämpfe um die Macht. Auch wurde die Katharéwussa als politisches Disziplinierungsmittel eingesetzt, um breite Volksschichten, die diese Sprachform nie oder nur unvollkommen lernten, von der Teilnahme am öffentlichen Leben auszuschließen. Bezeichnenderweise war es eine der ersten Maßnahmen der Obristenjunta, die Katharéwussa wieder einzuführen. Heute hat sich die Dhimotikí als offizielle Sprache durchgesetzt, und eine gemäßigtere Form der Rechtschreibung (Einführung des Ein-Akzent-Systems, Monotonikó) hat die Schreibweise von historischem Ballast befreit. Das zugrunde liegende Problem dauert aber – in gemilderter Form – an: Bei der Staatsgründung Anfang des 19. Jahrhunderts stand keine gewachsene, den Anforderungen einer differenzierten Verwaltung, den Ansprüchen von Kunst und Wissenschaft genügende Sprache zur Verfügung. Die regional unterschiedlich gesprochene Volkssprache allein war nicht imstande, diesen Ansprüchen gerecht zu werden. Aber auch das Festhalten an einer archaisierenden Sprachform, die zwar auf den ungeheuren Reichtum der antiken Literatur zurückgreifen konnte, aber keine Verbindung mehr zur gesprochenen Sprache hatte, war wenig aussichtsreich. Mittlerweile hat sich, trotz offiziellen Sieges der Dhimotikí, ein Mittelweg herausgebildet. Die grammatische Struktur der Dhimotikí hat sich durchgesetzt, die lebendige Sprache wird jedoch ständig durch Material aus dem gewaltigen Steinbruch des Altgriechischen bereichert.

Prosa

Anders als im Bereich der Lyrik, wo unter dem Einfluß der Volkslieder und der Ionischen Schule immer auch Gedichte in der Volkssprache geschrieben wurden, war die Prosa bis in die 80er Jahre des letzten Jahrhunderts fast ausschließlich in Katharéwussa abgefaßt. Entsprechend gering ist der Einfluß, den diese Literatur, die sich mit Namen wie Rangavís und Kalligás verbindet, heute noch ausübt. Erwähnens- und lesenswert ist der Roman ›Die Päpstin Johanna‹ von Emmanuel Roídis, eines der seltenen Werke dieser Zeit, von dem seinerzeit eine deutsche Übersetzung erschienen ist, die kürzlich sogar neu aufgelegt wurde. Aus den oft kunstvollen, aber blassen Stilübungen ragt ein Prosawerk wie ein erratischer Block heraus: Die Memoiren des General Makryjánnis, die Lebenserinnerungen eines Haudegen und Freiheitskämpfers aus dem Volke, der erst mit dreißig Jahren Lesen und Schreiben lernte und unbelastet von literarischen Überlieferungen drauflosschrieb, wie ihm der Schnabel gewachsen war, nämlich in kraftvoller, deftiger Volkssprache. Dieses bereits in den 40er Jahren des 19. Jahrhunderts verfaßte und erst posthum 1907 veröffentlichte Werk galt lange nicht als Literatur, obwohl es auf das jüngere griechische Literaturschaffen nicht ohne Einfluß blieb. Bezeichnenderweise gibt es erst seit kurzem eine französische und eine deutsche Übersetzung.

Daß die Katharéwussa nicht nur abgehobene Stilübungen ermöglichte, sondern auch literarische Werke von Rang, beweist vor allem das Lebenswerk von Aléxandros Papadiamántis (1851–1911), dem es gelang, in nuancierter Hochsprache die harte soziale Umwelt seiner Heimatinsel Skíathos zu beschreiben. Im Ausland ist er kaum bekannt, die erste deutsche Übersetzung erschien 1989.

Im Jahre 1888 kam dann mit dem Buch ›Tó taxídi mú‹ (Meine Reise) des ansonsten literarisch wenig bedeutenden Auslandsgriechen J. Psycháris der Durchbruch der Volkssprache. Ihr Gebrauch setzte sich rasch durch, und Autoren, die bis dahin in der Hochsprache geschrieben hatten, änderten nun ihren Stil und brachten es teilweise in kurzer Zeit, wie etwa Andréas Karkavítsas, zu Meisterleistungen. Der Wechsel ging einher mit neuen formalen (Prosa) und inhaltlichen (soziale Thematik) Postulaten und entsprach zeitlich dem Erstarken des Nationalbürgertums nach dem Regierungsantritt von Ch. Trikúpis. Es bildete sich die sogenannte Literaten-Generation von 1880 heraus, die sich der Schilderung des Lebens und der Sitten der einfachen Bauern und Seeleute zuwandte, mit oft sozialkritischer Tendenz. Diese Gattung wird in Griechenland Ithographía, d. h. Sittenbeschreibung, genannt und ist dem Naturalismus verwandt. Dazu gehören A. Karkavítsas, von dem auf Deutsch nur einige kurze Erzählungen und die längere Novelle ›Der Bettler‹ (1896) vorliegen, sowie die in Deutschland gänzlich unbekannten K. Chatsópulos, K. Theotókis, aber auch, wenn man von der Hochsprache absieht, A. Papadiamántis. Sein Roman ›Die Mörderin‹ schildert das Leben einer verhärmten, alten Frau, deren bittere Lebenserfahrung sie dazu bringt, neugeborene Mädchen zu töten, um ihnen das harte Frauenschicksal zu ersparen.

Balkankriege, Erster Weltkrieg mit der zeitweiligen Spaltung der griechischen Nation in Venizelisten und Royalisten, Kleinasien-Feldzug und darauf folgende Vertreibung der Griechen aus Kleinasien bedeuten auch in der Literatur eine Zäsur. Aus den Umwälzungen und Katastrophen gehen Schriftsteller hervor, die versuchen, das Erlebte vor allem mit den Mitteln des Romans darzustellen und zu verarbeiten. Zur sogenannten Generation von 1930 gehört Strátis Myrivíllis, der mit seinem aus eigenem Erleben gespeisten Antikriegsbuch ›Das Leben im Grabe‹ (deutsche Übersetzung) eine radikale Abkehr vom nationalistischen Pathos vornimmt und einen der großen europäischen Antikriegsromane der Periode nach dem Ersten Weltkrieg schreibt. Spätere Werke befassen sich mit dem Kleinasien-Feldzug, mit den Integrationsschwierigkeiten der Flüchtlinge. Ein weiterer Vertreter ist Ilias Venésis. Er schildert in ›Nr. 31328‹ (dt. Übersetzung) seine eigene grauenvolle Gefangenschaft in einem türkischen Arbeitslager ohne Pathos, ohne Ressentiments (der Regisseur Níkos Kúnduros nimmt den Stoff 1978 als Vorlage für seinen Film ›1922‹), in ›Äolische Erde‹ (dt. Übersetzung) seine unbeschwerte Jugend im alten griechischen Siedlungsraum Kleinasien, in ›Galini‹ (dt. Übersetzung: Friede in attischer Bucht) die Schwierigkeiten der Flüchtlinge bei der mühevollen Neuansiedlung in Attika. Kosmás Polítis, ebenfalls aus Kleinasien stammend, ist im Ausland völlig unbekannt. Die Verfilmung seines Romans ›Eroica‹ durch M. Kakojánnis fand wenig Beachtung. Zur Generation von 1930 zählen ferner Didó Sotiríu, die in ›Matoména Chómata‹ (dt. Übersetzung: Grüß mir die Erde, die uns beide geboren hat) das Zusammenleben der Griechen und Türken in Kleinasien thematisiert, N. Karajátsis ›Chímära‹ (dt.: Die große Chimäre), ›O Kotsabássis to Katstrópyrgou‹ (dt.: Der Vogt von Kastropyrgos), sowie Pantelis Prevelákis, von dem vier Romane auf Deutsch erschienen sind (Die Wege der Schöpfung, Die Sonne des Todes, Das Haupt der Medusa, Die Chronik einer Stadt).

Zeitlich gehört auch Níkos Kazantzákis dazu, obwohl er eine Sonderstellung einnimmt. Er ist wohl der im Ausland bekannteste griechische Autor. Sein Roman ›Aléxis Sorbás‹ wurde, ausgelöst von der Verfilmung von Michális Kakojánnis, ein Weltbestseller, und in dessen Folge wurden auch die weiteren Romane ›O Christós Xanastravónetai‹ (dt.: Griechische Passion), ›Kapetán Michális‹ (dt.: Freiheit oder Tod), ›O Televtaíos Pirasmós‹ (dt.: Die letzte Versuchung) u. a. gelesen. Kazantzákis sah sich allerdings nicht als Romanschriftsteller, für ihn waren diese Werke nur Nebenprodukte. Er sah sich als umfassender Denker, Philosoph und Suchender. Für ihn war die ›Odýssia‹ (dt.: Odyssee), ein 33333 Verse umfassendes, schwer lesbares und wenig gelesenes Epos, sein opus magnum. Ideologisch ist er schwer einzuordnen. Als zentrale Figuren seines Denkens bezeichnet er Christus, Buddha, Lenin und Odysseus. Kommunist war er weder nach eigener noch nach Auffassung seiner marxistischen Freunde, was breite Kreise des etablierten Literaturbetriebs nicht hinderte, ihn als solchen zu denunzieren. Die Kirche verweigerte ihm, der sich so leidenschaftlich – wenn auch frei von dogmatischer Enge – mit dem christlichen Glauben auseinandergesetzt hatte, ein christliches Begräbnis. Kazantzákis' Wirkung war im Ausland, wo man nur einen Teil seines Werkes zur Kenntnis genommen hat, größer als in Griechenland. Im Ausland wird wohl zu Unrecht oft nur das Griechisch-Exotische und das folkloristisch Anmutende seiner Romane geschätzt. P. Tzermiás nennt ihn einen »heroischen Desperado«. Sein Eklektizismus ist typisch für viele griechische Intellektuelle der ersten Jahrhunderthälfte.

Anders als die unmittelbar nach Kriegsende einsetzende »Trümmerliteratur« in Deutschland, brauchte die griechische Prosa Zeit, um die Traumata der faschistischen Besetzung und des Bürgerkriegs zu verarbeiten. Zunächst ließ das Nach(bürger)kriegsklima wohl auch keine gedruckte Auseinandersetzung mit dem Thema Bürgerkrieg zu. Erst in den 60er Jahren erscheint die große Trilogie ›Akywérnites Politíes‹ (Unregierte Städte) von Strátis Tsírkas, der das Schicksal des griechischen Expeditionskorps im Nahen Osten und Nordafrika während des Zweiten Weltkriegs in meisterhafter Prosa nachzeichnet. (Eine deutsche Übersetzung steht noch aus.) Erst in den 70er Jahren erscheint ›To Kivótio‹ (Die Kiste, eine deutsche Übersetzung fehlt auch hier noch) von Aris Alexándru, eine Parabel des Bürgerkriegs, geschrieben in einer brillanten, halluzinierenden Prosa. Vom bitteren Ende des Bürgerkriegs erzählt Th. Valtinós in einer meisterhaften, sprachlich hochverdichteten Novelle ›Der Abstieg der Neun‹ (dt. Übersetzung). Einer der bekanntesten Autoren ist Antónis Samarákis, von dem einige Romane auch in deutscher Übersetzung (Hoffnung gesucht, Der Fehler) erschienen sind. Der 1988 verstorbene K. Tachtsís erzählt in seinem 1962 erschienenen Roman ›To Tríto Stefáni‹ (dt.: Dreimal unter der Haube) die griechische Geschichte der ersten Jahrhunderthälfte mit den Mündern zweier Kleinbürgerfrauen, ein für Griechenland neues Experiment, das bezeichnenderweise zunächst nur in winziger Auflage im Selbstverlag erscheinen konnte. Einer jüngeren Generation gehört Vassílis Vassilikós an, der Autor von ›Z‹, des ersten dokumentarischen griechischen Romans. Der Stoff, nämlich die Ermordung des Abgeordneten der Linken, Lambrákis, durch Organe des sogenannten Nebenstaates (Parakrátos) und die vergeblichen Verschleierungsversuche von offizieller Seite, wurde durch die Verfilmung von Kóstas Gavrás weltberühmt. Vassilikós Jugendwerk ›To Fýllo – To Pygádi – T'angéliasma‹ (dt.: Das Blatt – Der Brunnen – Der Engel) betritt stilistisches Neuland, nimmt mit phantastischem Realismus die Problematik der modernen Großstadtmenschen auf. Zur jüngsten Generation gehören Máro Duka (geboren 1947), die in ihrem Roman ›I Archaía Skuriá‹ (Die antike Schlacke) die Studentenbewegung, den Kampf gegen die Obristenjunta und das Verhältnis der Geschlechter thematisiert; Dimosthénis Kurtovik, dessen faszinierender Roman ›Der griechische Herbst der Eva-Anita Bengtsson‹ (dt. Übersetzung) den Identitätsverlust des homo neohellencuns hintergründig beschreibt; Margarita Karapánu ›Kassandra und der Wolf‹ (dt. Übersetzung) und Tiránna Satélli ›Die Traumtänzerin‹ (dt. Übersetzung). Die Prosa-Produktion hat in den letzten Jahren stark zugenommen. Es wären noch zahlreiche Autoren zu nennen, doch was nützt die Aneinanderreihung von Namen ohne möglichen Verweis auf deutsche Übersetzungen.

Lyrik

Bis zur »Generation von 1930«, d. h. nach dem Ersten Weltkrieg, überwog in der griechischen Literatur nach Umfang und Qualität die Lyrik. Die griechische Gesellschaft mit ihren Ungleichzeitigkeiten und Phasenverschiebungen im Verhältnis zu Westeuropa bot wohl lange nicht die Voraussetzungen für eine entwickelte Romankultur. Nicht zufällig gingen die beiden Literaturnobelpreise für Griechen an zwei Lyriker: Jórgos Seféris (1963) und Odysséas Elýtis (1979). Auch Jánnis Rítsos, einer der bekanntesten griechischen Literaten, ist ein Lyriker. Auch wenn man ihn nicht als den »plus grand poète vivant« (L. Aragon) bezeichnen möchte, steht sein Rang als einer der bedeutendsten griechischen und europäischen Lyriker außer Frage.

Schon zu Beginn der griechischen Staatswerdung war in Gestalt von Dionýssios Solomós ein Dichter von europäischem Rang präsent, der sich souverän der Volkssprache bediente. Auf der westlich orientierten Insel

Monemwassía. Geburtshaus von Jánnis Rítsos.

Zákynthos (Zante) geboren, studierte er in Italien. Seine ersten Gedichte verfaßte er auf Italienisch. Der griechische Freiheitskampf riß ihn mit, und schon 1823, zwei Jahre nach Ausbruch des Aufstandes gegen die Türkenherrschaft, erschien seine »Hymne an die Freiheit«, deren erste Strophen in der Vertonung von Nikólaos Mántzaros zur griechischen Nationalhymne wurden. Unter dem Einfluß von Ioánnis Vilarás entwickelte er die Dimotikí nach dem Vorbild der dhimotiká tragúdia (Volkslieder) zu höchster Kunstform. Der Fall der Festung Messolonghi im Frühjahr 1826, der europäische Aufmerksamkeit erregte und italienische, französische und deutsche Dichter inspirierte, war sein Thema in dem Versepos »I Eléfteri Poliorkiméni« (Die freien Belagerten). Neben Solomós ist der gleichfalls auf Zákynthos geborene Andréas Kálvos zu nennen, der sprachlich einen anderen Weg einschlug und den Freiheitskampf der Griechen in archaisierender Sprache besang. Immerhin ist seine Freiheitslyrik trotz ihrer für heutige Ohren distanzierenden Sprache so mitreißend, daß Míkis Theodorákis während seiner Gefangenschaft zur Zeit der Militärdiktatur drei Oden von Kálvos vertont hat.

Unter den Dichtern des Festlandes ragt Kostís Palamás (1849–1943) heraus, seit Ende des Jahrhunderts die beherrschende Figur der griechischen Lyrik und doch in seiner Wirkung auf Griechenland beschränkt.

Wichtig war sein kompromißloses Eintreten für die Volkssprache und ihre künstlerische Vervollkommnung. Er gilt als Nationaldichter Griechenlands, der in seinen Hauptwerken »I Flojéra tu Wassiliá« (Die Flöte des Königs), »O Dodekálogos tu Jyftu« (Zwölf Worte des Zigeuners), die Wiedergeburt der griechischen Nation und die »Megáli Idéa« besingt. Sein Instrumentarium ist konventionell, seine heutige Wirkung begrenzt.

Nur vier Jahre jünger ist der griechische Lyriker, der fast einen Gegenpol zu Palamás bildet: Konstantínos Kaváfis. Er verbrachte sein Leben an der Peripherie der griechischen Welt, in Alexandria und hinterließ ein schmales aber kunstvolles Oeuvre. Kaváfis kümmerte sich nicht um den Literaturbetrieb. Zu seinen Lebzeiten sind seine Gedichte nur im Eigenverlag für einige Freunde erschienen, und doch fanden seine meist ungereimten Verse, in denen er ironisch mit den zahlreichen Facetten der griechischen Vergangenheit spielt, schon bald im Ausland mehr Aufmerksamkeit als die Gedichte von Palamás. Nicht festgelegt in der Sprachenfrage, setzte er alle Formen ein und nutzte mit Bedacht den distanzierenden Effekt des byzantinischen oder antiken Griechisch. Eine größere Anzahl seiner Gedichte, die er selber für nicht publikationswürdig hielt, erschienen erst posthum. Seine sämtlichen Gedichte liegen in deutscher Übersetzung vor, teilweise sogar in drei und mehr Fassungen.

Die Kleinasiatische Katastrophe brachte auch in der Lyrik andere Töne zum Klingen. Kóstas Karyotákis etwa ist der prominenteste Vertreter einer pessimistischen Sehweise, einer von Verzweiflung geprägten Lebenshaltung. Er endete konsequenterweise durch Selbstmord – ein empfindsamer Geist, der gezwungen war, ein Leben als kleiner Beamter in einer Provinzstadt zu fristen. Sein Werk ist im Ausland nahezu unbekannt, obgleich es in Griechenland stilbildend wirkte, sogar eine Mode des Karyotakismus auslöste. Míkis Theodorákis machte 1986 das Schicksal des Dichters zur Rahmenhandlung seiner ersten (reserviert aufgenommenen) Oper mit Titel »Karyotákis«.

Ebenfalls von der (geographischen) Peripherie des griechischen Kulturraums stammt Jórgos Seféris, aus Smyrna. Beeinflußt von Kaváfis, schafft er den Anschluß an die moderne europäische Lyrik. Seine erste, 1931 erschienene Gedichtsammlung »Strofí« (Strophe, aber auch »Wende«) bedeutete auch eine Wende in der griechischen Lyrik, die Einführung des ungebundenen Verses. Seféris bedient sich einer verdichteten, oft verschlüsselten Sprache. Eigentlich populär wurde er nie, auch nicht nach Verleihung des Nobelpreises für Literatur, des ersten an einen Griechen, im Jahre 1963. Diese Preisverleihung brachte deutsche Verleger in Verlegenheit, weil keine einzige deutsche Übersetzung seiner Werke vorlag.

Ebenso wie Seféris gehört auch der zweite griechische Literaturnobelpreisträger (1979) der »Generation von 1930« an: Odysséas Elýtis. Seine Gedichte kreisen, ohne nationalistischen Unterton oder Pathos, um die Welt der Ägäis-Inseln, um den Kosmos der griechischen Vergangenheit. Sein Hauptwerk »Axión Estí« (dt.: Gepriesen sei) wurde von Míkis Theodorákis vertont und so breiten Volksschichten nahe gebracht.

Die Umwälzungen der 20er Jahre brachten auch sozial-revolutionäre Stimmen hervor, so im Werk von Kóstas Várnalis, der sich in beißendem

Spott über den Nationalpoeten Palamás erging, und vor allem bei Jánnis Rítsos (geb. 1909), dem Lenin-Preisträger und heute im Ausland wohl bekanntesten griechischen Lyriker. Trotz bürgerlicher Herkunft reihte er sich schon früh in die griechische Arbeiterbewegung ein, ohne sich allerdings instrumentalisieren zu lassen. Sein »Epitáphios« (ein in Form traditioneller Klagegesänge verfaßtes Gedicht auf einen im Generalstreik von 1936 in Thessaloníki erschossenen Arbeiter) gehört zu den eindringlichsten griechischen Gedichten. In der Vertonung von Míkis Theodorákis gelangte es fast in jedes Haus. Durch seine eindeutig politische Linksorientierung mußte Rítsos die Bitterkeiten der griechischen Geschichte in Form von Verbannung, Gefängnis und KZ-Haft am eigenen Leib erfahren. Er hat diesen Erfahrungen in seinen Gedichten, z. B. »Agrípnia« – ebenfalls von Theodorákis vertont (»Romiossíni«) – Ausdruck verliehen.

Die lyrische Äußerung scheint vielen Griechen ein dringendes Bedürfnis zu sein. Die Zahl der jährlich erscheinenden Gedichtbändchen, viele davon im Selbstverlag oder auf Kosten des Verfassers, ist enorm. Nicht selten bekommt man von irgendeinem Rechtsanwalt oder Ingenieur bei näherer Bekanntschaft ein schmales Bändchen mit schüchterner Widmung des Verfassers zugesteckt. Die Chancen, darin schimmernde Perlen zu finden, sind etwa so groß wie beim Muschelessen in Piräus. Doch zeigt sich hierin eine Wortkultur, auf deren Boden ein Seféris oder Rítsos gedeihn.

Neuere Tendenzen der griechischen Literatur

Die Spaltung in Links und Rechts, die durch den Bürgerkrieg ins Extrem gesteigert wurde, machte auch vor der Literatur nicht Halt. Dies änderte sich erst, als der Widerstand gegen die Junta einsetzte. Nach selbstauferlegtem Schweigen aus Protest gegen die Militärdiktatur äußerten in den »Achtzehn Texten« (1970) sowohl traditionell Rechte wie Linke ihren Protest gegen das Regime. Eine Auswahl daraus sowie aus den später erschienenen »Neuen Texten« ist auf deutsch unter dem Titel »Die Exekution des Mythos fand in der Frühe statt« erschienen.

Seit 1974 entfaltet sich das literarische Schaffen relativ frei und auf breiter Front. Viele neue Namen und Themen tauchten auf: Das Leben in der Großstadt, Arbeitsemigration, Gastarbeiterschicksal, Aufarbeitung der Vergangenheit, auch der linken, allzu oft glorifizierten Tradition, so in der Lebensbeichte von Chrónis Míssios »Kalá, esí péthanes norýs...« (Na ja, Du bist ja früh verstorben). Die Auseinandersetzung um den von Nicholas Gage (Gatsojannis) (auf englisch verfaßten) Bericht »Eleni« über das Schicksal seiner Mutter, einer epirotischen Bäuerin, die aus Mutterliebe in die Räder des Bürgerkrieges gerät und nach Folter durch die »Volksjustiz« in einem Schauprozeß zum Tode verurteilt und hingerichtet wird, zeigt, wie tief die Spaltungen und Parteilichkeiten reichen und wie lang der Weg zur vorbehaltlosen literarischen Aufarbeitung der Geschichte noch ist.

Griechische Literatur in deutscher Sprache

Griechische Literatur ist in Deutschland nicht »in« wie etwa die lateinamerikanische. Bis zum 2. Weltkrieg gab es kaum Übersetzungen. In den 50er Jahren erschienen einige Übertragungen von Werken von Kazantzákis,

Venésis, Myrivíllis. Die Initiative geht in der Regel von den Übersetzern aus, die mehr durch Zufall (Emigration nach Griechenland in der Nazizeit oder Tätigkeit am Deutschen Archäologischen Institut in Athen oder an der Deutschen Schule Athen) an ihr Sujet geraten. Eine wichtige Rolle spielt Isidora Rosenthal-Kamarinéa, die zunächst in Marburg, dann in Bochum eine Professur für Neogräzistik inne hat. Sie hat selber eine große Anzahl von Übersetzungen verfaßt, berät Verlage bei der Veröffentlichung griechischer Autoren und bringt zahlreiche Autoren in der von ihr seit 1964 edierten Zeitschrift hellenika (seit 1973 als Jahrbuch) in Kontakt mit einem kleinen deutschen Publikum. Die Obristenherrschaft (1967–1974) schafft kurzfristig ein verstärktes Interesse an griechischer Literatur, meist aus Sympathie für verfolgte und exilierte Schriftsteller. Doch die Anzahl an Übersetzungen nimmt zu. 1983 gründet das Ehepaar Hans und Niki Eideneier in Köln einen eigenen Verlag für griechische Literatur in deutschen Übersetzungen mit dem programmatischen Namen »Romiossini«. In knapp sieben Jahren erscheinen über 30 Titel, darunter Übersetzungen zentraler Werke der neueren griechischen Literatur, sowie Griechenland-kundliche Bücher, auch aus griechischer Sicht. Diesem spezialisierten Kleinverlag, der vor allem vom Enthusiasmus seiner Leiterin und seiner Übersetzer lebt, kommt eine wichtige Pionierfunktion zu. An dem Desinteresse an griechischer Literatur kann auch er nicht viel ändern. Dasselbe gilt für den Ein-Frau-Verlag »dialogos« von Gabriele Wurster, der seit 1988 fünf, zum Teil kaum bekannte Werke der jüngsten Zeit, herausgebracht hat. Immerhin muß man nicht mehr Griechisch lernen, wenn man griechische Literatur lesen will. Einen Durchbruch wird die griechische Literatur im Ausland wohl erst dann erfahren, wenn sich die etablierten Verlage ihrer annehmen. Der Beitritt Griechenlands zur Europäischen Gemeinschaft und der massenhafte Tourismusstrom in Richtung Griechenland sind offenbar nicht Anlaß genug.

BILDENDE KUNST

Byzantinische Malerei und Skulptur war vor allem sakraler Natur. Die Ikone, das Heiligenbild, wurde und wird nach strengem Kanon gemalt (vgl. S.119) Die Abbildung der Wirklichkeit oder der Ausdruck der Subjektivität des Künstlers sind dabei nicht das Ziel. Die allmähliche Ablösung der abendländischen Malerei vom religiösen Sujet, die Entdeckung der Perspektive, des Individuums – all dies fand in Byzanz nicht statt. Die traditionelle sakrale Kunst wurde auch unter der Türkenherrschaft gepflegt, d.h. es wurden Ikonen gemalt, Kirchen mit Fresken und mit Schnitzwerk geschmückt, wenn auch meist in bescheidener Form. Eine weltliche bildende Kunst gab es nur in Ansätzen.

Im neugegründeten griechischen Staat war daher die Orientierung junger Künstler an westlichen Vorbildern stark. Manche reisten zur Aus- und Weiterbildung in die Stadt, aus der der junge König sowie zahlreiche seiner Beamten kamen, nach München. Die Münchener Kunsthochschule wurde zum Mekka griechischer Maler. Es entstand die »Münchner Schule«, deren bedeutendste Vertreter Theódoros Vrysákis (1819–1878), Nikólaos Gýsis (1842–1901) und Nikifóros Lýtras (1832–1904) wurden. Sie studierten eifrig den reichlich akademischen Malstil der Jahrhundertmitte und schufen bayerische Genrestücke von Qualität. Die Nationalpinakothek in Athen hat eine ansehnliche und sehenswerte Sammlung dieser Schule, deren Werke am interessantesten sind, wenn sie sich griechischen Themen zuwenden und den Alltag des ausgehenden 19. Jahrhunderts festhalten. Auch das kleine, intime Museum der Stadt Athen am Klávthmonos-Platz, im ersten Athener Wohnhaus von König Otto, zeigt einige Beispiele aus dieser Zeit.

Daneben entwickelt sich, bescheiden zwar und unbeachtet, aber spontan und ursprünglich, eine Volkskunst, deren wichtigster Vertreter D. Sográfos, der Illustrator des Freiheitskampfes gegen die Türken, und Theófilos (Hatzimichail) sind. Theófilos ist ein »Naiver«, der auf Lésbos und im Pílion Häuser mit Geschichten aus dem Alltag und der überlieferten Mythologie ausmalt.

Durch den Ausbau der Athener Kunstakademie (1863) entwickelte sich die Kunst auf breiterer Basis. Gegen Ende des Jahrhunderts wird im Zuge der allgemeinen kulturellen Dominanz Frankreichs München als Orientierungspunkt durch Paris abgelöst.

Durchgehend bleibt jedoch das Dilemma: Übernahme westlicher Kunstrichtungen mit mehr oder weniger großer Phasenverschiebung im Verhältnis zu den europäischen Kunstzentren oder Betonung des spezifisch Griechischen bis hin zur radikalen Ablehnung westlicher Vorbilder. Dieses Spannungsverhältnis durchzieht die griechische bildende Kunst bis heute. Die Erschütterung durch die Kleinasiatische Katastrophe (1922) verstärkt die Suche nach kultureller Identität, fördert Bemühungen um einen griechischen Charakter (Ellinikótita) der bildenden Kunst. Bahnbrechend war insoweit Fótis Kóndoglu (1896–1965), ein Schriftsteller und Maler, der Verständnis für die künstlerischen Werke der Ikonenmalerei zu wecken versuchte und sich selbst in seinen Werken um eine Wiederbelebung der byzantinischen Maltradition bemühte. Er absolvierte eine Ausbildung an der Athener Kunsthochschule und lernte die westliche Kunst durch einen mehrjährigen Frankreich-Aufenthalt genau kennen. Er war der erste, der sich nicht nur wissenschaftlich, konservatorisch mit byzantinischer Malerei beschäftigte, sondern sie als Vorbild für zeitgenössische Malerei pries. Schließlich wandte er sich gänzlich von der westlichen Maltradition ab und erstarrte in einem orthodoxen Konservatismus. Seine Ideen über die Kontinuität der griechischen Kultur konnte er 1938 in einer Reihe von Fresken im Athener Rathaus darstellen. Sein bedeutendster Schüler ist Ioánnis Tsarúchis (1910–1989), der versuchte, einen Ausgleich zwischen westlicher und byzantinischer Maltradition herbeizuführen. Seinen Landschaften, Stadtszenen und Portraits haftet nichts Genrehaftes mehr an wie den Bildern aus der Münchner Schule. Die Malweise ist sowohl realistisch wie abstrahierend, surrealistisch und in der Tat unverwechselbar griechisch. Tsarúchis war auch ein Kulturkritiker hoher Qualität, der sich mit den Fragen der neugriechischen Identitätsfindung geistreich auseinandergesetzt hat. In seinem Haus im Athener Vorort Maroussi

Tássos (Alevísos): Der
Erzengel mit dem MG.
  Aus dem Holzschnitt-
Zyklus zum Gedenken an
Che Guevara, 1968.

ist ein kleines, aber sehenswertes Museum seiner Werke eingerichtet. Ein weiterer in Griechenland bekannter Adept der Ellinikótita war Spýros Vassilíu (1905–1985). Seine hyperrealistischen Darstellungen des griechischen Alltags bringen die Suche nach der neugriechischen Identität klar zum Ausdruck. Öffentlicher Wertschätzung erfreut sich auch Jórgos Gunarópulos (1890–1977), ein begabter Maler, dessen sehr eigene Suche nach Ellinikótita zu einer süßlichen Symbolsprache führte, die wohl außerhalb Griechenlands schlicht als Kitsch verbucht würde.

Gleichzeitig mit Kóndoglus Annäherung an Byzanz erfolgt die »Entdeckkung« von Sográfos und Theófilos nicht durch Kunsthistoriker, sondern durch führende Intellektuelle (Seféris, Elýtis). Der Autodidakt Theófilos, der eigentlich in einer breiteren balkanischen Volkskunsttradition steht, wurde zum Symbol der eigenständigen griechischen Kunst erhoben, eine Überschätzung, die bis heute Auswirkungen auf das bildnerische Schaffen hat.

Aber auch die Strömungen der westlichen Kunst hielten, meist mit einiger Verzögerung, ihren Einzug in Griechenland. Chatsikyriákos-Ghíkas (geboren 1906) lebte lange Jahre in Paris und kam unter dem Einfluß von Picasso und Bracque zum Kubismus, der nach seiner Rückkehr nach Griechenland (1938) eine sehr griechische Färbung erhielt, obgleich der Künstler sich dem bewußten Streben nach Ellinikótita nicht anschloß. Eine originelle Anknüpfung an byzantinische Stilelemente auf impressionistischer bis pointillistischer Basis bietet das Werk von Kóstas Parthénis (1878–1967). Ein fast unbekannter griechischer Expressionist europäischen Formats ist Jórgos Bousiánis (1885–1959), der von 1907 bis 1934 in Deutschland lebte, Mitglied der Münchner Neuen Sezession war und zum Kreis von Munch, Kirchner und Schmitt-Rottluff gehörte. Er starb arm und vergessen in Athen. Erst eine große Ausstellung in der Pinakothek 1985 brachte ihn ins Bewußtsein der griechischen Öffentlichkeit.

Die abstrakte Malweise kam erst Ende der 30er Jahre in die griechische Kunst und erreichte ihren Höhepunkt in den 50er und 60er Jahren. Der Kontakt mit der westeuropäischen Malerei erfolgte fast immer durch einzelne Künstler, die zur Weiterbildung ins Ausland gingen. Werke zeitgenössischer ausländischer Künstler wurden bis in die 70er Jahre nur sporadisch gezeigt. Damals erst öffnete die Nationalpinakothek gegenüber dem Athener Hilton ihre Pforten. Durch ihre Wechselausstellungen brachte sie das Athener Publikum erstmalig mit der Malerei des deutschen Expressionismus, mit dem Kubismus und anderen wichtigen europäischen Stilrichtungen in Kontakt. Der Fundus an Werken der abendländischen Kunst durch die Jahrhunderte ist, Folge der osmanischen Besetzung, äußerst gering. Selbst von Werken El Grecos sind nur Spurenelemente vorhanden. Doch die griechische Malerei und Plastik des 19. und der ersten Hälfte dieses Jahrhunderts, insbesondere Werke der hier genannten Künstler, ist gut dokumentiert. Sie vermittelt mehr Erkenntnisse über das neugriechische Bewußtsein und das kulturelle Dilemma eines sowohl uralten wie jugendlich unbekümmerten Volkes als die meiste Griechenland-Literatur.

Nach dem Krieg wurde die Szene unüberschaubarer. Die über dreißig Athener Galerien zeigen heutzutage von biederer Dekorationskunst bis zu

Tássos (Alévisos), »17. November 1973« (Aufstand des Athener Polytechnikums gegen die Junta), Holzschnitt, 1974 (Ausschnitt).

Happenings und Video-Art fast alle Stilrichtungen. Besonders beliebt scheint der Neo-Surrealismus (Níkos Chuliarás, geb. 1940) in der Folge des Spätsurrealisten und bekannten Lyrikers Engonópulos zu sein. Anhänger des Kritischen Realismus (Jánnis Psychopáïdis, geb. 1945, der sich eindrucksvoll mit der Junta und dem Gastarbeiterproblem auseinandergesetzt hat) existieren neben alten (Nikos Gabriel Pentsíkis, geb. 1908) und neuen Anhängern der Ellinikótita wie der beliebte und leicht konsumierbare Fassianós (geb. 1935), dessen farbige Siebdrucke die Wände vieler Athener Mittelstandswohnungen zieren. Sein hervorstechendstes Stilmittel ist die farbliche Verfremdung und der etwas monotone Einsatz griechischer Profile. Eigenwillig und sozialkritisch sind die Figuren von Wlássis Kaniáris (geb. 1928), der sich völlig vom Tafelbild gelöst hat und gesichtslose Puppen zu eindringlichen Bildern zusammenstellt. Ideenreich sind die Arrangements von Kóstas Tsóklis (geb. 1930), der häufig mit den Dimensionen spielt, indem er Bildelemente aus der Zweidimensionalität in den Raum heraustreten läßt. Kritische Auseinandersetzung mit der Existenz des Großstadtmenschen und der griechischen Tradition spiegelt sich im Werk von Dimítris Mytarás (geb. 1934). Ein moderner Klassiker ist Jánnis Móralis (geb. 1916), der in Umkehrung der üblichen Stilentwicklung über den Neo-Realismus zu einer kubistischen bis konstruktivistischen Sprache gefunden hat. Markantes Beispiel seines Konstruktivismus ist die von ihm gestaltete Seitenfront des Athener Hilton.

Suche nach Ellinikótita zeigt sich auch im Schaffen zweier in Griechenland bekannter Graphiker: Tássos (Alevísos) (1914–1985) hat zahlreiche Holzschnitte geschaffen, die bewußt die strenge byzantinische Formensprache aufnehmen. Mit plakativer Strenge und starker Stilisierung schildert er die Leiden des Volkes durch die fremde Besatzung sowie die Greuel des Bürgerkrieges. Man kann fast von Ikonen des Widerstandes sowie des kommunistischen Aufstandes sprechen. Sie fangen das quasi-religiöse Weltbild vieler griechischer Linker ein. Als Gestalter von Briefmarken und Schulbüchern hat seine Formsprache breite Schichten erreicht. Vásso Katráki (1914–1989) ist aus der gleichen Schule hervorgegangen. Ihre Stärke sind Lithographien, die mit kräftigen Schwarz-Weiß-Kontrasten arbeiten und eine Stilisierung bis hin zum Manierismus aufweisen.

Ein staatliches Museum für Moderne Kunst steht noch aus. Die Nationalpinakothek mit ihren Wechselausstellungen ist dafür nur ein schwacher Ersatz. Die Lücke wird, wie so oft in Griechenland, von privater Initiative ausgefüllt. In Glyfáda, an der attischen Küste, ist die hervorragende Sammlung moderner griechischer Kunst von Dimítris Pierrídis dem Publikum geöffnet. In Päanía, einem stillen Dorf hinter dem Hymettos, liegt wie eine ästhetische Oase das Museum für Moderne Kunst von Ion Vorrés.

Vásso Katráki, »Friedlich II«, Lithografie.

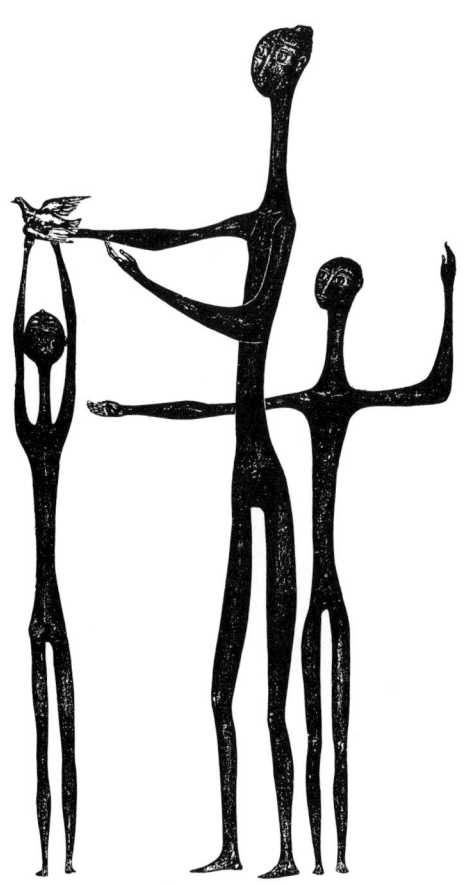

Andreas Papachristós, »Homer«, 1966 (oben) und »Kopf einer Kore« (rechts), 1967.

Beide Sammlungen geben einen guten Überblick über die griechische Kunst der Nachkriegszeit. Auf Andros, in der Inselhauptstadt, liegt das Kunstmuseum Gulandrís, eine Einrichtung einer wohlhabenden andreotischen Reederfamilie. Neben Werken von Größen der europäischen Moderne sind Arbeiten der wichtigsten griechischen Maler und Bildhauer zu sehen. Einen besonderen Schwerpunkt bildet dabei das Werk des Bildhauers Michael Tómbros. Als einer der ersten Griechen setzte er sich mit kubistischer und abstrakter Plastik auseinander.

Einen Querschnitt durch das griechische Kunstschaffen verschafft der Katalog der alle vier Jahre veranstalteten »Panhellenischen Ausstellung«, auf der im Jahre 1987 487 Künstler 700 Werke zeigten. Sie wird vom Kulturministerium und der Griechischen Kammer der Bildenden Künste veranstaltet. Diese Kammer, in der bis 1989 nur griechische Staatsbürger Mit-

Jánnis Psychopáïdis, »Gastarbeiter«, 1978.

glieder sein konnten, hat das Monopol bei der staatlichen Auftragsertei-
lung.

Die renommierte Galerie »ZYGOS« gab bis 1986 ein englischsprachiges
Jahrbuch heraus, das die wichtigsten Kunstströmungen verzeichnete.

Im Ausland ist die griechische bildende Kunst so gut wie unbekannt.
Zwar leben viele griechische Künstler ständig oder zeitweise im Ausland.
Sie werden dann aber meist als Vertreter international offener Stilrichtun-
gen wahrgenommen. Die bekanntesten unter ihnen sind heute wohl der
Maler Jánnis Kunéllis und der Bildhauer Jánnis Avramídis. Umgekehrt

gibt es – anders als in Italien oder Frankreich – wenig ausländische Künstler, die ständig in Griechenland leben und arbeiten. Die es doch versuchen, bleiben am Rande des griechischen Kunstgeschehens, das – in merkwürdigem Gegensatz zur Weltoffenheit der Griechen – einen eher hermetischen Charakter hat. Bei aller Vorliebe für Importwaren, bei der Kunst am Bau oder über dem Sofa ist »made in Greece« gefordert. Eine Ausnahme bildet – soweit ersichtlich – nur der Deutsche Hermann Blauth, dessen Werke sogar Eingang in die führenden Darstellungen der griechischen Kunst gefunden haben.

MUSIK*

Stärker noch als in anderen Bereichen zeigt sich auf dem Gebiet der Musik die Eigentümlichkeit der griechischen Tradition.

Musikbetrieb

Die sogenannte klassische oder Kunstmusik führt ein kümmerliches Dasein. Der Großraum Athen/Piräus mit seinen fast vier Millionen Einwohnern verfügt bislang nicht über einen einzigen größeren Konzertsaal. Das Staatsorchester (KOA) tritt, wenn die unterbezahlten Musiker mal nicht streiken, in einem alten Plüschkino (PALLAS) auf. Ein großangelegter Neubau soll, nach langen Verzögerungen, endlich Abhilfe schaffen. Da die Regierung dem privat initiierten Vorhaben keine Priorität beimaß, blieb das geplante »Haus der Freunde der Musik« (neben der US-Botschaft) jahrelang eine grandiose Bauruine. Seit 1988 wird jedoch weitergebaut und es besteht berechtigte Hoffnung, daß der Bau vollendet wird. Die Athener Oper verfügt seit ihrer Gründung im Jahr 1939 nicht über ein eigenes Haus, sondern gastiert in einem kargen Theater.

Ein Lichtblick sind die Gastspiele vorwiegend internationaler Ensembles während der Sommermonate im offenen Marmorhalbrund des Herodes Attikus-Theaters am Fuß der Akropolis und an anderen reizvollen Orten im Rahmen verschiedener Festspiele (Athen, Epidaurus, Patras, Santorin u. a.) sowie in der Wintersaison die Konzerte der ausländischen Kulturinstitute.

»Klassische« Musik

Bei der Befreiung Griechenlands standen zum einen als Kunstmusik die byzantinische Kirchenmusik, zum anderen die Volksmusik in ihren verschiedenen regionalen Ausbildungen zur Verfügung. Von der Musik des antiken Griechenlands ist bis heute wenig bekannt.

Auf den italienisch beeinflußten Ionischen Inseln existierte eine westliche Musiktradition, aus der sich eine Ionische Musikschule entwickelte. Deren Hauptvertreter ist Nikólaos Mántzaros (1795–1872), der u. a. die griechische Nationalhymne vertonte.

---

* Einen Überblick mit vielen Detailinformationen über das griechische Musikleben mit Schwerpunkt auf der ernsten Musik vermittelt der Beitrag von George S. Leotsákos »Musik« im Südosteuropa-Handbuch, Band III, Griechenland.

Die byzantinische Kirchenmusik entwickelte aus dogmatischen Gründen weder Polyphonie noch Heterophonie und verzichtete auf den Einsatz von Instrumenten. Noch heute werden in griechischen Kirchen weder westliche Messen gesungen noch darf geistliche oder gar weltliche Musik erklingen.

Auch die Volksmusik blieb, bis auf einige regionale Ausnahmen, einstimmig. Die Instrumente, vor allem Lyra, Dudelsack, Laute und Trommel, dienen der Begleitung der Singstimmen und der Tanzschritte. Die Aneignung des reichen abendländischen Erbes setzte zunächst die bewußte Verarbeitung eines Kulturimports voraus. Weil dies nie systematisch betrieben wurde, empfindet wohl nur der geringere Teil der Griechen die abendländische Musiktradition auch als eigene.

Sucht man nach griechischer Kunstmusik, wird man in den meisten Plattengeschäften gar nicht verstanden. Und doch gibt es sie: bei genauerem Hinschauen entdeckt man eine Menge von Kompositionen aus dem 19. und vorwiegend aus diesem Jahrhundert, von engagierten Einzelkämpfern produzierte Platten, oft Einspielungen ausländischer, aus Kostengründen meist osteuropäischer Ensembles, die angenehme Überraschungen bergen. Man entdeckt Namen wie Jánnis Konstantinídis (1903–1984), der elegante Klavierstücke auf der Grundlage griechischer Volksmusik schrieb, oder Manólis Kalomíris (1883–1962), der ein reiches Oeuvre an symphonischer und Kammermusik hinterließ und 1927 das Nationalkonservatorium gründete. Beide Komponisten werden in Griechenland und erst recht im Ausland selten gespielt. Die von Kalomíris initiierte nationale griechische Musikschule brachte eindrucksvolle Verarbeitungen griechischer Volksmusik hervor. Níkos Skalkóttas (1904–1949), ein Schönberg-Schüler, hinterließ ein vielseitiges, phantasievolles Werk, zumeist auf der Basis strenger Zwölftontechnik und freier Atonalität. Unter Kennern ein Geheimtip, ist auch er ein Opfer des Umstandes, daß seine musikalische Sprache den meisten Griechen unverständlich ist und seine Herkunft ihm die Beachtung der internationalen Musikszene vorenthält. Eine Ausnahme bildet wohl nur Jánnis Xenákis, der international zu den bedeutendsten und auch vielgespielten zeitgenössischen Komponisten zählt. Er lebt freilich nicht in Griechenland, sondern in Paris.

Ein sorgfältig zusammengestellter Katalog* aller auf Tonträgern verfügbarer Kompositionen griechischer Tonsetzer umfaßt immerhin über 500 Werke 116 verschiedener Autoren. Dies ändert jedoch nichts an der Randstellung dieses Kunstzweigs in Griechenland. Das staatliche Erziehungswesen unternimmt wenig, daran etwas zu ändern. Umso bewundernswerter erscheinen die Leistungen, die Einzelne unter diesen Umständen hervorbringen. Das gilt auch für eine Reihe großer Interpreten wie die Pianisten J. Vakaréllis, Aris Garufalís, Cyprien Katsáris, Alexándra Papastefánu und den jungen Dimítris Sgúros, den Geiger G. Kavákos – um nur einige zu nennen – sowie Dirigenten von Weltruf, wie den unvergessenen Dimítris Mitrópulos.

* Alexis D. Zakýnthinos, Discography of Greek Classical Music, Second Edition Brasilia, ISBN 85-85204-01-X

Volkskunstmusik

Was Griechen unter die Haut geht, was sie musikalisch stimuliert, ist jedoch etwas anderes. Dieses Andere ist mit Volksmusik nur sehr unvollkommen benannt. Es gibt sie auch, Dhimotikí Musikí genannt, und sie stellt einen reichen Schatz ursprünglich gewachsenen, regional reich gegliederten musikalischen Ausdrucks dar, der heute weitgehend in seine museale, konservatorische Phase getreten ist. Lebendig und eigenständig jedoch ist die sogenannte volkstümliche Kunstmusik, Laikí Entechni Musikí, die sich mit Namen wie Mános Chatzidákis, Míkis Theodorákis, Stávros Xarchákos, Jánnis Markópulos und zahlreichen anderen verbindet. Aus der byzantinischen Kirchenmusik, aus der Volksmusik sowie insbesondere aus der Rembettiki-Musik der Kleinasien-Flüchtlinge schöpfend, ist seit den 50er Jahren eine eigene Musikgattung jenseits aller Syrtaki-Schwelgerei entstanden, die ihresgleichen sucht.

Es handelt sich um eine Musik, die differenziert und dennoch populär, große Liederzyklen und Oratorien auf der Basis anspruchsvoller Lyrik geschaffen und damit die hochverdichtete Symbolsprache von Literaturnobelpreisträgern wie Seféris und Elýtis breiten Volksschichten zugängig gemacht hat. Wenn die 5000 Plätze des Herodes-Attikus-Theaters auch bei Spitzenensembles des internationalen Konzertbetriebs nur selten voll besetzt sind, so bleibt bei einer Aufführung des Oratoriums »Axión Estí« (Gepriesen sei) von Míkis Theodorákis nach dem Gedichtzyklus von Elýtis garantiert kein Platz frei. Diese Musik, die im Ausland in Konzerten allenfalls ausschnittweise zu hören ist, stiftet Identität, wird vom griechischen Publikum – vom Arbeiter bis zum Professor – als Weiterentwicklung nationaler Tradition akzeptiert, erzeugt Konsens, auch über die sonst in Griechenland so unüberwindlich scheinenden ideologischen und parteipolitischen Grenzen hinweg.

Lyraspieler aus Kreta. Daneben die Statuette eines Lyraspielers aus der 2. Hälfte des 3. Jahrtausends v. Chr., Nationalmuseum Athen.

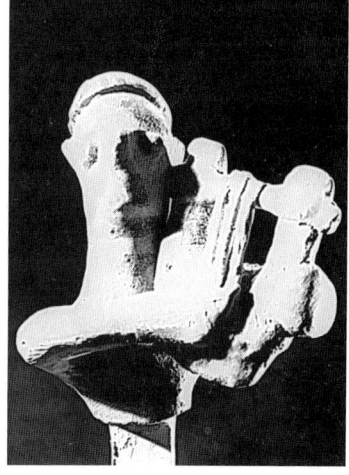

Sowohl Chatzidákis wie Theodorákis und andere Kollegen haben »eigentlich« als Komponisten ernster Musik begonnen. Theodorákis hat ein klassisches Musikstudium absolviert und mehrere Symphonien, Konzerte und Kammermusik geschrieben, die aber wohl nur Beachtung finden, weil der Komponist durch die Volksmusik populär ist. Im Ausland weniger bekannt ist Jánnis Markópoulos, der vor allem kretische Musikelemente verarbeitet und mit Werken wie »Ithagénia«, gesungen von dem unvergleichlichen Níkos Xylúris, einen besonderen Akzent gesetzt hat. Die Entwicklung auf dem Gebiet der »Volkskunstmusik« ist alles andere als einheitlich; die Übergänge zu leicht verdaulichen, retsinaseligen Liedchen vom Typ »Weiße Rosen aus Athen«, eine Melodie von Chatzidákis übrigens, sind fließend.

Nicht alle Versuche auf diesem Gebiet sind überzeugend. Theodorákis' jüngste Oper auf der Basis von Versen des durch Selbstmord geendeten Dichters Karyotákis wurde von der Kritik zerrissen. Und das Rezept, erstklassige oder auch nur engagierte Lyrik unter starkem Rühren mit Busúkiklängen zu mischen, ist nicht immer ein Erfolg. Bisweilen bleibt als Endprodukt nur ein Aufguß, wenn nicht Kitsch.

In eine etwas andere Kategorie gehört der Chançonnier Dionyssis Savvópoulos. Er war Mitinitiator des »Néo Kýma«, der Neuen Welle populärer griechischer Musik während der 60er Jahre. Diese versuchte eine moderne städtische Musik zu schaffen – in Anlehnung an die Pop-Musik, aber ohne einfach ausländische Schlager zu übersetzen. Dies ist auch gelungen und hat viele Nachahmer gefunden. Savvópoulos ging dann aber einen eigenen Weg. Seine aggressiven lyrischen Texte, teilweise auch eigene Übersetzungen von Bob Dylan, brachten das Lebensgefühl einer ganzen Generation zum Ausdruck, der Kinder von Marx und Coca Cola, der Generation des Widerstands gegen Junta, Eltern und Konventionen. Musikalisch einfallsreich, spielt er mit westlichen und griechischen Melodieelementen, die er selber virtuos aus seiner Gitarre schlägt.

Rembettika

Seit dem Film »Rembet(t)iko« (1984) von Kóstas Férris und der Musik von Stavros Xarchákos, einem der seltenen internationalen Erfolge des jüngeren griechischen Kinos, ist der Begriff auch bei uns bekannt. Rembettiko bedeutet rebellisch, sich auflehnend, out-drop, außerhalb der Gesellschaft stehend. Die Musik ist städtischen Ursprungs. Flüchtlinge aus Kleinasien, vor allem aus dem Handelszentrum Smyrna, haben sie beim großen Bevölkerungsaustausch 1922/23 mitgebracht in die Vorstadtbaracken Athens. Dort hockten sie dann, sozial deklassiert, entwurzelt und ohne Perspektive, suchten nicht selten Trost bei der Haschischpfeife. Ihre Musik wurde Ausdruck ihrer Auflehnung gegen die enge bürgerliche Welt Athens, gegen die Organe der öffentlichen Ordnung, die versuchten, den Deckel auf dem brodelnden Kessel der 20er, 30er und 40er Jahre zu halten. Der Staat nahm die Herausforderung an und reagierte unter dem Vorwand des mit der Musik verbundenen Haschischkonsums mit Verboten, was den Siegeszug dieser Musik natürlich nicht aufhalten konnte. Sie stand für eine unangepaßte Lebenshaltung, wurde zum Leitmotiv einer differenzierten

Plattencover. Níkos Xylúris singt kretische Lieder.

Subkultur, die in Ilias Petrópulos ihren scharfsinnigen und -züngigen Chronisten gefunden hat. Viele anonyme Sänger und Busúki-Spieler haben zur Entwicklung dieser Musik beigetragen, aber die wichtigsten Lieder stammen von Komponisten wie Márkos Vamvakáris, dem enorm produktiven Altmeister, der keine Noten lesen konnte. Weitere wichtige Namen sind: Papaioánnu, Mitsákis und Vassílis Tsitsánis, der sein Jura-Studium zugunsten der Rembéttiki-Musikí aufgab. Er brachte sie aus dem Getto der Subkultur heraus.

Als diese Musik in den 50er Jahren »chic« wurde und die Athener Bourgeoisie oder zumindest ihre Kinder die Busúki-Höhlen aufsuchten, begann gleichzeitig mit der sozialen Integration der einstigen Flüchtlinge der Niedergang der Musik. Heute ist sie, obwohl noch viel gespielt, im besten Fall historisches Zitat, häufig mit Kitsch versetzt, von Elektronik aufgeblasen und vom Kommerz erstickt. Der Kulturkritiker Níkos Dímu hat diesen Prozeß treffend beschrieben: »Als die Bürger die Rembettika entdeckten, fanden sie sie abscheulich. Als sie anfingen, sie zu bewundern, machten sie sie abscheulich.« Wer einen der großen Busúki-Tempel an den Ausfallstraßen Athens aufsucht, kann sich davon überzeugen. Hoch bezahlte Sänger und Busúki-Ensembles verursachen mittels aufwendiger Lautsprecher ohrenbetäubenden, musikalisch meist mittelmäßigen Lärm. Nicht umsonst werden sie im Volksmund »Skiládhika« genannt – »Hundeschuppen«. Diese rein kommerziellen Etablissements erfreuen sich dennoch großer Beliebtheit. Abend für Abend werden Unsummen umgesetzt und biedere Durchschnitts-Athener tanzen sich ihren Frust aus dem Leib. Wegen der Verletzungsgefahr ist es allerdings polizeilich verboten, wie ein echter Rembéttis richtige Teller auf der Tanzfläche oder den Köpfen der Mitzecher zu zertrümmern. Eine findige Kleinindustrie hat Ersatz geschaffen: bröcklige Gipsteller. Lautlos zerkrümeln sie zur »Ersatz«-Musik.

Film- und Theatermusik

Fast alle Komponisten von Volkskunstmusik haben auch für Film oder Bühne geschrieben. Manche, wie Chatzidákis (Musik zu »Sonntags nie«) oder Theodorákis (»Z«, »Alexis Zorbas«) wurden erst damit international bekannt. Die Komponisten sind sich nicht zu schade, für einzelne Theaterinszenierungen einen eigenen Soundtrack zu schreiben. Auf diese Weise erhalten viele Stücke des internationalen Repertoires einen unverwechselbaren griechischen Charakter.

Besonders erfolgreich auf diesem Gebiet ist eine junge Frau namens Eléni Karaíndru, die mit den Vertonungen der Filme von Theódoros Angelópulos (z.B. »Reise nach Kythera«, »Der Imker«) aufgefallen ist. Im Sommer 1988 hat sie ihr erstes öffentliches Konzert im überfüllten Herodes-Attikus-Theater gegeben.

THEATER

Im Gegensatz zur Musik existiert mit dem altgriechischen Theater, den Tragödien von Sophokles, Euripides und Aischylos oder den Komödien von Aristophanes, ein lebendiges Erbe der Antike, das eine große Rolle für das europäische Theaterleben gespielt hat. Das griechische Theater hat diese Tradition, vor allem in den letzten 50 Jahren, genutzt. Sicher, die antiken Stücke gehören zum Repertoire vieler Theater auf der Welt, aber in keinem Land werden sie so häufig gespielt, sind sie Gegenstand so vieler Interpretationsversuche. Für viele griechische Schriftsteller ist es eine Herausforderung, ihr Talent an der Übertragung eines der klassischen Theaterstücke zu versuchen. An den Ankündigungen der Aufführungen wird – ein seltener Fall – der Name des Übersetzers besonders betont.

Das Theaterschaffen der byzantinischen Zeit, vor allem liturgische Aufführungen, hat keinen sichtbaren Einfluß hinterlassen. In den griechischen Gebieten, die nicht oder erst spät unter osmanische Herrschaft fielen, vor allem auf Kreta und den Ionischen Inseln, gab es ein an italienischen Vorbildern der Renaissance orientiertes, aber auch ein selbständiges Theaterleben. Die Kreter V. Kornáros, G. Chortátsis, N. Fóskolos u.a. schrieben Ende des 16. Jahrhunderts, Anfang des 17. Jahrhunderts Tragödien, bukolische Dramen, Komödien, die bis heute sehenswert sind. Sie haben sich erst in neuerer Zeit auf das heutige Theaterschaffen ausgewirkt. Stücke wie »Erofíli« von Georgios Chortátsis (ca. 1545–1620) und »Státhis«, dessen Autor bis heute unbekannt geblieben ist, werden gelegentlich aufgeführt. Auf den Ionischen Inseln, insbesondere auf Zákynthos, reicht die Theatertradition bis in die Zeit der griechischen Staatsgründung.

Bei der Befreiung von den Türken existierte das Theater nur in Form gelegentlicher Aufführungen in den Städten der griechischen Diaspora wie Odessa, Bukarest oder Smyrna sowie im größten griechischen Hafen jener Zeit, auf der Insel Sýros. Die Stücke, meist von Laiendarstellern gespielt, hatten überwiegend patriotisch-pädagogische Themen zum Gegenstand. Die Entwicklung eines eigenen Theaterlebens im jungen neugriechischen Staat litt unter dem Sprachenstreit und den zunächst sehr beengten Ver-

Filmmusik von St. Spanudákis. CD-Titel.

hältnissen. 1836 wird in dem Dorf Athen, das erst zwei Jahre zuvor zu Hauptstadtehren gekommen war, das erste Theater eröffnet, ein bescheidenes Etablissement, in dem der Zuschauer auf den gewachsenen Erdboden trat und über sich den Lauf der Gestirne verfolgen konnte. In dem kleinen, aber sehenswerten Theater-Museum im Kulturzentrum der Stadt Athen ist ein Modell dieses Theaters zu sehen. 1840 wird ein neugebautes Theater, das Athener oder Búkuras-Theater, nach dem Namen des Besitzers, eingeweiht. Dort treten italienische Opernensembles und griechische Wanderbühnen aus der Diaspora mit traditionellem Repertoire auf. Erst 1862 wird eine feste Theatergruppe unter Leitung von Pantelís Sútsas aufgebaut. Zum Repertoire gehören die historischen Stücke von Dimítrios Vernardhákis »Maria Doxapatrí« »Merópi«, trotz der altertümelnden Sprache (Katharévussa) Publikumserfolge. Orientiert an Shakespeare, Schiller und den antiken Autoren, bereitet Vernardhádakis historische Stoffe auf. Der Siegeszug der Volkssprache hat diese Stücke jedoch später aus dem Repertoire verdrängt.

In den 70er Jahren bilden sich weitere professionelle Theatergruppen. Zur gleichen Zeit entstehen mit der Durchsetzung der Volkssprache in der Prosa-Literatur Theaterstücke in der Dhimotikí, die den drei folgenden Typen zugeordnet werden können: dramatisches Idyll, komisches Idyll (Komidyll) und kabarettistische Revue. Letztere Gattung ist die erfolgreichste geblieben und entwickelte sich zu einer genuin griechischen Spezies, der Epitheórissis, einer satyrischen Revue mit aktuellen Bezügen von sehr unterschiedlichem Niveau. Die Revue-Theater kennen keine Krise. Ihre Vorstellungen sind gut besucht, während die Experimentaltheater heute oft kaum mehr als ihr Gestühl zu den Vorstellungen begrüßen können. Für viele einfache Stadtbewohner ist die satirische Revue gleichbedeutend mit Theater.

Das Komidyll, eine leichte, vaudeville-artige Komödie mit Gesangseinlagen, schildert das Schicksal von Menschen aus dem Volk, so das erste dieser Art: »I Týchi tis Marúl as« (Marulas Schicksal) von Dimítrios Koromilás. Über 60 Stücke dieser leichten Muse folgten in wenigen Jahren. Das dramatische Idyll, eine Art Volksdrama, wurde ebenfalls von Koromilás begründet mit dem Stück »O Agapitós tis Voskopúlas« (Der Geliebte der jungen Hirtin). Diese Gattung diente später häufig Filmen des Fustanella-Genres als Vorlage. Beide Arten spielen in der Nachkriegszeit keine nennenswerte Rolle mehr.

Um die Jahrhundertwende tritt mit Gründung des Königlichen Theaters (Vassilikón Théatron) in eigenem klassizistischem Gebäude mit eigener Schauspielschule eine entscheidende Änderung ein. Der erste Leiter, Thomás Ikonómu (1864–1927), in Wien geboren, hatte eine erfolgreiche Karriere an deutschen Bühnen hinter sich. Fast gleichzeitig entsteht die Néa Skiní (Neue Bühne) unter Leitung von Konstantínos Christomános (1867–1911). Er bringt Stücke von Ibsen, Hauptmann und dem jungen Grigóris Xenópulos auf die Bühne und schafft Inszenierungen von höchster Präzision und Qualität. Xenópulos (1867–1951) entwickelt sich zum erfolgreichsten, meistgespielten und fähigsten Theaterschriftsteller der ersten Jahrhunderthälfte. Großen Einfluß hat auch Pantelís Horn (1881–1941), dessen Stücke immer noch aufgeführt werden. Auf der Neuen Bühne macht Kyvéli Adrianú (1887–1978), eine der großen Figuren des griechischen Theaters, ihre ersten Schritte. Sie gründet später eine eigene Schauspielgruppe und beeinflußt jahrzehntelang das griechische Theaterleben. Das gleiche gilt für Maríka Kotopúli (1887–1954), die in der kurzen, nur 6jährigen Existenz des Königlichen Theaters bekannt wurde. Zum Repertoire des Königlichen Theaters gehörten zahlreiche bekannte Stücke des europäischen, insbesondere des französischen und deutschen Theaters, aber auch Inszenierungen antiker Stücke. Als 1903 die Orestie von Aischylos in neugriechischer Übersetzung gespielt werden sollte, kam es zu Ausschreitungen demonstrierender Studenten, denen die Aufführung eines antiken Autors in neugriechischer Sprache als Sakrileg erschien. Als Opfer dieses »Theaterkriegs« waren ein Toter und mehrere Verletzte zu beklagen.

Mit den beiden Bühnen verliert das Athener Theaterleben seine provinziellen Züge. Und obwohl beide Regisseure nach wenigen Jahren aus unterschiedlichen Gründen scheitern, haben sie Maßstäbe für die übrigen Theater und Bühnen gesetzt, die sich mit denen anderer europäischer Hauptstädte messen können. Das griechische Theater hat damit in weniger als 100 Jahren eine lange Entwicklung nachgeholt.

Allerdings betrifft das im wesentlichen nur die Hauptstadt des jungen Staates. In der Provinz, aber auch in den Vorstädten Athens, tritt gegen Ende des letzten Jahrhunderts eine ganz andere Theatergattung ihren Siegeszug an. Das Schattentheater, genannt nach seinem Helden, dem buckligen, listigen underdog Karagiósis. Bei diesem urwüchsigen, lebendigen Volkstheater werden flache Figuren aus Leder gegen eine von hinten erleuchtete Leinwand gehalten. Der Schattenspieler führt die Figuren an langen Stäben und spielt die Stücke aus dem Gedächtnis, nicht ohne zu improvisieren und lokale aktuelle Ereignisse miteinzuflechten. Das Schattentheater stammt aus der Türkei und zeigt die weiter bestehende kulturelle Verbindung, die insbesondere von den zahlreichen Griechen im Osmanischen Reich aufrecht erhalten wird. In Griechenland wurde dieses Theater allerdings umgeformt, angereichert mit Typen der griechischen Welt und Überlieferung und hatte sicher ein größeres und treueres Publikum als die paar Kunstbühnen der Hauptstadt. Der verschlagene Held Karagiósis (Schwarzauge) kämpft gegen fremde Unterdrückung und mancherlei Gefahren mehr mit seinem großen Mundwerk als mit Heldentaten. Bis heute haben sich einige Bühnen erhalten, vor allem in den Städten, wo sie und ihre reiche Figurenwelt bewußt gepflegt werden, während auf dem Land Kino und Fernsehen dem Schwarzauge das Leben schwer machen.

Der Impetus von Ikonómu und Christomános wurde in den 20er Jahren von Fótos Polítis, einem Theaterkritiker und Max Reinhardt-Schüler, wieder aufgenommen. Er legte die Grundlage für eine moderne Interpretation der antiken Tragödien. Gleich seine erste Inszenierung, Ödipus Rex, mit Emílios Veakís in der Hauptrolle, war ein Erfolg und wirkte stilbildend. Später, 1932, wurde er Leiter des neugegründeten Nationaltheaters, des ersten vom Staat unterhaltenen Theaters, das bis heute im Gebäude des alten Königlichen Theaters untergebracht ist. Besonders wichtig war die Einrichtung einer staatlichen Schauspielschule am Nationaltheater. Der größte Teil der namhaften griechischen Schauspieler ist aus ihr hervorgegangen. Während Ausstattung und Kostüme für das Königliche Theater teilweise aus dem Ausland beschafft wurden, erscheint mit Pános Aravantinós (1880–1931) ein begabter Bühnenbildner, der lange in Berlin gearbeitet hatte. Ein kleines Museum im Obergeschoß des Theaters von Piräus ist seinem Andenken gewidmet.

Nach dem Tode von Polítis (1934) übernahm Dimítris Rondíris die Leitung des Nationaltheaters, ein weiterer wichtiger Lehrmeister des griechischen Theaters. Er versuchte als einer der ersten, das antike Drama an alter Stelle im Freien aufzuführen. 1938 beginnen Aufführungen in Epidaurus. Seit 1955 gibt es dort in jedem Sommer ein Festival. Erwähnenswert ist auch der Versuch des Dichters Ángelos Sikilianós, im antiken Theater von Delphi das klassische Drama wieder zu beleben. Der Gedanke wirkt bis heute nach. Das Europäische Kulturzentrum Delphi veranstaltet alle zwei Jahre internationale Festspiele des Antiken Theaters mit Teilnehmern aus aller Welt. Wegen der Bedenken der Archäologen finden die Aufführungen allerdings nicht mehr im Theater, sondern im Stadion von Delphi statt. In diese Zeit fällt auch der Versuch von Vassílis Rótas, im Athener Vorort Pangráti ein Volkstheater zu betreiben, um das Kunsttheater einem breiteren Publikum nahezubringen.

Metaxás-Diktatur, Krieg, Besatzung und Bürgerkrieg bedeuten auch für das Theater einen tiefen Einschnitt. Noch während der Besatzung 1942 gründet Karolos Kun das Théatro Téchnis (Kunsttheater). Seine Inszenierung der Bluthochzeit (1948) von F. G. Lorca wird zu einem griechischen Großkunstwerk. Die Musik stammt von dem jungen, noch unbekannten Mános Chatzidákis, das Bühnenbild von Ioánnis Tsarúchis, die Übersetzung von dem Dichter Níkos Gátsos. Im folgenden Jahr bringt er zum ersten Mal Tennessee Williams »Endstation Sehnsucht« auf die Bühne. In der Hauptrolle eine junge Schauspielerin namens Melína Merkúri. Kun blieb bis zu seinem Tode (1987) die beherrschende Figur des griechischen Theaters, der allgemein anerkannte Dáskalos (Lehrer). Ihm vor allem verdankt das griechische Publikum die Bekanntschaft mit dem internationalen Nachkriegstheater, mit Autoren wie Max Frisch, Sartre, Arthur Miller, Peter Weiss und mit Bertolt Brecht und dessen Theaterkonzeption, die einen besonders nachhaltigen Einfluß auf das griechische Theater ausübt. Kuns Aristophanes-Inszenierungen im Herodes Attikus-Theater am Fuße der Akropolis, im antiken Theater von Epidaurus und auf Gastspielreisen im Ausland erregten internationales Aufsehen. Besonders bemerkenswert ist daran der persönliche und genuin griechische Stempel, den er den Stükken der Weltliteratur aufdrückt. Dies gilt auch für andere junge Regisseure. Aus der »Geisel« von Brendan Beehan wird so in der Inszenierung von Leon Trivisás, unterstützt durch die eigens dafür komponierte Musik von Mikis Theodorákis, auch eine Auseinandersetzung mit der jüngsten griechischen Geschichte. Eine wichtige Rolle spielen dabei auch führende griechische Maler wie I. Tsarúchis und Sp. Vassilíu mit ihren Entwürfen der Bühnenbilder.

Die heutige Theaterszene ist von großer Vielfalt. Es gibt, mit Ausnahme des Théatro Téchnis, keine »Schule« mehr. Über 40 Theater kündigen in den Athener Tageszeitungen ab Anfang Oktober ihre Aufführungen an: Epitheórissis-Klamotten mit Gesangs- und Tanzeinlagen und bissiger bis grober Satire auf die jeweilige Regierung (typischer Titel eines solchen Stücks im Herbst 1988: »Wie heißt Vaseline auf Türkisch?«), Experimentaltheater, die Faßbinder-, Heiner Müller- und Kroetz-Stücke aufführen, bis hin zum heute braven Nationaltheater, das sich der Pflege griechischer und internationaler Klassiker verpflichtet weiß. Unter den zahlreichen Bühnen ragen wenige hervor. Zu viele Neugründungen graben sich gegenseitig das Wasser ab, konkurrieren um die wenigen Zuschauer, die bereit sind, sich auf neue Stücke, neue Interpretationen einzulassen. Eine wichtige Neugründung ist das Amphi-Theater (seit 1975) von Spýros Evangelátos, einem international angesehenen Regisseur, der auch einige Jahre mit bemerkenswertem Erfolg die Athener Staatsoper leitete. Der einzige auch im Ausland bei Insidern bekannte griechische Theaterregisseur ist Theódoros Tersópulos, der u. a. beim Berliner Ensemble in die Lehre gegangen ist. Er hat mit mustergültigen Aufführungen Heiner Müller in Griechenland bekannt gemacht.

1961 wurde das Staatstheater Nordgriechenland mit Sitz in Thessaloníki gegründet, als dessen Ableger in den 70er Jahren auch ein Thrakisches Theater. In den letzten Jahren entstanden, gestützt durch Finanzhilfen des Kulturministeriums, auch in anderen Provinzstädten Theater, so in Vólos und Kalámata, von denen durchaus Impulse für die Hauptstadt ausgehen.

Die Theater spielen in der Regel von Anfang Oktober bis kurz nach Ostern. Nur eine Minderheit verfügt über ein festes Haus. In den Sommermonaten reisen sie durch die Provinz, fahren in die Badeorte, wo sich die hitzegeplagten Athener ausruhen. Ebenfalls im Sommer finden an den

διπλούς Έρως
ΕΤΑΙΡΕΙΑ ΘΕΑΤΡΟΥ

ΜΗΧΑΝΗ ΜΠΡΕΧΤ

Bertolt Brecht
"Ο ΓΑΜΟΣ"

Programm einer Brecht-Inszenierung

Wochenenden im Theater von Epidaurus Aufführungen antiker Stücke statt, zu denen das Nationaltheater, das Staatstheater Nordgriechenlands, das Théatro Téchnis u. a. beitragen. Auch im Rahmen des Athener Festivals werden im offenen Herodes-Attikus-Theater sowie auf der Freilichtbühne auf dem Lykabettós regelmäßig Inszenierungen antiker Stücke von griechischen Ensembles gezeigt. Auch andere antike Theater wie Philíppi (bei Kavál) und Dodóni (in Épiros) werden dazu benutzt.

Das wichtigste Phänomen des griechischen Nachkriegstheaters ist aber wohl die Fülle von Theaterautoren oder Schriftstellern, die für das Theater schreiben. Jákovos Kambanéllis, Lúla Anagnostáki, Jórgos Maniótis seien hier für viele genannt. Leider sind ihre Stücke im Ausland kaum bekannt. Weil Theaterstücke nicht in erster Linie für ein Lesepublikum geschrieben werden, sondern zur Verbreitung Inszenierungen brauchen, ist die Zahl der Übersetzungen griechischer Theaterstücke noch geringer als die der Romane und Erzählungen. Eine rühmliche Ausnahme macht der Sammelband »Tavli«, der 1981 in Deutschland erschienen ist und eine Auswahl moderner griechischer Theaterstücke enthält. Das Engagement des Staates für das Theater ist, gemessen etwa an deutschen Verhältnissen, verhalten. 90 Prozent der Bühnen sind privat. Viele arbeiten nach dem Prinzip der Selbstausbeutung. Viele Schauspieler sind gezwungen, tagsüber einem Brotverdienst nachzugehen, im besten Fall beim Fernsehen, für die Video-Produktion oder Werbung. Immerhin hat das Kulturministerium, von 1981 bis 1989 unter der Leitung der Theater- und Filmschauspielerin Melína Merkúri, seit 1974 begonnen, einzelne Theater, insbesondere in der Provinz, zu subventionieren. Ein Kriterium bei der Mittelvergabe ist der Prozentsatz von griechischen Stücken im Repertoire. Eine seltene Ehre wurde einigen Größen der griechischen Schauspielkunst wie Aléxis Minotís, Katína Paxinú, Kyvéli, Maríka Koktopúlu und anderen zuteil, als die griechische Post 1985 eine Briefmarkenserie mit Schauspielerportraits herausbrachte.

FILM

Die Geschichte des griechischen Films beginnt Anfang des Jahrhunderts. Zunächst werden einige kurze Dokumentarfilme von Joseph Hepp, einem Kameramann ungarischer Herkunft, gedreht, der sich in Athen als Filmvorführer niederläßt und zu einem der wichtigsten Dokumentarfilmer und Kameramänner des griechischen Films wird. Technisch ist man abhängig vom Import des Filmmaterials, das zunächst auch zur Entwicklung noch ins Ausland, meist nach Frankreich, geschickt werden muß. Die Verbreitung ist gering. Filmtheater gibt es nur in Athen und in zwei, drei anderen Städten. Es werden vor allem ausländische Filme gezeigt.

Ein beliebter Komiker, Spýros Dimitrakópulos, dreht 1911 mit dem deutschen Kameramann Erich Bubach drei kurze Streifen, in denen er die Hauptrolle spielt. 1914 produziert ein Grieche aus Smyrna, Kóstas Bachatóris, den ersten längeren Spielfilm »Gólfo«, ein ländliches Drama nach einem erfolgreichen Theaterstück. Damit klingt ein Thema an, das im kommerziellen griechischen Kino eine große Rolle spielt, bis der Einzug des Fernsehens ihm ein gnädiges Ende bereitet: Der Fustanélla-Film, benannt nach dem rockartigen Kleidungsstück der Männer im vorindustriellen Griechenland, heute noch von Touristen an der Garde bewundert. Das Genre läßt sich am ehesten mit dem deutschen Heimatfilm der 50er Jahre vergleichen.

Erster Weltkrieg, griechischer Kleinasien-Feldzug und das Hereinströmen von 1,5 Millionen Flüchtlingen aus Kleinasien bieten bis 1925 kaum Bedingungen für die Entwicklung einer griechischen Filmindustrie. Einige Pioniere, der genannte Joseph Hepp, Gabrílis Lóngos, Jórgos Prokopíu und die Brüder Miltiádis und Jannákis Manákis hielten die dramatischen Ereignisse mit der Kamera fest und schufen so einzigartiges Material, das jedoch aus politischen Gründen erst sehr viel später gezeigt werden konnte und nur durch den Einsatz des Griechischen Filmarchivs (Tainiothíki tis Elládos) vor dem Vergessen und der Zerstörung bewahrt wurde.

Einer der ersten Theoretiker des griechischen Films, Dímos Vratsános, erfolgreicher Verleger und Intellektueller, dreht 1924 unter schwierigsten Umständen »Tis míras t'apopaídi« (Stiefkind des Schicksals). Der Film hatte großen Erfolg in Griechenland, in griechischen Kolonien in Ägypten und in den USA. Vratsános dreht mit Laiendarstellern, da ihn das theatralische Gehabe der Theaterschauspieler abstößt. Er gründet sogar eine kurzlebige Filmschule, in der er versucht, seine Ideen zur Filmästhetik umzusetzen.

Um 1925 endet die Pionierphase des griechischen Films. Mit den Brüdern Dimítris und Kóstas Gasiádis tritt er in die Phase der industriellen Produktion. Beide hatten Erfahrung im Ausland gesammelt, in den USA und England der erste, in Deutschland und Frankreich der andere. 1927 beginnt ihre Firma DAG-Film im modern eingerichteten Studio die Produktion. Gleich der erste Film »Eros kai Kýmata« (Liebe und Wellen) eine opulente Schnulze, wird, obgleich von der Kritik geschmäht, ein Kassenerfolg. Die weitere Produktion ist unterschiedlich: sie reicht von der ersten Verfilmung einer antiken Tragödie bis zu Rührstücken des Fustanélla-

Genres. Ebenfalls zu nennen sind Achilles Mádras und Takis Dadíras. Herausragend ist der Film »Daphnes und Chloi« von Oréstis Láskos, einem Dichter, Schauspieler und Poeten, der auch international anerkannt wird.

Die Konkurrenz der internationalen Produktion, die sich an ein riesiges Publikum richtet, hat die Ansprüche des griechischen Publikums, zumindest in technischer Hinsicht, hochgeschraubt, was das Leben der einheimischen Filmindustrie, deren Produkte nur selten internationale Märkte erreichen, nicht leichter macht. Das Aufkommen des Tonfilms stürzt die mühsam um ihre Existenz kämpfende Filmindustrie, die technisch nicht dafür gerüstet ist, in ernste Schwierigkeiten. 1939 dreht Filopímin Fínos, der nach dem Krieg zum griechischen Filmmagnaten wird, den ersten in Griechenland produzierten Tonfilm.

Die 1936 einsetzende Diktatur des Generals Metaxás, Krieg und Besatzung sowie der anschließende Bürgerkrieg bedeuten eine starke Zäsur auch für das griechische Filmschaffen. Ende der 40er Jahre setzt die dritte Epoche des griechischen Films ein, die bis zum Beginn der 70er Jahre dauert, bis die Einführung des Fernsehens (1972) die Situation radikal verändert. Der griechische Film erreicht in dieser Zeit seinen quantitativen Höhepunkt. Bis zu 100 Streifen pro Jahr werden in den 60er Jahren gedreht. Der größte Teil Fustanella-Genre, Melodramen oder grobe Schwänke mit beliebten und begabten Komikern. Die Elektrifizierung auch der letzten Dörfer verschafft einen größeren Markt, zu dem noch die Millionen Auslandsgriechen kommen. Neben dieser leicht verderblichen Dutzendware, deren Funktion seither Fernsehen und vor allem Videofilme übernommen haben, entwickelt sich gegen tausend Widerstände ein ernst zu nehmendes Filmschaffen einzelner Regisseure. Es entstehen Autorenfilme von hoher Qualität, denen jedoch nur sporadisch der Durchbruch auf den internationalen Markt gelingt.

Als erster ist hier Michális Kakojánnis zu nennen, dessen Filme »Stella« (1955), »Elektra« (1962) und schließlich »Aléxis Sorbás« (1965) Marksteine des neuen griechischen Films werden. Für »Stella« z.B. wirkten die besten griechischen Künstler zusammen. Der Stoff entstammt einem Theaterstück von Jákovos Kambanéllis, einem der profiliertesten Nachkriegsautoren. Die Ausstattung ist von dem Maler Ioánnis Tsarúchis, die Musik von dem jungen Mános Chatzidákis, dem Vater der »Volkskunstmusik«. Die Titelrolle bekleidet, als wäre sie ihr auf den Leib geschneidert, Melína Merkúri. Ihr Partner ist der damals unbekannte Jórgos Fúntas, der neue Antityp zu den Hollywood-Imitaten des griechischen Films. Diesem griechischen Gesamtkunstwerk gelingt es erstmalig, auf dem Film-Festival in Cannes 1955 Aufsehen zu erregen.

Mit »Elektra« (in der Hauptrolle Iríni Papás) beginnt in Griechenland die eigentliche Auseinandersetzung des Mediums Film mit dem antiken Tragödienstoff. Einen wichtigen Beitrag dazu liefert Míkis Theodorákis' Filmmusik, die byzantinische Melodien und Volksmusik mit dem antiken Stoff zu einer urgriechischen Einheit verbindet. Die Ausstattung ist von Spýros Vassilíu, einem der wichtigsten Erneuerer der griechischen Malerei. Kakojánnis hat später noch mehrere antike Tragödienstoffe verfilmt.

»Aléxis Sorbás« schließlich bringt den griechischen Film zu Weltruhm. Der Stoff ist von Níkos Kazantzákis, die Musik wieder von Míkis Theodorákis, die Schauspieler diesmal, neben Griechen, internationale Stars wie Anthony Quinn und Lila Kedrova.

Als nächster ist Níkos Kúnduros zu nennen, der mit seinem Film »Kleine Aphroditen« (1963, Goldener Bär auf den Berliner Internationalen Filmfestspielen) im Ausland bekannt wurde. Gleich sein Erstlingswerk »Magikí Póli« (Verzauberte Stadt, 1954) schildert in neorealistischer Weise das Leben in den Athener Flüchtlingsvororten und erregt Aufsehen auf dem Filmfestival von Venedig. Auch für diesen Film schrieb Mános Chatzidákis die Musik. Kúnduros' dritter Film »I Paránomi« (Die Illegalen, 1958) thematisiert zum ersten Mal den Bürgerkrieg, bis dahin ein Tabu-Thema. Auch sein Film »1922« (1978) über den Leidensweg von Kleinasien-Griechen nach dem mißlungenen griechischen Kleinasien-Feldzug, berührt Tabus und löst sogar diplomatische Schritte gegen diese Produktion aus.

Es bildet sich eine »Athener (neorealistische) Schule« heraus, zu der Tsavéllas, Zérvos, Lambrinós, Ion Daifás, Vassílis Georgiádis gehören. Auffallend ist trotz neorealistischen Ansatzes die Abstinenz politischer Themen. Es werden soziale Situationen analysiert, aber die Auseinandersetzung mit den nationalen Dramen der jüngsten Geschichte: Kleinasiatische Katastrophe, Diktatur, Krieg, Besetzung, Bürgerkrieg blieb in der Nach(bürger)kriegszeit aus. Erst die Obristendiktatur provoziert die Beschäftigung mit ihrer Vorgeschichte. Schon während der Diktatur, aber vor allem nach ihrem Sturz, beginnt eine Epoche des politischen Films, deren hervorragendste Vertreter Aléxis Damianós, Pantelís Vúlgaris und vor allem Theódoros Angelópulos sind. Angelópulos' Filme »Méres tu 36«

Szene mit Ives Montand aus dem Film »Der unsichtbare Aufstand« von Kóstas Gavrás (1972).

(Tage von 1936, 1972), »O Thíasos« (Die Wanderschauspieler, 1975), »I Kynigí« (Die Jäger, 1977) sind eine Aufarbeitung der jüngeren griechischen Geschichte. Angelópulos ist der einzige griechische Regisseur, der in Griechenland arbeitet und dessen Filme in der Regel ein internationales Publikum erreichen (»Reise nach Kythera«, »Der Imker«, »Landschaft im Nebel«).

Diese Epoche fällt allerdings zusammen mit der vom Fernsehen ausgelösten Krise des Films. Es beginnt das Sterben der Sommerkinos und der Untergang der kommerziellen Banalproduktion. Das griechische Filmzentrum (Ellinikó Kéntro Kinimatográfu), eine staatliche Institution, wird zum fast alleinigen Financier der griechischen Filmproduktion. Seit der ehemalige Leinwandstar Melína Merkúri 1981 Kulturministerin wurde, fördert diese Institution jährlich 15 bis 20 Filme, die jeweils im Oktober auf dem Filmfestival von Thessaloníki vorgestellt werden. Die staatliche Filmförderung löst aber leider nicht das Problem der Verbreitung dieser häufig anspruchsvollen Filme. Manche schaffen nicht einmal den Sprung in die kommerziellen Säle. Viele werden nur einige Wochen in Athen und Thessaloníki gezeigt, um dann, begleitet von Lobsprüchen der Feuilletons, in der Versenkung zu verschwinden. Nur selten gelingt der Durchbruch auf den internationalen Markt.

Dieser kurze Überblick über den griechischen Film wäre unvollständig ohne einen Hinweis auf die im Ausland tätigen Griechen: in Frankreich drücken zwei Brüder aus Smyrna, die Gebrüder Nalpas, den Anfängen des französischen Films ihren Stempel auf. Heute ist der vom Bürgerkrieg vertriebene Kóstas Gavrás einer der führenden Regisseure Frankreichs. Seine Filme »Z«, »Das Geständnis«, »Belagerungszustand« haben Filmgeschichte gemacht. Gleiches läßt sich von den Filmen von Elias Kazan(tsoglu) und John Cassavetes in den USA sagen.

Zum Schluß sei noch Jules Dassin erwähnt, ein US-Amerikaner russischer Abstammung, der sich, vom McCarthysmus angewidert, zunächst in Frankreich und Ende der 50er Jahre in Griechenland niederläßt. Seitdem kreisen seine Filme um das Thema Griechenland. Weltweite Beachtung fand seine reichlich romantisierende Vorstellung der »Kinder von Piräus« in »Sonntags nie«.

12. Griechische Binnenstruktur

Von der Vielfalt der Romiossini

Ein Blick auf die Landkarte Europas zeigt, daß der Natur im äußersten Südosten dieses Kontinents etwas Besonderes eingefallen ist. Zahlreiche Gebirgszüge gliedern Griechenland in geographische Kleinräume; mit den Bergen wetteifern die unzähligen Buchten, Halbinseln und Inseln. Nirgendwo sonst bietet sich dem Auge eine solche Folge von Land-Wasser-Kombinationen. Überall erheben sich individuelle Bergspitzen, etwa der Olymp, der Parnass, der Parnis, der Akrokorinth, der Taýgetos, um nur einige zu nennen. Oder es schneidet sich das Meer tief ins Land wie am Golf von Korinth, am Ambrakischen Golf, bei Vólos, zwischen Euböa und dem Festland. Oder es taucht das unverwechselbare Profil einer Insel auf, etwa Ägina mit seinem Vulkan, der sowohl von der Peloponnes wie von Attika aus zu sehen ist, oder Euböa, die Langgestreckte, die das Festland in mehreren Annäherungsversuchen auf fast 200 km begleitet.

Die zahlreichen Inseln, von denen über 150 bewohnt sind, bieten schon per Definition ebenso viele abgeschlossene Lebensräume. Manche sind nur im Sommer, manche nur von zwei, drei Familien bewohnt. Andere, wie Kreta und Rhodos, haben Hunderttausende von Einwohnern und lärmende, lebendige Städte. Die Inseln werden zwar begrifflich zu Gruppen zusammengefaßt, so die Ionischen an Griechenlands Westküste, die Nördlichen Sporaden an der Thessalischen Küste, die Kykladen, die sich kreisförmig (zyklisch) um Delos gruppieren, die Dodekanés vor der kleinasiatischen Küste. Aber diese Zuordnung bedeutet keineswegs Gleichartigkeit. Schon der Begriff Sporaden weist auf die geographische Streuung hin. Zwar lassen sich gemeinsame Charakteristika finden, z.B. die typische Kykladen-Architektur, doch bewahrt jede Insel ihren unverwechselbaren Charakter.

Daß der so außerordentlich reich gegliederte Lebensraum der Griechen nicht ohne Einfluß auf den Charakter seiner Bewohner ist, überrascht nicht. Hierin liegt sicher eine Ursache für die vielen Kleinstaaten in der Antike. Und auch der stark ausgeprägte Individualismus der heutigen Griechen, der Romií ist vermutlich Resultat des jahrhundertelangen Lebens in dieser Landschaft. Auf jeden Fall begünstigt die Umwelt entsprechende Dispositionen.

Fast ebenso vielgestaltig wie der geographische Raum ist die historische Entwicklung einzelner Teile Griechenlands bzw. seiner Bevölkerung.

In *Thessaloníki* leben Menschen, die vor 1912 noch als osmanische Staatsbürger geboren wurden. Zu dieser Zeit hatte der griechische Kernstaat, das 1830 entstandene kleine Königreich, bereits über 80 Jahre eigenständiger Existenz hinter sich. Für seine Bewohner war das Leben in einem griechischen Nationalstaat bereits eine Selbstverständlichkeit mit festgefügten Institutionen. Für die endlich vom osmanischen Joch befreiten Epiroten, Makedonier und Thraker war der Kernstaat das ›alte‹ (nicht das antike) Griechenland (Palaeá Elládha). Und die Offiziere und Beamten aus dem ›alten‹ Griechenland, die aufgrund ihrer Erfahrung viele Posten in den neuen Gebieten übernahmen, wurden »Palaeoelladhítes« genannt, eine Bezeichnung, in der sich je nach Kontext Spott, Ablehnung und Bewunderung offenbarte, auf jeden Fall aber eine Andersartigkeit. Diese Unterschiede haben sich insbesondere durch Krieg und Bürgerkrieg abgeschliffen. Dennoch kann man den Begriff noch heute hören. Auch gibt es in Thessaloníki noch kritische Kommentare über die vielen -ópuli (d.h. Träger von Namen, die auf ópulos enden, was auf Herkunft von der Peloponnes hinweist), die sich angeblich in den neuen Provinzen vor allem im Handel breitmachten.

Die *Ionischen Inseln* vor der griechischen Westküste, vor allem *Korfú, Léfkas, Kefalloniá, Zákynthos* und weit abgelegen, *Kýthera* vor der Südküste der Peloponnes, kamen 1864 zu Griechenland. Sie haben nie unter osmanischer Herrschaft gelebt, dafür unter der relativ milden Verwaltung der Handelsrepublik Venedig. Sie nahmen ständig an der westeuropäischen Kultur teil, ohne deswegen gezwungen zu sein, ihr Griechentum oder ihre orthodoxe Religion zu verleugnen. Nach kurzem russischen und französischen Zwischenspiel bildeten die Inseln vom Wiener Kongreß bis 1864 einen eigenen Staat unter britischem Protektorat, den *ersten* griechischen »Nationalstaat«. Dieser griechische Kleinstaat vor dem Festland verfügte über eine eigene Akademie in Korfú. Das geistige Leben war rege, Theater und Musik blühten, Korfú besaß eine Oper, an der die neuesten italienischen Stücke aufgeführt wurden. Der Anschluß an Griechenland brachte endlich die tatsächliche Unabhängigkeit, machte aber auch manchen dieser Institutionen den Garaus. Die Eftaníssi (Siebeninsulaner) bewahren ein gewisses kulturelles Überlegenheitsgefühl gegenüber den rauhen Festlandbewohnern. Ihre singende Sprache klingt für die knorrigen Epiroten von der gegenüberliegenden Küste wie Vogelgezwitscher. Seit einigen Jahren hat Korfú auch wieder eine Universität.

Kreta ist sowieso ein Kapitel für sich – keine Insel, sondern ein eigener Kontinent, wie die Kreter meinen (vgl. Kap.3). Wichtig ist in diesem Zusammenhang, daß die Insel relativ spät (1669), d.h. über 200 Jahre nach Konstantinopel von den Osmanen erobert wurde. Unter venezianischer Herrschaft entwickelte sich ein reiches eigenständiges Kulturleben (vgl. Kap.11).

Auch die *Kykladen*, auf denen sich nach der Eroberung Konstantinopels durch die wenig christlichen Ritter des Vierten Kreuzzugs fränkische Herzogtümer etabliert hatten, blieben lang unter dem Schutz des venezianischen Löwen. Anders als auf den Ionischen Inseln und auf Kreta gibt es hier bis heute Katholiken, meist Nachfahren der Franken und Italiener. Die Hafenstadt Ermúpolis auf Sýros ist bis heute geteilt in einen orthodoxen und einen katholischen Teil: zwei Hügel, jeweils mit einer Kirche, hier von einem griechischen gleichschenkeligen, dort von einem lateinischen Kreuz bekrönt. Die griechischen Katholiken, oft mit geschichtsträchtigen Namen, sind griechische Staatsbürger und fühlen sich auch als solche.

Auch die Makedonier haben eine eigene Identität. Sie, die im Altertum erst nach einigem Zögern als Griechen anerkannt und zu den Olympischen Spielen zugelassen wurden (Kap.6), haben bis heute eigene Traditionen

Die Ionischen Inseln.

bewahrt. Sie sind stolz auf ihre Hauptstadt Thessaloníki, die auch dann noch Großstadt blieb, als in Athen die Schafe zwischen klassischen Ruinen weideten (s. Kap. 1). Für sie waren die Ausgrabungen von Professor Andrónikos in Vergína von besonderer Bedeutung. Die Funde, die heute im Archäologischen Museum von Thessaloníki ausgestellt sind, entlarven die Charakterisierung der angeblich halbbarbarischen Makedonier durch die Athener in klassischer Zeit als Propagandalüge. Der Archäologenspaten brachte eine solche Fülle makedonischer Kunstwerke ans Tageslicht, daß sich die Nachfahren heute (nach über 2000 Jahren) voll Stolz in die Brust werfen. Das Grab Phillips II, des Vaters Alexanders des Großen (d. III.), zeigte, daß die Kunst der Makedonier derjenigen der versnobten Südgriechen in nichts nachstand. Im Gegenteil, bei der Metallverarbeitung konnte sie keiner übertreffen. Wer die unvergleichlich eleganten Metallgefäße gesehen hat, kann diesen Stolz verstehen.

Aus- und Rückwanderer

Durch den zwangsweisen Bevölkerungsaustausch um 1923 kamen fast 1,5 Millionen Griechen als Flüchtlinge ins Land (vgl. Kap. 18). Das Zusammenleben mit diesen ungebetenen Gästen war nicht immer reibungslos. Es hat die griechische Geschichte jahrzehntelang erschüttert und der griechischen Volkskultur u.a. die Rembettiki-Musik (vgl. Kap. 11) beschert. Aus der großen Menge der Flüchtlinge aus der Türkei, der Turkomerítes, wie sie argwöhnisch genannt wurden, ragen die Pontos-Griechen vom Schwarzen Meer besonders hervor. Sie halten bis heute zusammen, wohnen teilweise in gemeinsamen Siedlungen, treffen sich in Vereinen, pflegen ihr Brauchtum, das auf eine über 2000jährige Tradition zurückgeht. Daß sie bei den übrigen Griechen Zielscheibe hämischer Witze sind, daß ihnen die Rolle der ›Ostfriesen Griechenlands‹ zugedacht wird, verstärkt wahrscheinlich noch das Zusammengehörigkeitsgefühl. Sie sind der Überzeugung, daß sie in ihrem Brauchtum antike Überlieferungen am reinsten aufbewahrt haben. Um die Jahreswende 1989/90 wurde Griechenland mit einer neuen, fast vergessenen Kategorie von Pontos-Griechen konfrontiert. Durch Glasnost wurde bekannt, daß auch an den sowjetischen Schwarzmeer-Küsten noch ca. 1 Million Griechen wohnen, entweder als Nachfahren der Argonauten oder als Flüchtlinge aus dem türkischen Schwarzmeergebiet. Die Perestroika-Politik ermöglicht nun ihre Ausreise nach Griechenland. Tausende sind bereits eingetroffen in ihrer ›Heimat‹, die sie nie gesehen haben und deren Sprache viele nicht sprechen. Griechenland nimmt sie selbstverständlich auf, aber ganz wohl ist den Behörden nicht bei der Aussicht, womöglich Hunderttausende Pontos-Griechen unterbringen zu müssen.

Im 19. Jahrhundert ließen sich Hunderttausende von Griechen in Ägypten nieder. Insbesondere seit der britischen Einflußnahme errangen sie wichtige Positionen in Handel und Industrie. Viele kamen zu beträchtlichem Vermögen und ließen ihren Kindern die denkbar beste Ausbildung zukommen. Aus diesem kosmopolitischen Milieu stammen viele der bedeutendsten griechischen Künstler und Intellektuelle wie z.B. Kaváfis, einer der großen griechischen und europäischen Dichter, und Strátis Tsírkas, wohl der bedeutendste griechische Romancier (vgl. Kap. 11). Mit dem anwachsenden Nationalismus in Ägypten unter Nasser begann der Niedergang der blühenden griechischen Kolonien in Alexandria und Kairo. Von den über 500000 Griechen Ägyptens sind heute nur noch wenige Tausend übrig geblieben. Die anderen sind entweder weitergewandert in die USA oder nach Griechenland zurückgekehrt. Die Weltläufigkeit und Sprachenkenntnis der »Aegyptiótes« hat dazu geführt, daß sie z.B. im griechischen diplomatischen Dienst überrepräsentiert sind. Denselben Eigenschaften verdankt das griechische Lesepublikum zahlreiche Übersetzungen ausländischer Literatur.

Griechen in den USA, der Bundesrepublik und der Sowjetunion

Wenn auch im Laufe dieses Jahrhunderts immer mehr Griechen in ihre Heimat zurückgekehrt sind und heute die Mehrheit der Griechen in Griechenland selbst wohnt, so gibt es doch immer noch starke Kolonien im Ausland. Die zahlenmäßig stärkste (über 3 Millionen) lebt heute in den USA, was im Ausland nur auffällt, wenn ein US-Bürger griechischer Abstammung einen hohen politischen Posten einnimmt, wie etwa Vizepräsident (1969–1973) Spiro Agnew (Anagnostópulos) und der Gouverneur von Massachusetts und Präsidentschaftskandidat (1988) Michael

Dukakis (vgl. Kap. 14). Die Amerika-Griechen und Amerikaner griechischer Abstammung haben einen einflußreichen Verband (AHEPA) und eine wirkungsvolle Lobby in Washington, die z.B. immer dann aktiv wird, wenn über die US-Militärhilfe an Griechenland und die Türkei entschieden wird. Das Verhältnis der Griechen und Griechischstämmigen in den USA zu Griechenland ist ein anderes als das der Griechen, die oft seit Jahrhunderten im östlichen Mittelmeer und in verschiedenen Balkanstaaten siedelten. Es handelt sich ebenso wie bei den Griechen in Australien um Auswanderer, von denen die wenigsten noch daran denken, in ihre Heimat oder die Heimat ihrer Vorfahren zurückzukehren, es sei denn als Touristen. Dennoch ist die Beziehung zu Griechenland in der Regel viel enger als z.B. bei deutschen Auswanderern. Seit den 60er Jahren ist der Strom der Auswanderer Richtung Übersee fast zum Versiegen gekommen. Heute sind es vor allem griechische Jungakademiker, die zur Weiterbildung in die USA reisen. Die meisten kehren nach einigen Jahren wieder zurück, nicht wenige bleiben aber auch und rücken im akademischen Establishment der neuen Heimat auf. Manche von ihnen beschäftigen sich weiterhin mit Griechenland, und ihnen ist eine umfangreiche Bibliographie historischer, politologischer und soziologischer Studien über Griechenland zu verdanken, die in englischer Sprache verfaßt und daher allgemein zugänglich sind.

In den 60er Jahren nahm die Auswanderung arbeitssuchender Griechen nicht ab, die Emigrationsströme wechselten jedoch in Richtung Bundesrepublik Deutschland (vgl. Kap. 14). Wegen der relativen Nähe zu Griechenland, die meist einen jährlichen Besuch der Heimat erlaubt, und auch wegen der offiziellen deutschen Haltung, die immer wieder in dem beschwörenden Diktum zum Ausdruck kommt, daß die Bundesrepublik Deutschland kein Einwanderungsland sei, war die Arbeitsemigration nach Deutschland in der Regel eine Auswanderung auf Zeit. Doch aus manchen Gastarbeitern sind auch prosperierende Tavernen- oder Ladenbesitzer geworden, und schon jetzt gibt es überdurchschnittlich viele Griechen in akademischen Berufen, wenn diese auch nicht immer aus dem Gastarbeitermilieu stammen, sondern zum Studium nach Deutschland gekommen sind.

Eine besondere Kategorie sind schließlich die Zwangsemigranten in der Folge des Bürgerkriegs. Als im Sommer 1949 die kommunistischen Aufständischen vernichtend geschlagen wurden, flohen Zehntausende über die Grenzen nach Norden, nach Albanien und Jugoslawien. Von dort wurden sie auf die einzelnen Staaten des Warschauer Paktes verteilt. Die meisten landeten in der Sowjetunion, die sie in klassenkämpferischer Solidarität in die Tiefe der usbekischen Steppe, in die Gegend von Taschkent, schickte. Erst 30 Jahre später, nach entsprechenden Vereinbarungen mit der PASOK-Regierung, durften sie in ihre Heimat zurückkehren.

Diese Gruppe tritt in der Öffentlichkeit kaum auf. Aber einige dieser Emigranten und deren Kinder haben die Chance genutzt, die Landessprache zu erlernen und eine geistige Brücke zu schlagen zwischen ihrer fernen Heimat und dem Ort ihres Zwangsexils. So hat z.B. der bedeutende Literat Dimítrios Chatzís, den es nach Budapest verschlagen hat, große Verdienste um die Übersetzung griechischer Werke ins Ungarische. Auch die zahlreichen Übersetzungen griechischer Literatur, die in der DDR erschienen sind, stammen meist aus der Feder ehemaliger Partisanen. In Prag existierte ein Exilverlag, die »Politikés kai Logotechnikés Ekdhóssis« (Politischer und Literarischer Verlag), in dem neben sozialistisch-realistischem Kitsch und heroisierenden Bürgerkriegsdarstellungen auch wichtige Werke der griechischen Nachkriegsliteratur (z.B. »Grüß mir die Erde, die uns Beide geboren hat« von Dído Sotiríu) zum ersten Mal erschienen sind.

Leben in der Stadt

Die Unterscheidung zwischen Stadt und Land beschränkt sich in Griechenland auf den Gegensatz zwischen Athen und Thessaloníki einerseits und dem Rest des Landes andererseits. Erst in den letzten Jahren regt sich auch in einigen Provinzstädten (Pátras, Ioánnina, Iráklion, Korfú), insbesondere wegen der Universitätsgründungen, ein urbanes Leben. Aber richtige Großstädte sind nur die Hauptstadt und die Nebenhauptstadt (Symprotévussa), wie sie ganz offiziell und wohl etwas beschwichtigend genannt wird. In all diesen Städten fehlt aber eine größere Stammbevölkerung, die eine großstädtische Kontinuität bewirken könnte. Nur die wenigsten Athener leben dort schon in der zweiten Generation. Die Stadt ist eben nach 1922 und dann wieder nach dem 2. Weltkrieg explosionsartig gewachsen.

Thessaloníki kann zwar auf eine größere Kontinuität zurückblicken, was heute durchaus noch zu spüren ist. Doch hat sich die Zusammensetzung der Bevölkerung radikal geändert. Die Stadt am Thermaischen Golf, wo die römische Via Egnatia von Albanien nach Konstantinopel die Ägäis erreicht, war in osmanischer Zeit das wichtigste Handelszentrum im europäischen Teil des Riesenreiches, aber Griechen waren dort nur eine Minderheit. Um die Jahrhundertwende bestand die Bevölkerung (ca. 130000) zu je einem Drittel aus Türken, Juden und Griechen. Daneben gab es sicher auch noch slawische, albanische und sonstige Untertanen der Pforte. Die Türken verließen die Stadt im Zuge des Bevölkerungsaustausches nach den Balkankriegen. Die Juden hingegen, deren Vorväter einst vor der Inquisition aus Spanien geflohen waren, wurden Opfer der unmenschlichen Rassenpolitik der deutschen Besatzer. Deshalb besteht auch die Thessaloniker Bevölkerung vorwiegend aus Neubürgern, selber Flüchtlinge aus Kleinasien, vom Schwarzen Meer oder aus dem Umland und aus deren Kindern. Dieser Umstand mag erklären, warum in beiden Städten so leichtfertig historische Bauten abgerissen wurden. Es fehlt bei den meisten Bürgern der innige, historisch gewachsene Bezug zu ihrer Stadt. Und es mußten große Mengen von Flüchtlingen rasch untergebracht werden.

Heimatverbundenheit

Soweit die Städter aus der griechischen Provinz stammen, haben sie meist ein enges Verhältnis zu ihrem Heimatdorf oder zum Dorf ihrer Eltern bewahrt. Ein Sohn kretischer Eltern, der in Athen geboren wurde, wird sich ohne Zögern als ›Kreter‹ bezeichnen. Meist gibt es noch ein Stück Land im Hintergrund, einige Olivenbäume, die zu ernten eine liebevoll gepflegte Sitte ist. Viele Athener sind auch noch in die Wahllisten ihrer

Zeitungsstand und Marktszene in einer Athener Einkaufsstraße.

Heimat-Gemeinde eingetragen, ein Umstand, der bei jeder Wahl zu einer wahren Völkerwanderung führt.

Der Hintergrund für diese Anhänglichkeit an das heimische Wählerverzeichnis ist in dem Klientelsystem (vgl. Kap. 17) zu suchen, welches das politische Leben in Griechenland bestimmt. In den überschaubaren Verhältnissen der Heimatprovinz hat die eigene Wählerstimme, verstärkt durch die Stimmen der übrigen wahlberechtigten Familienmitglieder, einen ungleich höheren Tauschwert als in der unübersichtlichen Großstadt. Und der lokale Abgeordnete oder gar Minister, bei dem man diesen Tauschwert einlöst, ist sowieso meist in Athen und unterhält dort sein »Politikó Graffío« (Politisches Büro). Wenn wie 1989/90 innerhalb von neun Monaten dreimal gewählt wird, ist dies demnach auch ein Beitrag zur Stärkung des Heimatgefühls.

Auch das Osterfest wird meist im Heimatdorf oder auf der Heimatinsel verbracht und – wenn man es sich leisten kann – auch die Sommerferien. Vielfach übersiedeln die Frauen mit den Kindern gleich nach Beginn der Schulferien Mitte Juni aufs Land und kommen erst Anfang September zurück. Die Männer folgen dann an den Wochenenden. »Tha páo sto chorió« (ich fahr aufs Dorf) ist ein in der Großstadt häufig gehörter Satz, der keiner weiteren Erklärung bedarf. Hierin zeigt sich eine Landverbundenheit, die im übrigen Europa selten sein dürfte. Nicht wenige Athener planen auch, ihren Lebensabend in ihrem Dorf, in guter Luft, bei gutem Wasser zu verbringen. Sie sind Städter auf Zeit, Dörfler, die durch die wirtschaftlichen Umstände gezwungen wurden, in die Betonwüsten zu ziehen.

Nomen est omen
Griechische Nachnamen sind für ausländische Ohren und das Erinne-

rungsvermögen oft ein besonderes Problem. Meistens sind sie lang, bestehen aus wenig assoziationsträchtigen Silben und haben ähnliche Endungen. Sie geben jedoch oft einen deutlichen Hinweis auf die Herkunft ihrer Träger. Weil die Griechen auch nach mehreren Generationsfolgen in der Stadt oder im Ausland noch an ihrer Herkunft festhalten, treffen diese Hinweise in der Regel auch heute noch zu.

Die Endung -ópulos z.B., die sprachlich lediglich eine Verkleinerung anzeigt, deutet auf die Herkunft von der Peloponnes hin. Der Name Papadópulos, der im Athener Telefonbuch zwanzig engbedruckte DIN-A4-Seiten mit je vier Spalten einnimmt, signalisiert also auch, daß irgendein Vorfahre des Namensträgers Pope (Papás) war und seinen Sprengel auf der Peloponnes hatte. Die Probe aufs Exempel: der Putschist Geórgios Papadópulos stammt in der Tat von der Peloponnes. Eine weitere häufige Endung ist -óglu in Namen wie Beyóglu, Kaftantsóglu. Die Endung ist türkischer Herkunft und bedeutet dasselbe wie -ópulos, d.h. Sohn, Abkomme. Namen mit dieser Endung stammen in der Regel aus Kleinasien, vor allem unter den zahlreichen Griechen Istanbuls waren sie häufig. Überhaupt sind türkische Bestandteile nicht selten in griechischen Namen, so die spöttische Vorsilbe Déli in Namen wie Delijórjis, Delijánnis usw. quer durch die Liste der orthodoxen Heiligen. Déli bedeutet verrückt, Delijánnis also verrückter Johannes. Die heutigen Griechen tragen solch kolonialistische, von der alten osmanischen Verwaltung geprägte Namen mit Gelassenheit, wenn nicht sogar mit Stolz. Diese sowie weitere türkische Vorsilben wie Kará (= schwarz) geben jedoch keinen genauen Hinweis auf die Herkunft. Allenfalls zeigen sie an, daß die Familie aus Gebieten stammt, die osmanisch besetzt waren, also z.B. nicht von den Ionischen Inseln. Dort ist hingegen häufig der venezianische Einfluß spürbar. Ein Kýrios Delapórtas stammt mit ziemlicher Gewißheit von den westlichen Inseln und hatte einen Signor de la Porta unter seinen Vorfahren.

Die charakteristische Endsilbe der Ionischen Inseln lautet auf -átos wie Laskarátos, Zacharátos, Antzulátos usw. Stellt sich also ein Grieche mit Namen auf »átos« vor, hat man mit ziemlicher Sicherheit einen Eftaníssios (von den Siebeninseln) vor sich. Vergleichbar ist das mit der Endsilbe -ákis oder -kakis in bezug auf Kreta. Ein Vassilakákis, Kazantzákis, Prevelákis stammt mit ziemlicher Sicherheit von der Megalónissos (Großinsel), wie sie stolz genannt wird. Die Endung -ákos wie Manákos weist auf Vorfahren aus Lakonien, insbesondere von der Halbinsel Máni hin. Die Endung -élis wie Gardhélis ist häufig auf Skýros und Lésbos, und die Endung -ídis wie Konstantinídis ist häufig unter Pontos-Griechen.

Keinen geographischen, dafür einen ethnischen Hinweis enthält der häufige Name Arvanítis oder Arvanitákis, was schlicht Albaner bedeutet. Aber auch in den nicht seltenen Fällen, daß ein Vorname im Nominativ z.B. Michail, Lukás oder in der Genetivform Dimitríu, Ioánnu als Nachname fungiert, läßt auf albanische Abstammung schließen. Die zahlreichen Albaner, die sich als nomadisierende Hirten oder auch als Soldaten im Sold der Hohen Pforte in Griechenland niederließen, kannten keine Nachnamen. Als der neugriechische Staat Standesämter einführte, nahmen sie häufig den Vornamen als Familiennamen an. Einen ähnlichen Hinweis enthält der Name Vláchos, Vlachákis, Vlachópulos oder die Vorsilbe Vlácho- in zahlreichen Namen wie Vlachojánnis, Vlachojórgis usw. Vlachen oder Valachen werden seit byzantinischer Zeit latinisierte Griechen genannt. Sie sprechen eine eigene Sprache lateinischen Ursprungs, das Aromunische, das sich heute nur noch in wenigen Rückzugsgebieten des Pindos erhalten hat. Andersartigkeit wird von der Mehrheit selten goutiert. So ist die Bezeichnung Vláchos ein Synonym für Bauer, Tölpel. Selbst eine der jüngsten Wortschöpfungen der Athener Kulturiáridhes (Kulturbeflissenen), mit der sie den überladenen volkstümelnden Kitsch mancher neureichen Inneneinrichtung aufspießen, erfolgt auf dem Rükken dieser sprachlichen Minderheit: Vlachobaróck.

Minderheiten

Griechenland ist – gerade im Vergleich zu anderen Balkanstaaten – ein ethnisch, sprachlich und religiös weitgehend homogenes Land. Es hat dafür einen hohen Preis gezahlt: Bevölkerungsaustausch, Vertreibung, unzählige Menschenleben. Das macht vielleicht die Empfindlichkeit im Umgang mit Minderheiten verständlich, die ansonsten in EG-Europa nicht mehr üblich ist. Als offizielle und lediglich religiöse Minderheit werden überhaupt nur die ca. 120000 türkischsprechenden Mohammedaner in Westthrakien und einige Hundert auf der Insel Rhodos anerkannt, die im Lausanner Friedensvertrag von 1923 vom Bevölkerungsaustausch verschont blieben (vgl. Kap. 16) und heute die griechische Staatsangehörigkeit besitzen. Die griechische Presse, die sich gewissenhaft weigert, von »Türken« zu sprechen, zögert allerdings nicht, diesen Begriff auf die in Bulgarien bedrängte mohammedanische Minderheit anzuwenden. Auch würde es ihr nicht einfallen, die wenigen Tausend Griechen, die noch in Istanbul verblieben sind, als Türken orthodoxen Glaubens zu bezeichnen, obgleich sie türkische Staatsangehörige sind.

Von sonstigen Minderheiten hört man nichts. Und doch gibt es noch heute Griechen, deren Muttersprache nicht Griechisch ist, obgleich sie Griechisch sprechen und sich als Griechen fühlen. Als 1834 die Hauptstadt des neugegründeten griechischen Staates von Nauplia nach Athen umzog, stellten die bayerischen Berater des jungen Königs mit Erstaunen fest, daß ein großer Teil der Bevölkerung Attikas nicht Griechisch, sondern Albanisch sprach. Davon haben sich heute nur noch Restbestände erhalten. Die alten Männer in den Kafenía in Orten wie Kapandríti, 20 km von Athen entfernt, sprechen noch ein altertümliches Albanisch. Der griechische Staat hat mit seinen Schulen und Behörden eine rigorose Hellenisierung betrieben, obwohl viele Griechen albanischer Zunge sich wacker für die Befreiung vom osmanischen Joch geschlagen hatten. Gerade die für den Freiheitskampf so wichtigen Reeder und Matrosen von Hýdra und Spétses, die Miaúlis, Bótassis, Tsamadós, waren überwiegend albanischer Herkunft und dennoch griechische Freiheitskämpfer. Es gibt ein paar private Studiengesellschaften, die sich um die Bewahrung dieses kulturellen Erbes bemühen. Der Staat ignoriert es, und so wird es bald aussterben und bestenfalls in Büchern überleben. Ähnlich steht es um das Aromunische, eine Sprache, die kaum das Schriftstadium erreicht hat und schon verwelkt: ein Studienobjekt für Sprachforscher. Hinter dieser Politik stecken bittere Erfahrungen mit der langjährigen – allerdings vergeblichen – Propaganda Rumäniens, das die sprachliche Verwandtschaft für irredentistische Ambitionen nutzen wollte. Sogar der italienische Imperialismus hat abenteuerliche Versuche unternommen, an ein gemeinsames lateinisches Erbe anzuknüpfen. Doch diese Zeiten sind endgültig vorbei.

Noch empfindlicher sind die Behörden in bezug auf slawischsprechende Minderheiten in Makedonien, die von sich behaupten, sie sprächen Makedonisch. Die Griechen sehen so den griechischen Charakter Makedoniens oder sogar der makedonischen Geschichte in Frage gestellt. Wahr ist, daß vor allem die griechische kommunistische Partei während der Besatzung und des Bürgerkriegs eine bedenkliche Bündnispolitik mit diesen Minderheiten betrieben hat. Für die überwiegende Mehrheit der Griechen lief dies auf eine Gefährdung des territorialen Status quo hinaus, der im »Makedonischen Kampf« mit viel Blut erstritten wurde. Hinzu kommt, daß gewisse Kreise im südlichsten Bundesstaat Jugoslawiens mit Namen Makedonien die Existenz dieser sprachlichen Minderheit in Griechenland für eine chauvinistische Propaganda benutzen. Bis ins ferne Australien wird der Streit getragen. Als Staatspräsident Sartzetákis 1987 Australien einen offiziellen Besuch abstattete und eine Ausstellung mit Funden aus dem antiken Makedonien eröffnen wollte, kam es zu heftigen Reaktionen aus jugoslawischen Exil- und Emigrantenkreisen.

Um den Begriff Makedonisch herrscht eine Verwirrung. Für Griechen gibt es Makedonen nur als Nachfahren Philipps II. und Alexanders des Großen (d. III.), und die sprechen Griechisch. Zwar gab es in der Antike auch eine dem Griechischen ähnliche makedonische Sprache. Sie ist jedoch durch die kulturelle Verschmelzung Makedoniens mit dem restlichen Griechenland untergegangen. Daß gewisse Südslawen, die eine sowohl vom Bulgarischen wie vom Serbischen unterschiedene Sprache sprechen, diese als Makedonisch bezeichnen, ist in griechischen Augen schlicht eine Anmaßung. Tatsache ist jedoch, daß der Verbreitungsraum dieser Sprache im geographischen Raum Makedonien liegt. Man kann die Südslawen, die sich weder von den Bulgaren noch von den Serben vereinnahmen lassen wollen, nicht daran hindern, ihre Sprache nach dem Siedlungsraum zu benennen, in dem sie seit Jahrhunderten leben. Man muß sich nur darüber im klaren sein, daß dieser Begriff nichts mit dem historischen Makedonien zu tun hat. Und territoriale Forderungen lassen sich in den Zeiten der Schlußakte von Helsinki aus solchen historischen oder philologischen Ableitungen schon gar nicht ableiten.

An den griechischen Empfindlichkeiten gegenüber sprachlichen, religiösen und ethnischen Minderheiten ist ein Südtiroler Privatgelehrter namens Jakob Philipp Fallmerayer (1790–1861) nicht ganz unschuldig. Dieser kam beim Studium zahlreicher slawischer Ortsbezeichnungen im Griechenland des Freiheitskampfes zu der überspitzten These, daß das Geschlecht der Hellenen in Europa ausgerottet sei und die Neugriechen sämtlich von slawischen, albanischen oder sonstigen Einwanderern abstammten. Diese just 1830 veröffentlichte These, als der unabhängige Staat Griechenland wiedergeboren wurde, sägte an den Fundamenten des

Weltbildes der europäischen Philhellenen wie der griechischen Patrioten und konnte sich breitester Beachtung sicher sein. Fallmerayer wurde als ›Misshellene‹, als Griechenhasser kanonisiert und zur bête noire von Generationen von Schulbüchern befördert. Ins Griechische übersetzt wurde sein anstößiger Text erst 150 Jahre später. Seine apodiktische These hält wissenschaftlicher Überprüfung nicht stand. Genauso wenig wie das philhellenische Postulat, daß mit dem Freiheitskampf die Nachkommen des Perikles wieder die attische Demokratie einführen würden.

Daß Römer, Slawen, Albaner, Franken, Katalanen, Türken, Venezianer, um nur einige zu nennen, durch Griechenland gezogen sind und sich teilweise dort niedergelassen haben, ist eine geschichtliche Tatsache. Und daß es heute vermutlich keinen reinrassigen Dorer oder Ionier mehr gibt, ist eigentlich trivial und kann nur jene betrüben, die Geschichte mit den Kategorien eines Pferdezüchters betrachten. Entscheidend ist, daß sich die griechische Kultur und vor allem die griechische Sprache erhalten und durchgesetzt hat.

Der Assimilierungskraft der griechischen Kultur sind auch die Nachkommen derjenigen bayerischen Soldaten und Beamten erlegen, die mit König Otto ins Land gekommen waren und geblieben sind. Heute kann man sie nur noch an den Namen erkennen, wie den früheren Athener Oberbürgermeister Evert, die Schauspieler Neezer und Horn und manche andere. Sie sprechen meist nicht einmal mehr Deutsch als Fremdsprache.

Juden sind heute zahlenmäßig eine geringe Minderheit und spielen in der griechischen Gesellschaft kaum eine Rolle. Die blühende jüdische Gemeinde von Thessaloníki, die jahrhundertelang ihre Sprache, das Ladino, ein altertümliches Spanisch bewahrt hatte, wurde Opfer der nationalsozialistischen Besatzer. Das gleiche Schicksal erlitten die meisten der kosmopolitischen Juden der Ionischen Inseln.

Den Zigeunern geht es in Griechenland nicht sehr viel anders als in anderen Ländern. Sie sind der letzte heute noch nomadisierende Bevölkerungsteil. Sie ziehen, meist in japanischen Kleinlastwagen, durchs Land und schlagen, von den Behörden nur geduldet, ihre Wohnzelte an den Ortsrändern auf. Im Umkreis fast aller Märkte bieten die Frauen in ihren langen bunten Röcken Teppiche zum Kauf an.

Ein Wahlgeschenk von Papandreu.

13. Griechische Wirtschaft

Ein Phänomen und sein Schatten

Übersicht in Zahlen

Griechische Wirtschaft: das sind zunächst Zahlen, die die Volkswirtschaft des zehnten EG-Staates einordnen helfen (Stand 1988): Bruttosozialprodukt 92 Mrd. DM, Bruttosozialprodukt pro Kopf der Bevölkerung 7.890,00 DM. Handelsbilanz −7,6 Mrd. US-Dollar, d.h. den Einfuhren von ca. 13,5 Mrd. Dollar stehen Ausfuhrerlöse von weniger als der Hälfte gegenüber. Dieses Defizit wird allerdings zum großen Teil wettgemacht durch die positive Dienstleistungs- und Übertragungsbilanz, vor allem durch Einnahmen aus dem Tourismus (2,3 Mrd. Dollar), durch Gastarbeiterüberweisungen (1,7 Mrd. Dollar), Einnahmen aus der Schiffahrt (1,3 Mrd. Dollar) und aus dem EG-Netto-Transfer (1,9 Mrd. Dollar). Die Inflationsrate: 16%, Verschuldung gegenüber dem Ausland: 21 Mrd. Dollar. Die öffentliche Verschuldung beträgt über 90% des Bruttosozialprodukts, Staatsquote, d.h. Beteiligung des Staates am wirtschaftlichen Geschehen: 50%, Tendenz in den letzten Jahren steigend. Nahezu die gesamten Steuereinnahmen gehen für Schuldendienst, Gehälter und Pensionen drauf. Über 60% des griechischen Außenhandels werden mit der EG, und davon fast ein Drittel mit der Bundesrepublik Deutschland abgewickelt. Von den ca. 4 Millionen arbeitsfähigen Personen sind nur etwa die Hälfte abhängig Beschäftigte. 31% sind in der Landwirtschaft tätig, die mit 13% zum BSP beiträgt. Griechische Reeder kontrollieren 14% der Welthandelsflotte, d.h. eine Tonnage von ca. 85 Millionen Bruttoregistertonnen. Auf dem Meer nimmt Griechenland weltweit den ersten Platz ein.

Griechenland gehört neben Portugal zu den wirtschaftlichen Schlußlichtern der EG. Dies ist nicht weiter verwunderlich, gehört das Land doch zur Kategorie der kleinen EG-Staaten mit spät begonnener Industrialisierung. Und es hat eine Randlage im Verhältnis zu den Industriezentren Europas, vergleichbar Süditalien, Südspanien, Portugal und Irland. Am auffallendsten ist die hohe Inflation. Bei einer durchschnittlichen EG-Inflationsrate (1982–88) von 5,8% liegt die griechische Angabe für den gleichen Zeitraum deutlich höher, nämlich bei 18.8%. Dies war aber nicht immer so. Auch das im Vergleich zu den übrigen EG-Volkswirtschaften gehemmte Wachstum (1982–88 im Schnitt 1,7%) hatte eine glorreiche Vergangenheit. Von 1960 bis 1973 legte die griechische Volkswirtschaft derart zu, daß man von einem kleinen Wirtschaftswunder sprechen muß. Zwar lag nach fast zehn Jahren Krieg, fremder Besatzung und Bürgerkrieg (1940–49) der Ausgangspunkt niedrig, aber die Leistungen, die das griechische Jahresdurchschnittseinkommen bei konstanter Geldwertstabilität von 401 Dollar 1954 auf 1273 Dollar 1975 hoben, nötigen Bewunderung ab. Wie kam es dazu und was steckt hinter den Zahlen?

Entwicklung

Im Osmanischen Reich, in dem die meisten Griechen bis zum Anfang dieses Jahrhunderts lebten, hatten sie eine führende wirtschaftliche Stellung. Griechen vor allem waren die Reeder und Händler, die in dem Riesenreich für die Verteilung der Güter sorgten. Neben den vielen Bauern, die eine kümmerliche Subsistenzwirtschaft betrieben, während die türkischen Eroberer sich die fetten Ebenen vorbehielten, gab es eine kleine wohlhabende Schicht von Händlern und Manufakturbesitzern. Die stolzen Reederhäuser auf Hýdra und Spétses legen bis heute Zeugnis von diesem Wohlstand ab.

Der 1830 entstandene griechische Kernstaat war ganz überwiegend agrarisch (87% der Bevölkerung) und wurde von Großgrundbesitzern beherrscht. Diese waren in der Regel identisch mit den Kotzabássidhes, den griechischen Landherren, die vor den Freiheitskriegen in das Osmanische Feudalsystem integriert waren. Der in Griechenland zu unrecht »Revolution« genannte Freiheitskampf hat an den Eigentumsverhältnissen nichts Wesentliches geändert. Die Agrarreform, die die ehemaligen türkischen Ländereien an landlose Freiheitskämpfer verteilen sollte, ließ auf sich warten. Für den Fiskus war es einträglicher, dieses Staatsland an wohlhabende Auslandsgriechen zu verkaufen. Schließlich kam es nach mehreren Anläufen, vor allem durch den energischen E. Venizélos (1910) und nach dem Hereinströmen von ca. 1,5 Mio. Flüchtlingen aus Kleinasien (1922/23) doch noch zu einer durchgehenden Landreform. Durch sie wurde der Großgrundbesitz bis auf unwesentliche Ausnahmen beseitigt. Die breite Streuung des Landbesitzes wirkt seither sicher sozial beruhigend und hat in den Hungerjahren des 2. Weltkriegs vielen Menschen das Leben gerettet. Sie führte jedoch zur Landzersplitterung. Weil eine erbrechtliche Regelung fehlt, welche die Einheit der bäuerlichen Betriebe bewahrt, wird der Grundbesitz bei jeder Generationenfolge weiter aufgeteilt. Dies führte vor allem in der Nachkriegszeit zu massenweiser Abwanderung in die Städte und zur Arbeitsemigration nach Nordeuropa, insbesondere in die Bundesrepublik Deutschland (s. Kap. 14).

Die griechischen Handelsstrukturen wurden durch den Unabhängigkeitskampf empfindlich gestört. Viele Reeder hatten ihre Schiffe und ihr Vermögen in den Dienst der nationalen Sache gestellt und waren nach Abschluß der Kämpfe ruiniert. Mit typisch griechischer Zähigkeit und Anpassungsfähigkeit konnten sie das verlorene Terrain wiedergewinnen und bald wieder die Kontrolle über den Handel im östlichen Mittelmeer und über den Seehandel zwischen dem Schwarzen Meer und Italien und Frankreich erringen. Befanden sich zu Beginn des Freiheitskrieges ca. 68.000 t Schiffsraum in griechischer Hand, so waren es 1852 trotz der geschilderten Einbußen bereits ca. 210.000 t. Heute ist die größte Handelsflotte der Welt in griechischem Besitz. Die Einkünfte (Devisen) aus diesem Gewerbezweig sind ein wichtiger Faktor für den Ausgleich der Handelsbilanz. Ein großer Teil der griechischen Flotte ist ausgeflaggt und läuft unter Billigflaggen. Sie bietet dennoch zahlreichen Griechen Arbeitsplätze, meist in der Leitung und Verwaltung der Schiffe.

Die Manufakturen, wie z.B. die Färbereien von Ambelákia, wurden

Der Tourismus ist ein wichtiger Wirtschaftsfaktor. Foto: Dimis Argyrópulos, Athen.

Opfer des technischen Fortschritts. Als die Anilin-Farben erfunden wurden, begann der Abstieg. Heute kümmert sich der Denkmalschutz um die Häuser dieser ersten Genossenschaft Griechenlands. Bis Anfang des Jahrhunderts bestand der griechische Außenhandel im wesentlichen aus dem Export von landwirtschaftlichen Erzeugnissen wie Rosinen, Wein, Tabak und im Import von Industrieprodukten, vor allem aus England. Gegen diese Konkurrenz war es schwierig, eine Industrie in Griechenland aufzubauen. Auch ein Versuch der Regierung Trikúpis, das Entstehen einer griechischen Industrie durch Schutzzölle zu fördern, war nicht erfolgreich. Es mag auch am Fehlen einer handwerklichen Tradition gelegen haben, wie sie sich in Westeuropa in den Zünften entwickelt hat. Bis heute macht sich der Mangel an solider handwerklicher Ausbildung bemerkbar. Wie manches Schwellenland verfügt Griechenland über zahlreiche akademisch gebildete Ingenieure und Manager, eine systematische Berufsbildung ist jedoch erst im Aufbau und weiterhin nicht sehr attraktiv, weil die Abschlüsse der technischen Ausbildungseinrichtungen und der Berufsschulen auf dem Arbeitsmarkt nicht ausreichend honoriert werden und außerdem kein Sozialprestige verleihen.

Das Bankensystem wurde von vermögenden Auslandsgriechen sowie ausländischen Finanziers geschaffen. Die Nationalbank, heute die größte Bank Griechenlands und in griechischem Besitz, wurde vom Haus Rothschild, von dem Zürcher Bankier und Philhellenen Eynard, vom Haus Wittelsbach und drei Auslandsgriechen gegründet. Heute befindet sich das griechische Bankensystem weitgehend in Staatsbesitz. Die Verstaatlichung geht nicht zurück auf die Initiative der von 1981–89 regierenden Sozialisten, sondern wurde bereits von den konservativen Regierungen der Nachkriegszeit eingeleitet. Diese Maßnahme gibt dem Staat zwar vollen Zugriff auf das wirtschaftliche Steuerungssystem der Banken, hat aber nicht gerade zur Effektivität des Bankensystems beigetragen. Das Kreditsystem ist schwerfällig, der bargeldlose Zahlungsverkehr noch immer eine seltene Erscheinung, und Überziehungskredite, Einzugsermächtigungen, Daueraufträge sind nahezu unbekannte Einrichtungen. Miet-, Strom-, Telefon- und Wasserrechnungen werden bar bezahlt.

Nach dem 2. Weltkrieg entwickelte sich Griechenland in kurzer Zeit vom Agrarland mit Handelsstrukturen zum industriellen Schwellenland, zu einem ›Newly Industrializing Country‹. Zwischen 1960 und 1973 betrug das durchschnittliche Wachstum des BSP 7,6%, der Industrieproduktion 10,8% und der Ausfuhren 14%. Großindustrieprojekte bis dahin unbekannten Volumens entstanden unter Beteiligung von Auslandsgriechen und ausländischem Kapital: ein Stahlwerk, mehrere Raffinerien, Werften, ein Aluminiumwerk, die Autobahn von Thessaloníki über Athen bis Pátras. Eine bestimmende Rolle dabei spielte der Staat. Die Staatsquote stieg von 27% 1960 auf über 50% in den 80er Jahren: das bedeutet eine Verdoppelung in 20 Jahren.

Durch das Assoziierungsabkommen mit der EWG (1961) öffnete sich dieser Wirtschaftsraum für griechische Produkte und zog bald 40% der griechischen Exporte an sich.

Während der Obristen Diktatur mit ihrer wirtschaftlichen Laissez-faire-Politik begannen die ersten Krisensymptome. Die Inflation stieg nach langen Jahren der Geldwertstabilität 1973 auf 30%; im selben Jahr, dem Jahr der ersten Ölkrise, kletterte das Zahlungsbilanzdefizit auf 1,1 Mrd. Dollar. Beide Phänomene begleiten seither das wirtschaftliche Geschehen. Gleichzeitig verlangsamten sich die Wachstumsraten. Als die PASOK 1981 die Regierung übernahm, befand sich die Wirtschaft in einer auch anderswo herrschenden Stagflation. Die neue Regierung versuchte mit einer linkskeynesianischen Wachstumspolitik (Kásakos) die Nachfrage zu stimulieren: Löhne, Gehälter und Renten wurden stärker angehoben als die Produktivität stieg. Steigende Inflation und wachsende Defizite waren die nicht überraschende Konsequenz. 1981 vollzog sich der Beitritt Griechenlands zur EG, was einen wachsenden Nettotransfer von Leistungen der Gemeinschaft verursachte, der das sprunghaft ansteigende Handelsbilanzdefizit im Verhältnis zu den EG-Staaten ungefähr ausglich.

An der Schwelle der 90er Jahre befindet sich die griechische Wirtschaft in einer Krise. Und dem Jahr 1992, der Vollendung des EG-Binnenmarktes, sehen viele Griechen mit gemischten Gefühlen entgegen. Einerseits sind sie nicht sicher, ob ihre Wirtschaft dem Konkurrenzdruck gewachsen ist, andererseits hoffen sie auf dessen belebende Wirkung.

Selbständige

Knapp die Hälfte der griechischen Erwerbstätigen sind Selbständige, eine stolze Zahl. Dahinter aber steht die wirtschaftlich bescheidene Existenz zahlreicher Kleinbauern, Tante-Emma-Läden, Zwischenhändler, Kiosk-, Tavernen- und Imbißstubenbesitzer, Kleingewerbetreibender usw. Bis auf einige Supermarktketten sind modernere Formen der Güterverteilung unbekannt. Große Kaufhäuser wird man in Athen und Thessaloníki vergeblich suchen. Es gibt einige bescheidene Anläufe dazu, aber im übrigen dominieren Fachgeschäfte, die sich im historischen Zentrum von Athen in bestimmten Straßenzügen konzentriert haben. Wer Beschläge, Schlösser oder Ähnliches braucht, geht nicht in einen Heimwerkermarkt (den es auch gar nicht gibt), sondern in die Odhos Víssis, nahe der Athinás-Straße, wo man mindestens zwanzig einschlägige Geschäfte findet.

Kauf per Katalog und Post ist völlig unbekannt. Wer wird sich schon auf die Anonymität eines Katalogs und auf dessen zweifelhafte Angaben verlassen? Die Ware muß befühlt, geprüft, gewogen werden können, ehe man sich zu einem Kauf entschließt. Auf dem Markt ist der Kunde König. Er darf sich selbst die schönsten Stücke aussuchen. Die Markthallen von Athen an der Athinás-Straße vermitteln einen sinnlichen Bezug zu Lebensmitteln. Hier gibt es weder Tiefkühlkost noch in Klarsichtfolien abgepackte Filets. Inmitten des Menschengewühls hängen die Rinder- und Schweinehälften, lagern auf glitzerndem Eis Fische und anderes Seegetier. Diese traditionelle Verteilungsweise ist sicher sehr persönlich, für den Verbraucher aber letztlich teuer.

Eine besondere Spezies sind die zahlreichen Kioske, Períptera genannt, wahre Kaufhäuser auf zwei Quadratmetern. Oft bis tief in die Nacht geöffnet, versorgen sie nicht nur mit Lektüre, sondern mit Zahnpasta, Rasierklingen, Filmen, Batterien und sonstigen unentbehrlichen Kleinigkeiten. Selbst Ferngespräche in die weite Welt sind von hier aus möglich

Zu den Selbständigen gehören auch viele Taxifahrer. Manchmal muß ein Taxi zwei und drei Familien ernähren. Es läuft dann rund um die Uhr im Schichtbetrieb und erreicht die notwendige hohe Rentabilität nur durch die ingeniöse Einrichtung der »Mehrfachauslastung« (vgl. Kap. 1).

Seit einigen Jahren grassiert in den Großstädten die Mode der Emboriká Kéntra, der Geschäftszentren. Es sind teilweise opulente Neubaukomplexe, postmodern, oder (griechisch) metamodern, mit Marmorverkleidung und Innenhöfen mit obligatem Springbrunnen, in denen eine Fülle winziger Lädchen immer die gleichen italienischen, französischen, deutschen Markenwaren anbieten. Die lockere Zusammenfassung wirtschaftlicher Einzelkämpfer kommt offensichtlich einem Grundbedürfnis der Griechen entgegen.

Staatssektor

In merkwürdigem Kontrast zum individualisierten und parzellierten Charakter des Handels steht der hohe Anteil des Staates am Wirtschaftsgeschehen. Er ist das Ergebnis zweier Entwicklungen: Zum einen fehlte eine bürgerliche Schicht, die bereit war, in großem Umfang Kapital in die Industrieproduktion zu stecken. Traditionell wurde Kapital in risikoreiche, aber in der Regel sehr viel profitablere Handelsgeschäfte investiert. Wie in manchen lateinamerikanischen Ländern war deshalb der Staat gezwungen, die Rolle des Unternehmers zu übernehmen. Dies vor allem bei Infrastrukturmaßnahmen wie Eisenbahn-, Straßen- und Brückenbau sowie der Rüstungsindustrie. Zum anderen handelt es sich um eine Folge der Sozialisierungspolitik der PASOK, die allerdings, abgesehen vom Bankensektor, auf eine Sozialisierung der Verluste hinausläuft. Kommt nämlich ein Industrieunternehmen ab einer gewissen Größenordnung in Schwierigkeiten, wird der politische Druck der Gewerkschaften und der direkt betroffenen Arbeitnehmer so groß, daß an eine wirtschaftliche Lösung – sprich Konkurs- oder Vergleichsverfahren – nicht mehr zu denken ist. Die Mechanismen des Klientelsystems machen es sehr schwierig, über massiven Druck in einem oder mehreren Wahlkreisen hinwegzugehen. Die Folge sind die sogenannten »Provlimatikés« (Etairies) (die problematischen Unternehmen). Bis auf wenige Ausnahmen sind sämtliche staatlichen Unternehmen problematisch, weniger vornehm gesagt: überschuldet. Es sind Unternehmen, die aus politischen Gründen mit ständig wachsenden Zuschüssen aus dem Staatssäckel künstlich am Leben gehalten werden, und das in einem Land, das chronisch mit Defiziten des Staatshaushaltes zu kämpfen hat.

Gewiß, in fast allen Ländern werden einige Unternehmen mit Rücksicht auf ihren Infrastrukturcharakter trotz ständiger Defizite weiter betrieben. Man denke nur an die Bundesbahn und die Bundespost. Auch in Griechenland sind diese Bereiche »problematisch«, zum Beispiel die Eisenbahn (OSE) und das Luftfahrtunternehmen Olympic Airways. Defizitär arbeiten aber auch ganz normale Industriebetriebe wie das traditionelle Textilunternehmen »Piraikí Patraikí«, das Zementwerk »Iraklís« und andere, die weder strategische Bedeutung haben, wie die Hellenic Airspace Industries (EAB), noch militärische, wie die Munitionsfabrik (PYRKAL). 1983 errichtete die PASOK-Regierung die Organisation für den Wiederaufbau von Unternehmen (OAE), die überschuldete Firmen sanieren sollte. Die OAE »beglich« deren Schulden mit der Ausgabe von Obligationen. Die Einsicht, daß das auf Dauer nicht gut geht, setzt sich immer mehr durch. Es werden allerlei Pläne zum Verkauf der lebensfähigen und zur Schließung der unrettbaren Unternehmen ventiliert. Sie scheitern bislang an der Frage der »politischen Kosten« für solch einen Befreiungsschlag.

Gruppenegoismen

Nach Ansicht des Wirtschaftswissenschaftlers und Politikers Kóstas Simítis, der von 1985 bis 1987 für die Wirtschaftspolitik des Landes verantwortlich war, sind die Interventionen des Staates in die Wirtschaft sprunghaft, planlos und einzelfall-orientiert. Dies resultiert aus dem Klientelsystem, das gewisse Berufsgruppen zu Lasten anderer oder der Allgemeinheit privilegiert und abgesichert hat. Die einmal errungenen Positionen werden – auch wider bessere Einsicht – zäh verteidigt. Die entsprechenden pressure groups, welche die Privilegien (Subventionen, steuerliche Erleichterungen, Steuerbefreiungen, kostenlose Versicherungen etc.) einfordern oder verteidigen, werden »Syntechníes« genannt, eigentlich Innungen. Dazu gehören die traditionell privilegierten Bauern, die keine Steuern zahlen, steuerfreie Autos mit steuerfreiem Diesel fahren, obwohl ihre Einnahmen, mit der Beteiligung am EG-Agrarmarkt, enorm gestiegen sind. Dazu gehören die Piloten und das sonstige Personal der staatlichen Luftfahrtgesellschaft, deren Interessen offensichtlich höher bewertet werden als die der sehr viel zahlreicheren Kunden.

Schattenwirtschaft

Die Parallelwirtschaft, wie das illegale Wirtschaften vornehm umschrieben wird, hat inzwischen einen Umfang von ca. 30-50% des Bruttosozialprodukts angenommen. Von über 30% geht offiziell das Wirtschaftsministerium aus. Unabhängige Beobachter halten eher 50% für zutreffend. Verifizieren lassen sich diese Zahlen natürlich nicht. Aber auf die genauen Prozentpunkte kommt es auch nicht an. Einmütigkeit herrscht darüber, daß die offiziellen volkswirtschaftlichen Zahlen nur bedingt zutreffen, weil ein großer Teil der Volkswirtschaft gar nicht erfaßt wird. Schlaglichtartig wurde dies deutlich, als am 1. Januar 1988 die Mehrwertsteuer eingeführt wurde. Über 60.000 Kleingewerbetreibende beantragten auf einmal eine Steuernummer, ohne die sie nicht länger beliefert worden wären. Ein großer Teil von ihnen war offensichtlich jahrelang tätig, ohne überhaupt vom Finanzamt erfaßt worden zu sein.

Auch wer versucht, eine Wohnung in bevorzugter Wohnlage zu mieten, wird meist schnell mit einem anderen Aspekt der Parallelwirtschaft konfrontiert. Solche Wohnungen sind nämlich in der Regel nur gegen einen doppelten Mietvertrag erhältlich. Einer verzeichnet den eigentlichen Mietpreis, der andere, fürs Finanzamt bestimmte, oft nur einen Bruchteil desselben.

Recht anschaulich ist auch das folgende Beispiel: An der sonnigen Südküste Kretas wachsen kleine, wohlschmeckende Bananen. Das Wirtschaftsministerium hatte für diese wie für andere Obstsorten Höchstpreise vorgeschrieben. Die entsprachen aber nicht den Vorstellungen der offenbar gut organisierten Bananenproduzenten. Die Bananen verschwanden vom offiziellen Markt und wurden nur noch auf Kleinlastwagen von fliegenden Händlern zu horrenden (bis zu umgerechnet 10 DM/kg), aber offenbar nicht prohibitiven Preisen verkauft. Ab und zu wurden Geldstrafen gegen einige Händler verhängt. Doch die enormen Gewinnspannen deckten auch dieses Risiko ab. Die Schwarzmarktpreise begannen erst zu purzeln, als die Regierung auf Druck der EG Bananen aus dem Ausland importierte.

Die übliche Praxis der Doppel- und Mehrfachbeschäftigung begünstigt die Schattenwirtschaft. Versteuert und versichert wird meist nur eine Tätigkeit, in der Regel eine solche beim Staat. Die anderen Einkünfte wandern am Fiskus vorbei zu 100% in die eigene Tasche.

Trotz der stagnierenden Wachstumszahlen der letzten Jahre spricht der äußere Anschein nicht für eine kränkelnde Wirtschaft. Die offiziellen Arbeitslosenzahlen liegen unter denen des EG-Durchschnitts, die Bauindustrie floriert wie eh und je, und es scheint viel Geld im Umlauf zu sein. Griechenland gehört zur Kategorie der Staaten, in denen es dem Fiskus schlecht, den Bürgern aber ganz passabel geht. Eine der Konsequenzen, die der Fiskus daraus zieht, ist eine hohe indirekte Besteuerung. Paradebeispiel ist die Sondersteuer auf Kraftfahrzeuge. Gestaffelt nach Hubraum beträgt sie 100 bis 280% des Kaufpreises. Dies erklärt, wieso so viele Griechen Wagen unter 1500 cm³ fahren, eine Konsequenz, die sich auf die Umwelt wenig günstig auswirkt. Dennoch ist man erstaunt über die nicht geringe Anzahl auch großkalibriger Wagen, die nach offizieller Versteuerung ein Vermögen kosten und dem Staat erhebliche Einnahmen verschaffen müßten. Müßten – denn auch hier haben findige Köpfe mancherlei Wege gefunden, dieses lästige Hindernis für ein standesgemäßes Gefährt zu umgehen. Bestimmte Kategorien von Griechen, etwa Remigranten beim Rückzug nach Griechenland, Seeleute, neuerdings auch Pontos-Griechen aus der UdSSR (vgl. Kap. 12) sind von der Steuer befreit. Sie dürften diese Wagen zwar offiziell erst nach einiger Zeit verkaufen, aber wer will das kontrollieren?

Kaum jemand weiß, daß auch zahlreiche Ausländer in Griechenland arbeiten, die meisten von ihnen schwarz. Offiziell sind nur ca. 25.000 erwerbstätige Ausländer gemeldet, aber Experten schätzen die Anzahl auf über 80.000. In den Nobelvororten fallen die vielen Asiatinnen auf, die Kinderwagen schieben oder Einkäufe schleppen. Im Zuge der Industrialisierung ist der Strom junger Mädchen von den Inseln oder den Bergen verebbt, die früher der städtischen Bourgeoisie den Haushalt führten. An deren Stelle sind jetzt die »Philippinéses« getreten, die, von Agenten angeworben, in der Regel mit einem Touristenvisum das Land betreten. Auf dem Bau und bei Straßenarbeiten fallen häufig blonde Männer auf, die nur gebrochen griechisch sprechen. Es sind Polen, meist Wirtschaftsflüchtlinge auf dem Weg nach Kanada oder Australien, die in Griechenland einen unfreiwilligen, manchmal mehrjährigen Zwischenstopp einlegen. Während der Erntezeiten werden ganze Scharen von arbeitswilligen Touristen zur Weinlese oder zum Olivenpflücken eingestellt.

Deutsch-griechische Wirtschaftsbeziehungen

Es ist wenig bekannt, daß die Bundesrepublik Deutschland Griechenlands wichtigster Handelspartner ist. Der deutsche Anteil beträgt nahezu ein Viertel des gesamten griechischen Außenhandels. 1988 exportierten deutsche Unternehmen Waren im Wert von ca. 5,5 Mrd. DM nach Griechenland, während die griechischen Exporte in die Bundesrepublik Deutschland ca. 3,27 Mrd. DM betrugen.

Entgegen der landläufigen Meinung bestehen die griechischen Exporte keineswegs vorwiegend aus Apfelsinen, Tabak, Rosinen und ähnlichen Agrarprodukten, sondern zu über 70% aus Gütern der gewerblichen Wirtschaft wie Textilien, Pelzwaren, Produkte der Leichtindustrie. Die deutschen Exporte nach Griechenland umfassen zahlreiche Industrieprodukte, darunter viele Fahrzeuge, wie man unschwer im Straßenbild erkennt. Seit dem EG-Beitritt Griechenlands werden aber auch überraschend viele landwirtschaftliche Güter aus Deutschland importiert, vor allem Fleisch. Mittlerweile übertrifft der Import landwirtschaftlicher Produkte aus der Bundesrepublik sogar den Export griechischer Agrarerzeugnisse nach Deutschland.

Das Defizit zu Lasten Griechenlands in den deutsch-griechischen Handelsströmen wird durch hohe Überschüsse im Bereich der Dienstleistungen ausgeglichen. Hierbei ist der Tourismus von überragender Bedeutung. 1988 brachten deutsche Touristen 1,75 Mrd. DM nach Griechenland. Die Tendenz ist steigend. Auch die Überweisungen der 270.000 griechischen Arbeitnehmer in der Bundesrepublik spielen eine nicht unbeträchtliche

Antike Reste und rauchende Schlote in Eleusis. Foto: Dimis Argyrópulos, Athen.

Rolle. Sie schickten 1988 über 700 Mio. DM nach Griechenland und sorgten damit für eine ausgeglichene deutsch-griechische Handelsbilanz.

Die wirtschaftlichen Beziehungen beschränken sich jedoch nicht auf den Handel. Auch bei den ausländischen Investitionen in Griechenland steht die deutsche Wirtschaft an prominenter Stelle. Seit den 50er Jahren haben deutsche Firmen über eine halbe Milliarde DM in Griechenland investiert. Etwa 200 deutsche Firmen sind in Griechenland tätig, davon etwa 80 mit eigenen Produktionsbetrieben. Sie beschäftigen zusammen ca. 12.000 griechische Arbeitnehmer.

In Athen besteht eine deutsch-griechische Industrie- und Handelskammer mit ca. 1.300 Mitgliedern, welche die Kontakte zwischen deutschen und griechischen Unternehmen fördert und Auskünfte erteilt.

14. Jermanós und Jermanídha

Griechen in und aus Deutschland

Iráklion/Kreta. Herbst 1986, Mein Ziel ist eine erneute Wanderung durch die Bergwelt des Ida, um das Erwachen der archaischen Hochebene unterhalb des Gipfels und der sagenhaften minoischen Kultgrotte zu erleben.

Auf einer Steinbank vor einer Hirtenhütte sitzend, beobachte ich, wie sich die Ebene mit Leben erfüllt. Diese Mitáta-Hütten sind aus Feldsteinen zu (falschen) Kuppelgewölben zusammengefügt, deren Konstruktionsprinzip mehr als fünftausend Jahre alt ist: sie ähneln den Kuppelgräbern der Minoer. Diese Bauweise entwickelten die Mykener zu höchster Kunst, wie das »Kuppelgrab des Agamemnon« (1350–1325 v.Chr.) in Mykene belegt, eine architektonische Meisterleistung.

Die ersten Hirten räkeln sich schlaftrunken aus den niedrigen, mit Säkken zugehängten Türöffnungen ihrer Hütten. Überrascht bemerken sie mich. Doch sogleich nehmen sie mich mit einer Gastfreundschaft auf, von der ich immer wieder ergriffen bin. Wir kommen ins Gespräch und als sie erfahren, daß ich Deutscher bin, richtet sich Ioánnis, einer der Hirten, plötzlich auf und ruft laut in Richtung einer anderen Hirtenhütte: »Éla, Jermané, éla!« (= »Deutscher, komm her!«). Der Hirte, der zu uns stößt, heißt Charálambos und ist Grieche; »Jermanós« nennt man in Griechenland jene Männer, die einst in Deutschland gearbeitet haben und wieder in die Heimat zurückgekehrt sind. Nicht selten ist dieser Beiname diskriminierend gemeint, besonders unter Jugendlichen. Charálambos (43) spricht gebrochen Deutsch und erzählt von seiner Arbeit und seinen Erfahrungen in Deutschland. Er hat zwölf Jahre in einer Maschinenfabrik bei Nürnberg gearbeitet, bis er 1984 einen Arbeitsunfall hatte. Seitdem ist sein rechter Unterarm gelähmt. So kehrte er mit seiner Familie heim nach Kreta. Nachdem mir die Hirten Mizíthra (gesüßten Molkekäse), Paximádhia (Wasser und Kaffee) zum Frühstück gereicht hatten – sie selbst tranken nur Kaffee und rauchten eine Zigarette nach der anderen –, zeigte mir Charálambos ein Schriftstück von der BfA/Berlin und fragte mich ganz hilflos, was denn nun mit seiner Rente sei. Gerne wäre er noch mindestens drei Jahre länger in Deutschland geblieben, um mit fünfzehn Jahren Pflichtbeiträgen den vollen Rentenanspruch zu erwerben. Sein Wissen über das deutsche Rentenversicherungssystem überraschte mich. Es entspricht aber dem bei griechischen Gastarbeitern feststellbaren Trend, daß all jene, die länger als zehn Jahre in Deutschland arbeiten, tatsächlich gezielt fünfzehn Jahre Arbeitstätigkeit in Deutschland anstreben. Andererseits war es erstaunlich, daß er den Inhalt jenes Schreibens vom Dezember 1985, das er ständig mit sich trug und das bereits wie ein historisches Dokument aussah, immer noch nicht kannte. Es handelte sich um einen Rentenbescheid über DM 756,– pro Monat. Die BfA bat ihn, seine Bankverbindung zu nennen, damit die Nachzahlung und die monatlichen Rentenbezüge überwiesen werden könnten. Als ich ihm sagte, daß er für knapp zweieinhalb Jahre etwa DM 23000,– Nachzahlungen erhalten werde, konnte er es kaum fassen. Er schwieg – doch dann strahlte sein ganzes Gesicht, Freude und Lebendigkeit sprudelten aus ihm heraus – der Morgen wurde zum Festtag!

Aus verschiedenen Befragungen bei Heimkehrern wie Charálambos, sogenannten Remigranten, ergab sich, daß etwa die Hälfte von ihnen ca. DM 25000,– nach Griechenland einführten, bei einer durchschnittlichen Auswanderungsdauer von 13,68 Jahren (1979). Was andere durch jahrelange Arbeit zusammengespart haben, erhält Charálambos als Nachzahlung aus seiner Unfallrente. Auf meine Frage, was er nun mit dem Geld machen werde, antwortete er ohne Zögern: eine kleine Eigentumswohnung wolle er sich kaufen, und zwar in Réthimnon, der Bezirkshauptstadt, nicht in seinem Heimatdorf. Auch seine Absicht, das Geld in einem nicht produktiven Bereich anzulegen, entspricht den Ergebnissen verschiedener Forschungsarbeiten zum Problem der Rückwanderung griechischer Gastarbeiter: danach investieren zwei Drittel der Remigranten einen wesentlichen Teil ihrer Ersparnisse in den privaten Wohnungsbau.

Die 27jährige Maro ist auf Mytilíni (Lésbos) geboren, kam als 3jährige nach Deutschland und hat zwei Jahre während der griechischen Grundschulzeit bei ihrer Großmutter auf Lésbos gelebt. Nach langen und schwierigen Auseinandersetzungen mit sich selbst und ihren Eltern, nach vielen Selbstzweifeln hat Maro ihre Zukunftsentscheidung getroffen: für immer in Deutschland bleiben, das Externen-Abitur machen und in Deutschland studieren. Im August 1988 besteht Maro in Stuttgart das Abitur und nimmt ihr Architektur-Studium auf, nachdem sie zuvor als Bauzeichnerin in einem Architekturbüro tätig war.

Der Hauptgrund für Maro, die auf Lésbos nicht selten abfällig »Jermanídha« (= Deutsche) genannt wird, ist der tiefe Mentalitätsunterschied zwischen ihr und den Griechen ihrer »Heimat«, die sie nicht mehr als solche empfindet. Vornehmlich die patriarchalische Struktur der griechischen Gesellschaft, jene südländische Männerwelt mit ihrer Doppelmoral und ihrem zwanghaften Macho-Gehabe ist für sie unerträglich. Anders als ihre Eltern, die nach Lésbos zurückkehren wollen, geht es ihr nicht um Reintegration, weil sie sich nicht als Remigrantin, sondern als Emigrantin, als Fremde, fühlt. Ein Leben auf Lésbos oder in Griechenland würde für Maro schmerzhafte Anpassung bedeuten – Unterordnung, Aufgabe ihrer persönlichen Freiheit und ihrer mühsam und gegen den Willen der Eltern eroberten Kritikfähigkeit.

Maro brauchte lange Zeit für ihre Entscheidung. Ständig war sie dem Sog zweier Kulturen ausgesetzt. Der Konflikt drohte sie zu zerreißen. In keiner der beiden Kulturen fand sie wirklich emotionalen Halt. Als Kind der »zweiten Generation« fand sie weder in der deutschen Gesellschaft (Schule, Beruf und Freundeskreis) noch in ihrem Elternhaus die notwendige Unterstützung bei dem äußerst schwierigen Prozeß, sich selbst zu finden. Ihr fehlten konstruktive Orientierungshilfen! Nur langsam gelang ihr die Ablösung vom Elternhaus. Sie mußte sich gegen die erniedrigenden Vorhaltungen des Vaters behaupten, der streng darauf achtete, daß Maro die traditionelle griechische Frauenrolle lebte. Für den Vater galt das ungeschriebene Gesetz: »Das Verhalten der Tochter, insbesondere gegenüber

Männern, ist Aushängeschild für die Ehre der Familie!« Da aber Maro unkomplizierten Kontakt zu gleichaltrigen Jungen und Mädchen suchte, beschimpfte sie der Vater häufig sogar als »Hure«!

Problematisch war für Maro auch die permanente Idealisierung der Heimat durch die Eltern, die ihr Geld auf Lésbos in eine Olivenbaumkultur investiert hatten. Weit weg von diesem Traumland, sah sich Maro in Deutschland einer oft harten Lebenswirklichkeit ausgesetzt. Wurde sie auf Lésbos verächtlich »Jermanídha« berufen, dann hier oft nur »Griechin«.

Wie Maros Beispiel zeigt, sind die Hauptleidtragenden von Wanderbewegungen die Kinder. Zwar ist es generell möglich, daß Kinder zweisprachig und bikulturell aufwachsen, aber sie brauchen dazu eine klare Orientierung. Daran fehlt es aber in der Regel. Hier bestehen zwischen den Eltern, dem griechischen Erziehungsministerium, das sich durch eigene Erziehungsräte an der Bonner Botschaft und an den Konsulaten um diese Kinder kümmert, und zwischen den deutschen Schulbehörden, oft je nach Bundesland mit unterschiedlicher Akzentuierung, divergierende, bisweilen sich gegenseitig ausschließende Auffassungen. Gestritten wird um die Integration in das deutsche Schulsystem und die Erhaltung der Rückkehrfähigkeit nach Griechenland. Dies hängt natürlich entscheidend von den Eltern ab. Deren Pläne stimmen leider häufig nicht mit ihrem realen Verhalten überein. Während die meisten griechischen Arbeitsemigranten ihren Aufenthalt in der Bundesrepublik Deutschland nur als vorübergehend begreifen, bleiben laut Statistik die meisten 20 Jahre und länger, d. h. viel länger, als die Schulzeit ihrer Kinder beträgt. Das griechische Erziehungsministerium, bestrebt, den Kindern ihre kulturelle Identität zu erhalten, setzte sich zunächst für die Einrichtung möglichst vieler griechischer Schulen ein. Für dieses Ziel nahm der griechische Staat – in deutlichem Kontrast zu anderen Ländern – erhebliche finanzielle Lasten auf sich und schickte griechische Lehrer nach Deutschland. Diese Politik stieß vor allem auf den Widerstand der sozialdemokratisch regierten Länder, die beklagten, daß die griechischen Kinder so keinen in der Bundesrepublik gültigen Schulabschluß erwerben und von jeder Berufsausbildung ausgeschlossen sein würden. Als gar in Frankfurt eine griechische Privatschule nach entsprechendem Verwaltungsgerichtsurteil zwangsweise geschlossen wurde, rief das nachhaltige Verstimmung hervor.

Mittlerweile haben sich durch einen gegenseitigen Lernprozeß die Positionen angenähert, wobei die in zweijährigem Rhythmus stattfindenden Sitzungen einer speziellen deutsch-griechischen Schulexpertenkommission sowie wechselseitige Parlamentarierbesuche hilfreich gewirkt haben. Das sich abzeichnende Ziel heißt: Integration in das deutsche Schulsystem und Erhaltung der eigenen kulturellen Identität sowie der Rückkehrfähigkeit, sprich integrierter fünfstündiger muttersprachlicher Zusatzunterricht sowie zwei Stunden orthodoxer Religionsunterricht in griechischer Sprache. Daß dies nicht an jeder deutschen Schule möglich ist, leuchtet ein. Aber gerade die zahlreichen Kinder, die von der statistischen Norm abweichen, müssen das ganze Gewicht der Mentalitätsunterschiede, der divergierenden Schulsysteme, der mangelnden Kompetenz in zwei Sprachen aushalten.

Um das Problem der schulpflichtigen Remigrantenkinder zu lindern, betreibt die griechische Regierung seit einigen Jahren zwei Spezialschulen, eine in Athen für Kinder aus anglophonen Ländern und eine in Thessaloníki für Kinder aus deutschsprachigen Ländern. Hier sollen die Kinder auf die Integration in das griechische Schulsystem vorbereitet werden und gleichzeitig die Kompetenz in der Sprache ihres Herkunftslandes behalten. Die Initiative ist gut gemeint, aber, gemessen an der geographischen Streuung der Remigration, leider nur ein Tropfen auf einem heißen Stein.

Der bundesdeutsche Staat und seine Bevölkerung haben bis heute nur zum geringen Teil die Aufbauarbeit, die alle ausländischen Arbeiter zum Nutzen unserer Gesellschaft geleistet haben, anerkannt und honoriert. Für die Arbeitsmarktentwicklung nach dem 2. Weltkrieg zählte immer nur das Gesamt-Gastarbeiterpotential, nie das Schicksal der einzelnen Menschen. Die Bundesrepublik hat offensichtlich übersehen, daß Ausländerbeschäftigung soziale Folgekosten nach sich zieht. Rückkehrwillige Gastarbeiter brauchen Hilfe, damit ihr in der Bundesrepublik erlerntes Fachwissen und ihre Ersparnisse der heimischen Volkswirtschaft optimal zugeführt werden können. Dafür sind aber von deutscher und griechischer Seite Rückwanderungsmaßnahmen und Reintigrationshilfen erforderlich, welche die Entwicklung der griechischen Regionen zum Ziel haben. Dazu gehört die Verbesserung der Infrastruktur durch gezielte Investitionsanreize, damit die Heimkehrer ihre Ersparnisse in produktiven Bereichen anlegen und somit neue Arbeitsplätze schaffen. Fehlt eine gezielte Beratung, wird allzu viel sauer verdientes und erspartes Geld in immer neuen Kaffeneions, Tankstellen oder Minimarkets angelegt, für die kaum noch ein Bedürfnis besteht. Notwendig ist auch der Abbau komplizierter Zollbestimmungen, damit das im Ausland ersparte Geld überhaupt zu Hause angelegt wird. Hier liegt eine enorme Chance für die wirtschaftliche Entwicklung der meist ländlichen Rückwanderungsgebiete. Wird sie nicht genutzt, wandert das Geld bald wieder in die regionalen Zentren oder das Superballungsgebiet Athen-Piräus.

Maros Entscheidung, ihr Leben in Deutschland aufzubauen, entspricht dem allgemeinen Wunsch der Kinder, die in Deutschland geboren bzw. zur Schule gegangen sind. Nach einer Studie der Universität Bielefeld von L. Unger gaben 90,7 % aller befragten Jugendlichen (aus Athen, Thessaloníki und Sérres) an, daß sie, falls möglich, wieder in die Bundesrepublik zurückkehren würden, und zwar 16,9 % für ein paar Jahre, 62,6 % für unbestimmte Zeit und 20,5 % für immer! Da durch den EG-Beitritt Griechenlands seit dem 1. Januar 1988 die Freizügigkeitsregelung gilt, bleibt es abzuwarten, ob und wie diese »zweite Generation« nun ihre Auswanderungswünsche realisieren wird. Hierzu sei auch ein Gerichtsurteil (152/73) des Europäischen Gerichtshofes zitiert: die Freizügigkeit und Gleichbehandlung muß so geregelt sein, daß »nicht nur offensichtliche Diskriminierungen aufgrund der Staatsangehörigkeit, sondern auch alle versteckten Formen der Diskriminierung, die durch Anwendung anderer Unterscheidungsmerkmale tatsächlich zu dem gleichen Ergebnis führen«, verboten werden.

Wie Maro haben also sehr viele in Deutschland geborene oder aufgewachsene griechische Jugendliche den Wunsch, in der Bundesrepublik zu leben, sei es wegen der Schwierigkeiten, sich in die griechische Gesellschaft zu integrieren, sei es, weil sie ihre Jugend in der Bundesrepublik idealisieren. Probleme, sich in der Heimat der Eltern einzuleben, hatten laut o.g. Studie 76,4% der in Deutschland geborenen Jugendlichen und »nur« 58% jener Mädchen und Jungen, die erst zwischen dem 6. und 16. Lebensjahr in die Bundesrepublik eingewandert sind.

Doch nun zur Remigration selbst, zu den Integrationsproblemen und dem volkswirtschaftlichen Verhalten der griechischen Heimkehrer. Vorab jedoch einige Daten zu den Migrationsbewegungen zwischen Griechenland und der Bundesrepublik Deutschland. Erste Wanderungswellen gab es bereits in den 50er Jahren. 1954 begann der erste größere Auswanderungsstrom griechischer Arbeitskräfte nach Belgien. Damals, 1955, kamen nur 679 Griechen in die Bundesrepublik.

Erst als die Bundesrepublik Deutschland infolge des Wiederaufbaus im »Wirtschaftswunder« erstarkte und an die Grenze der Vollbeschäftigung stieß, benötigte die deutsche Wirtschaft für weitere Expansionen ausländische Arbeitskräfte. 1956 wurden Anwerbeverträge mit Italien geschlossen, ab 1960 mit weiteren Mittelmeerländern, so auch mit Griechenland. Vor diesen Anwerbeaktionen, d.h. noch 1959, kamen nur 2543 Griechen in die Bundesrepublik. Ein Jahr später waren es dann schon 21532.

Historisch gesehen ist Griechenland seit Ende des 19. Jahrhunderts ein klassisches Auswanderungsland, wobei die Emigration bis zum 2. Weltkrieg überwiegend in Richtung Übersee ging. Ende des letzten und Anfang unseres Jahrhunderts waren die unruhige innenpolitische Lage des jungen, erst 1830 gegründeten griechischen Staates und die wirtschaftliche Dauerkrise des Landes die Hauptmotive für die Auswanderung. Im Jahre 1907 zählte das im Vergleich zu heute nur halb so große Griechenland 2,6 Millionen Einwohner. Von 1906 bis 1910 emigrierten 117557 und von 1911 bis 1915 118916 Griechen in die USA, das waren fast 10% der damaligen Gesamtbevölkerung. Nach den Balkankriegen (1912/13) erhielt Griechenland die Gebiete Épiros, Kreta, Thássos und die ostägäischen Inseln sowie Teile Makedoniens, so daß sich das griechische Staatsgebiet und die Bevölkerung fast verdoppelten. Nach dem im Friedensvertrag von Lausanne (1923) vereinbarten türkisch-griechischen Bevölkerungsaustausch wuchs die griechische Bevölkerung noch einmal um 1,4 Millionen und betrug 1923/24 schließlich 6 Millionen.

Die durch diese politischen Umwälzungen bedingte erste große griechische Emigrationswelle aus dem Süden des Landes und vor allem von den Inseln der Ägäis, aus Kreta und aus Kleinasien ging, wie gesagt, nach Übersee. Die zweite große Wanderungswelle in den 60er Jahren rekrutierte sich hingegen hauptsächlich aus den Bewohnern der wirtschaftlich unterentwickelten Regionen Nordgriechenlands mit dem Ziel Mitteleuropa. *90% aller griechischen Arbeitsuchenden* nach 1945 sind *in die Bundesrepublik* eingewandert. Im gleichen Zeitraum wurde die Emigration Richtung USA fast bedeutungslos.

Bis 1972, als mit 270114 Erwerbstätigen die höchste Zahl griechischer Arbeitskräfte in der Bundesrepublik erreicht war, sind insgesamt seit 1955 ca. 600000 Erwerbstätige in die Bundesrepublik immigriert. Rechnet man die Familienangehörigen hinzu, dann haben in diesen Jahren ca. 1,4 Millionen Griechen in der Bundesrepublik gelebt. Bei einer griechischen Gesamtbevölkerung (1985) von 9,9 Millionen sind das ca. 15%. Dies ist prozentual die höchste Wanderungsbewegung zwischen zwei europäischen Völkern nach dem 2. Weltkrieg.

Hier wird deutlich, welch intensiver kultureller Austausch zwischen Griechen und Deutschen über Jahrzehnte in beiden Richtungen möglich gewesen wäre, jedoch bis auf wenige Ausnahmen nicht zustande kam. Auch das von den griechischen Arbeitskräften in der Bundesrepublik erworbene Wissen und die Ersparnisse der Remigranten werden in Griechenland volkswirtschaftlich kaum genutzt. Ein enormes wirtschaftliches Potential in Form von Fachwissen und Kapital liegen in den jeweiligen Rückkehrregionen brach.

Als in der Bundesrepublik zu Beginn der 70er Jahre die Arbeitslosigkeit anstieg, ordnete die Bundesregierung 1973 einen Anwerbestop an. Die freiwillige Remigration, die bei den griechischen Arbeitskräften etwa bei 30% lag, konnte auch durch Rückkehrprämien, Umschulungen und Investitionshilfen kaum verstärkt werden. Alle Maßnahmen für die Reintegration waren einfach zu uneffektiv. Die rigorose Anwendung des Ausländerrechts schockte alle ausländischen Arbeitskräfte: eine Rückkehr in die Heimat bedeutete nun für sie, nie wieder in Deutschland arbeiten zu können. Darum wuchs der Wunsch, in der Bundesrepublik zu bleiben. Erst im Herbst 1974, nachdem die Junta abgedankt hatte und demokratische Verhältnisse in Griechenland einkehrten, nahm die Rückwanderung wieder zu. Dies belegen die um mehr als 60% rückläufigen Einwanderungszahlen seit dem Anwerbestop und die bis 1976 ständig steigenden Remigrationsraten. Bis Ende 1987 hat sich die Zahl der griechischen Erwerbstätigen in der Bundesrepublik auf 92773 verringert, hinzukommen noch 14946 Erwerbslose (= 12,2%), so daß bei insgesamt 107719 Arbeitnehmern heute noch ca. 260000 Griechen in der Bundesrepublik leben; diese Zahl ist seit Jahren verhältnismäßig konstant. Bis Anfang 1988 war die Tendenz leicht fallend. Seit Einführung der vollen Niederlassungsfreiheit nach dem EG-Vertrag nimmt sie wieder zu.

Das Spektrum der Motive für die Rückwanderung ist sehr vielfältig. Als Hauptgrund wird meist die Ausbildung der Kinder angegeben, völlig untergeordnet sind ökonomische Fragen. Außerdem verweisen viele Remigranten auf ihre Kinder, die bei den Großeltern oder Verwandten leben, nennen gesundheitliche Probleme, Heimweh, familiäre Gründe.

Nicht erwähnt, aber von großer Bedeutung für die Rückkehr ist auch Grundbesitz. Hinzu kommt die Idealisierung der Heimat. Nicht selten aber resignieren die Rückwanderer, wenn sie erkennen, daß sie aus ihrer heimischen Kultur entwurzelt sind. Fremd in ihrer alten Heimat, idealisieren nun viele das ferne Gastland, in dem sie doch so selten die vertraute griechische Philoxenía kennengelernt haben. Die psychische Belastung der Rückwanderer ist groß. So liegt u.a. die Scheidungsrate der Remigranten höher als bei der griechischen Gesamtbevölkerung. In der griechisch-orthodoxen Gesellschaft sind Scheidungen selten (s. S. 221). Gegenüber

5,1 Millionen verheirateten Griechen gibt es »nur« 81574 Geschiedene, das sind 1,6%. Bei den Migranten liegt die Scheidungsrate jedoch dreimal höher. Auffallend ist hierbei die relativ hohe Anzahl allein lebender geschiedener Frauen. Sie ist zweimal so hoch wie die der Männer! In diesen Zahlen mag sich auch die Doppelmoral des griechischen Patriarchats widerspiegeln: geschiedene Frauen heiratet man nicht; der geschiedene Mann heiratet wieder eine »Jungfrau«. Der griechische Mann folgt bei der Heirat ohnedies der Tradition und wählt eine jüngere Frau.

Die Hoffnung auf einen besseren Lebensstandard aufgrund der Ersparnisse und auf höheres persönliches Ansehen in der Heimat sind ebenfalls wichtige Motive für die Rückkehr. Die Remigranten erwarten, daß ihre odysseeischen Mühen und Abenteuer, die sie in der Bundesrepublik bestehen mußten, in Griechenland und ganz besonders in ihrem Heimatdorf die größte Beachtung finden. Dort, so glauben sie, bei ihren Verwandten und Freunden werden sie die Anerkennung erhalten, nach der sie sich so sehr sehnen. Das hat aber zur Voraussetzung, daß während der langen Emigrationszeit stets ein intensiver Kontakt mit der Heimat gepflegt wurde. 30% aller Griechen, die in Deutschland gelebt haben, fuhren während dieser Zeit mindestens sechsmal nach Griechenland, 50% viermal und 75% haben regelmäßige Geldbeträge in die Heimat überwiesen. Oft kauften die Rückkehrer noch während ihres Deutschlandaufenthalts Landbesitz und investierten in Olivenhaine und Haselnußkulturen. Diese Anlagen erfordern zwar eine hohe Anfangsinvestition und bringen in den ersten Jahren keine Erträge. Dafür sind jedoch nur wenig Arbeitskräfte erforderlich – die Lohnkosten sind somit niedrig – und schließlich versprechen sie mittel- und langfristig eine hohe Rendite.

Die Rückwanderung in vorwiegend ländliche Regionen wirkt zwar der Landflucht entgegen, verstärkt aber die Überalterung in diesen Landstrichen. Eindeutig ist der Trend bei den Remigranten zu erkennen, ihr Heimatdorf als Altersruhesitz zu wählen. So ließen sich z.B. 68,4% der über 31 Jahre alten Remigranten in ihren dörflichen Heimatgemeinden nieder.

Die eigentlich zu erwartenden volkswirtschaftlichen Impulse durch den Zuzug der stark vertretenen mittleren Jahrgänge, die noch voll im Erwerbsleben stehen, blieben jedoch aus. Der größte Teil der Arbeiter gliederte sich wieder in den Arbeitsprozeß ein, in dem er bereits vor seiner Emigration tätig war: so gingen 47,3% in die Landwirtschaft (1980), in der bereits 98,1% vor ihrer Ausreise gearbeitet hatten.

Eine große Steigerungsrate verzeichnen die Selbständigen: gab es vor der Emigration nur 7,5% mit einem eigenen Geschäft oder Betrieb, so erhöhte sich der Anteil bei den 1979/1980 zurückgekehrten Migranten auf 25,1%! Selbständig bedeutet hier meist, daß die Rückkehrer mit ihren Ersparnissen ein Kafeníon oder ein Lebensmittelgeschäft (»Supermarkt«) eröffnet haben. Wenig genutzt wurde bisher die lukrative Investition in Tourismus, der bereits 1978 die Schiffahrt als größte Devisenquelle Griechenlands abgelöst hat.

Wie fragwürdig viele der Existenzgründungen sind, zeigt das Beispiel der Stadt Kateríni in Makedonien: in dieser Nomóshauptstadt mit 38000

Einwohnern wurden 118 Kfz-Werkstätten eröffnet. Mangelnde Information, insbesondere mangelnde Marktforschung paart sich hier mit der griechischen Mentalität, alles alleine machen zu wollen.

Genau dieser Wesenszug, die fehlende Bereitschaft, sich mit anderen zu verbinden, Betriebe zusammenzuschließen, gemeinsam ein Unternehmen zu gründen und zu leiten, kennzeichnet auch die griechische Landwirtschaft. Die vielen kleinen, unproduktiven Höfe hemmen die Modernisierung, d. h. zunächst die Mechanisierung der griechischen Agrarwirtschaft. Die Produktivität kann nicht steigen.

Der Rückgang bäuerlicher Arbeitskräfte spiegelt sich auch in der Bodennutzung wider. Zunehmend werden wenig arbeitsintensive Agrargüter (Baumkultur, Getreide, Baumwolle) angebaut. Immer mehr Land liegt brach. Diese Veränderungen der landwirtschaftlichen Struktur Nordgriechenlands werden vorwiegend mit der Auswanderung in Zusammenhang gebracht. In der Bundesrepublik tätige Griechen mit Landbesitz, meist sind es kleinste Parzellen, halten daran fest, lassen die Felder von Verwandten bestellen oder verpachten sie. Hinzu kommt, daß die Remigranten Land kaufen, und zwar wiederum Kleingrundbesitz: 40 % der Käufe betreffen Flächen in der Größe zwischen 1 und 2 ha, nur 26 % Flächen, die großer sind als 4 ha. Das entspricht der durchschnittlichen Größe (2,3 ha) griechischer Landwirtschaftsbetriebe.

Grund und Boden zu haben, ist Griechen stets ein großes Bedürfnis gewesen. Fast 90 % der Bevölkerung besitzt Land. Ein Stück Acker macht unabhängig, war schon in so vielen Notsituationen die einzige Einnahmequelle. Für viele Remigranten bedeutet es aufgrund des unzureichenden griechischen Sozialversicherungssystems (s. S. 000) die einzig sichere »Rente«.

Doch diese Investitionen der Rückkehrer in die Landwirtschaft sind volkswirtschaftlich bedenklich. Die Flurzersplitterung wird verstärkt, die Erträge der Landwirtschaft können nicht gesteigert werden. Die ländlichen Zielregionen der Remigranten sind wenig entwickelte Landschaftsräume. Ihre Infrastruktur ist mangelhaft. Das krasse Wohlstandsgefälle zwischen Stadt und Land in Griechenland zeigen deutlich die Zahlen über das Pro-Kopf-Einkommen der Griechen.

Konfrontiert mit dieser unvermindert schlechten Situation auf dem Lande, nehmen viele Remigranten ernüchtert Abschied von ihren Träumen: eine zweite Wanderung vom Land in die Stadt setzt ein, wobei weniger Athen oder Thessaloníki als neuer Wohn- und Arbeitsort gewählt wird, sondern die naheliegende Bezirkshauptstadt.

Wie wenig die Remigranten ihre Ideen und Wünsche verwirklichen können, ergibt sich aus der Befragung über die geplante Gründung eines selbständigen Unternehmens: vor der Auswanderung hatten 56,8 % den Wunsch, sich selbständig zu machen, bei der Remigration waren es immer noch 54,4 %. Doch mehr als die Hälfte schafften es nicht: 1979/80 waren nur 24,1 % der Remigranten erfolgreich. Hauptgründe für das Scheitern sind das geringe Eigenkapital und mangelnde Unterstützung durch den Staat.

Welche Wirkungen die EG-Freizügigkeit auf den griechischen Arbeitskräftemarkt haben wird, ist noch nicht abzusehen. Seit dem 1. Januar 1988 kann nun jeder Grieche, jede Griechin, zumindest theoretisch, sich in der Bundesrepublik und in allen anderen Ländern der Gemeinschaft niederlassen. Bei der immer noch sehr angespannten Arbeitsmarktlage in Deutschland dürfte es jedoch für griechische Arbeitnehmer in der Praxis schwer sein, hier oder in den anderen Ländern der EG einen Arbeitsplatz zu finden.

Andererseits muß abgewartet werden, wie die EG-Mitgliedsstaaten auf die in Griechenland geltenden weitgehenden Schutzvorschriften des heimischen Arbeitsmarktes reagieren. Dieses Problem wird besonders in der Touristenbranche deutlich. Griechenland hat für seine Reiseleiter ein absolutes Monopol aufgebaut, gegen das bereits Klage beim Europäischen Gerichtshof eingereicht wurde. Selbst Archäologen, die seit Jahren in Griechenland geforscht haben, dürfen weder an ihren Forschungsplätzen noch an sonstigen archäologischen Stätten oder in Museen Griechenlands Reisegruppen wissenschaftlich betreuen.

Ganz anders ist das Verhalten der griechischen Amerika-Migranten. Ihre Motive sind spezieller und konkreter, ihre Bereitschaft und Fähigkeit, sich im neuen Land zu integrieren, ausgeprägter. Griechen, die in die USA oder nach Übersee auswandern, fühlen sich zumeist als Auswanderer, die ihre Lebensziele in der »neuen Heimat« verwirklichen wollen. Wenn sie dann doch nach Griechenland zurückkehren, sind sie meist so stark vom amerikanischen »way of life« geprägt, daß für sie nur die Metropolen Athen, Thessaloníki oder eine Bezirks-Großstadt als Alternative – mit oft fragwürdiger Lebensqualität – in Frage kommen. Dort investieren sie und machen sich selbständig.

Griechen, die in die Bundesrepublik »ausgewandert« sind, bleiben hingegen ihrer alten Heimat verbunden. Seit Griechenland EG-Mitglied ist, handelt es sich auch nicht mehr um eine Auswanderung, sondern um das Recht europäischer Bürger – Marktbürger, wie es so schön heißt –, sich in einem anderen Mitgliedsland niederzulassen. Das Ziel ihrer Reise in die Fremde ist ein ganz anderes. Sie leben für einen mehr oder weniger langen, aber befristeten Zeitraum im Ausland, um so viel Geld wie möglich zu verdienen, mit dem sie dann in ihrem Heimatdorf ihre Lebensträume verwirklichen möchten.

Erfolg und Mißerfolg der griechischen Migranten im Ausland oder bei ihrer Rückkehr stehen im engen Zusammenhang mit ihren unterschiedlichen Beweggründen. Eine Überseeauswanderung, die bedeutet, die Heimat endgültig zu verlassen und die von dem Migranten mit allen Konsequenzen durchgesetzt und gelebt wird, scheint erfolgreicher zu sein als ein »Gastarbeiter-Intermezzo« in der Bundesrepublik, das zeitlich begrenzt und »nur« aufs Geldverdienen ausgerichtet ist. Diejenigen, die in eines der europäischen Industrieländer »emigriert« sind, haben meist ihren Anspruch auf ein gutes Leben im Gastland aufgegeben. Ihre Kraft, sich im fremden Land zu behaupten und einzuleben, wird gelähmt durch das selbstgesteckte »nahe Ende« ihres Aufenthalts, der dann doch fast immer länger dauert, als gedacht: warum und wofür in der Bundesrepublik kämpfen, hier arbeiten wir doch nur, leben werden wir in Griechenland, da sind wir zu Hause…

Der feste unerschütterliche Wille der einen, sich im Gastland zu etablieren, das ständige Gefühl fremd zu sein, und die Sehnsucht nach der Heimat bei den anderen, wirkt sich auf die Kinder, die »zweite Generation« griechischer Migranten, deutlich aus: haben in der Bundesrepublik die jungen Griechen meist größte Probleme in der Schule, in ihrer Berufsausbildung und in ihrem Studium (das nur von 2,1 % begonnen und von weniger als 1,0 % erfolgreich abgeschlossen wird), so ist die Nachfolgegeneration in den USA weitaus flexibler, aufgeschlossener und motivierter. Sie setzen sich auch in wichtigen Positionen in Politik und Wirtschaft durch.

Gerade unter diesem Aspekt ist der Erfolg von Michael Dukakis als amerikanischer Präsidentschaftskandidat von 1988 zu sehen. Sein Vater Panos wanderte 1912 als Fünfzehnjähriger aus dem Dörfchen Pelópi auf Lésbos in die USA aus. Auf der ostägäischen Insel war der Vater Sohn eines einfachen Händlers, der mit seiner Familie Anfang des 20. Jahrhunderts von der kleinasiatischen Küste nahe Troja vor den Türken nach Lésbos geflohen war. Seine Mutter Evterpe Bouki kam 1913 als Neunjährige mit ihren Eltern aus Lárissa nach Ellis Island. In Boston verdiente sich Vater Panos in einer Textilfabrik das Geld für sein Studium an der Harvard University und wurde Gynäkologe. Sein Sohn Michael, 1933 in Boston geboren, ist ebenfalls Absolvent dieser Eliteuniversität und einer der erfolgreichsten Griechen der zweiten Generation in den USA.

Auf Lésbos und in ganz Griechenland war man sich zu Beginn des amerikanischen Wahlkampfes gewiß, daß Michael die Präsidentschaftswahl gewinnen würde. Immerhin fand die Wahl am 8. November statt, am Ehrentag seines Schutzpatrons, des Erzengels Michael! Für die Griechen, die in Griechenland mit Dukakis-Plakaten für seine Präsidentschaft warben, war das kein Zufall, sondern ein gutes Omen, das sich jedoch nicht erfüllte.

Erfolgskarrieren griechischer Migranten wie die von Michael Dukakis sind in der Bundesrepublik Ausnahmefälle, obwohl es in akademischen Bereichen einige gibt. Sie beruhen dann auf einem ganz anderen Lebenskonzept, das den erfolgreichen Migranten vom Gastarbeiter unterscheidet. Nur solche Griechen haben in der Bundesrepublik Chancen, Spitzenpositionen in Politik, Wissenschaft oder Wirtschaft zu übernehmen, die all ihre Fähigkeiten einsetzen, um ihre Lebensziele in der neuen Heimat zu realisieren. Dann kann es auch bereits der ersten Generation gelingen, überdurchschnittlichen Erfolg zu haben, wie das Beispiel von Jannis Sakellariu zeigt: 1939 in Athen als Sohn eines Bankangestellten geboren, kam er 1957 als 18jähriger zum Studium nach München. Bereits 1967 war für ihn die Entscheidung gefallen, für immer in der Bundesrepublik zu bleiben. Er beantragte die deutsche Staatsangehörigkeit. Sein Einbürgerungsverfahren wurde fünfeinhalb Jahre lang von der Regierung von Oberbayern behandelt. Um die deutsche Staatsangehörigkeit zu erhalten, mußte er den Ablehnungsbescheid der griechischen Regierung auf seinen Antrag auf Entlassung aus der griechischen Staatsbürgerschaft vorlegen. Griechische Staatsbürger bleiben ihr Leben lang Griechen, sie können ihre Staatsbürgerschaft nicht verlieren. Seit 1970 ist Jannis Sakellaríu Mitglied der SPD. 1983 wurde er für die bayerischen Sozialdemokraten ins Europäische

Parlament gewählt. In Brüssel und München wird der Politiker Sakellaríu hoch geschätzt, seinem politischen Talent sagt man eine große Zukunft voraus. Ein ähnliches Beispiel ist das des langjährigen hessischen Datenschutzbeauftragten und führenden Datenschutzrechtlers Prof. Spiros Simítis. Beide entstammen bezeichnenderweise nicht Gastarbeiterfamilien, sondern kamen zum Studium in die Bundesrepublik und sind geblieben.

Zum Abschluß noch ein Hinweis auf eine gegenläufige Wanderungsbewegung, nämlich von Deutschen nach Griechenland. Dies sind zum einen Tausende von deutschen Frauen, die ihre griechischen Männer bei der Remigration oder nach dem Abschluß von Berufsausbildung oder Studium begleiten. Zum anderen mehren sich seit dem griechischen EG-Beitritt Fälle von Deutschen, die in Griechenland leben und arbeiten wollen. Unter ihnen sind viele Aussteiger, die auf der Suche nach der Sonne und heiler Natur sind. Manche von ihnen haben sich im Píliongebirge oder in der Máni südlich von Kalámata niedergelassen. Sie machen häufig die Erfahrung, daß die vielbeschworene griechische Philoxenía bei der Konkurrenz auf dem Arbeitsmarkt schnell an ihre Grenzen stößt. Es gibt aber auch Handwerker, Ärzte oder Geschäftsleute, die sich eine Existenz in Griechenland aufbauen wollen – Pioniere des vereinten Europa.

Wohlstandsgefälle der Länder der Europäischen Gemeinschaft (Gemessen an der Wirtschaftsleistung pro Einwohner, umgerechnet in Kaufkraftparitäten und DM/Stand 1987)		Geschätzter Anstieg der realen Wirtschaftsleistung pro Kopf von 1986 bis 2000 in Prozent:	
Luxemburg	DM 36360	Portugal	71 %
Bundesrepublik	DM 32940	**Griechenland**	**64 %**
Dänemark	DM 32590	Spanien	51 %
Frankreich	DM 31500	Bundesrepublik	42 %
Niederlande	DM 30460	Großbritannien	40 %
Großbritannien	DM 30230	Italien	37 %
Italien	DM 29850	Dänemark	35 %
Belgien	DM 29190	Luxemburg	35 %
Spanien	DM 21460	Irland	34 %
Irland	DM 18460	Belgien	33 %
Griechenland	**DM 15690**	Frankreich	31 %
Portugal	DM 15520	Niederlande	26 %

Quelle: Globus

15. Frauen in Griechenland

Zwischen Prika, Abtreibung und Emanzipation

Die griechische Gesellschaft befindet sich in einer akuten Phase des Umbruchs. Jahrhundertelang tradiertes Rollenverhalten ändert sich spätestens seit dem Bürgerkrieg, insbesondere durch Verstädterung, durch Ausbreitung von Kino und Fernsehen, durch die alles in ihren Bann ziehende Konsumgesellschaft. Diese Änderungsprozesse laufen in Stadt und Land mit unterschiedlicher Intensität und Geschwindigkeit ab. Daher kann man heute in abgelegenen Bergregionen, auf kleinen Inseln durchaus noch das in der Sittenliteratur des 19. Jahrhunderts geschilderte Szenario von Heiratsanbahnung, Aussteuer stickenden Bräuten und traditioneller Eheschließung sehen, während in Athen alleinerziehende Mütter, Frauengruppen und Frauenbuchläden Teil des Alltags sind. Doch diese Entwicklung in den Städten ist ganz neu. Sie hat erst in den 70er Jahren begonnen und sie hat andere Voraussetzungen als in Westeuropa. Noch in den 50er Jahren konnten Frauen in Athen kaum in Hosen auf die Straßen gehen und noch weniger mit einer Zigarette in der Hand.

Die Geschichte der Frauenemanzipation reicht bis in die Anfänge des Jahrhunderts zurück. Es gab immer unabhängige, geistreiche, gegen muffige Konventionen revoltierende Griechinnen. Aber der Durchbruch erfolgte erst nach dem Fall der Junta 1974.

März 1975. Virginía Tsuderú, eine der sieben weiblichen Abgeordneten des nach dem Fall der Militärdiktatur am 17. November 1974 neu gewählten Parlaments, ist einer der führenden Köpfe der griechischen Emanzipationsbewegung. Sie stellt unermüdlich die Lage der Frau in der griechischen Gesellschaft dar, prangert Mißstände an. Die Politikerin fordert neue Gesetze, um die Rechte der Griechinnen zu stärken. Im März 1975 erklärte die Abgeordnete der »Néa Demokratía« des damaligen Ministerpräsidenten Konstantínos Karamanlís: »Was die Stellung der Frau in der Familie anbelangt, ist *nach dem griechischen Gesetz* der Mann das Haupt der Familie. Er kann machen was er will. Ich habe im Parlament einen Vorstoß unternommen, mit dem Ziel, zwischen Mann und Frau hinsichtlich der Erziehung der Kinder die volle Gleichberechtigung durchzusetzen und somit aus dem heutigen Verhältnis ein solches der echten Partnerschaft zu machen. Aber selbst die fortschrittlichsten Männer meiner Partei haben Mühe, gerade diesen Punkt zu verstehen.« Zur traditionellen »Prika«, der Mitgift, sagt sie: »Alle sind sich heute darüber einig, daß die Mitgift abgeschafft werden muß. Sie ist ein *Überbleibsel der Unterwerfung der Frau unter den Mann*. Die Frau gilt nach der *Institution der Mitgift* als eine Last für den Mann.«

Und schließlich spricht sie ein Tabu-Thema an, die größte ›legale‹ Illegalität des Landes: »Abtreibungen sind in Griechenland im Prinzip gesetzlich verboten, werden jedoch nichtsdestoweniger in hohem Umfang vorgenommen. Das Gesetz zwingt also die Menschen zum Rechtsbruch. Das muß geändert werden, denn das geht zu Lasten der körperlichen und geistigen Gesundheit der Frau – und auch zu Lasten der Familie, denn 50 Prozent der Abtreibungen werden an verheirateten Frauen vorgenommen.«

Neun Jahre später. Virginía Tsuderú ist mittlerweile unabhängige Abgeordnete. Gemeinsam mit 459 bekannten Griechinnen unterzeichnet sie 1984 eine Deklaration, in der alle Frauen zugeben, daß sie mindestens einmal abgetrieben haben. Mit diesem öffentlichen Bekenntnis protestieren sie gegen die Verschleppung des schon lange angekündigten neuen Familiengesetzes, speziell gegen die Blockierung der Legalisierung der Abtreibung. Im Januar 1985 schreibt Frau Tsuderú einen offenen Brief an die Frau des damaligen Ministerpräsidenten Papandreu, welche die griechische Frauenbewegung aktiv unterstützt. Gleichzeitig werden sieben Frauen der Bekennerschrift, darunter auch V. Tsuderú, von der Staatsanwaltschaft wegen Abtreibung angeklagt.

Nach öffentlichem Druck auf die Regierung Papandreu wird das Verfahren eingestellt. Das 1981 gegebene Wahlversprechen, das Familienrecht zu reformieren und insbesondere die Abtreibung zu legalisieren, stand auf dem Prüfstein. Schließlich tritt am 3. Juli 1986 gegen den erbitterten Widerstand der Kirche ein Gesetz mit einer Fristenlösung in Kraft. Danach können Frauen in den ersten zwölf Wochen der Schwangerschaft einen Abbruch vornehmen lassen. Einzige Bedingung ist, bestimmte Beratungstermine wahrzunehmen. Im Falle der medizinischen oder sozialen Indikation sowie bei vorausgegangener Vergewaltigung oder Inzest beträgt die Frist 24 Wochen. Sofern die Frauen eigene Versicherungsansprüche haben, werden die Kosten von der Krankenversicherung übernommen. Sind sie, wie viele, über ihre Ehemänner oder Eltern versichert, brauchen sie für eine Abtreibung die Zustimmung des Hauptversicherten.

An dem Problem der massenweisen Abtreibung und ihren traditionellen Ursachen wurde dadurch jedoch nicht viel geändert. Überhaupt war der Kampf für die Legalisierung der Abtreibung eher eine Prinzipiensache der Frauenbewegung denn ein breites Anliegen. Abgetrieben wurde in Griechenland – trotz Strafandrohung – seit jeher. Zu strafrechtlicher Verfolgung kam es fast nie. In der parlamentarischen Debatte hat sich bezeichnenderweise gegen das neue Gesetz außer der Kirche vor allem der Verband der Frauenärzte Griechenlands gewandt. Kommentare meinten, daß die Angst um das lukrative, steuerfreie Geschäft mit dem illegalen aber tolerierten Eingriff zu dieser Haltung führte. Für den Staat hat die Legalisierung den angenehmen Nebeneffekt, daß ein Teil der bislang schwarz erwirtschafteten Honorare über die Kassen und auf offizielle Rechnung läuft.

Auf die Abtreibungszahlen hat die Legalisierung vermutlich kaum Einfluß gehabt. In den parlamentarischen Debatten sprach man offiziell von 300.000 Abtreibungen im Jahr! Die Dunkelziffer beläuft sich jedoch nach Schätzungen auf 500.000 bis 600.000 Abtreibungen in Griechenland. Das sind im Verhältnis zu den etwa 40 Millionen geschätzten Abtreibungen im Jahr weltweit für Griechenland mit seinen knapp 10 Millionen Einwohnern 1,5 % der Weltrate bei nur etwa 0,3 % Anteil an der Weltbevölkerung!

Diese Prozentzahlen sind abstrakt, das enorme Ausmaß der Abtreibungspraxis in Griechenland läßt sich nur ahnen. Nach Umfragen und sta-

Bergbauern aus Anójia, Kreta.

tistischen Erhebungen von Kliniken läßt jede Griechin im Laufe ihres Lebens 8 bis 15 Abtreibungen vornehmen. In Einzelfällen sollen sich Frauen sogar 30 bis 40mal dieser Prozedur unterzogen haben. Warum tun sich Frauen das an? Viele scheinen sich der Risiken des Eingriffs kaum bewußt zu sein. Immer wieder kann man von Frauen hören, ein solcher Eingriff sei »nicht schlimmer als beim Zahnarzt«. In dieser Haltung scheint sich ein gebrochenes Verhältnis von Frauen zu ihrem Körper in einer männerbeherrschten Gesellschaft zu spiegeln.

Abtreibung ist, und zwar mit Zustimmung der griechischen Männer, die populärste Geburtenkontrolle, für die allein die Frauen verantwortlich gemacht werden. Dies bestätigten bei einer Umfrage (Gallup 1984) 53 % der befragten Männer und Frauen. All dies geschieht, obwohl in Griechenland die Pille in den Apotheken ohne Rezept (für nur etwa ein Drittel des deutschen Preises) erhältlich ist. Nach den Verkaufszahlen nehmen aber nur etwa 1,9 % der Griechinnen die Pille. Nach wie vor verwenden 89 % der griechischen Frauen keinerlei Verhütungsmittel! Was die Diskussion um die Abtreibung grundsätzlich von vergleichbaren Auseinandersetzungen im westlichen Europa unterscheidet, ist das geringere oder fehlende Gewicht moralischer Erwägungen. Zwar ist auch in Griechenland das ungeborene Leben durch die Verfassung geschützt, doch scheinen entsprechende ethische Wertvorstellungen für die betroffenen Frauen und Männer, falls letztere sich betroffen fühlen, nur eine untergeordnete Rolle zu spielen. Die orthodoxe Kirche hält sich mit moralischen Appellen und Einwirkungen sehr zurück. Sie ist zwar gegen Abtreibung, hält es aber nicht für ihre Aufgabe, aktiv und im Einzelfall auf werdende Mütter einzuwirken. Der Staat hält seit Verabschiedung des Gesetzes über die Fristenlösung seine Aufgabe für erledigt. Weder das staatliche Fernsehen noch die Schulen unternehmen Anstrengungen, aufzuklären und die elementarsten Kenntnisse über Empfängnisverhütung zu vermitteln. Dies bleibt in der Regel zufälligen Artikeln in Frauenzeitschriften überlassen.

Die verkrustete patriarchalische Gesellschaft Griechenlands befindet sich im Umbruch. Allmählich begreift der griechische Mann, daß seine Doppelmoral, sein zwiespältiges Verhältnis zu Frauen, die Prika und die einseitige rollenspezifische Erziehung seiner Kinder der Vergangenheit angehören. Er erkennt, daß er selbst seit Generationen Opfer dieses Männlichkeitswahns war. Auch der griechische Mann beginnt sich zu emanzipieren!

Die *Prika*, die die Frau zur Ware und zum Heiratsgut erniedrigt, war bis 1983 gesetzlich verankert (und wird noch heute teilweise praktiziert). Bei der Gesetzesänderung wurde das Heiratsalter der Frau von 14 auf 18 Jahre heraufgesetzt. Der Tradition nach mußte der Brautvater bzw. die Familie der Braut, das hieß auch ihre Brüder, dem Ehemann eine angemessene Mitgift geben, die dieser verwalten durfte und nur im Scheidungsfalle zurückerstatten mußte. Bei dieser Art der Eheschließung verdiente der Staat mit, denn die Prika unterlag der Einkommenssteuer. Die Höhe der Mitgift entsprach dem sozialen Status der Brautfamilie und dem Beruf des Bräutigams. Ein »kalós ghambrós« (= guter Bräutigam) mit Hochschulbildung erhielt selbstverständlich eine ›bessere‹ Mitgift als ein einfacher Arbeiter oder Schafhirte. Nur wenn die Schwester oder die Tochter sehr unansehnlich und dumm war, also eine schlecht verkäufliche ›Ware‹, dann erhöhte die Familie meist die Prika, um damit zugleich die Brüder für eine Ehe freizukaufen. Denn solange ihre Schwester ledig war, durften sie nicht heiraten.

Unter diesen Bedingungen war eine Liebesverbindung, aber auch die Lösung einer zerrütteten Ehe selten. Man heiratete meist nur eine »gute Mitgift«, nicht eine Frau und nur selten aus Liebe! Die Trennung, war die Ehe auch noch so quälend, wurde hartnäckig vermieden. Bedeutete sie doch für den Mann Rückgabe der Mitgift, die nicht selten Grundlage seiner wirschaftlichen Existenz war. Die Scheidung gefährdete Wohlstand und seinen gesellschaftlichen Status. Die Abschaffung der Prika veränderte das Denken bei Mann und Frau tiefgreifend. Was sich besonders auf die *Kindererziehung* auswirkt, die nach dem neuen Familiengesetz nicht länger nur vom Mann bestimmt werden darf. Das Geld der Mitgift wird sehr häufig in die Ausbildung der Töchter investiert.

Seit langem schon studieren Griechinnen in großer Zahl an den Universitäten. Von den im Ausland studierenden Griechen sind heute annähernd die Hälfte Frauen. In vielen Bereichen sind Frauen tätig, nicht nur in traditionellen Frauenberufen wie Lehrerin, Krankenschwester und Sekretärin.

Der Anteil von Ärztinnen und Rechtsanwältinnen ist sicher nicht niedriger als in der Bundesrepublik Deutschland. Überhaupt ist ein hoher Prozentsatz von Frauen berufstätig, schon weil ein Gehalt in der Regel nicht ausreicht, eine Familie angemessen zu ernähren. Die Folge ist aber eine Doppelbelastung in Beruf und Haushalt. Erledigung von Hausarbeit ist bei Männern verpönt und gilt als unmännlich. An der Tradierung solcher Rollenbilder sind die Frauen nicht ganz unschuldig. Denn kaum haben sie selber einen Sohn auf die Welt gebracht, bemühen sie sich oft nach Kräften, einen neuen ›Pascha‹ zu erziehen.

Ebenso brisant und fatal wie die Prika war das Gebot der Jungfräulichkeit. Der Mann heiratete nur eine unberührte Frau. Hatte die Frau vor der Ehe Sexualbeziehungen, mußten sie und ihr Liebhaber fürchten, vom Ehemann getötet zu werden. Ein Ehrenmord, der von der Gesellschaft, das heißt auf dem Lande von der Dorfgemeinschaft, gedeckt wurde, rechtlich meist ungesühnt blieb oder nur mit einer geringen Gefängnisstrafe geahndet wurde. Prika und Doppelmoral des modernen Griechenland gehen in ihren Ursprüngen bis auf die Kultur des antiken Hellas zurück. Bereits im 5. Jh. v. Chr. regelte ein Gesetz für die Bürger Athens die Mitgift, welche die Brautfamilie dem Bräutigam übergeben mußte. In Ausnahmefällen stellte sogar der Staat die Mitgift für Töchter mittelloser Väter, die sich – meist im Krieg – um den Staat verdient gemacht hatten.

Das Problem der Trennung war schon in der Antike eng mit der Prika verflochten. Eine nur dem Mann erlaubte Scheidung war meist ›unwirtschaftlich‹, da er auch im antiken Hellas die Mitgift zurückzahlen mußte.

Auch das Prinzip des ›Ehrenmords‹ bei Untreue der Frau läßt sich bis ins Altertum zurückverfolgen. Das Gesetz der Antike sah für den in flagranti ertappten ›Verführer‹ die Todesstrafe vor. Paradoxerweise wurde Verge-

Goldring mit der Darstellung von drei Priesterinnen. Es handelt sich wahrscheinlich um die Fälschung eines mykenischen Originals. AMI.

waltigung jedoch nicht mit dem Tode bestraft. Das antike Gesetz (und damit erinnert es an den noch heute in Griechenland begangenen Ehrenmord) gab dem Hausherrn das Recht, alle unter seinem Schutz lebenden Frauen (Mutter, Tochter, Schwester, Ehefrau etc.) zu rächen und den auf frischer Tat überführten ›Schänder‹ und ›Ehebrecher‹ ungestraft zu töten. Für die Frau bestimmte das Gesetz die Scheidung. Nach der Solonschen Verfassung durfte ein verführtes Mädchen auch in die Sklaverei verkauft werden. Die Scheidung sollte verhindern, daß Kinder, die nicht vom Ehegatten gezeugt waren, unrechtmäßig das Bürgerrecht erhielten und somit Anspruch auf den gesamten Besitz des Mannes hatten. Doch, wie oben bereits gesagt, verzichtete der Mann oftmals aus wirtschaftlichen Interessen auf ›sein‹ Scheidungsrecht.

Ein verlassenes schwangeres Mädchen war und ist mitunter auch noch im Griechenland des 20. Jahrhunderts für die ganze Familie, ja manchmal für das ganze Dorf, die größte Schande. Die Unglückliche mußte gerächt und gesühnt werden, was oftmals generationenlange Fehden gemäß der grausamen Tradition der Blutrache auslöste, während eine ledige Mutter in den größeren Städten heute kein Aufsehen mehr erregt.

Nach dem alten Muster der *Doppelmoral* galt ein Mädchen, das vor der Ehe mit einem Mann sexuelle Beziehungen hatte und verlassen wurde, als Hure und war somit unwürdig, geheiratet zu werden. Der Mann hingegen genoß jede sexuelle Freiheit. Er durfte sich nur nicht erwischen lassen. Denn dann mußte er die Rache der Familie des Mädchens fürchten. Aus den meisten vorehelichen Beziehungen aber ging er ohne Makel hervor. Eine ›entehrte‹ Frau wurde gedemütigt und erniedrigt. Für sie war es schier unmöglich, einen Ehemann zu finden. Häufig wurde sie aus ihrer Dorfgemeinschaft ausgestoßen und manchmal sogar in die Prostitution getrieben.

Der Tourismus, insbesondere der sogenannte alternative, hat die Probleme der Doppelmoral oft noch verschärft. Die jungen erlebnishungrigen Touristinnen sind für die männliche Dorfjugend zum »Genuß ohne Reue« geworden, zum erotischen Abenteuer ohne das Risiko, es mit dem brüderlichen oder väterlichen Messer zu tun zu bekommen. Für die Dorfmädchen ist das Verhalten der unbekümmerten Touristinnen, die am Strand heute mit Jannis und morgen mit Jorgos schlafen, schlicht unverständlich und verwirrend. Der Zusammenprall dieser historisch eigentlich weit auseinanderliegenden Verhaltensmuster geht vor allem zu Lasten der einheimischen Frauen. Die jungen unverheirateten Frauen werden desorientiert, ohne ihrerseits mehr Freiheit zu erhalten, und die verheirateten Frauen bangen um ihre Männer.

Während sich die jungen Männer als »kamákia« (wörtlich Harpunen = Papagalli) üben, gilt für die Familie weiterhin das oberste Gebot: auf die Tochter aufzupassen, sie nicht alleine mit einem Mann ausgehen zu lassen, sie auf Schritt und Tritt zu überwachen. Auf der abendlichen Volta (Spaziergang) darf das Mädchen in ihren schönsten Kleidern nur wenige Meter vor ihren Eltern, Verwandten oder Geschwistern mit ihrem Liebsten bummeln. Aber Liebe ist erfinderisch, sie weist gelegentlich auch jungen verliebten Dorfschönen Wege zur heimlichen Zweisamkeit. Und mit Hilfe von Frauenärzten können die jungen Frauen ihre ›Ehre‹ zurückerhalten. Wie mit den Abtreibungen, blüht in den Arztpraxen auch das Geschäft mit der Unberührtheit: ein kleiner Eingriff wenige Tage vor der Hochzeitsnacht und der Mann hat sein Erfolgserlebnis, ist ›Besitzer‹ einer ›Jungfrau‹ und kann, wie es in manchen Gegenden noch der traditionelle Brauch fordert, das blutbefleckte Laken der ›Brautnacht‹ den Hochzeitsgästen zeigen.

Auch heute noch gibt es in allen gesellschaftlichen Schichten Männer, die nur eine unberührte Frau heiraten wollen. Sie fordern es heraus, gehörnt und betrogen zu werden! Allein die Ergebnisse einer Umfrage, nach denen 40 % der Studentinnen zwischen 18 und 23 Jahren und 74 % der gleichaltrigen Studenten sexuell aktiv sind, zeigen deutlich, daß die Frauen sich mit Erfolg von ihren alten Fesseln lösen, daß sie begonnen haben, ihre Freiheiten zu erkennen und zu leben.

16. Sturm in der Ägäis

Griechisch-türkischer Konflikt an der Grenze zwischen Europa und Asien

Beim Studium der türkisch-griechischen Beziehungen fällt einem unwillkürlich das unselige Wort von der Erbfeindschaft ein. Die traditionelle Feindseligkeit beider Völker drückt sich in Sprichwörtern aus. Gerade in der Übertreibung kommt sie deutlich zum Ausdruck. Bezichtigen die Griechen die Türken der Aggressivität und Faulheit, so intendieren die Aussprüche der Türken die vermeintliche Schläue und Unzuverlässigkeit der Griechen.

Griechen über Türken:
»Er herrscht wie ein Agá (türkischer Großgrundbesitzer).«
»Dieser Mensch lebt so gut wie ein Pascha.«
»Ejine túrkos« (er wurde zu einem Türken), er wurde fuchsteufelswild.
Fester Bestandteil im Wortschatz der Griechen sind Schimpfwörter, in denen der Begriff Türke vorkommt:

»Turkalás«	= ein erbarmungsloser Tyrann.
»Turkála«	= eine unweibliche Frau; auch Türkin
»Turkojeniménos«	= Bastard eines Türken und einer Christin
»Turkósporos«	= das Kind eines türkischen Vaters; aus der Türkei stammend.

Türkische Sprichwörter drücken oft tiefe Verachtung gegenüber den »gavúr« (Ungläubigen) aus, wie die Türken die Griechen und alle Nichtmoslems bezeichnen. Das bezieht sich auf die angebliche Unzuverlässigkeit der Griechen, ihre Zwietracht untereinander, auf ihren Verrat am eigenen Volk, den die Türken in der Vergangenheit häufig von Griechen erkaufen konnten.

Türken über Griechen:
»Der griechische Streit ist des Türken chalvás« (türkische Süßspeise)
»Die Griechen sind nur einig und friedlich beim Wasserlassen.«
»Mißtraue dem gavúr, Vertrauen ist er nicht wert.«
»Sei nicht gutmütig gegenüber dem gavúr.«
»Die Erkenntnis gewinnt der gavúr immer erst nach dem Streit.«

Erinnern wir uns: gab es nicht ähnlich borniere Kollektivurteile im deutsch-französischen Verhältnis? (»Weil der Franzmann, der Drecksack, den Rhein noch besetzt hat…«). Sollte nicht auch die griechisch-türkische Feindschaft in ein normales nachbarschaftliches Verhältnis umgewandelt werden können?

Zwischen Griechenland und der Türkei schien sich auch tatsächlich ein konstruktiver Dialog zu entwickeln. Es sah so aus, als könne an der Grenze zwischen Europa und Asien in Zukunft reale Friedenspolitik praktiziert werden. Im Januar 1988 trafen sich die beiden Ministerpräsidenten Papandreu und Özal zum ersten Mal in Davos. Zwei weitere Treffen folgten – in Brüssel anläßlich des NATO-Gipfels am 4. März 1988 und am 13. Juni in Athen. Doch dann mußte Papandreus für September geplante Reise nach Ankara wegen seiner Erkrankung abgesagt werden. Die politische Dauerkrise in Griechenland und die Wahlen in der Türkei haben seitdem den ›Geist von Davos‹ zu einer seltenen Erscheinung werden lassen.

Der Ägäis-Konflikt besitzt eine politische Sprengkraft, die von Westeuropäern häufig unterschätzt wird. Er kann für Europa und die NATO eine latente Kriegsgefahr bedeuten. Die griechisch-türkischen Auseinandersetzungen haben tiefe Wurzeln in der Geschichte. Die Gründung des modernen griechischen Staates seit 1821 und seine allmähliche Erweiterung geschah fast ausschließlich zu Lasten des Osmanischen Reiches (vgl. Kap. 18). Die mehr als 400jährige osmanische Fremdherrschaft ist bei den Griechen unvergessen. Beide Länder leben in schwieriger, zeitweise in feindseliger Nachbarschaft – obwohl sie der NATO angehören, und die Türkei überdies die Mitgliedschaft in der EG anstrebt.

Immerhin bot die Kleinasiatische Katastrophe (1922), d. h. die militärische Niederlage Griechenlands bei dem Versuch, einen Teil des anatolischen Festlands zu erobern, und der sich anschließende zwangsweise Bevölkerungsaustausch die Chance, die griechisch-türkischen Beziehungen auf eine neue Basis zu stellen. Die Megáli Idéa-Politik der Griechen (vgl. Kap. 18), ihr Versuch, das Byzantinische Reich mit der Hauptstadt Konstantinopel wieder zu errichten, hatte die Existenz zunächst des Osmanischen Reiches, dann des türkischen Staates bedroht. Sie mußte nun zu Grabe getragen werden. Die beiden noch offenen territorialen Fragen, nämlich Zypern und die Dodekánés betrafen zunächst nicht das griechisch-türkische Verhältnis. Die Inselgruppe Dodekánés stand unter italienischer Verwaltung, und Zypern war eine britische Kronkolonie, einer der zahlreichen britischen Stützpunkte auf dem Seeweg nach Indien.

In dieser Situation gelang es zwei weitsichtigen Politikern auf beiden Seiten, nämlich Elefthérios Venizélos und Ismet Inonü, ab 1927, knapp fünf Jahre nach dem mörderischen Krieg, das gegenseitige Verhältnis in erträgliche Bahnen zu leiten. Es gab zwar Spannungen wegen der Minderheiten in beiden Staaten, die vom Bevölkerungsaustausch verschont worden waren (u. a. ca. 100000 Türken in Thrakien und 200000 Griechen in Istanbul und einige Tausend auf den Inseln Imbros und Ténedos). Im großen und ganzen waren jedoch die griechisch-türkischen Beziehungen bis nach dem Zweiten Weltkrieg so gut wie nie zuvor.

In den 50er Jahren begann jedoch das Ringen um das Schicksal von Zypern, und damit entstand neuer Konfliktstoff. Der Niedergang des Britischen Empire und der weltweite, immer lauter werdende Ruf nach Entkolonisierung machten deutlich, daß die Tage der britischen Herrschaft auf der von Griechen (ca. 82%) und Türken (ca. 18%) bewohnten Insel gezählt waren. Für die griechischen Zyprioten und für Griechenland war das Ziel ganz selbstverständlich »Enossis«, d. h. Vereinigung der Insel mit Griechenland. Das war jedoch weder für die türkisch-zypriotische Minderheit noch für die Türkei attraktiv. Letztere strebte selber Zugang zu der strategisch wichtigen Insel an. Als 1955 die griechisch-zypriotische Widerstandsorganisation EOKA den bewaffneten Kampf gegen die britische Herrschaft und für den Anschluß an Griechenland aufnimmt, kommt es zu schweren Ausschreitungen gegen Griechen und griechisches Eigentum in Istanbul. Damit beginnt der Exodus der prosperierenden griechischen Bevölkerung der ehemaligen Hauptstadt des Osmanischen Reiches. Von den damals 200000 Griechen Istanbuls sind heute nur noch wenige Tausend übrig geblieben. Sie leben, mit türkischen Pässen, im Schatten des orthodoxen Patriarchats. Mit der Unabhängigkeit Zyperns 1960 trat der Konflikt in eine andere Phase, war jedoch, wie die dramatischen Ereignisse im Sommer 1974 gezeigt haben, keineswegs beseitigt. Die militärische Intervention der Türkei auf der Insel, für die die Desperado-Politik der Athener Junta den Vorwand lieferte, hat den Konflikt enorm verschärft und beide Länder an den Rand des Krieges gebracht. Der Norden der Insel ist nach wie vor von türkischen Truppen besetzt und der Konflikt dauert, trotz aller Bemühungen der UNO, die seit 1974 dort eine Friedenstruppe unterhält, immer noch an und kommt bei verschiedensten Gelegenheiten zum Vorschein, so z.B. 1989 im Rahmen der Konferenz über konventionelle Abrüstung in Europa. Eine weitgehende Einigung über gegenseitige Kontrollzonen entlang der Blockgrenze vom Nordkap bis zum Mittelmeer drohte an griechisch-türkischen Querelen über die Einbeziehung des Hafens Mersin zu scheitern. Mersin ist just der Hafen, aus dem 1974 die türkischen Landungsboote Richtung Zypern ausgelaufen sind.

Wenn der griechisch-türkische Konflikt um Zypern auch keinen unmittelbaren geographischen Bezug zur Ägäis hat, so ist er doch nicht losgelöst von den Problemen zu sehen, die sich seit 1973 in der Ägäis auftun.

Demonstration an der Mauer von Nikosía.

Festlandsockel

Der Streit um den Festlandsockel der Ägäis begann, als Geologen im Auftrag der griechischen Regierung bei der Exploration des Meeresbodens in der Nähe der Insel Thássos auf Kohlenwasserstoff-Vorkommen stießen. Heute liefert dieses Feld mit der Bezeichnung Prinos das einzige in Griechenland geförderte Erdöl, weniger als 3 % des Verbrauchs. Lag etwa unter den blauen Wassern der Ägäis eine Erdöl-Bonanza versteckt? Die türkische Regierung handelte jedenfalls prompt und verlieh im Sommer 1973 der staatlichen türkischen Erdölgesellschaft Explorations- und Bohrrechte mitten in der Ägäis. Gleichzeitig veröffentlichte sie im Regierungsanzeiger eine Karte, in welcher der Meeresboden durch eine Mittellinie zwischen den beiden Festlandküsten aufgeteilt wurde. Griechenland protestierte heftig gegen die einseitige Abgrenzung.

Nun ist die Ägäis nicht die einzige Gegend, in der solche Abgrenzungskonflikte aufgetreten sind. Als sich nach dem Zweiten Weltkrieg die Möglichkeit des menschlichen Zugriffs auf den Meeresboden jenseits des Küstenmeeres abzeichnete, entwickelte sich, ausgehend von einer Deklaration Präsident Trumans, die völkerrechtliche Doktrin, wonach dem jeweiligen Küstenstaat das ausschließliche Recht zur Erforschung und Ausbeutung des an das Küstenmeer angrenzenden Meeresbodens, des sogenannten Festlandsockels, zusteht. Die erste Seerechtskonferenz der Vereinten Nationen im Jahre 1958 verabschiedete eine eigene Konvention über den Festlandsockel. Wie der Internationale Gerichtshof (IGH) 1969 feststellte, sind die wesentlichen Regelungen dieser Konvention bereits in Völkergewohnheitsrecht erwachsen, d.h. für alle Staaten, unabhängig von Zeichnung oder Ratifikation der Konvention, verbindlich. Eine grundsätzliche Regelung ist, daß auch Inseln über einen eigenen Festlandsockel verfügen.

Die türkische Karte zog die zahlreichen griechischen Inseln, die fast über die ganze Ägäis verstreut sind, offensichtlich nicht in Betracht. In dem folgenden Notenwechsel vertrat die türkische Regierung die Auffassung, daß der Festlandsockel die natürliche Fortsetzung der Landmasse sei und daß die ostägäischen Inseln über keinen eigenen Festlandsockel verfügten, vielmehr auf dem türkischen Festlandsockel lägen. Griechenland berief sich auf die Inselregelung der Festlandsockel-Konvention und verlangte eine Abgrenzung nach dem Äquidistanzprinzip. Diese Lösung ist für die griechische Seite sehr vorteilhaft, da eine Äquidistanzlinie östlich der ostägäischen Inseln, d.h. unmittelbar vor der kleinasiatischen Küste verlaufen würde.

Es blieb nicht beim zornigen Notenwechsel. Im Mai 1974 lief das türkische Forschungsschiff »CANDARLI« in Begleitung von 32 Kriegsschiffen aus den Dardanellen aus, um den Meeresboden der Zentralägäis zu erforschen und damit den türkischen Anspruch zu bekräftigen. Denn das Recht zur Ressourcen-Forschung und Prospektion steht nach Festlandsockelrecht nur dem berechtigten Küstenstaat zu. Der ›Forschungsauftrag‹ wurde von den Griechen als Bedrohung angesehen. Die türkische Invasion auf Zypern im selben Sommer ließ dann den Festlandsockel-Konflikt in der Ägäis zeitweise in den Hintergrund treten. Nach dem Sturz der Junta versuchte Ministerpräsident Karamanlís bei einem Treffen mit seinem türkischen Kollegen im Rahmen der NATO im Mai 1975, den Streit einer friedlichen Lösung zuzuführen. In einem gemeinsamen Communiqué vereinbarten sie, Verhandlungen aufzunehmen mit dem Ziel, den Streitfall einvernehmlich dem IGH vorzulegen. Die vereinbarten Verhandlungen kamen niemals richtig zustande, stattdessen erschien im Sommer 1976 erneut ein türkisches Forschungsschiff in der Ägäis. Wieder war die Situation zum Zerreißen gespannt. Griechenland brachte daraufhin den Streit sowohl vor den Sicherheitsrat der Vereinten Nationen wie vor den IGH. Der Sicherheitsrat forderte beide Streitparteien auf, sich einseitiger Maßnahmen zu enthalten. Der IGH wies die griechische Klage mangels Zuständigkeit ab, da sich die Türkei weder allgemein der Gerichtsbarkeit unterworfen hatte noch sich im konkreten Fall der Klage stellte.

Im November 1976 einigten sich beide Staaten dann in Bern auf ein Protokoll, in dem einige Verfahrensaspekte der Verhandlungen festgelegt wurden, darunter die gegenseitige Verpflichtung, sich Initiativen oder Handlungen zu enthalten, welche die Verhandlungen stören könnten. Diese zogen sich ohne greifbare Resultate in die Länge. 1981 lehnte die neugewählte PASOK-Regierung unter Andreas Papandreu weitere Ver-

Die türkischen Ansprüche in der Ägäis

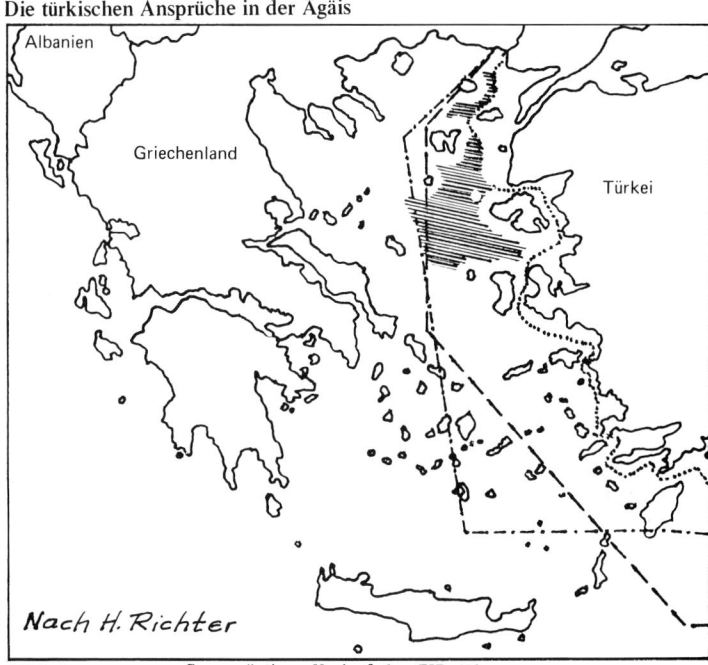

Nach H. Richter

············· Gegenwärtiger Verlauf der FIR Athen

Gebiet, das Ankara der türkischen Erdölgesellschaft am 1.11.1973 zur Erforschung freigab

—·—·—·— Gebiet, das Ankara am 8.6.1974 zur Ausbeutung
beanspruchte

— — — — Von Ankara geforderter Verlauf der FIR

handlungen ab. Sie argumentierte, daß es nichts zu verhandeln gäbe, da die griechische Seite keine Festlandsockel-Ansprüche gegen die Türkei erhebe.

Ende 1986 machte das internationale Konsortium, dem Griechenland Bohrlizenzen um Thássos verliehen hatte, seine Absicht bekannt, zwischen den Inseln Thássos und Samothráke außerhalb des Küstenmeeres zu bohren. Die Türkei protestierte sofort und machte eine Verletzung des Berner Protokolls geltend. Griechenland entgegnete, daß die Verhandlungen längst beendet seien, das Protokoll daher nicht mehr anwendbar sei. Im März 1987 erreichte der Konflikt einen neuen Höhepunkt, als das türkische Forschungsschiff »SISMIK I«, eskortiert von Kriegsschiffen, erneut Kurs auf die Ägäis nahm. Premierminister Papandreu erklärte in einer außerordentlichen Kabinettsitzung vor laufenden Fernsehkameras, daß die griechische Marine nicht genehmigte Forschungshandlungen auf dem griechischen Festlandsockel mit allen Mitteln unterbinden werde. Gleichzeitig wurde die Mobilmachung erklärt. Ahnungslose Touristen mußten zugunsten von Soldaten die Flugzeuge der Olympic Airways Richtung ägäische Inseln verlassen. Die Situation wurde schließlich durch die Erklärung des türkischen Premiers entspannt, die Türkei verzichte darauf, außerhalb ihres Küstenmeeres Meeresbodenforschung zu betreiben, sofern Griechenland dasselbe tue. Diese Erklärung wurde von griechischer Seite stillschweigend akzeptiert, worauf die türkische Flottille wieder abdrehte. In Griechenland wurde das Ergebnis als Erfolg der eigenen Festigkeit gefeiert, doch Athen hat damit bis auf weiteres akzeptiert, daß die gesamte Ägäis ein umstrittenes Gebiet ist.

Die geographische Lage in der Ägäis ist kompliziert, die Rechtslage hinsichtlich der Abgrenzung nicht minder. Da die langjährigen Verhandlungen keinen Erfolg gebracht haben, würde sich eine richterliche oder schiedsrichterliche Streitschlichtung anbieten. Dies umso mehr, als der IGH in den letzten Jahren mehrere Festlandsockel-Streitigkeiten erfolgreich schlichten konnte, so zwischen Libyen und Tunesien, zwischen Libyen und Malta und zwischen Kanada und den USA im Gulf of Maine.

Küstenmeer

Mit dem Festlandsockel-Streit verknüpft ist die Frage der Ausweitung des Küstenmeeres in der Ägäis. Griechenland beansprucht ein Küstenmeer von 6 Seemeilen Breite. Dies läßt 65 % der Ägäis als hohe See übrig. Die Türkei beansprucht in der Ägäis ein Küstenmeer von derselben Breite, im Schwarzen Meer jedoch von 12 Seemeilen. Die griechische Regierung hat wiederholt auf ihr Recht hingewiesen, das Küstenmeer auf 12 Seemeilen auszudehnen. Dies wäre nach offizieller türkischer Verlautbarung eine causa belli, ein Kriegsgrund (Außenminister Caglayangil am 24.10.1979). Prinzipiell läßt das moderne Völkerrecht ein Küstenmeer von zwölf Seemeilen Breite zu. Aber es ist einsichtig, daß ein solcher Schritt die Position der Türkei bei der Festlandsockel-Abgrenzung erheblich schwächen würde. Nach der Ausdehnung wären nämlich nur noch 36 % der Ägäis als hohe See übrig. Und dieser Bereich läge nicht in der Nähe der anatolischen Küste. Die Ausdehnung hätte aber auch noch einen anderen Aspekt. Sie würde auch die Schiffahrt in der Ägäis tangieren. Bislang können Schiffe, welche diese wichtige Verbindung zwischen dem Schwarzen Meer und dem Mittelmeer benutzen, durch hohe See fahren. Eine allgemeine Ausweitung des griechischen Küstenmeeres auf zwölf Seemeilen würde sie zwingen, durch griechisches Küstenmeer zu fahren. Allerdings hält das moderne Völkerrecht für internationale Meerengen Regelungen bereit, welche die Freiheit der Durchfahrt weitgehend garantieren. Dies gilt jedoch nicht in gleicher Weise für die Zufahrt zu türkischen Mittelmeerhäfen, insbesondere nach Izmir, dem zweitgrößten Hafen der Türkei.

Luftraum

Mit dem vorhergehenden Problem ist wiederum die Frage des griechischen Luftraums verbunden. Griechenland beansprucht über sein Küstenmeer von 6 Seemeilen hinaus den Luftraum über die an Griechenland angrenzenden Meere bis auf eine Breite von 10 Seemeilen als Hoheitsgebiet. Dieses Kuriosum der Völkerrechtspraxis stammt aus einer Präsidialverordnung von 1931, aus einer Zeit also, in der das Festlandsockel-Regime unbekannt war. Nach Völkerrecht teilt der Luftraum das rechtliche Schicksal des darunterliegenden Gebietes, d.h. ein Staat kann nur den Luftraum als eigenen in Anspruch nehmen, der über seinem Staatsgebiet einschließlich des Küstenmeeres liegt. Die griechische Regierung weist darauf hin, daß sie prinzipiell berechtigt sei, das Küstenmeer und damit automatisch auch den darüberliegenden Luftraum auf zwölf Seemeilen auszudehnen. Folglich dürfe sie auch weniger tun, nämlich lediglich den Luftraum auf zehn Seemeilen ausdehnen. Die Türkei bestreitet dies. Der Streit wurde vor die ICAO, die Internationale Zivilluftfahrt-Organisation, gebracht. Bislang beharren beide Seiten auf ihrer Position. Leider bleibt es nicht beim Austausch von Noten und bei Wortgefechten vor internationalen Gremien. Die türkische Luftwaffe unterstreicht ihre Position des öfteren, indem türkische Flugzeuge unangemeldet in die Zone zwischen sechs und zehn Seemeilen vor der griechischen Küste eindringen. Dies veranlaßt jeweils die griechische Luftwaffe, Jäger aufsteigen zu lassen, um die aus griechischer Sicht illegalen Durchflüge zu unterbinden. Zum Glück ist diese riskante Art der völkerrechtlichen Argumentation bislang ohne Zusammenstoß geblieben. Aber jedes Mal verursacht sie in beiden Staaten ein böses Presseecho.

Noch ein weiterer Streit hat den gewöhnlich blauen Himmel über der Ägäis erheblich getrübt. Die ICAO hat den Globus in Flugkontrollzonen (Flight Information Region, FIR) für die zivile Luftfahrt aufgeteilt. Diese Einteilung legt fest, welche Zivilluftfahrtbehörden die Flugkontrolle über eine bestimmte Region ausüben. 1952 wurde im Beisein griechischer und türkischer Regierungsvertreter festgelegt, daß die FIR, die der Athener Zivilluftfahrtbehörde untersteht, ungefähr dem griechischen Territorium folgt und über der östlichen Ägäis bis an das türkische Küstenmeer reicht, d.h. sowohl die griechischen Inseln wie auch die internationalen Gewässer der Ägäis umfaßt. Es handelt sich dabei um eine rein technische Abgrenzung, die selbstverständlich keinen Einfluß auf Souveränitätsrechte hat.

Im heißen Sommer 1974 veröffentlichte die türkische Regierung eine

Mitteilung an die Luftfahrt (NOTAM 714 vom 6. August 1974), durch die alle Flugzeuge aufgefordert wurden, sich östlich einer Mittellinie durch die Ägäis bei der Flugkontrolle Istanbul zu melden. Die griechische Regierung erklärte daraufhin die Ägäis zur »gefährlichen Zone«, wodurch der internationale Luftverkehr über diesem viel beflogenen Gebiet lahmgelegt wurde. Alle Piloten waren gezwungen, erhebliche Umwege in Kauf zu nehmen. Im Februar 1980 nahm die türkische Regierung schließlich ihre Maßnahme zurück, ohne allerdings ihren Anspruch auf Revision der FIR-Grenzen aufzugeben. Seitdem läuft der zivile Flugverkehr über der Ägäis wieder normal. Aber jedes Aufflackern des Konflikts auf einem anderen Terrain kann wieder Funken auf dieses eigentlich unpolitische, technische Gebiet überspringen lassen.

Status gewisser Ägäischer Inseln

Schließlich gibt es noch ein weiteres Minenfeld zwischen beiden Staaten, das vor allem die militärische Zusammenarbeit an der Südflanke der NATO beeinträchtigt. Die verschiedenen Verträge (Lausanner Friedensvertrag von 1924, Lausanner-Meerengenkonvention von 1924, Pariser Friedensvertrag von 1947), durch die mehrere Ägäis-Inseln zu Griechenland kamen, sehen jeweils bestimmte Beschränkungen für die Befestigung und Militarisierung dieser Inseln vor. Hauptstreitpunkt ist die Insel Lémnos und deren Einbeziehung in Manöver der NATO. Die griechische Seite besteht jeweils darauf, daß Seemanöver in der Ägäis auch die Insel Lemnos einbeziehen. Dies ist für die türkische Seite unweigerlich ein Grund, ihre Zustimmung zu dem Manöver zu verweigern. Dahinter steht ein Streit um die Auslegung der Meerengen-Konvention von Montreux von 1936.

Der Lausanner-Meerengenvertrag von 1924 über die Durchfahrt durch die Dardanellen und den Bosporus hatte weitgehende Beschränkungen für die Befestigung und Militarisierung von Lémnos, Samothráke sowie der türkischen Inseln Imbros (Gökçeada) und Ténedos (Bozcaada) und des türkischen Festlandgebietes längs der Meerengen enthalten. Die Türkei nahm insbesondere an letzteren Regelungen Anstoß und drängte auf Revision, die schließlich auch durch die Montreux-Konvention erfolgte. Dieser neue multilaterale Vertrag über das Meerengenregime, der noch immer in Kraft ist, enthält keine Einschränkungen mehr. Da er laut Präambel ausdrücklich an die Stelle der früheren Konvention von 1924 getreten ist, kann die griechische Seite mit einer gewissen Berechtigung darauf verweisen, daß Lémnos keinen Beschränkungen mehr unterliege, zumal die türkische Seite entsprechendes für ihr Territorium in Anspruch nehme.

In bezug auf die anderen ostägäischen Inseln macht Griechenland, besonders seit der türkischen Invasion auf Zypern, geltend, daß die Beschränkungen auf der Grundlage der Abtretungsverträge obsolut geworden seien. Griechenland sehe sich einer konstanten Bedrohung seitens seines Nachbarn ausgesetzt und berufe sich auf sein Recht zur Selbstverteidigung gem. Artikel 51 der Charta der Vereinten Nationen. Als Beleg wird angeführt, daß die Türkei 1974 eine neue Heeresgruppe Ägäis mit Sitz in Izmir aufgestellt hat, zu deren Ausstattung eine staatliche Armada von Landungsbooten gehört.

Politische Beobachter aus Nordeuropa mögen den Kopf schütteln über diesen antiquiert wirkenden Streit zwischen zwei NATO-Partnern. Feststeht, daß die genannten Streitpunkte bestehen. Sie haben beide Länder in den letzten zwanzig Jahren wiederholt an den Rand des Krieges gebracht. Daß beide demselben Verteidigungsbündnis angehören, trägt leider zur Konfliktlösung wenig bei. Der NATO-Pakt ist für eine Bedrohung von außen konzipiert, nicht für die Lösung paktinterner Streitigkeiten. Die übrigen NATO-Partner versuchen sich möglichst aus dem Konflikt herauszuhalten. Diese Haltung und besonders das Stillhalten der NATO bei der türkischen Invasion auf Zypern hat bei weiten Kreisen der griechischen Bevölkerung für eine erhebliche Distanz zu dem Verteidigungsbündnis gesorgt. Dies erklärt die Zugkraft des Slogans »Raus aus der NATO«, mit dem u.a. die PASOK 1981 den erfolgreichen Wahlkampf führte. Die Frage, ob die NATO die Invasion auf Zypern zu verhindern berechtigt und in der Lage gewesen wäre, spielt dabei keine Rolle. Das Eingreifen der türkischen Streitkräfte und die andauernde Besetzung des Nordteils der Insel sind für viele Griechen ein Trauma. Manchen erscheint das als Generalprobe für weitere Interventionen zu Lasten Griechenlands.

Der in Davos begonnene Versuch, die Streitpunkte in Unterredungen auf höchster Ebene zu erörtern und gemeinsam nach Lösungswegen zu suchen, stößt deshalb in Griechenland auf breite Zustimmung. Eines der wenigen konkreten Resultate bisher war übrigens die Aufhebung der Visumspflicht, was einen erheblichen Touristenstrom von Griechenland Richtung Türkei auslöste. Viele dieser Touristen waren überrascht über den freundlichen Empfang und entdeckten die in Vergessenheit geratenen Gemeinsamkeiten mit ihren Nachbarn. Verschiedene griechische Künstler, unter ihnen Míkis Theodorákis, setzten sich aktiv für die Verständigung ein. Die mit Theodorákis-Liedern bekannt gewordene Sängerin María Farandúri hat zusammen mit dem türkischen Liedermacher Livaneli eine Schallplatte mit türkischen und griechischen Liedern produziert, die in beiden Ländern begeisterte Aufnahme fand. Dies sind Anzeichen, daß auch diese ›Erbfeindschaft‹ irgendwann im Papierkorb der Geschichte verschwinden wird. Dann wird die Ägäis, der ›Archipélagos‹ mit seinen schimmernden Trittsteinen, wieder, was sie seit Jahrtausenden war – Verbindungsweg zwischen Europa und Asien.

17. Politisches System, Regierungs-struktur, Parteienlandschaft, Medien, Gewerkschaften, Sozialversicherungssystem

Politisches System und Regierungsstruktur

Griechen zu regieren, scheint keine leichte Aufgabe zu sein. So jedenfalls das Urteil von Männern, die es versucht haben. Auch hierin liegt wohl – Fallmerayer hin, Fallmerayer her – eine erstaunliche Konstante seit der Antike.

Vom Individualismus war schon die Rede. Dazu kommt eine anarchische Grundtendenz, die je nach Temperament die Beobachter entzückt oder entsetzt. Anarchie jedoch keinesfalls als politische Beglückungstheorie im Sinne von Bakunin oder Kropotkin, sondern ganz ursprünglich Anarchia, d.h. das Fehlen von Führung, Autorität. Nordeuropäische Bewunderer, wie der kürzlich verstorbene Autor und Übersetzer Lorenz Gyömörey, haben hierin sogar ein Heilmittel für das autoritätsfixierte Europa gesehen.

Obrigkeitliche Verbote ändern daran wenig, denn die Griechen sind von einer erfrischenden Respektlosigkeit im Verhältnis zu Amtspersonen. In welchem europäischen Land kann man sonst noch erleben, daß ein Polizist, der es wagt, einen in flagranti ertappten Parksünder aufzuschreiben, mit einem empörten Wortschwall überhäuft wird. Tenor etwa: Der Beamte sei herzlos, da der Parksünder gerade seine hochschwangere Frau zur Klinik gebracht habe, oder er möge sich das nochmal überlegen, da er, der Parksünder, sich gleich mit seinem alten Freund, dem Innenminister, zum Essen treffe.

Die Gesellschaft ist auffällig unstrukturiert. Ein erblicher Adel hatte sich in Byzanz nicht entwickelt und wurde auch im neugriechischen Staat trotz Monarchie und Monarchen aus nordeuropäischen regierenden Häusern nicht eingeführt. Natürlich gibt es starke wirtschaftliche Unterschiede, doch ist die Durchlässigkeit solcher Schichtungen groß. Von der Fluktuation der Oligarchien künden die Nobelvillen vom Ende des letzten Jahrhunderts im Athener Vorort Kifissiá. Die meisten sind heute verfallen, von Abriß bedroht oder in Gefahr, von Neubauten erdrückt zu werden. Kaum eines der herrschaftlichen Häuser befindet sich noch in den Händen der Familien, die sie einst erbauten. Der Einfluß der Athener »tsákia« (Kamine), die am Kolonáki wohnten, ist dahin. Die meisten Leute, die heute wirtschaftlich und gesellschaftlich den Ton angeben, sind erst in der Nachkriegszeit zu ihrem Vermögen gekommen, entsprechend neureich ist die Atmosphäre, die sie umgibt.

Ferner fehlt eine Tradition der Selbstorganisation der Gesellschaft. Vereine und Genossenschaften sind vermutlich Opfer des starken Individualismus sowie der Parteipolitisierung aller Lebensbereiche. Bürgerinitiativen sind selten. Erstaunlicherweise erwartet man fast alles vom Staat, von dessen Leistungsfähigkeit man freilich nicht überzeugt ist.

Eine Tradition der öffentlichen Verwaltung, die über den Parteien steht, konnte sich nie richtig entwickeln. Es fehlt die Vorlaufzeit des Mittelalters, die Ausformung königlicher Beamter, die sich dem Gemeinwohl verpflichtet fühlen. Die Beamten in osmanischer Zeit waren vorwiegend fremde Unterdrücker oder, falls es sich um Griechen handelte, deren Verbündete. Die daraus erwachsene Haltung, daß man sich staatliche Behörden möglichst vom Leib hält, deren Anordnungen unterläuft, umgeht, umspielt, ist nur schwer zu verändern. Steuerhinterziehung, in vielen Ländern als Kavaliersdelikt betrachtet, ist in Griechenland geradezu ein Volkssport.

Die Beamten, obwohl sehr zahlreich, genießen kein hohes Ansehen und werden schlecht bezahlt. Sie sind daher in der Regel auf Nebeneinnahmen angewiesen. Viele gehen nachmittags noch einem zweiten Beruf nach. So entsteht ein Teufelskreis aus niedriger Bezahlung, Desinteresse, Doppelt- und Mehrfachbeschäftigung, mangelnder Effizienz und ständigen Neueinstellungen. Diese erfolgen meist aus kurzfristigen wahltaktischen Erwägungen. Jede Einstellung bringt nach Ansicht der Parteiexperten etwa vier bis fünf dankbare Wählerstimmen. Die Entlohnung ist zwar karg, deckt aber die Grundbedürfnisse und verleiht vor allem Pensionsansprüche und Krankenversicherungsschutz. Die PASOK hat zum Beispiel vor der Wahl im Juni 1989, bei der es um ihr Verbleiben in der Regierung ging, 90.000 Neueinstellungen im öffentlichen Sektor vorgenommen. Genützt hat es zwar nicht, aber die finanziellen Lasten dieses Wahlkampfs auf Steuerkosten wirken fort.

Die meisten Einstellungen erfolgen zunächst nicht fest. Doch einmal eingestellt, setzen sich die »éktakti« (Außerplanmäßigen) mit Streiks und Demonstrationen für ihre Dauereinstellung (»monimopíissi«) ein. Wenn sie die Müllabfuhr oder den Omnibusverkehr in der Hand haben, ist der Erfolg meist gesichert. So kann sich dann die absurde Situation ergeben, daß die Regierung – wie im Dezember 1989 – einerseits verzweifelt überlegt, woher sie die Gehälter für den Januar beschaffen soll, und andererseits über die Forderung auf feste Einstellung von 20.000 »éktakti« beraten muß. Das Ergebnis ist, daß die meisten Behörden überbesetzt sind, was ihre Leistungsfähigkeit nicht steigert.

Es fehlt nicht an Kritik an diesen Zuständen und gutgemeinten Reformvorschlägen. So wurde zum Beispiel eine Hochschule für öffentliche Verwaltung, orientiert an der französischen ENA, eingerichtet. Bislang hat sich diese Maßnahme jedoch nicht spürbar ausgewirkt.

Die bayerischen Berater König Ottos hatten eine stark zentralisierte Verwaltung eingerichtet. Und die spätere Orientierung des öffentlichen Rechts an französischen Vorbildern hat dieses Modell nicht gemildert. Griechenland ist verwaltungsmäßig aufgeteilt in 51 Departements (nomí), an deren Spitze, ähnlich dem französischen Präfekten, ein von der Regierung ernannter Nomarch steht. Einen staatsrechtlichen Sonderstatus genießt der Heilige Berg Athos. Die Gemeindeautonomie ist unterentwickelt. Insbesondere mangelt es an eigenen Finanzen, was zu dauerhafter Abhängigkeit von der Zentralregierung führt. Es hat verschiedene Versuche gegeben, unter dem Motto der Dezentralisierung zwischen die Ministerien und die Nomarchien eine weitere Instanz einzuziehen. Die PASOK-Regierung hat jeweils drei, vier Nomí zu Regionen (periphéries) zusammengefaßt und einem Peripheriarchis unterstellt. Es handelt sich dabei jedoch lediglich um eine zusätzliche Verwaltungsinstanz ohne demokratische Beschlußkörperschaften, ohne eigene Finanzautonomie.

Daneben gibt es aus historischen Gründen auch einen Minister mit Dienstsitz in Thessaloníki, der sich um die Regionen Makedonien und Thrakien kümmert. Er ist ein Teil der Zentralregierung, der zur Rechtfertigung von Thessalonikis Ehrentitel »Mithauptstadt« (symprotévussa) im Norden fungiert. Sein Ministerium ist eine Kleinausgabe der Athener Ministerialbürokratie mit Abteilungen für jedes Athener Ressort. Um die Bedeutung der Entwicklung der ägäischen Inseln zu unterstreichen, wurde auch ein Ägäis-Ministerium geschaffen. Der Minister soll die Belange dieses geographisch isolierten Raumes wirksam im Athener Kabinett vertreten.

Die Ministerien selber wirken nicht wie lautlose Stabsstellen, sondern haben mehr den Charakter von Verwaltungsbehörden mit lebhaftem Publikumsverkehr. In einem nordeuropäischen Ministerium wird es, je mehr man sich dem Ministerbüro nähert, stiller, ehrfurchtsgebietender. Das Gegenteil ist in Athen der Fall. Die Ministervorzimmer, in denen mehrere Sekretärinnen und Referenten sich um Bittsteller, Bewerber, Wahlkreisangehörige kümmern, sind eine lebhafte Nachrichten- und Einflußbörse. Viele Minister empfangen wöchentlich mindestens einmal allgemeinen Publikumsverkehr. Aber auch in der übrigen Zeit werden sie, nur leicht gefiltert durch das Vorzimmer, von Bittstellern heimgesucht. Sie sind Minister zum Anfassen, die Wählerpflege in Permanenz betreiben. Wer Schwierigkeiten mit der Baugenehmigung hat, wessen Sohn Militärdienst auf einer abgelegenen Insel ableistet, kommt nicht auf den Gedanken, schriftliche Gesuche zu stellen, Beschwerden zu verfassen oder sich schließlich an die Verwaltungsgerichtsbarkeit zu wenden. Wenn ein direkter Kontakt mit der zuständigen Behörde nichts fruchtet, wendet man sich sogleich an »seinen« Abgeordneten oder mit dessen Vermittlung an den zuständigen Minister.

Die Entscheidungsbefugnisse der Verwaltung sind gering. Viele Einzelfallentscheidungen werden der politischen Spitze des Ministeriums vorgelegt. Dies fördert sicher den demokratischen Bezug zwischen den Bürgern und den von ihnen gewählten Politikern, läßt aber eine Verwaltungsroutine nicht aufkommen. Sofern die Verwaltung entscheidet, hält sie sich starr an ein von außen schwer durchschaubares Gewirr von Gesetzen, Verordnungen, Ministerialerlassen. Aktualisierte Gesetzessammlungen, Loseblattsammlungen existieren nicht. Für den normalen Bürger ist daher oft die Gesetzeslage nur schwer durchschaubar, ein Umstand, der die überaus zahlreiche Schar von Advokaten (allein im Großraum Athen 15.000) in Arbeit und Brot hält.

Die Abgeordneten, dreihundert an der Zahl, sind – wie in allen demokratischen Verfassungsstaaten – ihrem Gewissen verantwortlich. Gleich darauf jedoch ihrer Fraktion, d.h. ihrem Parteichef. Die Anschauung, daß das Parlament als solches eine kontrollierende Funktion im Verhältnis zur Regierung habe, ist den Abgeordneten der jeweiligen Regierungsfraktion fremd. Deshalb kommt das Parlament auch nicht auf den Gedanken, der Exekutive das unbegrenzte Einstellen von potentiellen Wählern in den Staatsdienst zu verwehren. Im Gegenteil sind es oft die Abgeordneten der Regierungspartei, die auf Einstellung ihrer Schützlinge drängen. Kritik daran übt nur die jeweilige Opposition, welche diese Position jedoch sogleich vergißt, wenn sie an den Fleischtöpfen der Regierungsmacht sitzt. Solange das Listenwahlrecht herrschte, war die Stellung des einzelnen Abgeordneten besonders schwach. Die Liste wurde nämlich nicht auf Parteitagen beschlossen, sondern vom Parteivorsitzenden aufgestellt, allenfalls mit Hilfe seiner engsten Mitarbeiter. Aber auch im geltenden System, bei dem die Abgeordneten in ihrem jeweiligen Wahlkreis kandidieren, ist der Einfluß des Parteivorsitzenden übermächtig. Sein Votum ist ausschlaggebend, wenn ihm die Partei nicht sogar die Aufstellung der Kandidaten allein überläßt.

Die griechische Realität wird, wie manche andere, von Mythen bestimmt. Ein Mythos, der das politische Leben beherrscht, ist der »ausländische Faktor« (xénos parágon). Er hat einen sehr realen Hintergrund: die Abhängigkeit des südosteuropäischen Kleinstaats im 19. Jahrhundert von den drei Schutzmächten (Frankreich, Rußland, Großbritannien), dann (seit ca. 1864) von Großbritannien und seit dem Bürgerkrieg von den USA. Seit 1974 und insbesondere seit dem griechischen EG-Beitritt hat dieser Einfluß stark nachgelassen. Diese Entwicklung ist allerdings (noch) nicht ins allgemeine Bewußtsein gerückt. Anstatt Ausmaß und Arten des ausländischen Einflusses zu analysieren, der ja schließlich in einem international vernetzten politischen System in nahezu allen Staaten auftritt, wird dieser Einfluß dämonisiert und übertrieben. Der »ausländische Finger« (xénos dháktilos) wird hinter jeder ungünstigen Entwicklung vermutet, er zieht die Fäden. Liest man griechische Darstellungen der jüngsten Geschichte, liest man gewisse Zeitungen, ist der ausländische Faktor mal in Gestalt des CIA, mal des Intelligence Service (Mythen sind langlebig), mal der Multis für alles verantwortlich.

Parteienlandschaft

Innerparteiliche Demokratie ist weitgehend unbekannt und das, obwohl Griechenland auf eine der längsten Parteiengeschichten Europas zurückblicken kann. Parteibildungen gibt es seit der Gründung des neugriechischen Staates. Bis heute sind die Parteien jedoch im wesentlichen Persönlichkeitsparteien, mehr getragen vom Charisma des Parteiführers als von festen Programmsätzen. Dies gilt auch für die Linksparteien, für die KP und die PASOK, bei denen man ein größeres Gewicht der Programmatik vermutet. Beispielhaft ist die Entwicklung der PASOK: Ihr Vorläufer als Partei des Mitte-Links-Spektrums war die Zentrumsunion, eine Schöpfung von Geórgios Papandreu. Nach dem Tode dieses begabten Politikers während der Junta-Zeit kam die Zentrumsunion nicht mehr auf die Beine. Papandreus Nachfolger in der Parteiführung, Geórgios Mávros, war farblos und ohne Fortune. Die Folge: die politische Formation, der alle Beobachter den sicheren Sieg in den durch den Militärputsch verhinderten Wahlen im Frühjahr 1967 zugebilligt hatten, schmolz innerhalb weniger Jahre zu einer Splitterpartei dahin. Die Rolle des charismatischen Parteiführers übernahm jetzt Papandreus Sohn Andreas. Er hätte wahrscheinlich den Schrumpfungsprozeß der Zentrumsunion verhindern können. Er entschloß sich jedoch, eine eigene Partei mit sehr viel radikalerem Programm zu gründen, die PASOK. Von ihr erwarteten viele einen Neubeginn, feste programmatische Beschlüsse und demokratische Willensbildung. Es blieb bei dem patriarchalischen Modell. Der Parteigründer wurde Vorsitzender, ohne je gewählt zu werden. Überhaupt verzichtete man die ersten zehn Jahre ganz auf die Durchführung eines Parteitags. Opponierende flogen durch kurze Willenserklärungen des »archigós« (Anführers) ohne weiteres Verfahren aus der Partei. Sie konnten der Parteipresse entnehmen, daß sie sich »außerhalb der Bewegung gestellt« hätten. Ein Nebenaspekt des Klientelsystems ist der politische Nepotismus. So wie der alte Geórgios Papandreu seinen Sohn Andreas, der gerade erst nach über 20jährigem USA-Aufenthalt zurückgekehrt war, zum Minister machte, so verhalf Premierminister Andreas Papandreu seinem Sohn Geórgios zu Ministerwürden. Sein Schwiegersohn bekam eine Spitzenposition in der Verwaltung und seine damalige Frau wurde Vorsitzende des griechischen Frauenverbandes. Es handelt sich keineswegs um eine Besonderheit der Papandreu-Dynastie, sondern lediglich um ein anschauliches Beispiel.

Zwischen dem starken Individualismus und dem Freiheitsstreben einerseits und dem bereitwilligen Akzeptieren charismatischer und autoritärer Führer andererseits besteht nur vordergründig ein Widerspruch. Im Rahmen des Klientelsystems stellt der »archigós« die Spitze der Beziehungspyramide dar. Außerdem dürften die Parteimitglieder spüren, daß nur ein starker Chef sie zusammenhalten kann, da programmatische Festlegungen wenig Bedeutung haben. Diese Struktur macht die Führungsspitze gegen Skandalvorwürfe ziemlich immun. Hinzu kommt ein stillschweigender Konsens, daß Politik sowieso ein schmutziges Geschäft sei und wesentlich der Bereicherung der Regierenden diene.

Ferner herrscht im politischen Leben eine ausgesprochene »Lagermentalität«, orientiert an den Parteien. Wer fest zu einer Partei steht, täglich die seiner Partei entsprechende Presse liest, »weiß«, daß fast alle Fakten, die der eigenen Partei ungünstig sind, Erfindungen oder Übertreibungen der Gegenseite sind.

Das griechische Parteienspektrum sieht – von links nach rechts – in groben Zügen folgendermaßen aus: Die KP (KKE), 1920 gegründet, hat ihre Zukunft längst hinter sich (vgl. Kapitel 18). Im Gegensatz zu K-Parteien in anderen europäischen Mittelmeerländern hat sie sich nicht zu einer eurokommunistischen Partei entwickelt, sondern behauptet als »orthodoxe KP« einen Stimmanteil von ca. 10 %. Die von ihr abgespaltene eurokommunistische Linie kommt nur auf etwa 3 %. Dies hat vor allem historische Gründe. Durch die Polarisierung des Bürgerkriegs und den Heiligenschein, den die Partei nicht zuletzt durch den offiziellen Antikommunismus erhielt, hat sie seit langem eine treue Stammwählerschaft. Bislang hat diese weder auf die kurzfristige Koalition mit der konservativen Néa

Dimokratía (Juli bis Oktober 1989) noch auf den Verfall der bisherigen Vorbilder in Osteuropa reagiert. Die Abspaltung des eurokommunistischen Flügels erfolgte 1968 während der Junta-Herrschaft. Die Leitung der damals illegalen KP saß hinter dem eisernen Vorhang in relativer Sicherheit. Die Parteibasis in Griechenland, welche die Folgen der oft unsinnigen Anweisungen aus dem Ausland teuer bezahlen mußte, rebellierte schließlich und bildete eine eigene Partei, die Inlands-KP. Die andere nannte sich ganz offiziell Auslands-KP. Ein auslösender Faktor der Spaltung war die zustimmende Haltung der Auslands-KP zum Einmarsch der Warschauer Pakt-Truppen in die Tschechoslowakei. Die Inlands-KP hat schließlich 1986 den Begriff »kommunistisch« fallengelassen und nennt sich seitdem Griechische Linke: »EAR«. Unter der Leitung des intellektuell wachen Leónidas Kyrkós hat sie vor allem Zulauf unter Studenten und Jungakademikern, Künstlern und Literaten, kann ihre Basis von 2 bis 3 % des Wählerpotentials aber wohl nicht ausweiten. Wegen des Mehrheitswahlrechts ist sie mit der KP 1989 ein Wahlbündnis eingegangen, das unter dem Signum »Koalition der Linken« (Synaspismós tis Aristerás) einheitliche Kandidaten präsentiert.

Die Panhellenische Sozialistische Bewegung (PASOK) des Andreas Papandreu scheint auch ihren Zenit überschritten zu haben. Sie trat mit einem radikalen Programm für eine sozialistische Umgestaltung der Gesellschaft auf einem dritten Weg zwischen Kapitalismus und zentraler Verwaltungswirtschaft osteuropäischen Typs an. Die Wahlen gewann sie 1981 mit den Parolen »Raus aus der NATO«, »Raus aus der EG«, »Weg mit den Todesbasen« (gemeint sind die US-Militärbasen), ohne in den folgenden acht Regierungsjahren eine dieser Versprechungen zu realisieren. Mit Ausnahme einiger überfälliger Modernisierungen blieb von dem radikalsozialistischen Anspruch wenig übrig. Mittlerweile hat die Partei die Aufnahme in die Sozialistische Internationale beantragt, für die sie in ihrer Gründerzeit nur Spott übrig hatte. Die Regierungspraxis war vor allem durch einen grenzenlosen Populismus gekennzeichnet, der mehr Wohltaten verteilte, als die Habenseite des Haushalts erlaubte. Der charismatische Chef hielt sich durch häufige Rotation seiner Mitarbeiter (allein in der Legislaturperiode 1985-1989 neun Kabinettsumbildungen) lästige Konkurrenz vom Halse. Die Partei ist derart von ihm abhängig, daß selbst bei seiner lebensgefährlichen Erkrankung im Herbst 1988 und beim Aufbrechen von Skandalen, die wohl keine andere EG-Regierung überlebt hätte, kein Gedanke an seine Ablösung laut wurde.

Den politischen Raum von der Mitte nach rechts deckt die Néa Dimokratía ab. Auch sie ist die Schöpfung eines starken Mannes. Konstantínos Karamanlís gründete sie nach dem Fall der Junta 1974 als Nachfolgepartei der stramm antikommunistischen Nationalen Radikalen Union (ERE), mit der er von 1955 bis 1963 regiert hatte. Die Partei bemüht sich, eine konservativ-liberale Volkspartei vom Typ CDU zu sein. Seit sich Karamanlís aus der aktiven Politik zurückgezogen hat, sind die Strukturen innerhalb der Partei pluralistischer geworden, allerdings nur innerhalb eines engen Kreises von Honoratioren. Die Néa Dimokratía vertritt ein liberales Wirtschaftskonzept, fordert eine Sanierung des Haushalts und Zurückdrängung des Staates aus dem Wirtschaftsgeschehen. Aber wie zwei Wahlexperimente im Juni und November 1989 gezeigt haben, ist dieses Konzept bislang nicht mehrheitsfähig. Die generöse Ausgabenpolitik der PASOK hat noch immer einen festen Stamm von Wählern.

Neben diesen Hauptformen gibt es noch eine Fülle von Splitterparteien, deren Hauptfunktion zu sein scheint, gewissen Berufspolitikern den Status eines Vorsitzenden (Próedros) zu verleihen. Von der Néa Dimokratía spaltete sich 1985 die Partei der Demokratischen Erneuerung (DIANA) ab. Hauptanlaß dieser Parteigründung war die Verärgerung ihres Gründers K. Stefanópulos, bei der Kandidatur um den Parteivorsitz der Néa Dimokratía seinem Rivalen Mitsotákis unterlegen zu sein. Die Abspaltung von der ND unter Mitnahme von zwölf Mandaten schwächte natürlich die Partei. Die Wahl im Juni 1989 hat diese Neugründung auf ihr reelles Maß zurückgestutzt. Seitdem ist Stefanópulos Vorsitzender und einziger Abgeordneter seiner Partei.

Das linke Spektrum scheint ein besonders fruchtbarer Nährboden für den Spaltpilz zu sein. Mehrere Splitterparteien sind im Wege der Zellteilung entstanden. Der Abschied der Inlands-KP von der kommunistischen Utopie führte sogleich zu einer weiteren Abspaltung, zu einer Reformierten Linken, die wenig mehr als ein Debattierklub ist. Auch der Eintritt der KP unter dem Mantel der Links-Koalition in die Regierungskoalition mit der ND verstieß derart gegen eingewachsene Glaubenssätze, daß wiederum eine Gruppe von Frondeuren sich abspaltete. Die EDA, linke Sammelpartei der Nachkriegszeit und Deckadresse der illegalen KP, hatte nach der Wiederzulassung der K-Parteien 1974 eigentlich ihre Daseinsberechtigung verloren. Aber statt sich aufzulösen, spaltete sie sich, um anschließend zwei Vorsitzenden Daseinsberechtigung zu verleihen. Und auch einige Opfer der Omnipotenz des PASOK-Autokraten beleben als Vorsitzende von (quasi) Ein-Mann-Parteien die politische Szene.

Neu auf der politischen Bühne sind nur die Alternativen/Ökologen, denen in der Novemberwahl 1989 der erstmalige Einzug in das Parlament gelang (vgl. Kapitel 21).

Bekanntlich ist das Wahlrecht für die Gestaltung der Parteienlandschaft von großer Bedeutung. Griechenland kennt keine 5 %-Klausel und hat meistens ein mehr oder weniger modifiziertes Mehrheitswahlrecht. Die verschiedenen Systeme der Nachkriegszeit sind zahlreich, denn die kurzfristige Änderung des Wahlgesetzes vor der anstehenden Wahl ist eine der schärfsten Waffen im Arsenal der Regierungspartei. Die jeweilige Opposition protestiert zwar lautstark gegen die »undemokratische« Veränderung der Spielregeln zu ihren Lasten, aber grundsätzliche Kritik kommt nicht auf. Im Frühjahr 1989 war zwei Monate vor der Juni-Wahl noch nicht bekannt, nach welchen Regeln der Volkswille ermittelt werden sollte. Das dann von der PASOK vorgelegte Wahlgesetz machte dem aufmerksamen Beobachter deutlich, daß die Partei selber nicht mehr an ihren landauf, landab verhießenen Wahlsieg glaubte. Das Gesetz bevorzugt eindeutig die zweite Partei. Und so kam es dann, daß die Néa Dimokratía mit 45 % der Stimmen nicht genügend Sitze hatte, die Regierung zu bilden, ein Ergebnis, mit dem Papandreu selber zuvor vier Jahre lang regiert hatte.

Medien

Ein kurzer Gang durch das Zentrum Athens zeigt, daß eine erfreuliche Vielzahl von Zeitungen existiert. Über zwanzig verschiedene Blätter buhlen mit Balkenüberschriften um die Gunst der Leser. Feste Abonnements sind unüblich; vermutlich lieben es griechische Leser nicht, sich längerfristig festzulegen. Daher müssen die Zeitungen täglich neu das Interesse ihrer Leser gewinnen. Entsprechend ist die Aufmachung. Im Gewand der Boulevard-Zeitung kommen daher auch ganz honorige Blätter daher. Die Schwankungen in der Lesergunst sind groß, und die wöchentlich veröffentlichten Verkaufszahlen der größten Athener Blätter sind ein ständiger Ansporn. Der reißerischen Aufmachung entziehen können sich nur wenige: Da ist die »AVJI« (Morgenröte), früher als Organ der EDA heimliches KP-Blatt, das auf dem Land immer nur eingerollt in eine unverdächtige Zeitung gekauft werden konnte, heute der EAR nahestehend. Sie verfügt über ein exzellentes Feuilleton. Weiter die »KATHIMERINI« (Tägliche), eine seriöse konservative Zeitung mit langer Tradition. Sie gehörte bis vor wenigen Jahren der bedeutenden Verlegerin Eléni Vláchu, einer der wenigen Frauen im griechischen Pressewesen. Das dritte, zahlenmäßig unbedeutendere Beispiel ist die »ESTIA« (Heim), ein extrem konservatives Blatt mit treuer Lesergemeinde, das konsequent anachronistisch auf Fotos sowie sämtliche Rechtschreibreformen verzichtet. Last but not least ist die Wochenzeitung »VIMA« (Tribüne) zu nennen, die sonntägliche Pflichtlektüre der politischen und kulturellen Intelligenz.

Trotz der äußeren Vielfalt der Presseerzeugnisse ist der Anteil der Zeitungsleser an der Gesamtbevölkerung gering (9 – 10 % kaufen täglich eine

Kopf und Schlagzeile der Tageszeitung Éthnos.

eine Zeitung im Vergleich zu 40 % in der Bundesrepublik Deutschland). Auffallend ist die hochgradige Parteilichkeit der Presse. Die reinen Parteiblätter wie »RISOSPASTIS« (Der Radikale), Organ der KKE, und »EXORMISSI« (Ansturm), das wenig gelesene Parteiorgan der PASOK, sind insofern ehrlich, aber einflußlos. Signifikanter ist, daß auch die übrige, sich »überparteilich« erklärende Presse fest im Dienst der Parteien steht, bzw. sich in diesen Dienst stellt. Das Postulat, Kommentar und Nachricht zu trennen, wird dabei schnell geopfert . Je nach Couleur wird ein und dieselbe Handlung oder Erklärung eines Politikers zur Heldentat aufgeblasen oder als unverzeihlicher Schnitzer abqualifiziert. Auch ist es üblich, Vermutungen zu lancieren, und die Reaktion abzuwarten. Gegebenenfalls wird die dem politischen Gegner schädliche oder dem unterstützten Politiker günstige Falschmeldung an unauffälliger Stelle wieder zurückgenommen. Beliebt ist auch, politische Szenarien zu entwerfen, die wenig Bezug zur Realität haben. Kaum ist eine Wahl abgeschlossen, ein Kabinett gebildet, beginnen die Spekulationen über neue Wahlen, den bevorstehenden Sturz der Regierung usw. Abgesehen von den Lesern, die sich täglich für einige Drachmen eine Bestätigung ihres Weltbildes kaufen, führt diese Praxis bei allen anderen zu einer ständigen Relativierung der Nachrichten. Um einigermaßen Überblick zu bewahren, muß man mindestens zwei Zeitungen kaufen, eine regierungsnahe und eine der Opposition. Die Vermutung, daß die Wahrheit ungefähr in der Mitte liege, kann, muß aber nicht zutreffen.

Bei dieser Struktur der Presse ist der Einfluß der Verleger enorm. Je nachdem, ob sie einer Partei oder einem Politiker ihre Gunst erteilen oder entziehen, können sie die öffentliche Meinung erheblich beeinflussen. Die Redakteure und Reporter haben dabei wenig zu bestellen. Redaktionsstatute und Ähnliches sind unbekannt. Die Journalisten wissen, daß sie sich an die Verlagslinie halten müssen. Manche vollführen auch einen täglichen Spagat, indem sie morgens für eine ›konservative‹ Zeitung, nachmittags für ein ›progressives‹ Blatt schreiben.

Von den etwa zwanzig politischen Blättern sind nur vier bis fünf wirklich lebensfähig. Alle anderen sind entweder von einem Verleger abhängig, der sein Geld etwa mit Schiffen verdient und sich eine Zeitung als Juwel in die Krone seines Wirtschaftsimperiums stecken möchte, oder von Bankkrediten. Da 90 % der Banken in Staatseigentum sind, eröffnet sich hier der jeweiligen Regierung ein diskretes Mittel, regierungstreue Blätter auf Kurs und Oppositionsgazetten an langer Leine zu halten.

Kennzeichnend für die Presse ist auch, welch geringen Raum internationale Meldungen einnehmen. Meist beschränken sich die Blätter auf eine Schlagzeile, falls irgendetwas Spektakuläres passiert ist, und kommen erst auf Seite 3 oder 4 kurz auf das internationale Geschehen zurück, und dies dann häufig nur durch die Wiedergabe von Agenturmeldungen. Die wenigsten Zeitungen leisten sich eigene Auslandskorrespondenten oder schicken ad hoc Mitarbeiter zu Recherchen ins Ausland. Überhaupt ist der »investigative journalism«, die Aufdeckung von Hintergründen durch geduldige Recherchen, nicht Sache der griechischen Presse. Der Koskotás-Skandal ist insoweit kein Ruhmesblatt der Medien. Als dieser obskure

Remigrant aus den USA nach einer kurzen Karriere als Angestellter der privaten »Bank von Kreta« plötzlich als Eigentümer dieser Bank auftrat und anfing, mit scheinbar unbegrenzten Mitteln ein Presseimperium aufzubauen, hätten eigentlich bei vielen Journalisten Alarmglocken läuten müssen. Durch Recherchen vor Ort in den USA hätte man rasch feststellen können, daß es sich um einen vorbestraften ehemaligen Anstreicher handelte.

Kopf der Boulevard-Zeitung Avriani.

Ein Phänomen besonderer Art ist das Boulevard-Blatt »AVRIANI« (Die Morgige), die treueste Stütze von A. Papandreu. Anders als vergleichbare Blätter im Ausland interessiert sich die »Morgige« nicht für das Privatleben von Stars oder des europäischen Hochadels. Sie verbreitet ein krauses emotionsgeladenes Weltbild, das mühelos linke Versatzstücke mit Antisemitismus, Antikommunismus und Antiamerikanismus verbindet und den PASOK-Chef als »Geschenk der Vorsehung« feiert. Die Verleger, die Brüder Kurís, haben als Herausgeber eines obskuren Provinzblattes auf der Insel Kefalonía angefangen. Mit staatlichen Krediten während der Junta brachten sie es zu einem Druckhaus in Athen und auf dieser Basis mit hemmungslosem Populismus und diskreter Unterstützung der PASOK zu einem Medienkonzern mit eigenem Radiosender. Die griechische Sprache haben sie um den Begriff »Avrianismós« bereichert, mit dem diese eigentümliche Variante der Boulevard-Presse bezeichnet wird.

Der Rundfunk begann seine Tätigkeit während der Metaxás-Diktatur (1936–1940) und war entsprechend staatlich gelenkt und Mittel der Propaganda. Während des Bürgerkriegs richtete das Militär zur ideologischen Kriegsführung einen eigenen Sender ein, der sich u. a. um die Verbreitung griechischer Militärmärsche verdient gemacht hat. Es ist bezeichnend für das politische Klima im Nachbürgerkriegs-Griechenland, daß der »Sender der bewaffneten Streitkräfte« die ganzen 50er und 60er Jahre hindurch aktiv blieb. In der Junta-Zeit wurde er dann Vorbild für die anderen Sender des griechischen Rundfunks, das Erste und das Dritte Programm. Erst nach dem Sturz der Junta wurde der Sender abgerüstet und als Zweites Programm in den staatlichen Rundfunk übernommen.

1972, wiederum während einer Militärdiktatur, begann das griechische Fernsehen mit seinen Sendungen. Unabhängigkeit von staatlicher Bevormundung konnten die elektronischen Medien unter diesen Umständen nicht gewinnen. Die jeweilige Regierung betrachtete die staatliche Rundfunk- und Fernsehanstalt ERT als ihr Eigentum, ihr Propagandawerkzeug, mit dem sie ungehindert von Aufsichtsräten oder irgendwelchen Kontroll-

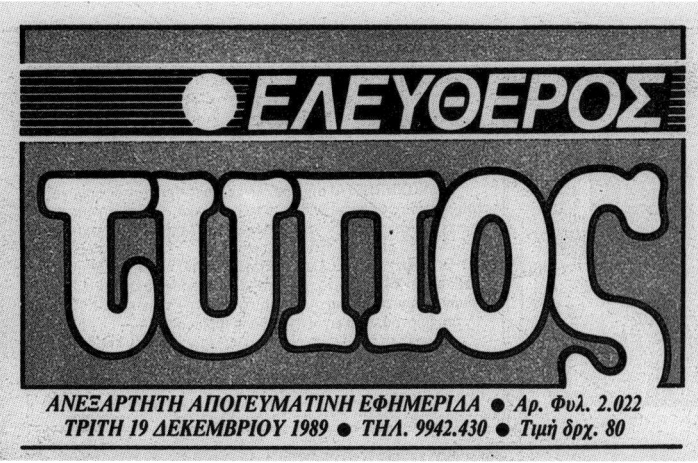

Kopf der Zeitung Típos.

instanzen nach Gutdünken umgehen konnte. So übernahm z.B. eine junge Frau, die bis dahin als Stewardeß tätig gewesen war, die Leitung einer politischen Sendung. Ihr erster Interviewpartner war der damalige Premierminister A. Papandreu, mit dem sie heute verheiratet ist.

Erst in letzter Zeit, haben erste Versuche begonnen, die ERT von allzu unmittelbarem Staatseinfluß abzukoppeln. Es wurde ein Rundfunk- und Fernsehrat geschaffen, der Überparteilichkeit garantieren soll. Von Bedeutung war dabei sicher der Umstand, daß der staatliche Rundfunk seit Ende 1987 kommunale bzw. private Konkurrenz bekommen hat. Die Initiative ging von der Stadt Athen aus. Obgleich die rechtlichen Voraussetzungen noch nicht geklärt waren, setzte der damalige energische ND-Oberbürgermeister von Athen, Miltiádis Evert, die Einrichtung eines kommunalen Radiosenders durch. Der Sender »9,84« (Megahertz), der im Großraum Athen ein Drittel der griechischen Hörer erreicht, errang bald den ersten Platz in der Hörergunst. Mit einem im Vergleich zum aufgeblähten Beamtenapparat (insgesamt 7.000 Angestellte) der ERT winzigen Stab junger Reporter, mit lebendigen Direktinterviews und kontroversen Kommentaren und dem Verzicht auf einseitige Parteistandpunkte wurde der Sender durch Werbeeinnahmen sogar zu einer beträchtlichen Finanzquelle für die Stadt Athen. Die Stadt Thessaloníki, ebenfalls eine PASOK-Hochburg, die bei den Kommunalwahlen 1986 an die ND ging, zog sofort nach. Dann folgten private Verleger und sonstige Träger von der orthodoxen Kirche bis zur kommunistischen Partei.

Heute ist die UKW-Skala gedrängt voll mit Sendern, die um die Hörergunst wetteifern. Die defizitäre ERT ist dabei längst auf die hinteren Plätze gerutscht. Der professionell, mit viel Musik und Werbung aufgezogene Verleger-Kanal »Antenna« nimmt seit 1989 die Spitzenstellung ein. Konsequenz der weitgehenden Privatisierung der Hertz'schen Wellen ist allerdings eine Programmgestaltung, die sich vor allem an der Maximierung der

Werbeeinnahmen orientiert. Dies hat bei vielen Sendern zur Reduzierung der Texte zugunsten von Musik- und Werbeeinblendungen geführt sowie zu eintönigen Gewinnspielen mit Hörerbeteiligung, für welche die Sponsorfirmen ihre Produkte als Preise aussetzen. Insgesamt ist jedoch der Hörfunk seit 1987 pluralistischer und bunter geworden, das staatliche Meinungsmonopol im Äther wurde – wohl endgültig – gebrochen.

Dies gilt seit 1988 auch für das Fernsehen. Es begann mit der Ausstrahlung internationaler Satelliten-Fernsehsender. Und wieder ging die Initiative von einer Kommune, diesmal von Thessaloníki, aus. Oberbürgermeister Sotíris Kúvelas begann im Frühjahr 1988 – wiederum ohne gesicherte Rechtsgrundlage – durch einen kommunalen Sender internationale Satellitenprogramme wie SAT, RAI und TV 5 auszustrahlen. Damit wurde das Satellitenfernsehen auch solchen Zuschauern zugänglich, welche sich eine Satellitenantenne nicht leisten konnten oder wollten. Diesmal reagierte die PASOK-Regierung empfindlich und wollte den nach ihrer Auffassung illegalen kommunalen Sender polizeilich schließen. Es entspann sich ein erbitterter juristischer Streit. Der Druck zur freien Information auch auf der Mattscheibe war jedoch nicht aufzuhalten. Kurz darauf übernahm die Regierung diese Initiative und begann, im Athener und Thessaloniker Raum mehrere Satellitenprogramme auszustrahlen. Seitdem kann man ohne weitere Zusatzantenne, einen sowjetischen, einen spanischen, einen italienischen, einen französischen, zwei englischsprachige und zwei deutschsprachige Sender (SAT und RTL) empfangen. Damit war das Eis gebrochen. Im Herbst 1989 begannen auch zwei private griechische Fernsehsender (MEGA-Channel und Antenna-TV) mit der Ausstrahlung von Sendungen. Bei beiden handelt es sich um Gemeinschaftsunternehmen von Zeitungsverlegern, die auf diese Weise eine enorme – und bislang unkontrollierte – Medienmacht in ihren Händen konzentrieren. Gemessen an dem früheren staatlichen Fernsehmonopol stellt jedoch auch diese Entwicklung eine Bereicherung dar.

Gewerkschaften

Zeitungen und Rundfunk berichten alltäglich über die Streiklage, so wie über das Wetter berichtet wird. »Die Fahrer der ILPAP (Athener Trolley-Busse) streiken von 8.30 – 11.30 Uhr. Die Fahrer der städtischen Busse treten von 15.45 – 18.30 Uhr in den Ausstand. Der unbefristete Streik der Kassenbeamten der Kreditbank geht in seinen 18. Tag. Die Vertreter der Gewerkschaft der Angestellten der ausländischen Fluggesellschaften haben für morgen, Dienstag, einen 24-stündigen Streik angekündigt. Wir wünschen Ihnen einen schönen Tag.« So oder ähnlich kann man es allmorgendlich aus dem Radio hören. Warum gestreikt wird, interessiert kaum noch jemand. Es wird wohl wieder um Lohnerhöhung gehen. Der geplagte Athener weiß nun, wie er seinen Tag einrichten muß und daß er besser nochmal anruft, bevor er am nächsten Tag seinen ausländischen Freund vom Flughafen abholt. Auch ein Generalstreik kann ihn nicht schrecken, weiß er doch, daß sich immer einige nicht daran halten, vielmehr die Knappheitslage nutzen, um ein schnelles Geschäft zu machen. Seit 1984 nehmen die Streiks stetig zu. Gingen 1984 nur 2,7 Millionen Arbeitsstunden durch Streiks verloren, so waren es

1985   7,7 Millionen
1986   12,1 Millionen
1987   16,0 Millionen
1988   20,5 Millionen.

Wie kommt es zu dieser Situation und welche Rolle spielen die Gewerkschaften dabei?

Da Griechenland bis zur Mitte dieses Jahrhunderts weitgehend ein Agrarland war, konnte sich eine Gewerkschaftsbewegung nur langsam und punktuell entwickeln. Die ständige Arbeitsemigration hat zudem den sozialen Druck gemindert. Metaxás-Diktatur, Besatzung und Bürgerkrieg boten keine günstigen Voraussetzungen für die Entwicklung einer schlagkräftigen einheitlichen Gewerkschaft. Dasselbe gilt aber auch noch für die Nachbürgerkriegszeit, in der ein Bereich des politischen Spektrums, die Kommunisten, ausgegrenzt war.

Von den knapp 4 Millionen Erwerbstätigen in Griechenland sind weniger als die Hälfte Arbeitnehmer. Allein diese Zahl weist auf die kleingewerbliche, oft einzelkämpferische Struktur der griechischen Wirtschaft hin (vgl. Kapitel 13). Etwa ein Drittel der Arbeitnehmer (ca. 700.000) ist in nahezu 5000 Basis-Gewerkschaften organisiert. Viele sind reine Betriebsgewerkschaften, und oft sind die einzelnen Berufsgruppen innerhalb eines Betriebes einzeln organisiert. Ein großes Athener Hotel mit mehreren hundert Angestellten bringt es so auf 19 Gewerkschaften. Die Basis-Gewerkschaften sind in knapp 80 Branchen-Gewerkschaften und über 80 Regionalbüros zusammengefaßt und diese wiederum in dem Dachverband, der Genikí Synomospondhía Ergatón Elládhos, G.S.E.E. (Allgemeine Konföderation griechischer Arbeiter). Sie umfaßt allerdings nicht alle Gewerkschaften. So ist zum Beispiel die mächtige Gewerkschaft der Beamten ADEDY mit über 125.000 Mitgliedern nicht unter dem Dach der G.S.E.E.

Aber was ist unter dem Begriff Gewerkschaften überhaupt zu verstehen? Nur eine Minderheit von ihnen erhält eigene Beiträge. Die meisten werden vom Staat alimentiert durch Zwangsabgaben, die allen Arbeitnehmern vom Lohn einbehalten werden. 0,25 % des Lohnes werden als Bestandteil der Arbeitnehmerabgaben von der Sozialversicherung an eine staatliche Stelle, die Ergatikí Estía (Arbeiterheim) überwiesen, die dem Arbeitsministerium untersteht. Davon erhalten die Gewerkschaften 32 % direkt, die restliche Summe wird für Arbeiterweiterbildungsmaßnahmen verwendet. Die Verteilung obliegt dem Arbeitsministerium.

Für die jeweilige Regierung hat dieser Zustand Vorzüge. Die Gewerkschaften sind letztlich von ihr abhängig. So mußte die G.S.E.E. und insbesondere die dort mehrheitlich vertretene PASKE 1985 hinnehmen, wie die PASOK-Regierung nach eben gewonnener Wahl rigorose Sparmaßnahmen ergriff und unter anderem durch einen Lohnstopp die Tarifautonomie der Gewerkschaften suspendierte. Zwar brodelte es in der regierungstreuen Gewerkschaft, zwar traten einige Protestler sogar innerhalb des G.S.E.E.-Vorstands aus der Gewerkschaft aus, schließlich kuschte sie doch. Die Gewerkschaften selber verstehen sich als Flügel der politischen

Parteien und organisieren sich entsprechend . So sind in der G.S.E.E. die folgenden Gewerkschaftsfraktionen vertreten:

PASKE   (PASOK-Linie)
ADISK   (Nea Dimokratia-Linie)
ESAK   (KKE-Linie)
AEM   (EAR-Linie)

Fast jede Bewegung im Parteispektrum findet auch im Gewerkschaftsbereich ihren Niederschlag. Selbst eine eher ephemere Abspaltung von der Néa Dimokratía wie die DIANA (siehe oben) verfügt bald über eine eigene Gewerkschaftsgruppe. Die zahlenmäßigen Anteile der Gewerkschaftsfraktionen entsprechen zwar nicht den Fraktionsstärken im Parlament, dennoch hat meist jene Gruppe die Mehrheit, deren Partei die Regierung stellt: Kurz nach dem Regierungswechsel 1981 von der Néa Dimokratía zur PASOK, übernahm die PASKE den Vorsitz in der G.S.E.E. und kurz vor dem Regierungsverlust der PASOK im Juni 1989 wurde ihr Statthalter im Gewerkschaftsvorstand gestürzt. Lediglich in den wichtigsten regionalen Zentren Thessaloníki und Athen herrschen seit längerem die Kommunisten, obwohl sie im Parlament nur mit ca. 12 % verteten sind.

Der heutige Vorsitzende der G.S.E.E., ein Kommunist namens Kanellópulos, spielt kaum eine öffentliche Rolle. Die meisten Griechen dürften nicht einmal seinen Namen kennen. Die G.S.E.E. beteiligt sich nicht an der Formulierung der Wirtschaftspolitik. Weder verfügt sie über ein eigenes Forschungsinstitut noch läßt sie wirtschaftspolitische Zielsetzungen erkennen, die über das Tagesgeschäft der Lohnverhandlungen hinausgehen. Und auch dafür ist sie nicht sonderlich gut ausgerüstet. Wegen der beschriebenen Finanzlage gibt es keine Streikkasse, weshalb ein Streik selten lange durchgehalten wird. Dies ist allerdings auch nicht das Ziel. Ziel ist nach kurzer Verhandlungsphase die staatliche Zwangsschlichtung. Dabei ist die Nähe zur Regierungspartei von Vorteil.

Die für Griechenland typische Verknüpfung zwischen Gewerkschafts- und Parteipolitik zeigt sich sogar im Bereich studentischer Organisationen. Offensichtlich fern jeden Generationskonflikts unterwerfen sich die studentischen Mandatsträger den Weisungen der jeweiligen Parteizentralen, was die universitären Entscheidungen zu parteipolitischen Kulissenspielen werden läßt. Ähnlich sieht es bei den berufsständischen Organisationen aus.

Sozialversicherungswesen

Das Sozialversicherungswesen des Landes ist im Zusammenhang mit der spezifischen Sozialstruktur zu sehen. Arbeitslosenziffern und Arbeitslosenunterstützung haben vor dem Hintergrund eines florierenden parallelen (schwarzen) Arbeitsmarktes sowie weitgehend intakter Großfamilienstrukturen eine andere Bedeutung, als die nackten Zahlen verraten. Wer als Arbeitsloser gemeldet ist, ist nicht notwendigerweise auch ohne Beschäftigung und Einkommen und selten ohne Unterstützung seitens Verwandter. Auch wer als Rentner ausgewiesen ist, hört deshalb nicht unbedingt auf zu arbeiten.

Von den etwa 10 Millionen Griechen sind etwa 1,5 Millionen, d.h. 15 %, Rentner. Was einem Ausländer dabei auffällt, ist das relativ junge Alter, mit dem viele Arbeitnehmer zumindest hinsichtlich einer ihrer Beschäftigungen in Rente gehen. Das Rentenalter bemißt sich nämlich nicht nach dem Lebensalter, sondern nach Beitragszeiten (höchstens 35 Jahre), zu denen Ausbildungszeiten mitgezählt werden. Mit Mitte fünfzig ist das Ziel meist erreicht.

Kein Wunder, daß die Sozialversicherungsträger ausnahmslos defizitär arbeiten. Sie werden zu 65 % aus Beiträgen der Arbeitgeber, zu 35 % aus Beiträgen der Arbeitnehmer finanziert. Die Defizite werden aus der Staatskasse subventioniert. Die allgemeine Sozialversicherung ist das Idhryma Kinonikón Asfalísseon (I.K.A.), deren Büros man unschwer an den langen Schlangen erkennt, die sich regelmäßig davor bilden. Daneben gibt es für bestimmte Berufszweige noch etwa neun weitere Versicherungsträger.

Die ärztliche Versorgung durch I.K.A.-Ärzte und I.K.A.-Krankenhäuser erfreut sich nicht des besten Rufes, ein Umstand, dem die zahlreichen Privatärzte und einige moderne Privatkrankenhäuser ihre Existenz verdanken. Die Kassenpatienten haben nicht das Recht der Arztwahl. Im Krankheitsfall müssen sie also wählen zwischen dem kostenlosen I.K.A.-Krankenhaus oder einem Privatarzt. Im ersten Fall müssen sie oft stundenlange Warterei und Fließbandabfertigung in Kauf nehmen, im zweiten Fall vor Behandlung im Vorzimmer erst einmal das Honorar begleichen. Das heißt nicht, daß es nicht auch hervorragende I.K.A.-Ärzte und -Krankenhäuser gibt. Insbesondere die PASOK-Regierung hat sich bemüht, auch die ländlichen Bezirke flächendeckend mit Gesundheitszentren zu versorgen. Für die zahlreichen Inselbewohner steht sogar ein Hubschrauberservice zur Verfügung. Die PASOK hat ferner nach britischem Vorbild ein nationales Gesundheitssystem, abgekürzt ESY, eingeführt, das die private ärztliche Versorgung gänzlich verdrängen sollte. In Anbetracht des Erfolges der privaten Krankenanstalten sind Zweifel an der Erreichbarkeit dieses Ziels erlaubt. Wenn eine lebensgefährliche Erkrankung droht, geben noch immer viele Griechen den privaten Krankenhäusern den Vorzug, auch wenn es sie ein Vermögen kostet. Die Versicherungsträger übernehmen nur die I.K.A.-Sätze und die decken oft nur ein Zehntel der anfallenden Kosten. Dieses Risiko läßt sich auch nicht durch ein private Versicherung voll abdecken.

Den Pflichtversicherten und abhängig Beschäftigten entstehen für die ärztliche Behandlung keine individuellen Kosten. Allerdings ist es nicht unüblich, in schwierigen Fällen dem behandelnden Arzt zur Sicherstellung besonderer Sorgfalt einen Umschlag zuzustecken.

Arbeitnehmer erhalten nach drei Karenztagen Lohnfortzahlungen von etwa 90 % des letzten Nettolohnes. Diese Kosten tragen zu je 50 % Arbeitgeber und Krankenkasse.

18. Griechische Geschichte

Von der Gründung des griechischen Nationalstaats zur EG-Mitgliedschaft

WORÜBER DIE SCHULBÜCHER SCHWEIGEN

Griechische Geschichte, wer hätte nicht davon in der Schule gehört? Der Marathon-Läufer, die Seeschlacht bei Salamis haben viele Quartaner-Herzen bewegt. Aber was aus den Nachfahren von Perikles und Alexander dem Großen wurde, erfuhr man bestenfalls am Rande. Griechenland wurde von Rom erobert, und später spaltete sich das riesige Römische Reich in zwei Teile. Das Oströmische Reich, das zweite Rom mit der Hauptstadt Konstantinopel, wurde irgendwann zum Byzantinischen Reich. Spätestens dann erlahmte das Interesse der Schulbücher und wandte sich ausschließlich den Entwicklungen im Westreich zu. Man erfuhr gerade noch, daß Konstantinopel 1453 von den Türken erobert wurde. Damit entschwand die ganze Region »fern hinten in der Türkei«.

Der Freiheitskampf der Griechen, die Staatswerdung im letzten Jahrhundert gehören kaum zur Allgemeinbildung eines Mitteleuropäers. Das gleiche dürfte für den griechischen Kleinasien-Feldzug und seine Folgen, selbst für die deutsche Besetzung Griechenlands im Zweiten Weltkrieg gelten. Aber gerade in Griechenland, in dem der Boden oft nur zentimeterdick über den Spuren der Vergangenheit liegt, ist die Gegenwart nicht ohne Blick in die Vergangenheit, auch in die jüngste, zu begreifen.

Zwischen Byzanz und dem modernen Griechenland bestehen vielfältige Parallelen. Doch was 1821 entstand, ist nicht mit dem vergleichbar, was mit der Eroberung Konstantinopels untergegangen ist. Das Jahr 1453 markiert das Ende eines griechisch geprägten Vielvölkerreichs. Anfang des 19. Jahrhunderts wurde ein nationalgriechischer Kleinstaat aus der Taufe gehoben, der trotz späterer territorialer Zugewinne den vorgegebenen engen Rahmen der griechischen Volkszugehörigkeit nicht sprengen konnte.

DER GRIECHISCHE FREIHEITSKAMPF 1821–1830

Ungünstige Voraussetzungen
Die Aussichten für ein Gelingen des Aufstandes waren 1821 alles andere als rosig. Es wäre nicht die erste lokale Erhebung gewesen, welche die Türken mit Erfolg unterdrückt hätten.

Für die europäische Ordnung des Wiener Kongresses waren nationale Erhebungen ein Greuel. Die Geheimdienste des Habsburger und des Osmanischen Reiches, ansonsten verfeindet, arbeiteten im Falle der griechischen »Unruhestifter« Hand in Hand. Die österreichische Polizei überwachte die griechischen Kolonien in Wien und Triest, insbesondere deren

Venezianisches Kastell auf der Insel Kýthera.

eifrige Druckerpressen, und lieferte Rígas Feräos, den legendären Vorbereiter des Aufstands, 1798 seinem türkischen Henker aus. Aber auch die am Mittelmeer interessierten Mächte Frankreich und Großbritannien verhielten sich abwartend. Allein Rußland, das einen freien Zugang zum Mittelmeer suchte, hatte ein vitales Interesse an der Schwächung des Osmanischen Reiches. In zwei russisch-türkischen Kriegen (1768–1774 und 1787–1792) hatte Rußland bereits erfolgreich versucht, das Freiheitsstreben der unterdrückten Griechen für seine Zwecke zu nutzen. Dabei lieferte der gemeinsame orthodoxe Glaube wertvolle Argumentationshilfe.

Aber es gab auch Griechen, die sich mit der osmanischen Herrschaft arrangiert hatten und vor den sozialen Auswirkungen einer Umwälzung zurückschreckten. Manche griechische Notabeln, denen die osmanische Verwaltung weitgehende Privilegien und materielle Güter gewährte, fürchteten um ihre Vorrechte. Ähnlich ging es Teilen der griechischen Beamtenschaft in osmanischen Diensten, den nach ihrem Istanbuler Stadtteil Fanár genannten Fanarióten. Andere Mitglieder dieser Schichten opferten allerdings bereitwillig Vermögen und Leben für den Freiheitskampf.

Den Notabeln mißfiel auch, daß die ›outlaws‹ der damaligen Welt eine führende Rolle im bewaffneten Kampf übernahmen. Dies waren zum einen die »Kleften«, bewaffnete Rebellen gegen den osmanischen Staat, die in den unwegsamen griechischen Bergen ein gesetzloses Leben führten. Zum anderen die zu ihrer Unterdrückung eingesetzten, einen ähnlichen Lebensstil pflegenden »Armatolen«.

Bei den ärmeren Schichten fand der Aufstand breite Unterstützung; selbst die von den Türken durchgeführten Vergeltungsaktionen – Massaker wie auf Chíos und Psará – konnten diesen Willen nicht brechen. Sie rüttelten hingegen die europäische öffentliche Meinung auf und inspirierten z.B. Delacroix zu seinem berühmten Bild »Massaker von Chíos« (1824), das eine vergleichbare Solidaritätswirkung auslöste wie etwa Picassos »Guernica«.

Philhellenismus

Denn im Gegensatz zur Haltung der restaurativen Regierungen war ein großer Teil der europäischen öffentlichen Meinung voller Sympathie für den griechischen Aufstand. Hier kamen zwei Strömungen zusammen: die Begeisterung für das antike Hellas, die zum Erziehungskanon der Gebildeten gehörte, und die Begeisterung für den Aufstand eines unterdrückten fernen Volkes, oft in Stellvertretung für den polizeilich unterbundenen politischen Kampf im eigenen Land. Es entwickelte sich eine internationale Sympathie- und Solidaritätsbewegung, der Philhellenismus, der viel zum Gelingen des Aufstands beitrug. Eine derartige Anteilnahme, die bis zur freiwilligen Beteiligung am Freiheitskampf ging, war neu und ist in vergleichbarer Form erst wieder während des Spanischen Bürgerkriegs entstanden. Obgleich der direkte Beitrag der deutschen, schweizerischen, österreichischen, englischen und französischen Philhellenen an den Kampfhandlungen von eher symbolischem Wert war, ist der Einfluß über die öffentliche Meinung auch auf die Kabinette, zumindest in England und Frankreich, unbestritten. Die flammenden Gedichte Lord Byrons und sein Tod in Messolonghi hatten eine durchschlagende Wirkung.

Knapper Sieg

Der Aufstand, der am 25. März 1821 in Pátras ausbrach, war anders als mehrere Vorläufer militärisch zunächst erfolgreich. Die griechischen Freischärlertruppen überwanden rasch die türkischen Garnisonen, und schon nach einem Jahr war die Peloponnes befreites Gebiet. Ein schwerer Rückschlag erfolgte erst, als der ägyptische Vize-König Mohammed Ali, auf Drängen seines Souveräns, des Sultans, 1824 eine starke Flotte entsandte, der die griechischen Streitkräfte trotz des Opfermuts ihrer kleinen, mit Handelsschiffen bestückten Marine nicht viel entgegenzusetzen hatten. Die Soldaten dieser Flotte zogen mordend und brandschatzend über die Peloponnes.

Nach drei schweren Jahren schien der Krieg verloren, als unvermutet fremde Hilfe erschien. Unter dem Einfluß des Philhellenismus und der russischen Türkeipolitik kam es im Juli 1827 in London zu einer Einigung zwischen Großbritannien, Frankreich und Rußland. Ziel war die Souveränität eines autonomen, aber unter osmanischer Souveränität stehenden Grie-

chenlands. Ein gemeinsames britisch-französisch-russisches Flottenge-
schwader sollte dieser Vereinbarung zu Lasten des Osmanischen Reiches
Nachdruck verleihen. Ohne ausdrückliche Order geriet die Flotte in der
Bucht von Pylos, damals Navarino genannt, in ein Gefecht mit dem ägypti-
schen Geschwader, das dabei restlos vernichtet wurde. Ein erneuter rus-
sisch-türkischer Krieg 1828–1829 brachte den Griechen weitere Entlastung. Im Friedensvertrag von Adrianopel (12. September 1829) mußte
das Osmanische Reich das Londoner Abkommen vom Juli 1827 akzeptieren. Die Hohe Pforte hatte jetzt keine Mittel mehr, den griechischen Aufstand unter Kontrolle zu bringen. Weil die britische und französische
Diplomatie kein halbsouveränes Griechenland von Rußlands Gnaden
wünschten, setzten sie sich für die volle griechische Souveränität ein. Mit
dem Londoner Protokoll vom Februar 1830 erhielt der griechische Staat
seine völkerrechtliche Anerkennung.

»Ermordung Kapodístrias« (Ausschnitt). Gemälde von Ch. Páchis.

DIE STAATSGRÜNDUNG 1830–1835

Schwieriger Anfang

Das Territorium dieses neuen Staates auf der europäischen Bühne war zunächst bescheiden. Es umfaßte nur etwas mehr als ein Drittel des heutigen griechischen Staatsgebiets. Es bestand aus der Peloponnes, dem südlichen Teil Mittelgriechenlands sowie der Insel Euböa, den Nördlichen Sporaden und den Kykladen. Große Gebiete mit überwiegend griechischer Bevölkerung blieben außerhalb. Nationales Credo, Staatsdoktrin war daher während des gesamten 19.Jahrhunderts bis zur Kleinasiatischen Katastrophe von 1922 die »Megáli Idéa«, der große Plan – ein diffuser Traum von der Wiederherstellung des Byzantinischen Reichs, der erst mit der Rückeroberung von Konstantinopel abgeschlossen sein würde.

Doch zunächst hatte der junge Kleinstaat andere Sorgen: Seine Bevölkerung von weniger als einer Million Menschen bestand weitgehend aus Bauern, die Subsistenzwirtschaft betrieben. Das Land war durch den Krieg ausgeblutet, die bescheidene Infrastruktur zerstört, die politischen Kräfte zerstritten. Die haudegenhaften Freischärlerführer waren nur schwer in ein funktionierendes System zu integrieren. Schon während des Freiheitskampfes herrschten bürgerkriegsartige Spannungen zwischen einzelnen Fraktionen. Der erste Staatsführer (seit 1827), Kapodístrias, ein ehemaliger russischer Außenminister griechischer Abstammung, wurde schon 1831 Opfer eines politischen Attentats.

Bayern in Griechenland

In dieser Situation erschien vielen Griechen – so bizarr das aus heutiger Sicht anmuten mag – die Entsendung eines europäischen Monarchen als Staatsoberhaupt als akzeptable Lösung. Ein Prinz aus der Machtsphäre der Großmächte kam nicht in Betracht. Ein Philhellene auf dem Königsthron, der bayerische König Ludwig I., war bereit, seinen minderjährigen Sohn Otto für die Aufgabe zur Verfügung zu stellen. Und so begann die dreißigjährige Regierungszeit eines Wittelbachers auf dem griechischen Thron, eine Zeit voller Mißverständnisse zwischen Deutschen und Griechen, aber auch voll erstaunlicher Leistungen, die in Griechenland etwas abfällig als Vavarokratía, als Bayernherrschaft, bezeichnet wird.

Der noch minderjährige Prinz landete, begleitet von einem dreiköpfigen Regentschaftsrat, zahlreichen Beamten und einer stattlichen Truppe bayerischer Soldaten, am 6. Februar 1833 in Nauplia, der damaligen Hauptstadt des Landes, wo der junge König begeistert begrüßt wurde.

Der Geburtsfehler der Wittelsbacher Herrschaft war, daß der junge Prinz sich anschickte, als absoluter Monarch zu regieren. Den Griechen, die während ihres Freiheitskampfes zwei fortschrittliche republikanische Verfassungen ausgearbeitet hatten, muß es seltsam erschienen sein, daß der von den Garantiemächten oktroyierte fremde Souverän als König von Gottes Gnaden auftrat. Nach einer Revolte der Athener Garnison am 3. September 1843 mußte König Otto eine Verfassung akzeptierten. Seitdem heißt der Platz vor dem damaligen königlichen Schloß Verfassungsplatz (Platía Syntágmatos).

Das zweisprachige Regierungsblatt von 1834.

Andere Ungeschicklichkeiten wären vielleicht vermeidbar gewesen: Angesichts der wichtigen Rolle der orthodoxen Kirche im öffentlichen Leben mußte es befremden, daß der König bei seinem katholischen Glauben blieb. Auch Athen wäre wohl eine Messe wert gewesen. Die bayerischen Beamten, die voller Eifer und in Unkenntnis griechischer Überlieferungen daran gingen, eine Staatsverwaltung aufzubauen, erschienen in griechischen Augen wie eine neue Fremdherrschaft. Das Staatsblatt erschien zweisprachig, ebenso die neuen Gesetzesbücher. Die bayerischen Beamten, Architekten, Offiziere, aufgewachsen im aufgeklärten Absolutismus der bayerischen Verwaltung, verstanden sich als Entwicklungshelfer, avant le terme. Für viele bot sich eine einmalige Chance, gestalterisch tätig zu werden. Und so verfügte der junge Staat bald über modernere Gesetze als manche zentraleuropäische Vorbilder, ohne daß dies an den kümmerlichen Verhältnissen viel änderte.

Auch die Griechen strebten ein modernes »zivilisiertes«, »europäisches« Staatswesen an und scheuten dabei fremde Hilfe nicht. Aber das bayerische Regime war sicher nicht nach ihrem Geschmack. Selbst nach der Volljährigkeit Ottos (1835) blieb ein Bayer Kanzler der Regierung. Erst Ende der 30er Jahre wurde der bayerische Einfluß eingeschränkt; nach Einführung der dem König aufgezwungenen parlamentarischen Regierung 1845 schwand er fast ganz.

Dennoch hat diese Epoche auch bleibende Leistungen hinterlassen. Nach Umsiedlung der Hauptstadt (1835) von Nauplia nach Athen, damals ein größeres Dorf am nördlichen Abhang der Akropolis, wurde die Universität nach Humboldtschem Vorbild gegründet, wurde eine technische Schule, Vorläuferin des Athener Polytechnikums, errichtet, ein modernes Gerichtswesen, ein staatliches Schulwesen aufgebaut. Die Verwaltungseinteilung in Provinzen und Bezirke (Nomí) stammt aus jener Zeit. Auch die Gründung einer autokephalen, d.h. vom Patriarchen in Konstantinopel unabhängigen Kirche, sowie eine weitgehende Säkularisierung und Enteignung kirchlichen Grundbesitzes wurden in Angriff genommen.

KONSOLIDIERUNG UND ALLMÄHLICHE ERWEITERUNG (1835–1909)

Ausländische Intervention

Der junge Staat wurde von Anfang an von Finanzproblemen geplagt. Das Steueraufkommen war gering und staatliche Investitionen hingen von ausländischer Finanzhilfe ab. Schon vor der Staatsgründung hatte Großbritannien eine Anleihe zur Verfügung gestellt. Diese wie auch spätere konnten nicht oder nur verspätet zurückgezahlt werden, was zu krassen ausländischen Interventionen führte. Der junge Staat mußte seine gesamten Steuereinnahmen zur Deckung seiner Schulden verpfänden, und die Botschafter der drei Schutzmächte hatten ein vertraglich abgesichertes Kontrollrecht bezüglich der Staatsausgaben. Aber auch aus anderen Gründen griffen die ›Schutzmächte‹ in das griechische Geschehen ein. So wurde 1850 aus nichtigem Anlaß, wegen der ausbleibenden Entschädigung für einen britischen Staatsbürger, und während des Krimkrieges kurzerhand der Hafen von Piräus von englischen bzw. englischen und französischen Schiffen blockiert, was bis heute Spuren im kollektiven griechischen Bewußtsein hinterlassen hat.

Das Leben war bescheiden in der geschichtsträchtigen neuen Hauptstadt. Der König logierte zunächst im Privathaus eines reichen Atheners am Klavthmónos-Platz. Das war damals der repräsentativste Bau der Stadt. In dem unscheinbaren Haus ist heute ein sehenswertes Museum mit zahlreichen Zeugnissen dieser Epoche untergebracht. Erst 1843 konnte der König in das von Otto von Gärtner erbaute Schloß, heute Sitz des Parlaments, am Sýntagma-Platz umziehen.

Auslandsgriechen

Wichtig für die allmähliche Entwicklung war die ständige Unterstützung durch die zahlreichen, oft wohlhabenden Auslandsgriechen. Der weitaus größte Teil der Griechen wohnte außerhalb Griechenlands und kontrollierte einen beträchtlichen Teil des Wirtschaftslebens der Levante von Odessa bis Alexandria und von Smyrna bis Triest. Das kulturelle griechische Leben in Konstantinopel, Smyrna, Alexandria war bis zur Jahrhundertwende weit entwickelter als im kleinen griechischen Kernstaat. Aber das Wohlergehen »ihres Staates« lag allen Griechen am Herzen und manifestierte sich in gewaltigen Spenden, die dem orientalischen Dorf Athen bald das Gesicht einer europäischen Hauptstadt verliehen. Ähnlich wie Juden rund um die Welt für das Wohlergehen Israels einstehen, überboten sich betuchte griechische Wohltäter gegenseitig bei der Kiellegung des neuen Staates. Die Athener Akademie, das Polytechnikum, ein (nach damaligen Begriffen) modernes Gefängnis, die breite Straße, die Athen mit Fáliron verbindet, und vieles anderes mehr – es sind Spenden des Istanbuler Griechen Syngrós, des in Wien ansässigen Bankiers Sína, der wohlhabenden Familie Avérof aus Métsowo und anderer.

Ausbau der Infrastruktur

Mit Westeuropa war das Land fast ausschließlich auf dem Seeweg verbunden. Wichtigster Ausgangshafen war das damals österreichische Triest. Das Straßennetz war rudimentär. Erste Bemühungen wurden von den mit bayerischer Hilfe aufgestellten Pionieren unternommen. Ein größerer Ausbau scheiterte an mangelnden Finanzen. Erst die Regierung des energischen Ch. Trikúpis in den Jahren 1875–1895 führte zu fühlbaren Fortschritten. Die erste Eisenbahn, die Athen mit Piräus verband, wurde 1869 gebaut. Die Verbindung mit dem europäischen Eisenbahnnetz erfolgte erst in diesem Jahrhundert. 1893 wurde der Kanal von Korinth fertiggestellt, was den Seeweg von Piräus nach Italien halbierte.

Politisches System

Die ersten politischen Parteien, die sich schon während des Freiheitskampfes bildeten, nannten sich ganz unverblümt nach den Großmächten, von deren Einflußnahme sie die Erreichung ihrer eigenen politischen Ziele erhofften. So entstanden die Englische, die Französische und die Russische Partei, Bezeichnungen, welche bis 1865 beibehalten wurden. Auch die Verabschiedung einer Verfassung und die Durchführung von Wahlen (1845), im damaligen Europa keine Selbstverständlichkeit, brachten nicht die erhoffte Stabilität. Das politische Leben wurde vom Klientelsystem beherrscht, ein verhängnisvolles Erbe der osmanischen Zeit, das sich bis

Der Kanal von Korinth.

heute als äußerst zählebig erweist: die Abgeordneten fungieren als Fürsprecher ihrer Wähler, die ihnen ihre Stimme gegen Wohltaten für den eigenen Familienverband zusagen (Rusfeti-System).

Wechsel der Dynastie

König Ottos Popularität nahm in den fünfziger Jahren rasch ab. Im Krimkrieg (1854–1856) hatte er auf die russische Karte gesetzt, da er im Falle einer türkischen Niederlage auf territorialen Zugewinn hoffte. Er geriet so in Gegensatz zu den britischen Interessen und wurde von großen Teilen des Volkes für die britisch-französische Seeblockade verantwortlich gemacht. Da er außerdem kinderlos blieb und kein Nachfolger in Sicht war, kam es zu wiederholten Erhebungen. 1862 war er dann gezwungen, das Land für immer zu verlassen. Sein Nachfolger wurde 1863 Georg I., ein Sohn des dänischen Thronfolgers und Kandidat Großbritanniens. Die dänische Dynastie aus dem Hause Schleswig-Holstein-Sonderburg-Glücksburg, in Griechenland kurz »die Glücksburg« genannt, hielt sich bis zur Abschaffung der Monarchie durch das Plebiszit von 1974 mit einigen Unterbrechungen auf dem griechischen Thron.

Territorialer Zugewinn

Gleichsam als Morgengabe gab die britische Regierung dem dänischen Prinzen aus der venezianischen Erbmasse die Ionischen Inseln mit, die seit 1814 unter britischem Protektorat standen. Damit vergrößerte sich zum ersten Mal seit der Staatsgründung das griechische Territorium. Die wirtschaftlich und kulturell gut entwickelten Inseln mit etwa 200.000 Einwohner, Heimat der ›Nationaldichter‹ Solomós und Kálvos, waren ein wertvoller Zugewinn.

1864 wurde eine neue, parlamentarische Verfassung erarbeitet, die mit einigen Modifikationen bis zum Obristenputsch im April 1967 galt. Sie führte, lange vor vielen entwickelteren europäischen Staaten, das allgemeine Wahlrecht ein. Seit 1875 gilt das Prinzip, daß die parlamentarische Mehrheit die Regierung stellt.

Außenpolitisch gerät Griechenland in der zweiten Jahrhunderthälfte in schweres Fahrwasser. Aufstände in den von Griechen bewohnten türkischen Gebieten, vor allem auf Kreta, bringen die Regierung in das Dilemma, die Aufständischen heimlich oder offen unterstützen zu müssen (und zu wollen) und gleichzeitig einen Konflikt mit der Türkei zu vermeiden.

In den 70er Jahren wird das griechische Unabhängigkeitsstreben in Makedonien und Thrakien nicht nur mit der türkischen Repression, sondern auch mit konkurrierenden Ansprüchen anderer unerlöster Völker, insbesondere der Bulgaren, konfrontiert. Es beginnt ein langes blutiges Tauziehen, der makedonische Kampf, der erst durch die Balkankriege 1912/13 weitgehend zugunsten Griechenlands endet. Bulgarische Ansprüche auf einen Zugang zur Ägäis spielen aber noch lange eine verhängnisvolle Rolle in der griechischen Politik.

Die russisch-türkischen Gegensätze auf dem Balkan führen 1877/78 zu einer erneuten militärischen Auseinandersetzung, welche die Gewichte so sehr zugunsten Rußlands zu verschieben droht (Friede von San Stefano), daß die übrigen Großmächte auf den Plan gerufen werden. Auf dem Berliner Kongreß 1878 wird eine Neuordnung des Balkans beschlossen, durch die Griechenland 1881 in den Besitz von Thessalien und der Region Árta kommt. Gleichzeitig erlangt Großbritannien die Herrschaft über Zypern.

Mehrere kretische Aufstände schlagen fehl und werden blutig unterdrückt. Kreta wird nach einer kurzen Zwischenperiode als halbautonomes Gebiet erst nach dem ersten Balkankrieg (1913) griechisches Staatsgebiet. Während des kretischen Aufstands von 1897 hatte sich die Regierung trotz mangelnder Vorbereitung zur militärischen Intervention entschlossen. Der kurze türkisch-griechische Krieg von 1897 endete mit einer griechischen Niederlage. Griechenland mußte eine hohe Kriegsentschädigung zahlen und geriet wegen Zahlungsunfähigkeit unter internationale wirtschaftliche Kontrolle.

Wirtschaftliche Probleme

Das Land steckt am Ende des Jahrhunderts in einer permanenten Wirtschaftskrise: Die Zahl der Auswanderer, insbesondere in die USA, steigt von Jahr zu Jahr. Von 1899 bis 1911 allein 200000 Menschen, ein erheblicher Aderlaß bei einer Bevölkerung von knapp 2 Millionen. Die Wirtschaftsstruktur ist nach wie vor weitgehend agrarisch. Industrielle Produktion existiert nur in Ansätzen, dementsprechend auch keine organisierte Arbeiterschaft. Sozialreformerische oder gar sozialistische Ideen sickern nur tröpfchenweise ein. In der Politik dominiert weitgehend der Einfluß der Landbesitzer. Das industrielle und das Handelsbürgertum in den Städten (um 1900 hat Athen eine Bevölkerung von ca. 130000) kämpft um die politische Vorherrschaft.

Die wirtschaftliche Stagnation und das Versagen der politischen Führung, die Verhältnisse spürbar zu verbessern, führen schließlich zu einer Revolte fortschrittlicher Armeekreise, die sich in einem »militärischen Bund« zusammengeschlossen haben. Dieser nach dem Athener Vorort Gudí (Goudí) benannte Aufstand war weder eine Revolution, noch führte er zu einer Militärdiktatur. Er unterstrich jedoch die breite Unzufriedenheit mit den herrschenden Verhältnissen und brachte eine Gewichtsveränderung in der Politik zugunsten des städtischen Bürgertums.

DAS JAHRZEHNT DER KRIEGE
(BALKANKRIEGE – 1. WELTKRIEG
KLEINASIEN-FELDZUG 1912–1922)

Die Bewegung von Gudí brachte einen Mann an die Regierung, der sich schon auf Kreta durch Tatkraft und Umsicht ausgezeichnet hatte: Elefthérios Venizélos. Gestützt auf seine Liberale Partei beherrscht er die griechische Szene in den nächsten 20 Jahren.

Balkankriege
Die jahrzehntelangen Spannungen auf dem Balkan treiben 1912 auf ihren Höhepunkt. Nicht ohne das diplomatische Zutun Venizélos kommt es zu einer Allianz von vier europäischen Balkannationen (Montenegro, Serbien, Bulgarien, Griechenland) gegen das Osmanische Reich, das in einem raschen Feldzug, dem ersten Balkankrieg, vernichtend geschlagen wird. Der jahrhundertelange wechselvolle Rückzug von den Toren Wiens bis kurz vor Istanbul kommt dabei zum Abschluß. Kurz nach dem Sieg beginnt unter den Siegern der Streit um die Beute. Im Zweiten Balkankrieg sieht sich Bulgarien einer Allianz der übrigen, vom bulgarischen Expansionismus bedrohten Balkanstaaten gegenüber und wird besiegt. Für Griechenland wird damit ein Traum Wirklichkeit: Épiros, Makedonien und Thrakien, die ostägäischen Inseln werden befreit. Griechische Truppen ziehen in Thessaloníki ein. Das griechische Staatsgebiet vergrößert sich mit einem Schlag um das Doppelte, desgleichen die Bevölkerung.

Erster Weltkrieg
Kurz darauf bricht der Erste Weltkrieg aus, der das Land in eine Zerreißprobe bringt. Trotz des Drängens der Entente beharrt die Athener Regierung, beeinflußt vom Königshaus, auf Neutralität. Venizélos plädiert in der Opposition auf Beitritt zur Entente und ruft schließlich in Thessaloníki

eine Gegenregierung aus, die den Entente-Streitkräften den Durchmarsch durch Makedonien gestattet. Die Regierung der »nationalen Verteidigung« tritt an der Seite der Entente in den Krieg ein, und griechische Soldaten, darunter viele Freiwillige, beteiligen sich an den Kämpfen an der Balkanfront. Griechenland gehört so um den Preis der nationalen Spaltung zu den Siegermächten. Bei den Friedensverhandlungen gelingt es Venizélos, diese Position für weitgehende Zugewinne zu nutzen. Griechenland erhält nach dem Vertrag von Sèvres zusätzlich zu den Eroberungen der Balkankriege Ostthrakien mit Ausnahme Konstantinopels und die Inseln Imbros und Ténedos an der Einfahrt zu den Dardanellen. Smyrna (Izmir) in Kleinasien und sein Umland erhalten einen Sonderstatus unter türkischer Hoheit. Nach Ablauf von fünf Jahren sollte es zu Griechenland kommen, wenn sich die Bevölkerung in einem Plebszit dafür aussprechen würde. Vorab fordern die Entente-Mächte Griechenland auf, Truppen zur Aufrechterhaltung von Ruhe und Ordnung in das Gebiet zu entsenden.

Die Realisierung der »Megáli Idéa« scheint zum Greifen nah. Venizélos' Slogan vom Griechenland der zwei Kontinente und fünf Meere nimmt Gestalt an. Die Türkei ist geschwächt wie nie, die Großmächte scheinen wohlwollend, und Griechenland stürzt sich in ein Abenteuer, das die weitere griechische Geschichte wie kein anderes prägen sollte: den Kleinasien-Feldzug.

Kleinasiatische Katastrophe

Die kleinasiatische Ägäis-Küste war seit Jahrtausenden von Griechen besiedelt worden. Smyrna war auch unter osmanischer Herrschaft eine weitgehend griechisch geprägte Stadt, eines der blühenden Zentren des Griechentums der Levante. Das griechische Expeditionsheer wurde von den kleinasiatischen Griechen mit Jubel empfangen.

Für die Türkei zeichnete sich die Gefahr ab, zerstückelt und in das anatolische Bergland zurückgedrängt zu werden. Die tiefe Demütigung durch die harten Bedingungen des Vertrages von Sèvres, der außerdem die Abspaltung eines unabhängigen Armeniens und von Kurdistan vorsah, rief die Jungtürken unter Führung von Mustafa Kemal, später Atatürk genannt, auf den Plan. Der Sultan, der den Vertrag akzeptiert hatte, wurde abgesetzt, der Widerstand gegen die griechische Invasion in Kleinasien organisiert. Die Haltung der Großmächte änderte sich infolge der russischen Oktoberrevolution zugunsten der Türkei. Sie hatten nun kein Interesse mehr an deren Schwächung. In Griechenland wurden Venizélos nach einer überraschenden Wahlniederlage (November 1920) die Zügel aus der Hand genommen. Das Volk war – nach fast 10 Jahren – kriegsmüde, die Finanzen zerrüttet. Das Expeditionsheer ließ sich auf der Suche nach einem entscheidenden Sieg in das unwegsame anatolische Bergland bis kurz vor Ankara locken. Im Sommer 1922 durchbrachen die türkischen Truppen die überdehnte, erschöpfte Front. Das griechische Heer floh zügellos zurück ans Meer – vor, zwischen und hinter ihm die griechische Bevölkerung Kleinasiens. Smyrna ging in Flammen auf.

Bei den Friedensverhandlungen von Lausanne verlor Griechenland Ostthrakien, die Inseln Imbros und Ténedos und jeglichen Anspruch auf

kleinasiatisches Gebiet. Das Nationalstaatsprinzip wurde von den Großmächten mit erbarmungsloser Konsequenz durchgesetzt: Ein vertraglicher
Bevölkerungsaustausch machte 500000 Griechenland-Türken und 1,5 Millionen Türkei-Griechen zu Flüchtlingen und Heimatlosen. Verschont
davon blieben lediglich die Griechen in Istanbul und die westthrakischen
Türken. Griechenland erreichte gegen diesen hohen Preis seine heutige
ethnische Homogenität. Aber die labile Gesellschaft der knapp sechs Millionen Griechen, von denen die Hälfte erst zehn Jahre zuvor die Freiheit
von fremder Besatzung erreicht hatte, wurde durch den plötzlichen
Zustrom der meist mittellosen Flüchtlingsscharen aufs heftigste erschüttert. Rings um Athen und Thessaloníki wuchsen Barackensiedlungen wie
Pilze aus dem Boden. Die Baracken sind heute verschwunden, doch die
Namen der Siedlungen weisen noch immer auf die Herkunft ihrer ersten
Bewohner hin: Néa Smýrni, Néa Ionía, Néa Chalkydón, Níkaia.

INNERE ERSCHÜTTERUNGEN 1922–1940

Die kollektive Wut über den zerronnenen Traum entlud sich gegen die
regierenden Royalisten und König Konstantin. Sechs militärische und politische Führer wurden im November 1922 des Hochverrats bezichtigt, in
einem emotionalisierten Verfahren zum Tode verurteilt und anderntags
hingerichtet. König Konstantin mußte ins Exil gehen. 1924 wurde die
Republik ausgerufen und in einem Plebiszit mit großer Mehrheit bestätigt.
Allerdings sollte die Republik nur ein Zwischenspiel werden. 1935, während der Militärdiktatur des Generals Kondýlis, wurde nach einem frag-
würdigen neuen Volksentscheid die Monarchie restauriert.

Bis auf eine erneute vierjährige Regierungszeit von Venizélos 1928–
1932, während der relative Ruhe einkehrte, das Land sich wirtschaftlich
entwickelte und sogar eine gewisse Aussöhnung mit der Türkei erreicht
wurde, waren die republikanischen Jahre unruhig. Mehrere Putsche veni-
zelistischer sowie royalistischer Offiziere folgten aufeinander, bis der Putschist Kondýlis 1935 die Republik abschaffte und die alte Verfassung von
1864 erneut in Kraft setzte.

Am 4. August 1936 entstand mit königlicher Billigung schließlich aus
einem weiteren Staatsstreich das faschistoide Regime des Generals Metaxás, das sich in mancher Hinsicht am Nationalsozialismus und Faschismus
orientierte: Korporativismus, Staatsjugend, Uniformkult sowie rücksichts-
loser Terror der Geheimpolizei, institutionalisierte Folter, Zensur, Verfolgung aller politischen Gegner. Zahlreiche demokratische Politiker werden
per Verwaltungsakt auf öde Inseln verbannt. Für die meisten Kommunisten und solche, die dafür gehalten werden, beginnt eine lange, oft lebens-
lange Leidenszeit. Die Stationen sind: Verhaftung und Folter durch die
Sicherheitspolizei, Militärgericht, Zuchthausstrafe in den feuchten mittelalterlichen Verliesen von Nauplia, Korfú oder Thessaloníki, Bürgerkrieg,
erneute Verhaftung oder Exil hinter dem Eisernen Vorhang. Das Regime
hatte wenig Unterstützung in der Bevölkerung, konnte sich, anders als
seine Vorbilder, nie zu einer Massenbewegung entwickeln. Es herrschte

wie sein unzeitgemäßes Imitat, die Obristenjunta von 1967–1974, durch rohe Gewalt.

In diesen unruhigen Jahren vollzog sich der Aufstieg der kommunistischen Partei von einer Splitterpartei bei ihrer Gründung 1920 zu einer gut organisierten Kaderpartei. Die griechische kommunistische Partei entstand ohne Vorbereitung durch Arbeiterbewegung und Gewerkschaftstradition. Ihr Nährboden war die Flüchtlingsmisere. Ein auffällig hoher Anteil ihrer Kader waren Flüchtlinge, einschließlich des langjährigen Generalsekretärs Sachariádis. Dieser war auf der Moskauer Parteischule ausgebildet und der griechischen Partei von der Komintern aufgezwungen worden. Die unerbittliche Repression der Metaxás-Zeit war trotz aller Rückschläge für die griechischen Kommunisten eine Lehrzeit in konspirativer Arbeit. Sie waren als einzige vorbereitet auf den Untergrundkampf gegen die fremde Besetzung im Zweiten Weltkrieg. Dadurch gelang es ihnen, den griechischen Widerstand weitgehend unter ihre Kontrolle zu bringen und breite Bevölkerungskreise für sich einzunehmen.

GRIECHENLAND IM ZWEITEN WELTKRIEG UND IM BÜRGERKRIEG 1940–1949

Der Albanienfeldzug

1940 gerät Griechenland in den Strudel des Zweiten Weltkriegs. Metaxás ist bei aller Vorliebe für die autoritären Achsenmächte realistisch genug, die außenpolitische Bindung an Großbritannien nicht aufzugeben. Im Oktober 1940 kommt für ihn die Stunde der Entscheidung. Eifersüchtig auf die Erfolge des Nazi-Regimes in der Anfangsphase des Kriegs, wendet sich Mussolini gegen Griechenland. Am 28. Oktober 1940 verlangt der italienische Botschafter in einem Ultimatum von Metaxás das Recht zum Durchmarsch italienischer Truppen, faktisch die Unterwerfung Griechenlands. Der Diktator sagt nein (griechisch »ochí«) und kann sich in diesem Punkt der vollen Zustimmung des griechischen Volkes gewiß sein. Seitdem ist der Ochí-Tag ein nationaler Feiertag.

Was für die hochgerüsteten italienischen Divisionen in Albanien ein Spaziergang werden sollte, entwickelte sich zum ersten Sieg auf alliierter Seite im Zweiten Weltkrieg. Die schlecht ausgerüsteten, zahlenmäßig unterlegenen griechischen Soldaten stoppten den italienischen Vormarsch kurz vor Ioánnina und trieben die Aggressoren zurück bis tief hinein nach Albanien. Für einen großen Teil der griechischen Soldaten ist dieser Kampf gegen den fremden Faschismus zugleich ein Schlag gegen den Faschismus im eigenen Lande. Das »Epos von Albanien«, das »neue Marathon«, spielt in der griechischen Überlieferung eine wichtige Rolle. Nicht wenige Griechen sehen in dem Teilsieg in Albanien einen entscheidenden Beitrag für den alliierten Sieg.

Die deutsche Besetzung

Das Scheitern des nicht mit dem deutschen Verbündeten abgesprochenen Griechenlandfeldzugs zwingt Hitler zur Intervention. Der deutsche

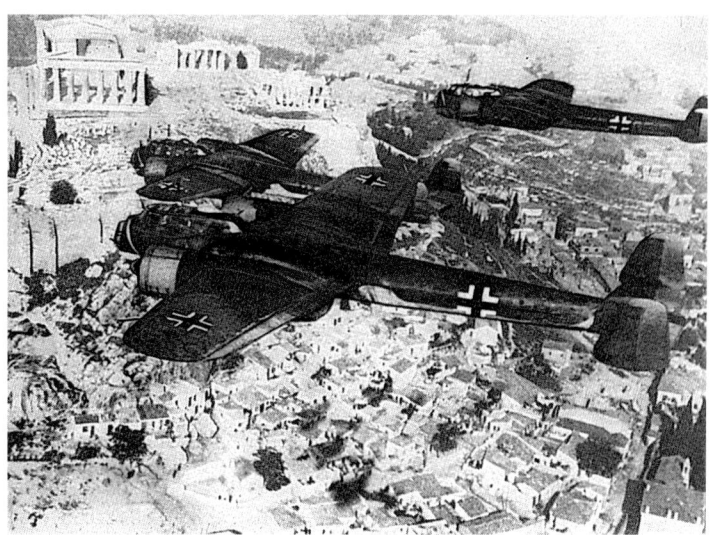

Luftparade deutscher Kampfflugzeuge über dem Parthenon.

Angriff erfolgt im März 1941 von Bulgarien und Jugoslawien aus. Die griechische Armee wehrt sich heldenhaft. Doch der Hauptteil der Truppen ist in Albanien blockiert. Nach kurzem Kampf, an dem sich auch eilig ins Land gebrachte britische Truppen beteiligen, beginnt eine dreieinhalbjährige, furchtbare Besatzungszeit. Im ersten Besatzungswinter 1941/42 sterben Hunderttausende an Hunger und Auszehrung. Dann folgt der grausame Kampf zwischen Widerstand und Besatzungstruppen: Partisanenkrieg. Hunderte von Dörfern gehen in Flammen auf, ungezählte Geiseln werden erschossen, manchmal wird, wie in Kalávryta, die gesamte männliche Bevölkerung einer Stadt als Repressalie ermordet. Diese Zeit hat Narben hinterlassen. Es war die erste massive fremde Besetzung seit dem Unabhängigkeitskrieg, und sie hat Griechenland um Jahre zurückgeworfen.

Widerstand und Exilregierung
An der Besetzung beteiligte die Wehrmacht auch die von den Griechen geschlagenen Italiener und die expansionslüsternen Bulgaren. Im Frühjahr 1942 flohen die ersten demobilisierten griechischen Soldaten in die Berge. Der Widerstand organisierte sich. Hauptwiderstandsorganisation wurde die Nationale Befreiungsfront (EAM), die wesentlich von der KP beeinflußt war. Keineswegs aber waren alle EAM-Anhänger Kommunisten. Die EAM betrieb bewußt eine breite Bündnispolitik und bemühte sich, das gesamte republikanische und linke Spektrum anzusprechen. Im Herbst 1942 landete ein britisches Verbindungskommando per Fallschirm und koordinierte die Versorgung mit Waffen und Ausrüstung durch nächtliche Fallschirmabwürfe britischer Flugzeuge aus Ägypten.
Metaxás war noch vor dem deutschen Angriff gestorben. Die Regierung

Deutscher und griechischer Soldat vor dem Grabmal des unbekannten Soldaten am Sýntagma-Platz in Athen. Historisches Archiv, Athen.

und König Georg II. flohen vor dem Einmarsch über Kreta nach Kairo. Aus geflohenen Soldaten und aus Männern der griechischen Kolonien im Nahen Osten, in Kairo und in Alexandria wurde eine Truppe aufgestellt, die sich aktiv an den Kämpfen gegen das deutsche Afrika-Korps beteiligte. Die Exilregierung in Kairo war abgeschnitten von der Entwicklung in Griechenland. Sie hatte jedoch unmittelbaren Zugang zu den britischen Behörden, von denen sie vollkommen abhängig war. Währenddessen bereiteten sich in den griechischen Bergen die Widerstandsgruppen auf die Zeit nach dem Kriege vor. Wieder mal war Griechenland gespalten. Im Exil wogte der Kampf zwischen republikanischen und royalistischen Kräften, im Widerstand zwischen Republikanern und Kommunisten. Die ELAS, der militärische Flügel der EAM, unter dem Kommando des legendären Guerilla-Führers Aris Veluchiótis, zögerte nicht, konkurrierende Organisationen anzugreifen und gewaltsam auszuschalten. Diese blutige Auseinandersetzung in den griechischen Bergen während der Besatzung durch die Achsenmächte wurde von den Kommunisten selber als erste Runde (prótos jíros) in ihrem Kampf um die Macht im Staat bezeichnet.

Die Frage der Staatsform war von großer Bedeutung für die Nachkriegsordnung. Die Monarchie war durch das anrüchige Plebiszit von 1935 und durch die Unterstützung des Metaxás-Regimes bei weiten Teilen des Volkes diskreditiert. Der überwiegende Teil der politischen Kräfte plädierte daher für ein neues Plebiszit nach dem Krieg. Dies stieß nicht nur auf den – verständlichen – Widerstand von Georg II., sondern vor allem von Churchill. Der britische Kriegspremier nahm intensiven Anteil an den griechi-

Kretischer Partisan aus dem 2. Weltkrieg. Historisches Archiv, Athen.

schen Entwicklungen. Für ihn war der Monarch Garant des britischen Einflusses, den es gegen jeden Widerstand, auch den seiner Berater, zu erhalten galt.

Als sich die deutsche Niederlage abzuzeichnen begann, wuchs für die beiden griechischen Entscheidungszentren der Zwang, sich zu einigen. Die EAM rief zwar im Frühjahr 1944 eine provisorische Regierung aus, wagte aber den totalen Bruch mit der Kairoer Regierung und der britischen Schutzmacht nicht. Im Mai 1944 kam es schließlich im Libanon zu einer entscheidenden Konferenz zwischen Vertretern des innergriechischen Widerstands mit der Kairoer Regierung. Durch geschickte Verhandlungsführung gelang es Ministerpräsident Geórgios Papandreu, die Vertreter des Widerstands zu weitgehenden Konzessionen zu bewegen: Aufnahme von Widerstandsvertretern in eine Regierung der nationalen Einheit, dafür Auflösung der Partisanenverbände und Entwaffnung.

Die britische Intervention

Im Oktober 1944 landete die griechische Regierung, begleitet von britischen Truppen, in Piräus. Die Wehrmachtstruppen hatten zuvor Griechenland verlassen, um nicht von der auf den Balkan vorrückenden Roten

Armee abgeschnitten zu werden. Begeistert wurde die Regierung empfangen, die britischen Truppen als Befreier begrüßt. Die Euphorie währte nur kurz. Die Regierung der nationalen Einheit zerbrach schon Anfang Dezember über der Frage der Demobilisierung der Partisanenverbände. Es kam zu Demonstrationen der EAM-Anhänger im Zentrum von Athen. Als auf die Demonstranten geschossen wird, bricht der Bürgerkrieg aus. Die erst kürzlich befreite Stadt hallt von Gewehr- und Granatenfeuer wider. Noch heute kann man an den Siedlungshäusern der Kleinasienflüchtlinge die Einschüsse sehen. Das britische Expeditionskorps gibt schließlich den Ausschlag bei den sogenannten Dekemvrianá (Dezemberereignissen). Die ELAS-Truppen müssen sich aus Athen zurückziehen.

Churchill selbst eilt in den Weihnachtstagen 1944 in die umkämpfte Stadt und versucht, eine Einigung zwischen den verfeindeten Parteien herbeizuführen. Unter dem Druck der Ereignisse verzichtet er auf seine konstante Forderung, der König müsse sogleich zurückkehren. Der Erzbischof von Athen und ganz Griechenland, Damaskinós, wird zum Regenten ernannt. Georg II. kehrt erst zwei Jahre später, nach Durchführung eines Plebiszits, an dem sich die Kommunisten nicht beteiligen, nach Griechenland zurück. Im Februar 1945 kommt es im Athener Küstenvorort Várkiza zum Abschluß dieser zweiten Phase des Bürgerkriegs. Die EAM akzeptiert ihre Entwaffnung. Im Gegenzug wird die Legalisierung und freie Entfaltung der KP zugesagt. Der Traum von der kommunistischen Machtergreifung nach dem deutschen Abzug ist aus.

Bürgerkrieg

Es beginnt eine schwierige Ruhephase vor dem nächsten Sturm. In der Provinz wütet antikommunistischer Terror. Die Garantien von Várkiza stehen weitgehend auf dem Papier. Bewaffnete Kollaborateure der Achsenmächte bleiben unbestraft und gehen unter dem Banner des Antikommunismus ihrem bisherigen Handwerk nach. Aus jenen rekrutiert sich dann das sogenannte Parakrátos, der skrupellose inoffizielle Nebenstaat, der das griechische politische Leben bis 1974 beeinflußt. In der Nachbürgerkriegsepoche besorgt er unter demokratischer Fassade schmutzige Geschäfte wie die Ermordung des EDA-Abgeordneten Lambrákis (dargestellt in dem Film »Z«).

Der Einfluß der Athener Regierung weitet sich allmählich auf das Land aus. Im Frühjahr 1945 werden Wahlen durchgeführt. Die KP beschließt, daran nicht teilzunehmen und manövriert sich so selbst ins Abseits. Im Laufe des Sommers 1946 kommt die Parteiführung zu der Überzeugung, daß eine erneute bewaffnete Auseinandersetzung unvermeidlich sei und startet die ersten Angriffe auf Gendarmerieposten. Die internen wie internationalen Voraussetzungen für diese »dritte Runde« sind denkbar ungünstig. Sachariádis hat später behauptet, Stalin selber habe ihn zu diesem Schritt ermutigt und großzügige Unterstützung zugesagt. Tatsächlich war die Hilfe jedoch bescheiden, ganz im Gegensatz zur Unterstützung der Regierungstruppen durch die US-Regierung. Diese hatte im Zeichen der Truman-Doktrin in Griechenland die Nachfolge der vom Krieg erschöpften Briten angetreten. Stalin hat sich ziemlich getreu an die ominöse Einigung mit Churchill vom November 1944 in Moskau gehalten. Wie Churchill mit ungebrochen imperialer Offenheit in seinen Memoiren berichtet, hatte er damals mit »Uncle Joe« die Einflußsphären auf dem Balkan für die Nachkriegszeit aufgeteilt. Danach gehörte Griechenland zum britischen Einflußbereich. Ob die griechischen Kommunisten diese Absprache damals kannten, ist unsicher. Jedenfalls lag es nicht in ihrer Hand, sie zu ändern.

Obwohl die griechischen Kommunisten mit den angrenzenden Volksdemokratien Albanien, Jugoslawien und Bulgarien über sichere Rückzugs- und Versorgungsgebiete verfügten, gelang es ihnen nicht, in Griechenland ein größeres Territorium auf Dauer in ihre Hand zu bringen. Erfolgreich

Athen: Kriegsspuren aus den 40er Jahren sind noch heute zu sehen.

waren sie nur im uralten Kleftenhandwerk der Berg-Guerilla. Als sie sich schließlich im Sommer 1949 auf den Bergmassiven des Grámmos und Vítsi verschanzten, war ihr Ende abzusehen. Gegen die Napalm-Bomben aus amerikanischen Flugzeugen war aller Heldenmut vergeblich. Ende August 1949 verließen die letzten Aufständischen griechisches Territorium. Zehntausende von Partisanen wurden auf die Volksdemokratien verteilt. Aus dieser Emigration sollten die meisten erst dreißig Jahre später als alte Männer zurückkehren. Der Film »Reise nach Kýthera« von Theódoros Angelópulos schildert eine solche tragische Rückkehr. Das Gros der Kämpfer, welche der Utopie eines sozialistischen Griechenlands nachgerannt waren, wurden im fernen Taschkent angesiedelt unter der doppelten Fuchtel ihrer eigenen und der sowjetischen Parteileitung.

Für Griechenland war die Bilanz des Bürgerkriegs verheerend. Als andere europäische Länder daran gingen, mit Hilfe des Marshall-Plans die Folgen des Zweiten Weltkriegs zu überwinden, wurden die Anleihen in Griechenland fast vollständig von der Kriegsführung absorbiert. Straßen, Brücken und sonstige Infrastruktureinrichtungen, welche die deutsche Besatzung und den Widerstandskampf überstanden hatten, waren im gnadenlosen Bruderkrieg zerstört worden. Dörfer waren evakuiert, ganze Landstriche zur ›Austrocknung‹ der Partisanen entvölkert worden. Noch schlimmer waren die psychischen Wunden, die sich oft quer durch die Familien zogen und erst ab 1974, nach dem Fall der Obristen-Junta, zu vernarben begannen.

Wüste, wasserlose Inseln bekamen eine traurige Berühmtheit als Verbannungs- und Gefängnisorte. Vor der Südspitze Attikas, in Sichtweite Sunions, liegt windumtost der kahle Felsrücken Makrónissos. Hier war das ›Ausbildungslager‹ für Wehrpflichtige, die der Sympathie für den Bürgerkriegsgegner verdächtig waren. Mit den Methoden der Heiligen Inquisition sollten die Rekruten zur Unterzeichnung von Erklärungen gebracht werden, in denen sie dem Kommunismus abschwörten und ihre Loyalität zu König und Vaterland versicherten. Unterzeichnen war unter Kommunisten verpönt, und sogenannte »Unterzeichner« (dilossíes) wurden wie Aussätzige behandelt. Auch die kommunistischen Aufständischen waren nicht wählerisch in ihren Methoden. Da sie unter Rekrutierungsmangel litten, wurden viele Bauern und schließlich auch Frauen mit Gewalt in ihre Reihen gepreßt. Zahlreiche Kinder wurden auch ohne Einwilligung ihrer Eltern vor dem »Zugriff des Klassenfeindes« in die sozialistischen Nachbarländer gebracht. Dies sowie die Praxis der »Volksgerichte« schildert Nicholas Gage in seinem Buch »Eléni«.

DIE NACHBÜRGERKRIEGSZEIT 1950–1974

Die Zeit vom Ende des Bürgerkriegs bis zum Fall der Obristenjunta 1974 war von militantem Antikommunismus geprägt. Die Griechen waren geteilt in Nationalgesinnte (ethnikófrones) einerseits und Kommunisten oder Banditen (symmorítes) – so die vorherrschende Terminologie – andererseits. Letztere waren Bürger zweiter Klasse, auf die trotz demokrati-

scher Institutionen Ausnahmerecht anwendbar war. Sie erhielten weder
Pässe noch Baugenehmigungen, geschweige denn staatliche Anstellung.
Viele, oft die Begabtesten, wurden zur Emigration gezwungen. Das Regie-
rungssystem bewegte sich aber äußerlich im parlamentarischen Rahmen.
Royalistische und republikanische Kabinette wechselten einander ab. Eine
gewisse Stabilität trat mit Regierungsantritt (1952) des Marschalls Papágos
ein, des Oberkommandierenden im Albanienfeldzug und in der Schluß-
phase des Bürgerkriegs. 1952 wurde eine neue Verfassung verabschiedet,
deren Grundrechtsgarantien aber weitgehend nur auf dem Papier standen.
Die KP blieb bis 1974 verboten.

Die 1. Ära Karamanlís
Auf Papágos, der 1955 starb, folgte – zunächst als Favorit des Hofes – der
energische Konstantínos Karamanlís. Der schweigsame Makedonier
brachte es mit Hilfe der von ihm gegründeten konservativen ERE (Nationale Radikale Union) und der landesüblichen Wahlrechtsmanipulationen
auf eine Regierungszeit von acht Jahren, während der das Land deutliche
wirtschaftliche Fortschritte verzeichnete. 1952 war eine Währungsreform
durchgeführt worden, welche die Basis für eine Gesundung der öffentlichen Finanzen bildete. Karamanlís, selber Minister für öffentliche Bauten
im Kabinett Papágos, sorgte für raschen Ausbau der Infrastruktur und für
ausländische Investitionen. Ende der 50er Jahre waren endlich die äußerli-
chen Spuren von Krieg und Bürgerkrieg beseitigt. Der Tourismus wuchs
sprunghaft von Jahr zu Jahr, und die Einkünfte aus der griechischen Handelsflotte sowie die Überweisungen der zahlreichen im europäischen und
amerikanischen Ausland arbeitenden Griechen sorgten für eine ausgeglichene Zahlungsbilanz und für bislang unbekannte Geldwertstabilität.
Unter der Oberfläche aber dauerten die Folgen des Bürgerkriegs an.
Zehntausende von Bürgerkriegsflüchtlingen in Osteuropa warteten vergeblich auf die Heimkehr, und auf einigen Inseln saßen immer noch politische Gefangene. Armee und Verwaltung waren von antikommunistischen
Substrukturen, dem »Parakrátos«, durchzogen.
  1952 traten Griechenland und die Türkei der NATO bei. Gleichzeitig
wurde den USA auf bilateraler Basis gestattet, Militärbasen einzurichten.
Der US-Einfluß auf die griechische Politik war seit der amerikanischen
Waffenhilfe während des Bürgerkriegs gewaltig. 1961 wurde ein Assozie-
rungsabkommen mit der EWG unterzeichnet, das insbesondere griechischen Agrarprodukten präferentielle Behandlung sicherte.
  1963 trat Karamanlís, der sich bald nach Übernahme des Ministerpräsi-
dentenposten vom Einfluß des Hofes emanzipiert hatte, zurück und ging
ins selbstgewählte Exil nach Paris. Sein Rücktritt beruhte auf einem Zerwürfnis mit dem Hof. Mitursächlich war auch der durch die Ermordung
des EDA-Abgeordneten Lambrákis aufgebrochene politische Skandal. Er
machte in aller Öffentlichkeit den Einfluß des Parakrátos deutlich und veranlaßte Karamanlis zu der berühmten Frage, wer denn dieses Land eigentlich regiere.

Intermezzo Papandreu

Aus den folgenden Wahlen (1964) gingen Geórgios Papandreu und die
linksliberale Zentrumsunion als Sieger hervor. Dieser Regierungswechsel
markierte eine deutliche politische Klimaveränderung. Der sterile Antikommunismus verkümmerte, und eine kulturelle Aufbruchstimmung
ergriff das Land. Papandreu versuchte eine vorsichtige Emanzipation vom
übermächtigen US-Einfluß. Er scheiterte an den festgefügten Strukturen
des Bürgerkriegs-Establishments in der Armee und am Hof. Als er daran-
ging, die Armee unter seine direkte politische Kontrolle zu bringen, stieß
er auf den Widerstand des jungen Königs Konstantin, Sohn des 1963 verstorbenen Paul. Dieser akzeptierte kurzerhand einen von Papandreu ange-
drohten Rücktritt.

Die restlichen zwei Jahre der Legislaturperiode waren erfüllt von kurzle-
bigen Regierungen konservativer Prägung. Die notwendigen Stimmen im
Parlament besorgten von der Zentrumsunion abgefallene »Apostaten«.
Bei dieser Apostasie war nach allgemeiner Auffassung nicht nur politischer
Sinneswandel, sondern auch erhebliches Geld im Spiel. Die politische
Auseinandersetzung verlagerte sich auf die Straße. Die Wut der Zentrums-
anhänger über den kalten Staatsstreich des Hofes machte sich in gewalti-
gen Demonstrationen Luft.

Der Putsch

Alle politischen Beobachter waren sich einig, daß aus den im Mai 1967
anstehenden Wahlen Papandreu und die Zentrumsunion erneut als Sieger
hervorgehen würden. Dazu kam es nicht. Das »Parakratos« spürte, daß
ein neuer Wahlsieg Papandreus seine Existenz bedrohte, und schlug zu.
Am 21. April 1967 putschte eine obskure Clique von Obristen, gestützt auf
nichts als blanke Gewalt. Als Rechtfertigung diente ein angeblicher kom-
munistischer Umsturzversuch, an den niemand glaubte. Wieder schlossen
sich die Gefängnistore hinter Tausenden von Oppositionellen. Die KZ-
Inseln aus der Bürgerkriegszeit bevölkerten sich erneut. Folter wurde wieder zur üblichen Verhörmethode für politisch Verdächtige.

Im griechischen Volk hält sich seitdem die Überzeugung, daß der Coup
von der CIA organisiert worden sei. Beweise dafür sind nie schlüssig
erbracht worden. Allerdings nahm die US-Regierung den Staatsstreich
hin. Zu einer spontanen Reaktion der griechischen Bevölkerung kam es
nicht. Der Coup kam zu überraschend und das pseudoparlamentarische
System der beiden vorhergehenden Jahre erschien wohl auch nicht rettens-
wert.

Der junge König verpaßte eine historische Chance, die Bevölkerung mit
der Monarchie zu versöhnen. Statt den Putschisten entgegenzutreten, ließ
er sich am Tag nach dem Putsch mit den uniformierten neuen Herren des
Landes abbilden und beschränkte seinen Widerstand darauf, ein säuerli-
ches Gesicht zu machen. Ein verspäteter, dilettantisch vorbereiteter Versuch des Königs im Dezember des Jahres, die Usurpatoren zu stürzen,
schlug fehl. König Konstantin mußte mit Familie ins Exil gehen. Ein nach
dem Sturz der Junta durchgeführtes Plebiszit kam zu dem Ergebnis, daß er
da auch bleiben solle. Die griechischen Monarchen haben sich bis zuletzt

in die aktive Politik eingemischt. Anders als ihre skandinavischen Vettern haben sie es nicht verstanden, eine unangreifbare, über den Parteien stehende Position einzunehmen.

Die griechische Junta

Das Regime der Obristen Papadópulos, Pattakós und Makarésos und der anonymen im Hintergrund agierenden übrigen Junta, die sich »Revolutionsrat« nannte, hatte kaum Anhänger, geschweige denn eine politische Machtbasis. Es war eine zum Alptraum geronnene Kasernenhoffarce, die viele Traumata hinterlassen hat und von den meisten Griechen als Schande empfunden wird. Die hohlen Phrasen vom »Griechenland der griechischen Christen« und die überdimensionalen pathetischen Parolen aus weiß gekalkten Steinen, die viele Berge verunzierten, überzeugten niemanden. Das Regime ist dann nach sieben langen Jahren am wachsenden Widerstand, vor allem der studentischen Jugend, und an der eigenen Unfähigkeit zugrunde gegangen.

International war die Militärdiktatur weitgehend isoliert. Die Regierung trat, um dem Ausschluß wegen bewiesener Menschenrechtsverletzungen zuvorzukommen, aus dem Europarat aus. Die EG suspendierte den Assoziationsvertrag. Dennoch entwickelte sich die Wirtschaft zunächst kräftig. Das Ausschalten gewerkschaftlicher und sonstiger politischer Kontrolle führte zu einem ungezügelten Kapitalismus, der nicht wenigen ausländischen Investoren attraktiv erschien. Das Fehlen jeglicher Planung und Kontrolle führte zu chaotischem Wildwuchs. Damals begann die rücksichtslose Zersiedelung Attikas.

Nach einem Putschversuch der königstreuen Marine im Sommer 1973 rief Papadópulos die Republik aus und machte sich zum Präsidenten. Im Oktober desselben Jahres versuchte er eine gewisse politische Öffnung, indem er einige Politiker der alten ›politischen Welt‹, die korrupt oder naiv genug dafür waren, in die Regierung aufnahm. Das Experiment des Brückenschlags mißlang gründlich.

Polytechnion und Zypern

Im November 1973 verbarrikadierten sich Tausende von Studenten auf dem Gelände des Athener Polytechnikums und forderten unter Beifall der Bevölkerung Freiheit und Demokratie. Mit einem improvisierten Sender erreichten sie das ganze Stadtgebiet. Das Regime reagierte auf die Herausforderung mit der erwarteten Brutalität. Am 17. November wurde das schmiedeeiserne Haupttor von einem Panzer niedergewalzt und Militärpolizei zur blutigen Unterdrückung der Empörung eingesetzt. Der heldenhafte Kampf der Athener Studenten markierte jedoch den Anfang vom Ende der Militärherrschaft.

Papadópulos' Liberalisierungsversuch war gescheitert, er selbst wurde gestürzt. Die Macht ging in die Hände des im Hintergrund operierenden Brigadegenerals Ioannídis über, des Chefs der Militärpolizei, der wahren Stütze des Regimes. Im Sommer 1974 zettelte dieser einen Putsch auf Zypern an, um mit der erzwungenen Vereinigung Zyperns mit Griechenland (énossis) von den wachsenden inneren Schwierigkeiten abzulenken.

Makários-Denkmal vor dem erzbischöflichen Palais in Nikosía.

Der Coup des Junta-Söldners Níkos Sampsón am 17. Juli 1974 auf Zypern mißlang. Erzbischof Makários, der Präsident der Republik Zypern, entging dem auf ihn verübten Attentat. Der Putschversuch war jedoch für die Türkei willkommener Anlaß, unter Berufung auf ihre Garantiefunktion für den Bestand der zyprischen Republik zu intervenieren.

Karamanlís' Rückkehr

Als türkische Truppen am 20. Juli an der Nordküste Zyperns landeten, waren die griechischen Militärs mit ihrem Latein am Ende. In Griechenland wird zwar die Generalmobilmachung verkündet, doch die Kommandeure der Teilstreitkräfte widersetzen sich einem Angriff auf die Türkei, auf den die Armee nicht vorbereitet ist. Die Regierung Andrutsópulos von Ioannídis' Gnaden tritt zurück. In dieser Situation, am 23. Juli, lädt Präsident Gisíkis die führenden ›alten Politiker‹ zu sich. Die Runde beschließt, Karamanlís als Retter in der Not aus Paris zu rufen. Er landet unter unbeschreiblichem Jubel der Bevölkerung am 24. Juli morgens um zwei Uhr in Athen und wird noch in derselben Nacht als Premierminister vereidigt. Aus Anhängern seiner alten ERE und aus Zentrumspolitikern bildet er ein Kabinett der nationalen Einheit, das die Rückkehr zur Normalität vorbereitet.

GRIECHENLAND ALS EUROPÄISCHER PARTNER (SEIT 1974)

Die 2. Ära Karamanlís

Der Übergang von der Diktatur zur Demokratie erfolgte teils fließend, teils abrupt. Der Unterdrückungsapparat brach mit der Ankunft von Karamanlís zusammen. Doch blieb der letzte Staatschef der Junta, General Gisíkis, bis zu den Wahlen am 17. November 1974 im Amt. Bei diesen ersten freien Wahlen seit zehn Jahren errang Karamanlís und die von ihm neugegründete Partei Néa Demokratía mit 50,37% der Stimmen und über 70% der Sitze eine überwältigende Mehrheit. Ausschlaggebend war dabei sicher, daß Karamanlís als Garant für eine weitere demokratische Entwicklung und als Schutz gegen Putschgelüste galt. »Karamanlís oder die Panzer!« Diese Losung des damaligen KP-Mitglieds Mikis Theodorákis entsprach der Meinung vieler Wähler, die unter anderen Umständen keine konservative Partei gewählt hätten.

Karamanlís' Regierungsstil war jetzt ein anderer. Das Verbot der kommunistischen Partei wurde aufgehoben. Um den demokratischen Neubeginn zu markieren, wurde beschlossen, eine neue Verfassung zu erarbeiten. Sie trat am 11. Juni 1975 in Kraft. Wichtig für die demokratische Normalisierung war auch, daß die Putschisten und ihre Helfershelfer verhaftet und vor Gericht gestellt wurden. Das Verfahren endete für die Hauptverantwortlichen mit dem Todesurteil, das im Gnadenwege in lebenslängliche Freiheitsstrafe umgewandelt wurde, eine Strafe, die sie noch immer absitzen. Seitdem sind in den Streitkräften keine politischen Ambitionen mehr zutage getreten.

EG-Beitritt

Wichtigste zukunftweisende Initiative der neuen Regierung war die Bemühung um Aufnahme in die Europäische Gemeinschaft. Am 12. Juni 1975 stellte Griechenland offiziell den Antrag auf Vollmitgliedschaft in der EG. Dieser Schritt war im Land nicht unumstritten. Er stieß auf erbitterten Widerstand der Kommunisten wie der aufstrebenden Sozialistischen Bewegung (PASOK) unter Andreas Papandreu, die sich beide aus grundsätzlichen politischen Erwägungen dagegen aussprachen. Aber auch bei Wirtschaftsfachleuten bestanden Zweifel, ob die anfällige griechische Wirtschaft der Herausforderung des europäischen Wettbewerbs standhalten würde. Für Karamanlís waren in erster Linie politische Gründe ausschlaggebend. Der EG-Beitritt sollte anachronistische Abenteuer wie die Militärdiktatur in Zukunft ausschließen und Griechenland einen festen Platz auf der europäischen Bühne sichern. Daß diese Standortbestimmung keineswegs sicher und unumstritten war, zeigte bald der kometenhafte Aufstieg der PASOK.

Aufstieg und Fall des griechischen Sozialismus

Die PASOK (Akronym für Panhellenische Sozialistische Bewegung) ging aus der Widerstandsbewegung gegen die Junta PAK hervor und wurde am 3. September 1974 von Andreas Papandreu, Sohn des verstorbenen Vorsitzenden der Zentrumsunion, gegründet. Bei der Wahl zweieinhalb Monate später errang sie auf Anhieb 12 Parlamentssitze. Sie forderte Austritt aus der NATO, Entfernung der US-amerikanischen »Todesbasen« und wirtschaftspolitisch einen »dritten Weg« zwischen Kapitalismus und Zentralverwaltungswirtschaft. Diese Zielsetzungen verfehlten ihre Wirkung nicht, machten doch viele Griechen die NATO und insbesondere die USA für den Militärputsch wie auch für die Tolerierung der türkischen Intervention auf Zypern verantwortlich. 1977 ließ Karamanlís vorgezogene Parlamentswahlen durchführen. Trotz sinkendem Stimmenanteil konnte er noch eine knappe Mehrheit für eine weitere Legislaturperiode sichern. Die PASOK wurde bei diesen Wahlen mit 90 Sitzen stärkste Oppositionspartei.

Vier Jahre später, im Frühjahr 1981, errang sie die Mehrheit mit den genannten Forderungen, zu denen sich der Ruf »Raus aus der EG« gesellte. Einmal an der Macht, ließ sich Papandreu Zeit mit der Erfüllung dieser Versprechungen. Der Widerstand gegen die NATO erschöpfte sich in Vorbehalten und Fußnoten zu NATO-Kommuniqués, das Verhältnis zur EG änderte sich um 180 Grad. Die EG-Agrarpolitik schüttete unbekannte Wohltaten über die immer noch große griechische Agrarbevölkerung (ca. 30 % der Erwerbstätigen, im Vergleich z. B. zu 6 % in der Bundesrepublik). Der Netto-Transfer aus Brüssel wurde zu einer unverzichtbaren Größe des griechischen Budgets. Inzwischen sind selbst die griechischen Kommunisten EG-freundlich.

Die Blütenträume eines »dritten Weges«, eines Mittelmeer-Sozialismus in enger Kooperation mit arabischen Mittelmeeranrainern, stießen sich bald an harten Tatsachen. Mit dem Antrag der PASOK auf Aufnahme in die Sozialistische Internationale (1989) wurden diese Pläne auch offiziell ad acta gelegt. Die Entfernung der US-Basen geriet angesichts der Abhängigkeit von US-Militärhilfe und des angespannten Verhältnisses zur Türkei zum wechselvollen Eiertanz, dessen Finale der PASOK wegen der Wahlniederlage am 18. Juni 1989 erspart blieb.

In der ersten Regierungsperiode der PASOK wurden einige überfällige Modernisierungen vollzogen, so die Einführung der Zivilehe, die juristische Gleichstellung der Frau, eine Reform der Orthographie, die Herabsetzung des Stimmrechtsalters auf 18 Jahre sowie die Verbesserung der medizinischen und schulischen Versorgung. Versäumtes wurde nachgeholt, so die Rehabilitierung der EAM-Anhänger und das Angebot zur Rückkehr für politisch Exilierte. Der reformistische Elan erlahmte in der zweiten Regierungszeit (1985–1989) des »verspäteten Sozialismus« (Axt) und machte einem zügellosen Populismus Platz. Die paternalistische Struktur auch dieser Partei, in welcher der Chef (Archigós) niemandem Rechenschaft schuldig ist, wurde zunehmend zum Problem. Die während der krankheitsbedingten, monatelangen Abwesenheit des Premierministers aufbrechenden Skandale führten im Juni 1989 zum Wahlverlust.

Dem Wahlsieger, der Néa Dimokratía unter der Leitung von Konstantinós Mitsotákis, fehlten jedoch fünf Sitze zur absoluten Mehrheit. In dieser Patt-Situation kommt es zu einem unerwarteten Regierungsbündnis. Néa Dimokratía und das Links-Bündnis aus orthodoxen Kommunisten und Sozialisten einigen sich auf ein gemeinsames dreimonatiges Regierungsprogramm: Durchführung der Katharsis, d.h. Einleitung der strafrechtlichen Verfahren gegen skandalverdächtige PASOK-Minister einschließlich des früheren Regierungschefs sowie Durchführung von Neuwahlen unter fairen Bedingungen im Herbst. Das Experiment gelang und bewies, daß der Bürgerkrieg endgültig überwunden ist.

Positionsbestimmung

Das Jahr 1974 erweist sich somit als Wegscheide der neueren griechischen Geschichte. Die von der Kleinasien-Katastrophe ausgelösten Schockwellen, durch die fremde Besetzung noch verstärkt, haben Griechenland lange nicht zur Ruhe kommen lassen. Als griechischer Dreißigjähriger Krieg wurde die Epoche bezeichnet. Mit dem Fall der Militärdiktatur beruhigen sich diese Erschütterungen. Seitdem verläuft das politische Leben in normalen parlamentarischen Bahnen. Gewiß, die griechische Politik wird nach wie vor durch Klientelsystem, extreme Personalisierung und parteipolitische Polarisierung gekennzeichnet. Diese Erscheinungen sind jedoch – wenn vielleicht auch nicht unausrottbar – Teil der Normalität. Durch die klare Orientierung nach Europa ist eine Standortbestimmung erfolgt. Es mag in der griechischen Öffentlichkeit keine Europabegeisterten geben, doch wird der EG-Beitritt von keiner relevanten politischen Kraft mehr in Frage gestellt. Die demokratischen Strukturen mit ihren Besonderheiten erscheinen gefestigt. Der Machtverlust der Konservativen in den Wahlen 1981 löst, anders als 1967, keine gewaltsame Reaktion aus, sondern wird als normaler politischer Wechsel akzeptiert. Das gleiche gilt für den Machtverlust der PASOK in den Juni-Wahlen 1989.

Hauptproblem der Außenpolitik bleibt das Verhältnis zur Türkei und die Regelung der offenen Streitfragen in der Ägäis (vgl. Kap. 16). Doch herrscht in diesen Fragen bei den griechischen Parteien weitgehend Konsens.

Mit dem Anschluß der Dodekanés (1947) erfolgte der letzte territoriale Zugewinn. Damit ist die griechische Staatswerdung abgeschlossen. Die Festlandssockelfrage in der Ägäis ist nur ein Annexproblem, wie es nach 1945 auch in anderen Weltregionen entstanden ist. Abgesehen von diesem Konflikt ist Griechenland heute keinen territorialen Ansprüchen ausgesetzt und erhebt selbst keine solchen.

19. Man tanzt nicht nur Sirtáki

Vom Kriegstanz zum Volkstanz

»Komm Sorbas!« rief ich. »Lehre mich tanzen!« Begeistert sprang er auf, sein Gesicht strahlte. »Tanzen, Chef? Tanzen? Dann komm!« »Los, Sorbas! Mein Leben hat sich gewandelt!« »Ich werde dir zuerst den Seimbékikos beibringen, einen wilden kriegerischen Tanz. Wir Komitadschis tanzten ihn vor der Schlacht.« Er entledigte sich seiner Schuhe, zog die blauen Strümpfe aus und behielt nur sein Hemd an. Doch auch das war ihm noch zu warm, und er warf es ab.

»Schau auf meinen Fuß, Chef!« kommandierte er. »Paß auf!« Er streckte den Fuß aus, berührte leicht die Erde, streckte den anderen aus. In heiterem Ungestüm verwickelten sich die Schritte, der Boden dröhnte wie eine Trommel. Er faßte mich an die Schulter. »Komm, mein Freundchen«, sagte er, »jetzt zu zweien!« Wir stürzten uns in den Tanz. Sorbas verbesserte, ernst, geduldig meine Fehler. Ich faßte Mut. Mein Herz ließ sich wie ein Vogel los. »Brav, du bist ein Daus«, rief er und klatschte in die Hände, um den Takt zu markieren. »Brav, Freundchen! Zum Teufel mit Papier und Tintenfaß! Zum Teufel mit Kapital und Zinsen! Zum Teufel mit Kohlengruben, Arbeitern und Klöstern! Was haben wir uns jetzt zu erzählen, wo du auch meine Sprache lernst und tanzt!«

Er wirbelte mit seinen nackten Füßen die Kiesel umher und klatschte in die Hände.

»Chef«, rief er, »ich habe dir viel zu sagen, ich habe keinen Menschen wie dich geliebt, ich habe dir viel zu sagen, aber meine Zunge schafft es nicht. Ich werde es dir also vortanzen. Geh beiseite, daß ich dir nicht auf die Füße trete. Los! Hopp, hopp!«

Er tat einen langen Sprung, seine Hände und Füße wuchsen zu Flügeln. Wie er so über den Boden schwebte, vor diesem Hintergrund von Himmel und Meer, kam er mir wie ein alter Erzengel vor, der sich empört. Denn dieser Tanz war ganz Herausforderung, Trotz und Revolte. Als hätte er sagen wollen: was kannst du mir antun, Allmächtiger? Nichts, außer daß du mich tötest. Töte mich! Ich lache dazu. Ich habe meine Galle entleert! Ich habe gesagt, was ich sagen wollte: ich habe die Zeit gehabt zu tanzen, und ich bedarf deiner nicht mehr!

Als ich Sorbas so tanzen sah, begriff ich zum erstenmal den schimärischen Drang des Menschen, die Schwerkraft zu überwinden. Ich bewunderte seine Ausdauer, seine Behendigkeit, seinen Stolz. Sorbas' wirbelnde und gewandte Füße schrieben die dämonische Geschichte des Menschen in den Kies. (N. Kazantzákis: »Aléxis Sorbás«, Kap. XXV)

Durch den Film »Aléxis Sorbás« mit Anthony Quinn nach dem Roman von Níkos Kazantzákis, mit der Musik von Míkis Theodorákis ist »Sorbas Tanz« – der Sirtáki – weltberühmt geworden. Menschen in aller Welt und vor allem die vielen Griechenlandtouristen halten seitdem den Sirtáki für *den* traditionellen griechischen Tanz. Doch er ist es nicht! Der Sirtáki wurde für diesen Film aus den Tänzen Sirtós, Chassápikos und Kalamatianós eigens kreiert.

Das Wesen des Tanzes, Níkos Kazantzákis bringt es in seinem Sorbás zum Ausdruck, ist innere und äußere Bewegung: Tanz fordert den Menschen zur Aktivität auf – in der tänzerischen Bewegung sich frei zu entfalten, darin liegt der Sinn des Tanzes. Ursprünglich fand der Tanz nicht zum Zuschauen, nicht zum distanzierten visuellen Genuß statt. Er ist die Summe aus emotionalen und rhythmischen Bewegungen, getragen von der sinnlichen Wahrnehmung des Tänzers. Im Tanzen findet eine Konzentration von Glück und Freude statt, auch von Trauer und Schmerz. Der Tanz erlöst so oft von quälenden Gedanken.

Volksmusik und Volkstanz sind in ganz Griechenland noch immer lebendig und haben ihre Bedeutung behalten. Sie sind nicht wie in den meisten europäischen Ländern zu musealen Formen erstarrt, deren Pflege den Volkstanzgruppen an den Volkshochschulen überlassen bleibt. Viele Griechen tanzen die alten traditionellen Tänze zu den verschiedenen Anlässen des Lebens- und Jahreszyklus. Auch die Städter Griechenlands lernen die Volkstänze ganz selbstverständlich in der Schule. Kein Politiker kann es sich leisten, bei Kirchweihen und ähnlichen wählerträchtigen Veranstaltungen zu passen, wenn er aufgefordert wird, den Tanz anzuführen. Doch die westliche Musik hat auch auf die griechische Jugend Einfluß genommen. Besonders in den Städten, weniger auf dem Land, sind viele Diskotheken entstanden, die eine starke Anziehungskraft haben. Die Jugend tanzt lieber in der Disco als auf dem Dorfplatz. Auch dort wird zu vorgerückter Stunde bisweilen griechisch getanzt, aber meist nur Sirtáki. So gerät die reiche griechische Tradition der Musik und des Tanzes längerfristig doch in die Gefahr, der Vergessenheit anheimzufallen.

Aber derzeit lebt der griechische Tanz noch: bei Geburten und Hochzeiten, bei Namenstagen und Kirchweihfesten, zu Ostern und Neujahr. Eine wichtige Rolle spielt auch die Spontaneität des Tänzers. Immer wieder kann man in Griechenland beobachten, daß in einem Kafeníon oder in einer Taverne plötzlich ein Mann zu den Klängen griechischer Musik – ob live oder aus dem Radio – aufspringt und sich sozusagen selbst tanzt. In stolzer Haltung bleibt der Oberkörper von der Hüfte an aufwärts fast unbewegt – Kraft und Mut ausdrückend. Beine und Arme tanzen, sprechen mit der Erde, erzählen dem Himmel. Wie Sorbás bewegt sich der Tänzer dann ganz losgelöst von seiner Umgebung, lauscht in sich selbst und läßt seine Seele sprechen.

Die griechische Tradition kennt zwei Tanzformen: den *Chorós* (Reigen) und den *Pidhichtós* (»Gesprungener« Tanz). Die Namen der Tänze können sich auf Orts- oder Bezirksnamen, auf Festtage oder Lieder, aber auch auf Berufsgruppen beziehen. Hier einige Beispiele:

Nach Ortsnamen:	Chaniótikos aus Chaniá/Kreta
	Kalamatianós aus Kalámata/Peloponnes
Nach Bezirksnamen:	Malewisiótikos von Kreta
	Tsakónikos von der Peloponnes
Nach Festtagen:	Paschalinós – Ostern (= Páscha)
Nach Liedern:	Manúsis
	Omál (nach dem Lied: »Láchana…«)

Nach Berufsgruppen: Chassápikos (Metzgertanz)
                      Tráta (der »Kettentanz« der Fischer)
Bálos, Sirtós und Sústa sowie Kalamationós und Tsámikos werden fast
überall in Griechenland getanzt. Jede Landschaft kennt darüber hinaus
viele Tänze, die in lokalen Sitten wurzeln. Die Ursprünge mancher Tänze
reichen noch hinter die byzantinische Epoche in die antike Welt zurück. Ja,
der griechische Tanz läßt sich sogar schon für die Bronzezeit des 2. vorchristlichen Jahrtausends nachweisen. Er ist so alt wie die Menschheit und
mag anfangs Beschwörung einer unbekannten Macht, Gebet an eine Gott-
heit gewesen sein. Die Insel Kreta ist auch für den Tanz und die griechische
Musik der mythische Geburtsort. Zwar kennen wir aus der minoischen
Epoche und der Antike weder Rhythmen noch tänzerische Bewegungsfol-
gen, wohl aber zahlreiche Darstellungen auf Fresken und Vasen, in der
Malerei und Plastik.

Im Sommer 1987 gelang I. Sakellarákis (s. S. 55) auf der minoischen
Nekropole Furní bei Archánes ein spektakulärer Fund, der für die Musik-
geschichte der antiken Welt von großer Bedeutung ist: er fand ein aus
bemaltem Ton gefertigtes Sistrum (ca. 10 cm Durchmesser). Es ist das erste
Musikinstrument der Minoer, das Archäologen vollständig restaurieren
konnten. »Erstmals ist es uns gelungen, einen Ton zu erhalten, der aus der
Minoerzeit stammt. Wir verfügen über einen Klang, den man damals
hörte... Es ist ein leichter Ton, der nur schwer zu beschreiben ist... Klar
und deutlich mit einem erdverbundenen Klang« (I. Sakellarákis).

Noch zwei Kunstwerke seien angeführt (beide im Archäologischen
Museum Iráklion), die eindrucksvoll die Musik- und Tanztradition der
Minoer belegen: der Porossarkophag mit Freskomalerei von Ajía Triádha
(um 1400 v. Chr.). Die Darstellung zeigt zwei Musikanten, den einen mit
einer siebensaitigen Leier, den anderen mit einer Doppelschalmei (Doppelaulos), die mit ihren Klängen und Rhythmen die Totenfeiern begleiten
und vermutlich zum Kulttanz aufspielen. Siebensaitige Leier und Doppelaulos haben sich in ihrer Form und wohl auch in ihrer Klangfarbe bis heute
in Griechenland erhalten. Beide gehören zu den beliebtesten Instrumenten der traditionellen griechischen Musik: ersteres entspricht der Kíthara,
letzteres der Kalámi. Schließlich die Terrakottagruppe aus Kamilári (um
1400/1350 v. Chr.): sie stellt einen Reigen von vier Männern vor. Der Reigentanz führt uns von der minoischen Epoche in die Welt Homers. Odyssee und Ilias erzählen in mannigfaltigen Schilderungen vom Chorós, aber
auch von all den griechischen Blas- und Saiteninstrumenten, die damals
wie heute gespielt wurden. Die Ilias erinnert an das minoische Kreta und
berichtet, wie Dädalos für Ariadne den Platz zum Reigentanz gestaltete
und wie sich die Tänzerinnen und Tänzer an den Händen halten:

»Drauf einen Reigen schuf der berühmte mit Armen Gewandte (Däda-
los),
Jenem gleichend, welchen vereint in Knossós, dem weiten
Dädalos für Ariadne mit schönen Flechten geschaffen.
Jünglinge tanzten dort und reichbegüterte Jungfrauen
Reigen und hielten einander gefaßt an den Wurzeln der Hände...

Reigentanz. Tonskulptur aus einem minoischen Rundgrab der Messará-Ebene (1400–1350 v. Chr.). AMI. Rechts: Reigentanz auf Kreta.

Und da liefen sie bald im Kreise mit kundigen Füßen
Leicht umher, wie wenn die sich drehende, passende Scheibe
Sitzend der Töpfer prüft mit den Händen, ob sie recht laufe;
Bald auch liefen sie wieder in Reihen gegeneinander.
Und von vielem Volk war der reizende Reigen umstanden,
Das sich freute; es sang unter ihnen ein göttlicher Sänger
Zu der Leier; und zwei akrobatische Tänzer bei ihnen
Wirbelten in ihrer Mitte, sobald zu singen er anhub.«
(Ilias 18.590-594 und 599-606, deutsch von R. Hampe)

Auch von Kallimachos (300 v. Chr. –?) und Plutarch (50–120 n. Chr.) erfahren wir etwas über den kretischen Tanz. Sie berichten, daß Theseus nach seiner erfolgreichen Mission auf Kreta, bei der er den Minotauros erlegte und so die Athener vom minoischen Joch befreite, auf seiner Rückfahrt in Delos vor Anker ging. Hier opferte er dem Apollon und weihte dem Gott das Standbild der Aphrodite, das ihm Ariadne auf Kreta überreicht hatte. Dann tanzte Theseus mit seiner Mannschaft einen wilden kretischen Tanz um den Altar des Apollon. Wie beim Chorós hakten sich die Männer ein und bildeten eine bunte Reihe. Schnellfüßig tanzten sie schlangenförmige Windungen, Spiralen und stellten im Tanze dar, wie sie sich aus dem Labyrinth in Knossós befreiten. Auf Delos blieb dieser Tanz in der Antike lange als Geranós, als Kranich-Tanz bekannt. Jahrhundertelang hielten Seefahrer am Delischen Eiland und tanzten den Geranós um den Apollon-Altar.

Auf der Südpeloponnes wird dieser Tanz noch heute getanzt. Tsakónikos heißt er dort nach dem Bezirk Tsakónia. Er besteht aus langsamen (5/4) und schnellen (5/8) Teilen. Männer und Frauen tanzen ihn gemeinsam. Mit eingehakten Armen bilden sie eine Reihe und stellen die Form eines Labyrinthes dar. Der Vortänzer führt die Beteiligten in die geheimen Irrwege des Labyrinthes hinein und tanzt mit ihnen wieder aus der Unterwelt heraus, dem Licht, der Freiheit entgegen.

Die Peloponnes und besonders Sparta scheinen die Brücke für einen regen Kulturaustausch zwischen der Minoischen und der Mykenischen Welt gewesen zu sein. Auf diesem Weg gelangten auch Musik und Tanz der Minoer von Kreta zum griechischen Festland. Dies überliefert nicht nur der Mythos, dies ist auch konkret historisch faßbar. So wissen wir von dem kretischen Musiker Thalétas aus Górtyn. Er wirkte in der 1. Hälfte des 7. Jahrhunderts v. Chr. in Sparta, führte dort die kretischen Rhythmen ein und belebte das Musikleben der Festlandgriechen. Genau zu jener Zeit war auch ein anderer Musiker in Sparta erfolgreich: Térpandros von der Insel Lésbos. Er ist die erste nachweisbare Musikerpersönlichkeit der Antike. In Sparta siegte er zwischen 676 und 673 v. Chr. als begnadeter Kitharode (Kíthara-Spieler) beim Apollon-Karneios-Musikfest. Térpandros gilt auch als der Erfinder der siebensaitigen Leier, die er aus der viersaitigen Phorminx der homerischen Welt entwickelte. Das Instrument ist Vorbild der traditionellen griechischen Kíthara, die heute in Gebrauch ist.

Schließlich sei Chrysóthemis von Tárrha, dem heutigen Ajía Rúmeli am Ausgang der Samariá-Schlucht auf Kreta, erwähnt, um ein letztes Mal auf die Bedeutung der kretischen Musiktradition hinzuweisen. Nach Pausanias war Chrysóthemis ein kretischer Sühnepriester, der den Gott Apollon von seiner Freveltat – der Tötung des delphischen Pythons – reinigte. Und eben dieser Priester soll aus dem ersten Musikwettbewerb in Delphi als Sieger hervorgegangen sein.

Doch zurück zu den Tänzen, die heute in Griechenland getanzt werden. Kalamantianós und Sirtós, von denen der Sirtáki des Sorbás Rhythmen und Bewegungen entliehen hat, sind sozusagen die beiden Nationaltänze Griechenlands.

Auch wenn die Überlieferung der griechischen Musik aus der Antike verlorengegangen ist, nimmt man doch an, daß der Kalamantianós der älteste griechische Tanz ist. In ganz ähnlicher Art wie heute mag er schon in der homerischen Welt getanzt worden sein. Das entnimmt man jedenfalls den vielen figürlichen Darstellungen auf den geometrischen Amphoren, Kannen und Krateren aus verschiedenen antiken Landschaftsräumen. Man tanzt den Kalamantianós mit leicht herunterhängenden, abgewinkelten Armen. Die Tänzer halten einander die Hände und bilden einen offenen Kreis. Ihre Körper sind leicht nach rechts in Tanzrichtung zum Vortänzer hin gedreht. Der Vortänzer tanzt mit erhobenen Händen immer wieder neue Sprünge und Drehungen, ein Tuch in seiner linken Hand verbindet ihn mit dem Reigen. Im schnellen 7/8-Takt schweben die Tänzer rhythmisch durch die Luft, drängen nach vorn, bleiben blitzartig stehen, als wurzelten sie in der Erde, um dann plötzlich wieder vorwärts zu tanzen. Die Griechen vergleichen diese schwebende Tanzbewegung gern mit den Getreidefeldern im Wind, dem wogenden Meer und dem Flackern des Hirtenfeuers.

Der Sirtós hingegen ist ein Reigen – und Rundtanz, ähnlich dem homerischen Chorós.

Tsámikos, auch Kléftikos genannt, ist ein wilder Kriegstanz. Nach dem Bezirk Tsamuriá an der Westküste in Épiros benannt, wird er seit Jahrhunderten vorwiegend in der rauhen Gebirgswelt des Pindos getanzt. Heute ist er in ganz Griechenland beliebt. In seiner kraftvollen Art erinnert er an den pyrrhischen Kriegstanz des Achill, von dem die Ilias erzählt, und an die verwegenen kretischen Waffentänze, die schon Boundelmonti, einer der frühesten Kretareisenden, im Jahre 1415 in Axós erlebte und beschrieb.

Den Namen Kleftikós erhielt der Tanz während des blutigen Freiheitskampfes gegen die Türken im 19. Jahrhundert. Wie Sorbás tanzten die Epiroten im Pindosgebirge vor jedem neuen Kampf diesen wilden Kriegstanz. So suchten sie ihre Angst zu überwinden und schöpften Mut. Sie kämpften erfolgreich und waren bei den Türken gefürchtet. Die rauhe Gebirgswelt bot ihnen Schutz, hier versteckten sie sich samt ihrer Beute, den Ziegen, Schafen und Lebensmitteln, die sie für die hungernden Familien erkämpften. Für die Türken waren sie Kléften (= Diebe). Obwohl das Wort »kleftis« auch einen gemeinen Dieb bezeichnet, trugen die Freiheitskämpfer den Namen »Kleften« wie einen Ehrentitel.

Die noch immer sehr beliebte Rembettiki-Musik (s. S. 174) kam nach 1920 mit den Flüchtlingen aus Kleinasien nach Griechenland (Re[m]béttis ist der Aufrührer, der Unangepaßte). Diese Lieder sind Ausdruck der entwurzelten Flüchtlinge, des städtischen Südproletariats: sie erzählen von Spielern und Trinkern, Nichtstuern und Raufbolden, von Menschen am Rande der Gesellschaft. Nach dem 2. Weltkrieg wandelte sich der Inhalt der Rembétiko-Lieder, sie wurden salonfähig und büßten an eruptiver Kraft ein. Das Schicksal und der Lebenskampf des Mannes auf der Straße wurden nun besungen.

Vorgetragen wurden die Lieder zu ihrer Blütezeit zwischen 1920 und 1950 in Kaffeehäusern, die kurz vor der Jahrhundertwende entstanden und als »Café-Amán« Treffpunkte der Halbwelt waren. Die »gute« Athener Gesellschaft mied sie. Man empfand sie als anstößig, anrüchig. Und auch hier wurde getanzt. Gleichzeitig begann hier der Siegeszug der Klarinette in der griechischen Volksmusik. In den Kaffeehäusern stand ein Podest (Pálko), auf dem das Orchester (Kombanía) spielte. Die Pípisa – oder

Karamúsa – Klarinette wurde damals wie heute von der Laúto (Laute) und der Santúri (einem hackbrettartigen Saiteninstrument) begleitet. Auch zwei Frauen gehörten dazu: eine Sängerin und eine Tänzerin.

Beliebtester Kaffeehaus-Tanz war der Chassápikos, der »Metzgertanz«! Aus dem 18. Jahrhundert ist überliefert, daß er jeweils zu Ostern von 200 bis 300 Metzgern in Konstantinopel auf dem Platz des Hippodroms aufgeführt wurde. Inhalt des Tanzes war die siegreiche Schlacht Alexander des Großen am Gránikos-Fluß. Doch seine Tradition reicht weiter zurück. In byzantinischer Zeit soll die Metzgerzunft jedes Jahr am 1. Mai während der Pausen im Hippodrom diesen Tanz dargeboten haben. Dieser Brauch soll auf die orgiastischen Feste in der Antike zu Ehren des Gottes Pan zurückgehen.

Doch bleiben wir bei den 20er und 30er Jahren. Durch den Flüchtlingsstrom aus Kleinasien im Jahre 1922 erfuhren die griechische Musik und der griechische Tanz (wie viele andere Bereiche der Volkskunst) völlig neue Impulse. Besonders die Pontos-Griechen vom Schwarzen Meer, die sich als die direkten Nachfolger jener Griechen fühlen, die in der Antike die Küsten des Schwarzen Meeres kolonisierten, haben über Jahrhunderte griechisches Volksgut gehütet und bewahrt. Ihre zahlreichen traditionellen Tänze geben dafür ein anschauliches Beispiel: da gibt es den Patúla und den Serenítsa, den Omál, Dipát und Kótsari und viele viele andere.

Plötzlich wird das kleine »neue« Griechenland von uralten Rhythmen, Melodien, Liedern und dem Klang fremdartiger Instrumente, die diese Einwanderer mitbringen, erfüllt und belebt. Aber auch Slawisches und Anatolisches und selbst Arabisches und Orientalisches flossen mit diesem Flüchtlingsstrom ein.

Der internationale Durchbruch gelang der griechischen Musik und dem griechischen Tanz jedoch erst mit Sorbás. Erst als Míkis Theodorákis Melodien zum »Sirtáki« erklangen, wurde die griechische Volksmusik, oft auch nur deren touristischer Aufguß, überall mit Begeisterung aufgenommen. Auch Mános Chatzidákis förderte diese Entwicklung mit seinen instrumentalen Kompositionen und der Musik zu »Sonntags nie«, die Anfang der 60er Jahre um die Welt ging. Und noch ein anderer Musiker muß erwähnt werden: Stamátis Spanudákis. Er schrieb die Musik zu dem in der Bundesrepublik wenig bekannten Film »Petrína Chrónia« und komponierte »Kontrabádo«. Sie alle verarbeiteten auch Rembettiko-Rhythmen und setzten die alten Rembettiko-Instrumente ein. Auch diese »Volkskunstmusik« baut auf traditionellen Rhythmen auf, die unerschöpflich zu sein scheinen. Sorbás und sein Tanz berühren deshalb die Herzen so vieler Menschen, weil sie wie ein lebendiges Stück Griechenland wirken. Doch wenn spontane Volksschöpfungen in den Kulturbetrieb aufgenommen werden, ist der Höhepunkt schon überschritten. Ob diese urwüchsig entstandene Volksmusik und die jahrtausendealte Tanzkultur dem Siegeszug des Satellitenfernsehens und der Fast-food-Restaurants standhalten wird, bleibt abzuwarten. Es mehren sich die Anzeichen, daß der Volktanz bald nur noch als »original Greek Chassápiko« auf den Pisten der Touristenhotels und Kreuzfahrtschiffe oder im Lautsprechergedröhn der Shiládika eine ebenso kümmerliche wie unwürdige Existenz fristen wird.

20. Die griechische Küche

Mehr als kalte und fette Speisen

Die Küche im Ursprungsland der europäischen Kultur ist *östlich-orientalisch*. In jenem Landschaftsraum, in dem sich die Anfänge Europas aus dem Neolithikum herausbildeten, sich die erste europäische Hochkultur entwickelte und das klassische Griechenland entstand, dort, wo das abendländische Denken, unsere Grundwerte wurzeln, wo die erste Demokratie gegründet wurde, dort entwickelte sich eine Tradition der Speisen, die unsere Eßgewohnheiten nicht im geringsten beeinflußt hat. Erst in jüngster Zeit haben wir einige Anregungen durch unsere griechischen Mitbürger mit ihren zahlreichen Tavernen erhalten. So gehören die Begriffe Gýros (jíros) und Retsína, für Eingeweihte auch Tsatsíki, mittlerweile zum deutschen Sprachschatz. Griechenlandreisende empfinden die Küche des Landes meist als sehr fremdartig, vergleichbar allenfalls der türkischen. Das generelle Urteil ausländischer Touristen lautet etwa so: das Essen ist immer zu kalt, zu eintönig und viel zu ölig!

Gewiß stecken in diesem Klischee einige Körnchen Wahrheit, doch zeigt es vor allem die Unkenntnis der echten Küche im Lande. Diese hat eine fast 2500jährige Tradition – ist also ganz und gar nicht türkisch, im Gegenteil. Sie ist sehr gesund, arbeitet meistens mit frischen Zutaten und verwendet allerlei pikante Gewürze. Die feine griechische Küche war vor allem eine *Privatküche*. Restaurants waren bis zum Beginn des Massentourismus selten. Auswärts gegessen wurde und wird meist in einfachen Tavernen. Mit Ausnahme der Städte Athen und Thessaloníki begann sich eine griechische ›Restaurantküche‹ erst langsam zu entwickeln, und zwar vornehmlich in touristischen Zentren. Auf Kreta, Rhodos und Korfú wie auf anderen von Fremden stark besuchten Inseln gibt es inzwischen hervorragende Restaurants, sogar Feinschmecker-Lokale mit taverneartigem Ambiente, die erlesene Gerichte aus der Tradition der Privatküche des Landes anbieten.

Das Essen – ob im Restaurant oder in der Taverne – verläuft bei den Griechen nicht selten heute noch wie ein antikes Symposion, wie wir es u. a. aus den Beschreibungen von Platon (427–347 v. Chr.), Xenophon (um 430– nach 355 v. Chr.) und Plutarch (um 50– um 125 nChr.) kennen. Die Griechen treffen sich zum ›Gastmahl‹, nicht einfach zur Nahrungsaufnahme. Essen gehen mit Fremden, mit der Paréa (Clique), ist eines der Hauptvergnügen in der Stadt und auf dem Lande. Intensive, lautstarke und ausdauernde Gespräche, temperamentvoll, mit lebhaftem Gebärdenspiel, sind dabei genauso wichtig wie die Speisen. Man trifft sich erst spät am Abend, und oft zieht sich das Gastmahl bis lange nach Mitternacht hin. Die Kinder sind nie ausgeschlossen, spielend verbringen sie ihre Zeit bis zum Aufbruch der Eltern. Kein Kellner käme übrigens auf die Idee, sich über wuselige Kinder, die ihn zum Slalom zwingen, zu beschweren. Den Mitteleuropäer befremdet meist noch folgendes: dem einzelnen Gast werden keine fertigen Portionen serviert, sondern alle bedienen sich von einem oder mehreren großen Tellern oder aus einem Topf. Das schmutzige Geschirr und Besteck wird nicht sofort abgetragen, sondern bleibt meist stundenlang bis zur Auflösung der Symposion-Gesellschaft auf dem Tisch. Überhaupt wird in den Tavernen auf Tischkultur wenig Wert gelegt. Zwar verfügen die besseren Tavernen über Stofftischdecken. Doch kaum setzt sich eine Paréa zu Tisch, eilt der Taverniáris mit der berühmten Plastikplane, dem Banner der Tavernenkultur, herbei und zieht sie sorgsam über die Tischdecke. Sind die Gäste schließlich gegangen, kann das ganze Panorama aus Brotresten, Krebsschalen, abgenagten Koteletts, ausgedrückten Zitronenvierteln, Wassermelonenschalen usw. mit einem Handgriff in die Küche befördert werden. Man muß nur die sich gegenüberliegenden Zipfel des ›Plastiklinnens‹ anheben und kreuzweise verknoten. Solche Festgelage sind in Griechenland keine Seltenheit; es gibt sie in allen Gesellschaftsschichten und nicht nur an besonderen Feiertagen, sondern ganz einfach aus Freude am Zusammensein.

Xénos ist der Fremde und Ausländer. Häufig hat dieses Wort einen negativen Klang. Xénos ist also nicht – wie in der Reiseliteratur so häufig behauptet wird – der Gast und Fremde zugleich; Gast ist im Griechischen ein »kalesménos«, ein »musafírtis« oder ganz einfach ein »fílos«. Die echte und herzliche Urfreude der Griechen an der Gemeinschaft mit anderen Menschen drückt sich auch in ihrer lebendigen *Philoxenía* (= Gastfreundschaft) aus. So kann es geschehen, daß Fremde (Xéni), die ein Dorf in Griechenland besuchen, in dem gerade gefeiert wird, spontan eingeladen werden, so daß sich das Festgelage oft um mehrere unerwartete Gäste erweitert. In der Stadt hingegen ist diese Tradition nahezu völlig verschwunden.

Zur griechischen Gastfreundschaft gehört es auch, den Gast zu beschenken. Einem Griechen zu sagen, dies oder jenes gefalle einem, löst bei ihm große Freude aus und nährt seinen Stolz. Begeistert macht er das Gelobte sofort oder Tage später dem, der es bewunderte, zum Geschenk. Nach einem längeren Aufenthalt in Ierápetra/Kreta besuchten mich wenige Tage vor meiner Abreise Freunde und Nachbarn, um mir zum Abschied ihre Gaben zu bringen: Eier, Feta, Oliven, Öl, Raki... Schließlich häuften sich in meinem Zimmer so viel Früchte und verschiedene Spezialitäten, daß ich vieles weiterverschenken mußte. Jeder wußte dies, und niemand war beleidigt.

Was ist türkisch, was ist griechisch?

Die griechische Küche blieb von der Antike über die byzantinische Epoche bis zur Neuzeit, was die Zubereitung der Gerichte und den Speiseplan betrifft, im wesentlichen erhalten. Sie hat sich kaum verändert und zeigt nur geringe Einflüsse der *türkischen Küche*.

Umgekehrt finden wir indes viele türkische Speisen, die aus der griechischen Küche stammen. Selbst Gerichte mit türkischen Namen wie etwa Dolmádhes (türkisch »dolma« = gefüllt), die bei den Griechen sehr beliebt sind, manchmal auch Jemistá (griechisch = gefüllt) heißen, waren schon der spätantiken und byzantinischen Küche gut bekannt. Je nach Jahreszeit werden Wein- oder Kohlblätter-Rouladen mit einer gut gewürzten

Fleisch-, Reis- oder gemischten Füllung gedünstet.

Eine wichtige Quelle über die Lebens- und Eßgewohnheiten der Byzantiner, also der Griechen des frühen Mittelalters in vornehmer Gesellschaft, sind die Aufzeichnungen (»Antapodosis« und »Legatio«) Liutprands, des Bischofs von Cremona (920–970/73?). Er war im 10. Jahrhundert als Gesandter Kaiser Ottos I. am byzantinischen Kaiserhof. Mit bisweilen scharfer Ironie schildert Luitprand das höfische Leben in Konstantinopel. Aus seinen Berichten erfahren wir viele Details der byzantinischen (griechischen) Küche. Bereits er läßt sich zu dem Urteil hinreißen, das eingangs erwähnt wurde: »Während der ekligen und widerwärtigen Mahlzeit, die wie bei Betrunkenen *von Öl triefte* und mit einer anderen sehr schlechten Fischlake getränkt war…« (nach J. Koder/T. Weber). Die erwähnte Fischsoße ist eine Mischung aus Olivenöl, Roggen und Milch von Fischen, Anchovis-Sardellen, Salz, Wein und anderen Speisesäuren. Sie wurde zu den Speisen serviert, hieß bei den Byzantinern »Garos«, bei den Römern »Liquamen« und ist noch heute als Anchovissauce bekannt.

Doch zurück zur türkischen Küche, deren wesentliche Elemente, wie solche Quellen zeigen, griechischen Ursprungs sind. Es ist historisch auch gut nachvollziehbar, daß die Osmanen bei der Besetzung Kleinasiens im 14./15. Jahrhundert bestimmte kulturelle Errungenschaften der besiegten Völker übernahmen. Und dazu gehörte auch die Eßtradition der Griechen. So haben die Sultane, wie berichtet wird, nach der Eroberung Konstantinopels (1453) die Sitte der byzantinischen Kaiser, prunkvolle Festtafeln mit goldenem Geschirr zu decken, übernommen. Auf dem türkischen Speiseplan finden sich noch heute viele griechische Namen. Die Osmanen haben z. B. alle Fischnamen aus dem Griechischen und Lateinischen in ihre Sprache übernommen, weil sie keine Seefahrer waren. Auch tragen einige Koch- und Küchengeräte sowie Gewürze und Zutaten bis in unsere Zeit griechische Namen. Einer anderen Überlieferung zufolge (F. Kukules u. a.) sollen griechische Seefahrer die Tradition, Fische zu kochen, nach Marseille gebracht haben, so daß dann aus der griechischen »Kakavía« die weltberühmte Bouillabaisse wurde. Also hätte die griechische Kochkunst zumindest in diesem Fall doch die europäische Küche beeinflußt.

Mit zu den beliebtesten Gerichten der türkischen und griechischen Küche zählen alle Variationen mit Hackfleisch. Als ›Nationalgericht‹ beider Küchen kann man die Hackfleischbällchen anführen. Die Speise selbst sowie ihr Name sind aber byzantinisch/griechischer Herkunft. Die Bällchen heißen im Griechischen heute *Keftédhes*, was wie eine Ableitung der türkischen Bezeichnung »köfte« klingt. Doch stammt der türkische Ausdruck seinerseits von dem griechischen Wort »gehackt« (= koptó oder koftó) ab.

Auch ist der ›türkische Kaffee‹ im Ursprung nicht türkisch, vielmehr stammt er aus Äthiopien! Es ist durchaus denkbar, daß Griechen und Türken zur gleichen Zeit mit der neuen Mode des Kaffeetrinkens begonnen haben. Erst Mitte des 15. Jahrhunderts entdeckte man in Äthiopien die Qualitäten der Kaffeepflanze, kultivierte ihre Bohnen und entwickelte das Kaffeetrinken. Als erste übernahmen die arabischen Länder diese Sitte; im 16. Jahrhundert exportierte man bereits die Pflanze und schon bald gab

Für die Griechen ist das Essen nicht nur Nahrungsaufnahme, sondern stets auch Symposion.

es in ganz Europa Kaffeehäuser (London 1652, Wien 1683, Leipzig 1694). Der Siegeszug des Kaffees als beliebtestes Genußmittel der Welt war nicht mehr aufzuhalten. Die Mode, Kaffee zu trinken, kam also etwa zu der Zeit auf, als Byzantiner und Osmanen kurz vor ihrer Entscheidungsschlacht, dem Kampf um Konstantinopel (1453), standen. Ob nun Byzantiner oder Osmanen zuerst den Brauch aus Arabien übernahmen, ist nicht mehr feststellbar. Bemerkenswert in diesem Zusammenhang ist aber, daß die Türken ihren Kaffee in Metallgefäßen kochen, die genau die Form der griechischen Kaffeetöpfe haben, und die sie so benennen, wie die Byzantiner bereits ähnliche Töpfe bezeichneten: Bríki (= griechisch) und Ibrik (= türkisch)! Griechenland war aber seit der 2. Hälfte des 15. Jahrhunderts fast ganz im Osmanischen Reich aufgegangen, und selbst Historiker des 19. Jahrhunderts schrieben die Geschichte Griechenlands stets nur im Zusammenhang, gleichsam als Unterkapitel der Geschichte des Osmanischen Reiches (wie z. B. J. W. Zinkeisen, Gotha 1856). So ist es verständlich, daß griechisches Wesen und griechisches Kulturgut als im Ursprung osmanisch/türkisch angesehen wurden. Reisende des 18./19. Jahrhunderts bereisten nicht Griechenland, sondern das Osmanische Reich und tranken ›Kaffee der Türken‹ und nicht der Griechen, auch wenn er ihnen von Griechen in Griechenland gereicht wurde.

Wein und andere Getränke
Die Kultivierung der wilden Weinrebe war bereits den Minoern und Mykenern der frühen Bronzezeit bekannt. Mit der griechischen Kolonisation in Unteritalien und Sizilien gelangten die Weinrebe und der Weinanbau auch in diese Landschaftsräume und noch weiter bis nach Spanien. Möglicherweise haben aber auch die Etrusker noch vor den Griechen die Weinbaukultur in Italien entwickelt. Bei den Byzantinern waren besonders die kre-

Typische Restaurant-Küche. Die geöffneten Töpfe sind die beste Speisekarte.

tischen Weine beliebt. Diese galten als sehr schmackhaft, würzig und voll-
blumig; so beschreibt auch Liutprand, Bischof von Cremona, die Weine
Kretas.

Der bekannteste Wein Griechenlands seit der Antike ist der *Retsína*; er
wird noch heute sehr gern getrunken und gilt neben dem Oúzo als das
Nationalgetränk des Landes. Fremde überrascht beim ersten Genuß der
sehr eigenwillige Geschmack. Vielen fällt es schwer, sich daran zu gewöh-
nen. Bereits der Name des Weines gibt Auskunft über seinen Charakter
(Retsíni = Harz): der Retsína ist ein mit Föhrenharz (oder dem Harz
anderer Nadelhölzer) aromatisierter Wein, der sehr bekömmlich ist und in
heißen Jahreszeiten die Verdauung unterstützt. Durch den Harzzusatz
erhält der in Fährenholzfässern gelagerte Wein eine größere Haltbarkeit.
Um die Gärung zu aktivieren, werden dem Most in einigen Gegenden
auch Kiefernspäne zugegeben.

Das Problem des Weinpanschens kannten schon die Griechen der
Antike. Auch sie setzten dem Wein zur Geschmacksverfeinerung und Färbung Fremdstoffe zu. Von Kreta, Zákynthos und Léfkas ist bekannt, daß
man dem Wein gern Gips beimischte; sowohl Plinius als auch Athenaios
kritisierten diese Unsitte und warnten vor den gesundheitsschädlichen Folgen.

Heute hat der griechische Wein harte Konkurrenz erhalten: nicht etwa
von anderen Qualitätsweinen Europas – die werden in Griechenland
höchst selten angeboten –, sondern vom Bier! In knapp 30 Jahren hat sich
das Konsumverhalten radikal verändert. War es für Griechen früher eher
eine ›fränkische Sitte‹, Bier zu trinken, so kann man heute in den Tavernen
beobachten, daß viele Griechen Bier trinken, die Touristen hingegen griechischen Wein. Tranken die Griechen 1961 noch 41,9 Liter Wein pro Einwohner und nur 5,5 Liter Bier, so reduzierte sich bis 1986 zwar der Wein-

konsum nur geringfügig auf 37,6 Liter, der Bierverbrauch stieg hingegen auf 34,4 Liter pro Einwohner (Quelle: Produktschap Voor Gedistilleerde Dranken / BS Schiedam).

Fast ebenso wichtig wie Wein, Oúzo und Rakí ist den Griechen Wasser (= tó neró). Touristen wundern sich oft, wenn ihnen in Tavernen als erstes ungefragt Wasser gereicht wird. Man erhält Wasser überall in Griechenland zur Begrüßung, zu den »mezédhes« (= Vorspeisen), zum Kaffee und zu allen Hauptgerichten. Das Athener Wasser ist natürlich gechlort wie fast überall in Europa. Aber die Griechen haben den Geschmackssinn für verschiedene Wasserqualitäten noch nicht verloren. Viele sind stolz auf das Wasser ihres Heimatortes. Bei den Vorzügen einer Sommerfrische spielt die Trinkwasserqualität eine wichtige Rolle. Diese Achtung vor dem Wasser hat ebenfalls antike Tradition, wie wir z.B. aus den Oden Pindars (518–446 v. Chr.) erfahren: »Das Beste ist das Wasser...«.

Essen wie in der Antike

Der Speiseplan folgt seit Jahrhunderten dem Erntezyklus der Jahreszeiten. Man ißt das, was die Natur und der Acker den Menschen schenken: Gemüse und Salate der Saison. Fleisch und Fisch gab es früher seltener, da beides für die Landbevölkerung und die Arbeiter in den Städten meist zu teuer war. Die berühmten griechischen *Suvlákia*, über dem offenen Feuer gebratene und mit Orígano gewürzte Lammfleischstücke am Spieß, aßen schon die Helden der Odyssee und der Ilias mit Begeisterung; sie sind heute wohl das beliebteste Gericht bei den Touristen.

Die Byzantiner (und wohl schon die Griechen der Antike) liebten folgende Gerichte: Stifádho, Majíritsa, Skordhaliá, Marúli, Paximádhia und als Süßspeisen Bughátsa, Tyrópita und Lukumádhes, um nur einige traditionsreiche Gerichte zu nennen, die heute gegenüber Mittelalter und Antike wohl nur mit kleinen Abweichungen zubereitet werden.

Besonders beliebt bei den Byzantinern waren Geflügel und Wild. So wurde u.a. das Fleisch des Wildhasen Grundlage für das sehr schmackhafte Krassáto. Heute wird das Gericht selten mit Wildhasen, sondern vornehmlich mit Rindfleisch zubereitet und von den Griechen *Stifádho* genannt. Das in kleine Stücke zerlegte Fleisch wird (beim Hasen mit Knochen) mit trockenem Rotwein – dazu oder anstatt des Weines Malzessig –, Knoblauch, Salz und Pfeffer, Tomatenmark und kleinen ganzen Zwiebeln geschmort, bis es fast schon zerfällt.

Aus der Zeit der beiden Kaiser Claudius und Nero ist uns eine Schrift des Pedanius Dioskurides bekannt, der von dem Skordháprason berichtet, einer bereits in der Antike sehr geschätzten Fleischbeilage aus einer Mischung von Lauch (práson), Knoblauch (skórdhon), Zwiebeln (krómmydhon) und Olivenöl. Diese Sauce ist uns nahezu unverfälscht als *Skordhaliá* (Knoblauchsauce) erhalten; heute wird sie aus Knoblauch, Kartoffelbrei oder weichem Brot, Olivenöl und Weinessig hergestellt. In abgewandelter Form, und bei Griechen wie Fremden sehr beliebt, ist diese Beilage auch als *Tzatzíki* bekannt: Joghurt als Grundbasis gemischt mit Knoblauch, geraspelten Gurken, Olivenöl, Weinessig, Pfeffer und Salz.

Zur Fastenzeit waren bei den Byzantinern wenig nahrhafte Suppen aus

Wasser ist den Griechen heilig.

Wasser, Kräutern und sehr wenig Öl gebräuchlich. Diese Fastenspeisen wurden unter dem Oberbegriff »Majirév máta« zusammengefaßt.

Liutprand gibt uns genauere Kunde von einer solchen Fastensuppe, die er »Heiligenbrühe« nennt:

»Und wir essen jetzt überhaupt nur noch die Heiligenbrühe, / deren Namen schon auf die Zusammensetzung hinweist. / Es gibt einen zwei-henkligen Kessel, der vier Maß faßt (Anmerkung: ein Klostermaß = 8,2 Liter!), / den füllen dann die Köche bis zum Rand mit Wasser / und entzünden unter dem Kessel ein großes Feuer / und sie geben Zwiebeln hinzu, wohl zwanzig Knollen, / und dann sieh, Majestät, welch große Ehrfurcht! / Denn auf den Namen der Heiligen Dreifaltigkeit werden sie getauft, / träufelt doch der Koch drei Tropfen Öl darauf / und gibt noch etwas Majoran (Saturei) hinzu, um der Sache einen Duft zu geben. / Und die Brühe gießt er über das Brot, / und sie teilen es uns aus; wir essen sie und man nennt sie ›Heiligenbrühe‹!« (Nach J. Koder/T. Weber)

Gebrochen wird das Fasten seit undenklicher Zeit in der Osternacht mit der Majirítsa-Suppe. Sie ist schmackhaft und kräftig, aber nicht jedermanns Sache. Am besten schmeckt sie, wenn sie aus Herz, Leber und Niere von mit Milch aufgezogenen Lämmern zubereitet ist. Es sind die Innereien der Osterlämmer, die anderntags in ganz Griechenland am Spieß gebraten werden. Die Innereien werden zusammen mit Dill oder anderen Frühlingskräutern, Zwiebeln und Olivenöl gekocht. Häufig gibt man noch zerschnittene Därme und Kutteln hinzu.

Salate, Gerstenbrot und Süßspeisen

Marúli (vom lateinischen amarula abgeleitet) ist der beliebteste Salat der Griechen; er kann vom Frühling bis zur Mitte des Sommers geerntet werden. Es handelt sich um eine Art Endivien- oder Löwenzahnsalat, der, fein gehackt, einfach mit Zitrone (oder Weinessig), Olivenöl und Salz verzehrt wird; bei den Byzantinern hieß dieser Salat Marúlion und war wohl identisch mit dem antiken Dhrídhax.

Auch *Paximádhion*, ein häufig mit Majoran kräftig gewürztes, doppelt gebackenes Gerstenbrot (nach Art unseres Zwiebacks), gehört zu den Nahrungsmitteln, die von den Griechen seit der Antike geschätzt werden. Von Prokopios von Kaisareia, Geschichtsschreiber des 6. Jahrhunderts zur Zeit Kaiser Justian I. (527–565), erfahren wir, daß die byzantinischen Heere und Schiffsmannschaften Paximádhion-Brot im Proviant hatten, da es fast unbegrenzt haltbar ist. Auch Liutprand erzählt von diesem besonderen Zwieback. Im 10. Jahrhundert sei Paximádhion die Hauptspeise der Bischöfe und Mönche gewesen. Im heutigen Griechenland ist das doppelt gebackene Gerstenbrot in allen Bevölkerungsschichten bekannt. Dem Fremden wird es in touristischen Gebieten jedoch nur selten angeboten, es sei denn, er bittet darum. Bei den Städtern weniger beliebt, wird es von Bergbauern, Hirten und der Landbevölkerung fast täglich verzehrt. Auch in den Klöstern gehört es zu jeder Mahlzeit, besonders während der Fastenzeit. Paximádhion ist kein griechisches Wort. Seine Etymologie ist umstritten. Man spricht von einer ägyptisch-koptischen Wurzel, andere schreiben es Páxamos, dem böotischen Autor über Agrarstrukturen (1. Jahrhundert n. Chr.) zu, und wieder andere versuchen zu belegen, daß dieses Wort erstmals in den medizinischen Schriften des Gallenos von Pergamon (129–199) auftaucht.

Schließlich sei noch auf *Kokorétsi* hingewiesen, das in der türkischen Küche ebenso beliebt ist wie in der griechischen und heute in nahezu allen Tavernen und Restaurants Griechenlands angeboten wird. Im Ursprung ist es byzantinisch/griechisch. Die Türken haben es zu einem ihrer Leibgerichte gemacht und nennen es »Salma« (= eingewickelt): Herz, Niere, Leber und andere Eingeweide von Ziegen und Lämmern werden in die gewaschenen und umgestülpten Därme der Tiere eingerollt, pikant gewürzt und an langen Spießen gegrillt. Kokorétsi wird in der Türkei und in Griechenland auch gekocht.

Auch das vielfältige Angebot an meist sehr süßen griechischen *Nachspeisen* ist nicht vornehmlich türkisch/orientalisch beeinflußt. Bereits die Byzantiner kannten *Bughátsa*, das die Türken Bogatsa nennen und sich vom Italienischen »focaccia« (= Fladenkuchen) ableiten läßt. Möglicherweise gelangte dieses Gericht mit den Genuesern oder Venezianern nach Konstantinopel. Bughátsa kann süß oder salzig angerichtet werden. In beiden Fällen wird Blätterteig gefüllt und gebacken, entweder mit Schafskäse oder einer cremigen Masse aus Maisflocken (Cornflakes), Milch und Zukker. Erstaunlicherweise ist diese Süßspeise nicht in ganz Griechenland verbreitet. Vorwiegend erhält man sie auf Kreta (in Iráklion) und in Thessaloníki, also im einstigen Herrschaftsbereich der Venezianer und in Gebieten, die in enger Verbindung mit der Hauptstadt Konstantinopel standen.

Von ganz ähnlicher Beschaffenheit ist *Tirópitta*: ebenfalls ein Blätterteiggebäck, das mit süßem Molkekäse (Mizíthra) gefüllt, dann mit Zimt und Zucker bestreut, warm serviert wird. Diese in Griechenland sehr beliebte Süßspeise gab es bereits in der Antike (»tetyromeini plakuntes« / Teigware mit Käse) und schmeckt auch heute den meisten Fremden gut. In der Türkei heißt dies Gebäck Börek.

Ebenfalls bei den Byzantinern bekannt und geschätzt waren *Lukumá-dhes* (griechisch Lukumás = Krapfen), die bei den türken Lokuma genannt werden: es sind in heißem Öl gebackene Hefeteigbällchen, die in Honig getunkt und mit Sesam bestreut werden. Diese Krapfen gibt es überall in Griechenland.

Aus dem reichhaltigen Angebot der griechischen Küche wurden hier nur einige Spezialitäten vorgestellt. Doch die Auswahl zeigt die Kontinuität der griechischen Eßkultur von der Antike bis heute.

In den unterschiedlichen Landschaftsräumen Griechenlands gibt es zwar überall Spezialitäten, die Hauptgerichte und Eßgewohnheiten sind hingegen überall ähnlich. Das Frühstück (proinó) besteht meist nur aus einem Kaffee (kafedháki). Auf dem Weg zur Arbeit verzehrt man dann noch bei einem Straßenhändler einen Sesamkringel (kulúri) oder gefüllte Blätterteigtaschen (tirópitta). Die Hauptmahlzeit des Tages ist das Mittagessen, das während der langen Arbeitspause ausgiebig genossen wird. Am Abend – wenn man keine Gäste hat oder keinen Tavernenbesuch unternimmt – gibt es meist kleinere Gerichte. Oft Eintöpfe mit Salaten und Obst. Wasser- (karpúsi) und Honigmelonen (pepóni) sowie Feigen (síka) und Orangen (portokáli) sind die beliebtesten Obstsorten. Im Winter werden häufig Weißkohlsalat (Láchano saláta) und Bohnengerichte (fasoládha) gegessen, besonders beliebt ist dabei die Linsensuppe (fakí). Zu allen Gerichten werden stets ausreichend Weißbrot (psomí) und Wasser (neró) gereicht.

Besonders beliebt sind Gemüsegerichte. Tomaten, Auberginen, Zucchini und vor allem Bohnen gehören zu den Grundnahrungsmitteln. Kann man sich teuren Fisch nicht leisten, weicht man auf Lammfleisch aus, das am häufigsten in Griechenland verzehrt wird. Schweinefleisch ist nicht sehr beliebt. Viel Knoblauch und ausreichend Öl gehören zu jeder Mahlzeit. Mit Vorliebe werden frische Kräuter und Zwiebeln sowie Salz und Pfeffer zum Würzen der Speisen genommen.

Ein besonderes Kapitel sind die zahlreichen griechischen Tavernen in Deutschland. Im Raum Köln soll es allein über zweihundert geben. Ihre Küche hat jedoch meist einen erheblichen Anpassungsprozeß hinter sich. Teilweise hat man sich auf den deutschen Geschmack oder auf das, was man dafür hält, eingestellt, teilweise ist die Zubereitung für deutsche Verhältnisse auch zu arbeitsintensiv. Man ißt oft recht gut und preiswert in den »Akropolis«, »Alexis Sorbas«, »El Greco« oder »Kreta« genannten Gaststätten, doch selten wirklich Griechisch. Dazu muß man sich schon ins Flugzeug setzen.

21. 2000 Jahre Umweltprobleme*

Von Platon bis Marína Dhísi

Wer heutzutage nach Griechenland fährt, sucht in erster Linie Sonne und Strand. Antike Kunstschätze und Baudenkmäler, früher Hauptziel der Griechenlandreisenden, sind meist nur eine angenehme Ergänzung. Die Landschaft selber und ihre Tier- und Pflanzenwelt locken nur eine interessierte Minderheit. Die Umwelt, ihre Veränderungen und die Schäden, die ihr zugefügt worden sind, noch immer zugefügt werden, bekommen die meisten nur am Rande mit. Umweltprobleme gibt es in Deutschland genug. Wer wollte sich damit noch in den »kostbarsten Wochen des Jahres« beschäftigen?

In den vergangenen Jahren hat die deutschsprachige Presse mehrfach über griechische Umweltprobleme berichtet. Und wie so oft, wenn die Medien Umweltthemen aufgreifen, betraf es skandalöse Ereignisse, Unfälle, Bürgerproteste, Beeinträchtigungen der Touristen. Meist geht es um massive Luftverschmutzung in Athen und Umgebung. Das unkontrollierte Wachstum der Stadt, des Verkehrs, der Industrialisierung hat zu den schlimmsten Belastungen der Luft in Europa geführt. Den größten Beitrag dazu liefern Autos, Heizungen und andere Verbrennungsanlagen, also ›Errungenschaften‹ der Moderne. Den wenigsten ist bewußt, daß es Umweltveränderungen nicht nur heute, sondern auch in den vergangenen 3000 Jahren gegeben hat.

Pflanzen und Tiere

Voraussetzung für wirkungsvollen Umweltschutz ist die persönliche Einstellung jedes einzelnen. In diesem Punkt scheint es noch einen enormen Nachholbedarf in Schule, Erziehung und Öffentlichkeit zu geben. Nachteilig wirkt sich auch aus, daß ein Gemeinschaftsgefühl, das über den Familien- oder Dorfverband hinausgeht, sehr schwach entwickelt ist. Die bäuerliche Herkunft der meisten Griechen läßt sie Pflanzen und Tiere mehr unter ihrem unmittelbaren Nutzwert sehen, denn als Teil eines auch sie selbst umfassenden Ökosystems.

Auf dem Land fallen einem die zahlreichen streunenden Hunde auf, die so verängstigt sind, daß sie sich sofort trollen, wenn man sich bückt. Sie wissen, daß dieser Bewegung meist ein harter Stein folgt. In den Städten tummeln sich Scharen herrenloser Katzen, die ein prekäres Leben führen als Bittsteller an unzähligen Tavernentischen im Freien oder als Plünderer des in Plastiktüten verpackten Hausmülls. Eine ›natürliche‹ Begrenzung dieser Katzenscharen erfolgt lediglich durch den Straßenverkehr, dem allein in Athen täglich Hunderte zum Opfer fallen. Ein Raubbau an der Natur ist die Jagd auf alles, was fliegt und kriecht. Dabei geht es, wie in anderen Mittelmeerländern, weniger um die Beute als um Jagd- und Schießlust. Das freie Jagdrecht für jedermann, zur Osmanenzeit den Türken vorbehalten, wird als stolze Errungenschaft betrachtet, als willkom-

* Unter Mitarbeit von Eckhard Willing

mene Gelegenheit zu Männerpartien, die unweigerlich in der Taverne enden. Daß dabei die karge Fauna ausgerottet wird, erregt bislang nur zaghaften Protest.

Griechenland ist ein floristisch überaus artenreiches Land. Im Durchschnitt ist die Artenvielfalt viermal so groß wie in Deutschland. Dank der starken Aufgliederung in Inseln und Bergmassive ist es sehr reich an sogenannten Endemismen, also Sippen, die nur in einem sehr begrenzten Areal vorkommen. Weil diese Arten oft ganz besonderen Standortansprüchen angepaßt sind und diese Standorte wiederum oft sehr sensibel auf künstliche Eingriffe reagieren, ist auch die Zahl der gefährdeten Arten sehr hoch. In der Regel sind das Pflanzen, die in anderen Staaten der Gemeinschaft schon lange nicht mehr zu beobachten sind.

Fährt man abseits der großen Touristenzentren durch Griechenland, hat man Mühe, irgendwelche Naturschutzmaßnahmen zu erkennen. Lediglich die eintönigen Schutzwälder, meist reine Kiefernplantagen oberhalb der Ortschaften, fallen auf. Und doch sind im Jahr 1986 insgesamt 252 Flächen als bedeutsam für den Naturschutz in das Biotopregister eingetragen worden. Diese 252 Teilflächen würden insgesamt 17322,5 km^2, d.h. 13% der griechischen Landfläche bedecken. Auf dem Papier ist die Notwendigkeit von Schutzmaßnahmen erkannt. Doch in der Natur sucht man die ausgewiesenen Schutzflächen vergebens. Lediglich die zehn Nationalparks mit einer Gesamtfläche von 366 km^2 sind deutlich erkennbar. Darunter sind so berühmte Gebiete wie der Hohe Olymp, der Parnass, der Berg Énos auf Kefaloniá, die Samariá-Schlucht auf Kreta, die Víkos-Schlucht in Nordost-Épiros und der Prespásee, aber auch das kleine Waldgebiet an den Nordhängen des Berges Ití bei Lamía.

Es fällt auf, daß die ausgewiesenen Naturparks im wesentlichen Bergmassive mit guten Waldbeständen oder beeindruckende Schluchten, also vorzeigbare Schmuckstücke, sind. Nur in wenigen Fällen wie dem des Prespásees wurden Feuchtgebiete unter Schutz gestellt. Wie im übrigen Europa sind aber in Griechenland besonders die Feuchtgebiete gefährdet: küstennahe, vom Meerwasser beeinflußte Sümpfe, Flußauen, Feuchtbiotope aller Art im Hügel- und Bergland. All diese Flächen harren noch der Registrierung. Ihre Pflanzen- und Tierbestände müßten beschrieben und auf Gefährdung und Schutzwürdigkeit untersucht werden. Zum wirksamen Schutz bedarf es aber nicht nur gesetzlicher, verwaltungsmäßiger und finanzieller Maßnahmen, sondern vor allem der Einsicht der Bevölkerung, insbesondere der betroffenen Bewohner.

Ansätze hierzu sind zu erkennen. Zum Beispiel im Gebiet des Berges Ití bei Lamía: der Naturpark wäre nicht in so gutem Zustand, wenn die Bürger von Loutrá Ipatís und den umliegenden Orten nicht so stolz auf ihren »ethnikó dhrimó« (Nationalwald) wären. Und auch der Kampf um die Laichplätze der Meeresschildkröte (Caretta caretta) auf der Insel Zákynthos, der selbst durch die deutsche Presse ging, zeigt ein neues Bewußtsein. Am schönsten Sandstrand der Insel, an der Laganás-Bucht, liegt einer der letzten Laichplätze des gepanzerten Meeresbewohners im Mittelmeer. Seit Urzeiten kommen die weiblichen Meeresschildkröten an diesen Strand, um ihre Eier in den weißen Sand zu legen. Wochen später schlüpfen winzige Schildkröten und krabbeln in einem tödlichen Wettlauf mit räuberischen Möwen zum schützenden Meer. Beide Vorgänge vertragen keine Störung durch den Menschen. Der abgelegene Strand wurde bis zum Einsetzen des Tourismus auch wenig frequentiert. Auf einmal lockte die malerische Bucht Tavernen und Hotels an. Es war abzusehen, daß die Schildkröten bei diesem Wettlauf den kürzeren ziehen würden. Der Staat erließ zwar Verordnungen über Schutzzonen und verbot es, den Strand nächtens zu betreten und die Gelege zu stören. Doch nützen solche Verbote in abgelegenen Gegenden erfahrungsgemäß wenig. Eine Überlebenschance haben die Schildkröten erst, seit private Tier- und Naturschützer sich ihrer angenommen haben. Menschen, die bereit sind, ihre Sommerferien für die Bewachung der Gelege zu opfern, Städter, welche die nationale und internationale Presse alarmieren und Druck auf die Behörden ausüben.

Wälder und andere Naturlandschaften

Im Küstenbereich, besonders in Touristenzonen, befinden sich mehr oder weniger intakte Küstenpineten, landeinwärts schattige, wiesenreiche Ölbaumwälder oder in Reih und Glied gepflanzte Ölbaumplantagen, weiter hügelan ausgedehnte Hartlaubbuschwälder oder Büsche. Es sind fast ausschließlich vom Menschen geschaffene Waldformen und künstliche Anpflanzungen. Die Landschaftsveränderung von der Naturlandschaft zur Nutzlandschaft hat hier schon vor Jahrhunderten stattgefunden. Eine Veränderung etwa der Ölbaumwälder würden wir heute als frevelhaften Eingriff in die Natur empfinden. Verläßt man den Strandbereich und geht landeinwärts und hangaufwärts, trifft man auf die steilen aber waldfreien Bergflanken. Lediglich niederes Hartlaubgebüsch oder Zwergsträucher bedecken mühsam den trockenen Boden. Nur einzelne hohe Eichen oder Tannen geben einen Hinweis, daß die Berge einstmals bis weit in die Täler und weit über die heutige Waldgrenze hinaus bewaldet waren.

Die niedrigen Hügel von Ájios Nikólaos südlich von Pýlos im Südwesten der Peloponnes haben nach floristischen Angaben des letzten Jahrhunderts damals hohe Wälder oder Restbestände davon getragen. Heute werden die grauweißen Kalkrippen nur noch im Frühjahr von vielen farbigen Frühlingsblumen und aromatischen Kräutern bedeckt. Auf der Touristenstrecke von Ioánnina nach Kalambáka blickt man kurz hinter Métsowo über die Hochtalmulden der Aóos-Quellen auf weite, entwaldete Hügelketten, die bei entsprechendem Lichteinfall ein faszinierendes Farbenspiel der Böden zeigen. Mavrovúni soll der Berg laut Karte heißen: schwarzer Berg. Man muß um ihn herumfahren, um zu erkennen, daß der Mavrovúni tatsächlich bis fast an den Grat mit dunklen Buchen und Tannen bewachsen ist, was seinen Namen rechtfertigt.

Diese wenigen Beispiele illustrieren das Schicksal von insgesamt 49000 qm², d.h. 37% der gesamten griechischen Landfläche, die nach ihrer völligen Entwaldung von der Erosion bedroht und beeinträchtigt sind. Es handelt sich um das Ergebnis eines mehr als 2000 Jahre dauernden Prozesses, nicht nur der industriellen Ausbeutung der letzten hundert Jahre.

Platon läßt die Umgebung des klassischen Athen vor unseren Augen entstehen. Danach hat sie wohl nicht sehr viel anders ausgesehen als heute. Lesen wir dazu, was Platon Kritias (Platon III, 111 A) kritisch anmerken läßt:»Damals aber, als es (das Athener Land) noch unversehrt war, waren seine Berge hoch und mit Erde bedeckt, und ebenso waren seine Ebenen, welche jetzt als Steinboden bezeichnet werden, voll fetter Erde; auch trug es viel Gehölz auf den Bergen, von welchem es auch jetzt noch deutliche Spuren gibt. Von den Bergen bieten einige jetzt nur noch den Bienen Nahrung dar; es ist aber noch nicht lange her, als noch Dächer, welche aus den Bäumen verfertigt waren, die man dort als Sparrenholz für die größten Gebäude fällte, unversehrt dastanden. Es gab auch noch viele andere hohe Bäume, und zwar Fruchtbäume, und für die Herden brachte das Land unglaublich reiche Weide hervor. Ferner genoß es jährliche Bewässerung von Zeus und verlor diese auch nicht wieder wie jetzt, wo sie von dem dünnen Fruchtboden ins Meer abfließt, sondern wie es diesen damals reichlich besaß, so sog es auch den Regen in ihn ein und bewahrte ihn in einer Umschließung von Tonerde auf, indem es das eingesogene Wasser von den Höhen in die Tiefe hinabfließen ließ; und bereitete so an allen Orten reichhaltige Quellen und Flüsse...« Auch das ökologische Bewußtsein ist schon alt, ebenso wie das Wissen um die Folgen der Entwaldung.

Was sind die Ursachen des 2000jährigen Raubbaues an der Natur? Zahlreiche Wälder sind von den alten Griechen, andere von den Byzantinern und Venezianern für den Schiffsbau abgeholzt worden. Für die Venezianer waren die Landstriche entlang des Ionischen Meeres wegen der ausgedehnten Wälder besonders interessant. Heute findet man hier nur mehr Ölbaumwälder, Hartlaubgebüsche und Sekundärmacchie. Schon immer wurden die Wälder für das Schlagen von Brennholz genutzt. Schließlich war Holz der Energieträger bis zur Entdeckung der Kohle im 18. Jahrhundert. Die großindustriellen Anlagen zum Erzschmelzen in Lavrion müssen ganze Wälder verschlungen haben. Das gleiche gilt für die luxuriösen Thermen und die verschiedenen Flottenbauprogramme der meist in Fehde zueinander stehenden griechischen Stadtstaaten. Das Schiffsbauholz faulte schnell und mußte oft ersetzt werden. Heute wird zwar zunehmend mit Gas gekocht und geheizt, dennoch wird immer noch zu viel Holz für den Hausbrand geschlagen. Hinzu kommt die gewinnträchtige Produktion von Grillkohle, der in manchen Gegenden sogar Eichenwälder zum Opfer fallen. Und die Nachfrage steigt. Wer sich zum Beispiel über Pétra dem Hohen Olymp nähert, kann die Kohlenmeiler schon auf weite Entfernung riechen.

Neue Probleme erwachsen – wie in anderen Ländern – aus dem verständlichen Ehrgeiz abgelegener Gebirgsgemeinden, den Wintertourismus zu fördern. So werden in manchen Gebirgsmassiven Schneisen in den Restwald geschlagen, um wenige Wochen oder Monate im Jahr Sessel- und Schlepplifte für die kleine, aber schnell wachsende Schar der griechischen Skifahrer zu betreiben.

Weitere, zum Teil schwerwiegende Schäden erleiden die Wälder, insbesondere die Kiefernwälder, durch Waldbrände. Allein 1985 wurden 727 Einzelbrände registriert und 37500 ha Wald sowie 3400 ha Farmland und naturbelassene Landschaft eingeäschert. Dies ist in den regenlosen Som-

Smog über Athen. Die Stadt frißt sich immer weiter nach Norden.

mermonaten im gesamten Mittelmeerraum ein Problem. Zundertrockene Wälder und starke Winde können aus einem Funken im Nu eine Feuerwalze entstehen lassen. Verglichen mit anderen Mittelmeeranrainern sind die Brandflächen sogar relativ klein. Allzu oft wird der Verdacht der Brandstiftung zwecks Bodenspekulation, der ›heißen‹ Gewinnung von Bauland, laut. Angesichts der Leichtfertigkeit im Umgang mit Feuer, der lässig aus offenem Wagenfenster geworfenen Zigarettenkippen, der vor sich hin qualmenden Müllhaufen, der Möglichkeiten der Selbstentzündung durch weggeworfene Flaschen wundert es eher, daß man nicht häufiger Waldbrände sieht. Gemäß griechischer Gesetzgebung müssen durch Feuer zerstörte Waldflächen wieder aufgeforstet werden. Doch zwischen der schönen Theorie des Gesetzestextes und der harten Realität der Verwaltungspraxis klafft oft eine deutliche Lücke. Zwischen 1965 und 1975, d.h. in zehn Jahren, wurden 40000 ha aufgeforstet, etwa so viel, wie allein im Jahr 1985 abbrannten.

Wenn nicht wieder aufgeforstet wird, treten nach dem Abholzen oder Abbrennen Dauerschäden ein. Die Mehrzahl der freigelegten Flächen werden, wenn sie nicht bebaut werden, für die Schaf- und Ziegenbeweidung genutzt. Im Mai kann man an den Wochenenden ganze Kolonnen von Lastwagen mit Anhängern, jeweils auf zwei Etagen mit Schafen vollgepfercht, vom Flachland in die Berge fahren sehen. Es ist erstaunlich, wieviele Herden dann auf relativ kleine Weideflächen losgelassen werden. Manche Bergdörfer versteigern ihre Weidegründe meistbietend für die Saison. Je höher die Preise, desto größer der Zwang möglichst intensiver Nutzung. Damit ist der totale Verlust der Gras-, Kraut- und Strauchschicht vorprogrammiert. Der Boden trocknet in der glühenden Sommersonne aus, und der Wind trägt die feinen Bodenbestandteile weg. Sommergewitter wie Herbstregen besorgen den Rest. Nach jedem Regen färbt die Erde die Bäche und Flüsse braun. Auf den Hängen bleibt der nackte Fels zurück. Den Bergbewohnern kann man schwerlich einen Vorwurf machen. Die Forstwirtschaft liegt danieder, und die Landwirtschaft lohnt sich auf den kargen Böden und den steilen Hängen nicht. Handel und Handwerk konzentrieren sich in den Städten. Tourismus spielt nur in wenigen Bergregionen eine kurze Rolle im Jahr. Solange die Bergbewohner keine alternativen Erwerbsmöglichkeiten erhalten, werden Entwaldung und Erosion vermutlich fortschreiten.

Wasser und Gewässer

Flußregulierungen, Entwässerungsmaßnahmen und Dammbauten sind keineswegs Errungenschaften der Neuzeit. Auch in Griechenland sind solche Eingriffe in die natürliche Umwelt weit zurück, bis in die minoische Zeit zu verfolgen. Damals kam es vor allem darauf an, landwirtschaftliche Nutzflächen vor saisonalen Überschwemmungen zu schützen und abflußlose Talbecken gezielt zu entwässern, um den Boden urbar, nutzbar zu machen. Beispiele dafür sind der Stymphaliá See in Arkadien, der Tákka-See südlich von Trípolis und der Kopaís-See in Böotien.

Heute werden bei solchen Baumaßnahmen ganze Landschaften verändert. Die offiziellen Nomós- (Bezirks-) Karten von 1972 zeigen für viele Regionen ganz andere Landschaftsformen, als man heute vorfindet. Wo die Karte riesige Sumpfgebiete ausweist, erstrecken sich ausgedehnte Getreide- und Maisfelder, Zitrus- und Ölbaumkulturen. Wo man nach der Karte zerklüftete Hügel- und Berglandschaften erwartet, schimmern kilometerlange Stauseen. Hinzu kommen völlig neue Straßensysteme, die sich abseits historischer Routen wie Wunden durch unberührte Berghänge ziehen. Diese Landschafts- und Umweltveränderungen dienen natürlich volkswirtschaftlichen und regionalpolitischen Zwecken, vor allem der Energieversorgung und Bewässerung für die Landwirtschaft. Bei einzelnen Maßnahmen fragt es sich aber, ob die Auswirkungen auf die Umwelt ausreichend geprüft und berücksichtigt worden sind.

Da ist das Beispiel des Stauseeprogramms im Nomós Árta. Der Fluß Árachthos nordöstlich von Árta wurde aufgestaut, um Energie für Wasserkraftwerke zu liefern. Im Flußoberlauf füllte sich ein weitverzweigter See, was die Anlegung neuer Straßennetze notwendig machte. Vor dem Bau der Staumauer war das Flußdelta des Árachthos durch regelmäßige, bis über zwei Meter tiefe Gräben entwässert worden. Ehemalige Sumpfflächen wurden zu florierenden, großflächigen Zitruskulturen. Nach Errichtung der Staumauer im Jahre 1983 konnte man in diesen Kulturen erschreckende Trockenschäden beobachten. Die Entwässerungsgräben, auch die tiefsten, waren bis zur Sohle hinab knochentrocken. Man hatte offensichtlich übersehen, daß der Staudamm den Grundwasserspiegel im Delta stark absenken würde. Konsequenz: mit erheblichen öffentlichen Mitteln mußten Pumpensysteme installiert werden, um das Grundwasser für die Bewässerung der Orangen- und Zitronenhaine anzuheben. Und das in einem ehemaligen Sumpfgebiet, das man noch vor wenigen Jahrzehnten kaum zu Fuß durchqueren konnte.

Für Griechenland, dessen Landwirtschaft so stark von künstlicher

Bewässerung abhängt und in dem die Wasserführung der Flüsse jahreszeitlich so stark schwankt, ist die Reinhaltung der Flüsse und Seen lebensnotwendig. Fast die gesamte Trinkwasserversorgung des Großraums Athen wird durch zwei Stauseen sichergestellt, also durch Oberflächenwasser. Da ist zum einen der Marathón-Stausee oberhalb der geschichtsträchtigen Marathón-Ebene, zum anderen der riesige Mórnos-Stausee in Zentralgriechenland, östlich von Delphi. Über einen 300 Kilometer langen, teilweise offenen Kanal wird dieses Wasser im Rhythmus von 23 m^3/sec. der durstigen Hauptstadt zugeführt. Wegen der teilweise recht dünnen Besiedlung des Landes gibt es immer noch naturbelassene Gewässer, wie man sie in Deutschland nur noch aus nostalgischen Erzählungen der Älteren kennt. Dennoch nehmen kritische Verschmutzungen, vor allem im Umfeld der größeren Städte und Industrieansiedlungen, zu. Die schlechtesten Werte werden für den Fluß Pínios bei Lárissa, für die idyllischen Seen von Ioánnina und Kastoría, aber auch für den Vegorítis-See gemeldet. Die Flüsse im Athener Stadtgebiet werden dabei gar nicht genannt. Zu Recht, denn bei dem von antiken Dichtern besungenen Kifissós handelt es sich längst um einen Abwasserkanal, der seine stinkende Fracht, eingezwängt zwischen zwei Spuren der Stadtautobahn, dem Meer zuführt.

Die griechische Regierung ist sich der Probleme durchaus bewußt. Aber Lösungen sind nicht einfach zu finden. Dabei muß seit kurzem mit einem neuen Faktor gerechnet werden: mit dem wachsenden Umweltbewußtsein der Bürger und ihrem Mißtrauen gegenüber öffentlichen Verlautbarungen. Dramatisch manifestierte sich dieses neue Bewußtsein im September 1988, als sich die Stadt Igumenítsa aus Protest gegen eine geplante Kläranlage wochenlang von der Umwelt abschloß. Der bedeutendste Hafen für Touristenfähren aus Italien in Nordwest-Griechenland ging geschlossen in den Generalstreik. Bauern versperrten mit ihren Traktoren alle Ausfallstraßen und die Kais. Dutzende von Touristen saßen mit ihren Autos in der Falle. Fast die gesamte Bevölkerung der Stadt hat die Aktion trotz erheblicher Einnahmeverluste unterstützt. Die Zusammenhänge sind komplex: Um den bereits genannten See von Ioánnina vor dem Umkippen zu retten, wurde der Bau einer Kläranlage geplant, welche die Abwässer der aufstrebenden Universitätsstadt reinigen sollte. Die vorgereinigten Abwässer sollen dann nicht mehr in den See, sondern in das Flüßchen Kalamás geleitet werden, das bei Igumenítsa ins Ionische Meer fließt. Bislang tummeln sich Forellen in dem klaren Wasser des weitgehend unberührten Flusses. Die Einwohner von Igumenítsa fürchten, daß es damit vorbei ist, wenn das Klärwerk an den Fluß angeschlossen wird. Die Bauern, die ihre Felder mit Flußwasser bewässern, vertrauen den Reinigungskünsten der Klärwerksingenieure nicht. Ebenso geht es den Händlern und Hoteliers in Igumenítsa, die befürchten, daß sich die tief eingeschnittene Meeresbucht mit Abwässern füllt. Der Protest schwappte sogar über ins gegenüberliegende Korfú, wo man annimmt, daß die vorherrschende Meeresströmung die schmutzige Fracht bis an die berühmten Touristenstrände treiben würde – mit katastrophalen wirtschaftlichen Auswirkungen. Die Athener Regierung sah sich nicht in der Lage, den Protest einer ganzen Stadt mit Gewalt zu brechen und sagte schließlich zu, die Einleitung in den Fluß erst aufzunehmen, wenn alle Zweifel behoben seien.

Gemessen an der Verschmutzung mancher Küstenregionen ist die Situation der Binnengewässer jedoch harmlos. Der Saronische, der Thermaische, der Pagassitische und der Patraische Golf, jeweils den Städten Athen, Thessaloníki, Vólos und Pátras vorgelagert, haben im Verschmutzungsgrad längst mitteleuropäisches Niveau erreicht. Der Saronische Golf, das lichtschimmernde Becken zwischen Peloponnes und Attika, ist teilweise zur Kloake von Groß-Athen verkommen. Die gesamten Abwässer der Viermillionen-Agglomeration, die unglaubliche Menge von 16 m³/sec., werden ungeklärt in die Bucht von Salamis geleitet, in der Hoffnung auf günstige Strömungen, welche die Fracht verteilen. Ein gewisser Fortschritt ist die Fertigstellung einer Ringkanalisation längs der attischen Südküste. Seitdem werden die Abwässer nicht mehr aus vielen unkontrollierten Rohren, sondern nur noch an einer Stelle ins Meer geleitet. Dies ist Vorbedingung für wirksame Abwasserreinigung. Auf dem öden Inselchen Psyttalía zwischen Salamis und Piräus, auf dem einst die Quarantäne-Station untergebracht war, sind heute große Bauarbeiten in Gange. Es entstehen gewaltige Klärbecken, in denen die Abwässer in einer ersten Stufe mechanisch gereinigt werden sollen. Vorgesehen ist auch eine biologische Reinigung. Deren Inbetriebnahme wird noch Jahre auf sich warten lassen. Wann es auch zu einer chemischen Klärung kommt, steht noch in den Sternen. Bis dahin wird man an der Athener Südküste aufs Baden weiterhin verzichten müssen. Wo vor dreißig Jahren noch Badeanstalt neben Badeanstalt ihre Sonnenschirme aufspannte, kann man heute allenfalls ins frischgechlorte Wasser der Hotel-Swimmingpools springen.

In Thessaloníki ist die Situation nicht besser. Hier sind es nicht die Vorstädte, sondern das Zentrum selber, das ans Meer angrenzt. Das elegante Hufeisen des Aristoteles-Platzes, des Herzens der Stadt, öffnet sich auf den Thermaischen Golf, über dem bei klarem Wetter majestätisch der Olymp thront. Bei ungünstiger Wetterlage jedoch, vor allem im Sommer, werden solche Ausblicke durch einen pestilenzartigen Gestank gestört, der aus den Wässern aufsteigt. Die Diagnose ist die gleiche wie in Athen: die halbgeschlossene Bucht wurde zur Kloake der emsigen Halbmillionen-Stadt.

Da ist es ein Glück, daß sich die griechische Bevölkerung so ungleichmäßig über das Land verteilt. Etwa die Hälfte der Bevölkerung lebt allein in den Großräumen Athen und Thessaloníki. Viele Inseln und weite Küstenstriche sind jedoch fast unbewohnt, entsprechend ist dort die Wasserqualität. An diesen Küsten droht jedoch eine weitere, wenn auch weniger gefährliche Art der Strandverschmutzung, die nicht vom Land, sondern vom Meer kommt, die Verschmutzung durch Öl aus Schiffen und durch Schiffsabfälle. Um zu vermeiden, daß Schiffe Altöl auf offener See ablassen, sind in verschiedenen Häfen, so in Korinth, Sýros, Piräus, Thessaloníki, Eleusis und Kavála, Rücknahmestellen für Altöl eingerichtet worden. Wieviel Öl trotzdem noch ins offene Meer geleitet wird, ist nur schwer zu kontrollieren. Große internationale Schiffahrtswege führen an den griechischen Küsten entlang und mitten durch die Ägäis. Eine ständige Luftüberwachung würde Griechenland sicher überfordern. Hier hilft nur internationale Zusammenarbeit. Ansätze dazu existieren. Die Mittelmeerländer treffen sich periodisch zu Umweltschutzkonferenzen. Aber wie im Falle der Nordsee ist die Feststellung der Mißstände und Gefahren leichter als ein verbindlicher Beschluß über konkrete und meist kostenintensive Maßnahmen zur Verhütung und Abwendung derselben.

Kommunale Abfälle

Abfälle aus Siedlungen und Städten kann man in Griechenland bis zu den ältesten Kulturen zurückverfolgen. Doch bestanden kommunale Abfälle im Altertum – zum Leidwesen der Forscher – überwiegend aus vergänglichen Materialien. Dennoch sind z.B. die Abfallgruben in Olympia, die am Rande der großen Zeltstädte für die Besucher installiert wurden, eine reiche Fundgrube. Nur die nicht verrotteten Stoffe geben uns heute ein ungefähres Bild vom Alltagsleben unserer Vorfahren. Außerdem hat man schon damals intensive Abfallverwertung betrieben. Alle Produkte aus Metall und edleren Gesteinen wurden nach Benutzung wieder verwertet, leider auch wertvolle Denkmäler und Kunstschätze.

In der Neuzeit haben veränderte Lebensgewohnheiten bekanntlich zu stark anwachsenden Abfallmengen, insbesondere durch Verpackungen, geführt. Auch in Griechenland dürfte etwa die Hälfte des Abfallvolumens aus Verpackungen bestehen, die nicht im hauseigenen Ofen verbrannt werden können oder sollten, die nicht oder nur schwer verrotten.

Was mit den Abfällen dann geschieht, ist kein Thema, das die Öffentlichkeit sehr zu bewegen scheint. Abfälle werden weggeworfen, wo immer man die Produkte benutzt hat: am Strand, im Park, entlang der Straßen, der Flüsse. Auch Städte oder Verwaltungsbezirke lösen ihr Müllproblem, indem sie ihre Abfälle über die Landschaft verteilen. Besonders beliebt sind tief eingeschnittene Flußtäler, in der Hoffnung, daß die periodisch auftretenden Sturzfluten ihren Teil zur Abfallbeseitigung beitragen.

Gerade in der Provinz wird ein Abfallproblem oft erst durch den Tourismus erzeugt. Die Gemeinden, die keine Erfahrung haben im Umgang mit der ungewohnten Flut von prallgefüllten schwarzen Plastiksäcken, reagieren verständlicherweise hilflos. Ein Beispiel von vielen: auf der idyllischen Ionischen Insel Paxí abseits der Schiffahrtsrouten war bis vor 20 Jahren das Phänomen Müll so gut wie unbekannt. Die Fischer- und Bauernhaushalte der drei kleinen Siedlungen sowie der vielen verstreut liegenden Gehöfte erzeugen keinen Müll. Essensreste werden durch Katzen, Hühner oder Komposthaufen verwertet. Andere Abfälle fallen kaum an. Notfalls hilft der Herd oder ein kleines Feuer. Wasser ist knapp, wird in Zisternen gesammelt und sparsam verbraucht. So gibt es weder Müllabfuhr noch Kanalisation. Als die Touristenwelle mit ihrem Drang nach ›unverbrauchter‹ Landschaft über das Eiland schwappte, ließ sie auch hier die übliche Müllspur zurück. Die Einwohner griffen auf ihren spärlichen Erfahrungsschatz zurück: Müll, der sich anders nicht beseitigen läßt, muß verbrannt werden. Also erhebt sich pünktlich zu Saisonanfang an der Einfahrt zum Hafen von Gájos, an einer der schönsten Hafeneinfahrten des Mittelmeeres, eine übelriechende Rauchsäule aus Bergen von schwelenden schwarzen Plastiksäcken. Grotesk, aber wohin sonst mit dem Müll? Bliebe nur, ihn per Fährschiff aufs Festland zu befördern. So macht es die Insel Ägina im Saronischen Golf. Deren Müll wandert auf die Athener Müllkippen. Solche Einrichtungen aber fehlen an der Epirotischen Küste gegenüber von Paxí. Das Leuchtfeuer der Zivilisation an der Hafeneinfahrt von Gájos wird wohl noch auf absehbare Zeit seinen übelriechenden Dienst verrichten.

Bergbau

Die Gewinnung und Aufbereitung von Bodenschätzen führen fast überall zu Umweltbeeinträchtigungen. Schon der Silberbergbau von Lavrion in Attika hat die Landschaft seit dem 16. Jahrhundert vor Christus verändert (siehe Kapitel 5). Auch heute spielt der Bergbau eine wichtige Rolle zur Gewinnung von fossilen Brennstoffen und von exportträchtigen Metallen. An zwei Beispielen soll die Umweltproblematik dieses Industriezweiges erläutert werden: am Braunkohleabbau bei Kosáni und dem Bauxitabbau von Fókis. Beide Vorhaben schaffen Arbeitsplätze, verringern die Importabhängigkeit und tragen deutlich zum Bruttosozialprodukt bei. Beide schaffen aber auch enorme Umweltprobleme.

Fährt man von der Stadt Kosáni in Nordgriechenland nach Ptolemaís, schweift der Blick über eine flache, landwirtschaftlich genutzte Ebene bis zu den kahlen Westhängen des Vermión und wandert im Süden an den Steilabstürzen des Skópos und seiner Nachbarhügel entlang. Im Prinzip. Denn meist hängt ein beängstigend gelblicher Nebel über der Landschaft, der die Sicht nimmt und übelriechend in die Nase dringt, auch wenn wenige Kilometer davor, in der Hügellandschaft von Grevená und Néapolis noch strahlender Sonnenschein war. Verursacher des Nebels sind mehrere über die Ebene verteilte Braunkohlekraftwerke, überwiegend von Firmen aus beiden deutschen Staaten errichtet. Einrichtungen zur Abluftreinigung sind offenbar nicht mitgeliefert worden. Fährt man in die Ebene hinein, was nur bei klarer Wetterlage zu empfehlen ist, stößt man bald auf kilometerlange Tagebaue, auf umgewühlte Landschaft, verschobene Dörfer, kurz auf gewaltige Landschafts- und Umweltveränderungen. Am schlimmsten aber sind die Unmengen an ungereinigter, schwefelhaltiger Abluft, die zu massiven Gesundheitsschäden der Bewohner führen. Kein Wunder also, daß sich in Kosáni eine ernstzunehmende Bürgerinitiative gegen die Kraftwerke gebildet hat.

Im Nomós Fókis, in den Bergmassiven des Parnass und der Gióna, sieht man schon von weitem, wie die Bergflanken durch zahlreiche unbefestigte Bergstraßen zerschnitten, wie ganze Berghänge verwundet sind. Hier sollte eine Aluminiumhütte bei Itéa am Korinthischen Golf errichtet werden. Die vorherrschende Windrichtung hätte die aggressiven Emissionen an eine der bedeutendsten Kulturstätten des Abendlandes, nach Delphi, getragen. Der Nabel der griechischen Welt mit seinen unvergleichlichen Bauwerken und Kunstschätzen wäre im Dreck erstickt. Eine internationale Kampagne konnte in letzter Minute die Realisierung dieser Pläne verhindern. Der neue Standort der Hütte verschont Delphi, bringt dafür Unheil für andere, kulturhistorisch weniger bedeutsame Gebiete.

Architektonisches Erbe

Es gibt noch verschiedene Bereiche, in denen Störungen und Gefährdungen der natürlichen und menschlichen Umwelt zu verzeichnen sind. Dazu gehört z. B. die alltägliche Geräuschkulisse in den Städten. Zwar existiert ein entsprechender Ausdruck »ichorípanssi« = »Geräuschverschmutzung«, aber Maßnahmen zur Eindämmung des Straßenlärms wie Lärmschutzbauten oder Geräuschkontrolle von Mopeds und Motorrädern sind weitgehend unbekannt. Ein weiteres Kapitel ist die Belästigung von Nichtrauchern durch Zigarettenqualm. Griechenland hält einen traurigen Weltrekord beim Zigarettenkonsum, und Nichtraucherzonen in öffentlichen Gebäuden, auf Flughäfen, in Flugzeugen etc. Sofern es sie überhaupt gibt, werden die Nichtraucherzeichen einfach mißachtet. Verändert haben sich unter diesen Vorzeichen auch die Umgangsformen in den Städten, vor allem im Moloch Athen-Piräus. Der tägliche Lebenskampf in der schlecht funktionierenden Stadt unter der Glocke des »tó néfos« hat aus liebenswürdigen Landbewohnern voll menschlicher Wärme und Anteilnahme grantige Großstädter gemacht. Der Kontrast zwischen der Freundlichkeit, Aufgeschlossenheit und Herzlichkeit etwa der Inselbewohner und der mürrischen Indolenz der Stadtbewohner könnte kaum größer sein. Es fehlt ein sozialer Kodex für urbanes Verhalten. Die Masse der Städter, zum größten Teil desorientierte ehemalige Landbewohner, reagieren täglich an ihren Mitmenschen ihre Frustration über die unnatürliche und menschenfeindliche Umwelt ab.

Noch folgenträchtiger und schwerer behebbar ist jedoch die Zerstörung natürlicher Landschaften und traditioneller architektonischer Räume durch eine ebenso ungehemmte wie unkontrollierte Bauwut. Welche Wirtschaftskrisen auch immer das Land schütteln mögen, die Bauindustrie floriert. Ähnlich wie die Bundesrepublik Deutschland in der Nachkriegszeit ist das Land von einem Betontaumel erfaßt, dem bereits viele Landstriche und historisch gewachsene Ensembles in den Ortschaften zum Opfer gefallen sind. Diese ästhetische Umweltzerstörung hat Athen und Attika bereits weitgehend erfaßt. Athen hatte bis in die 50er Jahre einen homogenen, neoklassizistischen Stadtkern. Restbestände davon werden heute mit viel Aufwand und Liebe restauriert. Doch die Ensemblewirkung ist hin. Massen von plumpen Zweckbauten aus Beton, deren gemeinsames architektonisches Grundprinzip die Schuhschachtel zu sein scheint, prägen heute das Stadtbild. Ähnlich ist es Attika ergangen, einer der klassischen Landschaften der Welt. Die beschaulichen Weindörfer hinter dem Hymettós sind zu Vorstädten der Großstadt degeneriert, in denen die Architektur jeden Unterschied zwischen Stadt und Land nivelliert hat. Die Küsten sind das Opfer von Grundstücksspekulanten und entgegen allen Bauvorschriften durch Wochenendidyllen parzelliert worden, in denen gestreßte Athener mehr oder weniger die Streßfaktoren reproduzieren, vor denen sie jeden Freitagmittag in zähen Autoschlangen fliehen.

Zu den architektonischen Opfern des Tourismus zählt die kretische Nordküste von Iráklion bis Ájios Nikólaos. Die älteste Kulturlandschaft Europas (s. S. 49) ist Opfer der Tourismusindustrie geworden. Wo sich vor dreißig Jahren noch einsame Buchten mit kleinen Fischerdörfern

Die Bauwut be- und verdrängt traditionelle Architektur. Beispiel aus Athen.

abwechselten, erstreckt sich heute über eine lückenlose Hügelkette aus Beton, die periodisch von Touristen bewohnt wird.

Daß es auch anders geht, wird an einigen Orten bewiesen, so in Monemvassía (s. S. 143), auf Hýdra, in den Bergdörfern des Pílion. Das Bewußtsein für den Wert traditioneller Bauweise gerade auch des 19. Jahrhunderts wächst. Während früher nur antike griechische Bausubstanz, allenfalls byzantinisches Erbe als erhaltenswert galten und venezianische, fränkische, türkische und neoklassizistische Zeugnisse einer chauvinistisch und historisch verengten Optik zum Opfer fielen, macht sich seit einigen Jahren ein erheblicher Wandel bemerkbar. Orte, welche in den 60er und 70er Jahren das Glück hatten, im Schatten der wirtschaftlichen Entwicklung zu liegen, auf Kreta etwa Chaniá im Vergleich zu Iráklion, werden nun sorgfältig restauriert. Neue Bauten unterliegen strengen Regeln und müssen sich dem historisch gewachsenen Ensemble unterordnen.

Umweltschutz-Organisationen

Der beschriebene Bewußtseinswandel ist nicht von selbst erfolgt. Er wäre ohne den Einsatz zahlreicher Organisationen und Bürgerinitiativen nicht möglich gewesen. Das bedeutet nicht wenig in einem Land, in dem organisierte Bürgerproteste selten sind, in dem die Lösung anstehender Probleme in der Regel von einem Staat erwartet wird, von dessen Leistungsfähigkeit man alles andere als überzeugt ist. Die bekannteste und wohl auch schlagkräftigste Umweltschutz-Organisation ist das private Panhellenische Zentrum für Umweltforschung, PAKOE, das eigene Meßstationen unterhält und die staatliche Umweltschutzbehörde PERPA das Fürchten lehrt. Sie gibt eine eigene Zeitschrift heraus, führt Umweltuntersuchungen im Auftrage privater Personen durch und gibt ihre Meßergebnisse an die Presse weiter.

Der spektakulärste Durchbruch ereignete sich jedoch bei den Wahlen am 5. November 1989. Erstmalig gelang es einer Umweltorganisation, in die verkrustete Parteienlandschaft einzubrechen und auf Anhieb einen Parlamentssitz zu erobern. Dabei handelt es sich nicht einmal um eine richtige Partei, sondern um ein Bündnis von 61 verschiedenen Gruppierungen, um den »Bund ökologischer und alternativer Organisationen«. Die Ökologen/Alternativen, wie sie kurz genannt werden, – das Stichwort Grün ist von der PASOLK okkupiert – errangen auf Anhieb über 38000 Stimmen, d. h. 0,58 % der Wähler, und damit einen Parlamentssitz. Angefangen hat die Umweltschutzbewegung 1977 im Kampf zur Verhinderung eines Kernkraftwerkes in Káristos auf Euböa. Auf zwei Treffen im Mai 1985 und im Januar 1987 wurde ein Zusammenschluß der zahlreichen und unübersichtlichen Gruppierungen vereinbart, der aber erst im September 1989 vollzogen wurde. Die Wahlplattform nannte einen bunten Strauß von zehn Forderungen wie Fahrverbot in der Innenstadt von Athen, Wiedereinführung der vor Jahren voreilig abgeschafften Straßenbahn, Verzicht auf die Olympia-Bewerbung Athens für 1996, Reduzierung der Wehrpflicht, Anerkennung des Rechts auf Wehrdienstverweigerung usw. Als einzige griechische politische Organisation hat der Bund eine Quotenregelung von 35 % zugunsten der Frauen.

Der so überraschend errungene Parlamentssitz wurde konsequenterweise von einer Frau besetzt. Erste ›alternative‹ Abgeordnete ist die 37jährige Versicherungsangestellte Marína Dhísi. Die der griechischen Öffentlichkeit bis dahin völlig unbekannte Umweltschützerin bekam aufgrund des offenen Wahlausgangs sogleich unerwartete politische Bedeutung. Weil einer potentiellen Koalition aus Linksbündnis und PASOK drei Stimmen zur Mehrheit fehlen, ist die Stimme von Marína Dhísi von nicht geringer Bedeutung. Der jungen Frau, die mit obligatem Blumentopf im Parlament erschien, wurde gleich die Ehre einer Unterredung mit KP-Chef Florakis zuteil. Doch wehrte sie sich kategorisch gegen die Vereinnahmung seitens der etablierten Parteien. Wenn Marína Dhísi allerdings auch nur eine der Forderungen der Wahlkampfplattform realisieren will, muß sie sich ranhalten. Nach einem Jahr rotiert sie nämlich aus dem Parlament. Gewisse Erfahrungen müssen wohl in jedem Land neu gemacht werden.

Literaturauswahl

Ammer, Sigrid und Leontidou: Griechenland der Frauen. München 1989
Anoyanákis, Fivos: Greek popular musical instruments. Athen 1979

Beck, Hans-Georg: Geschichte der byzantinischen Volksliteratur. München 1971

Bíris, Manos G.: Mísos aiónas athinaïkís architektonikís 1875–1925. Athen 1987

Blödorn, Manfred: Sport und Olympische Spiele. Hamburg 1984

Douskou, Iris (Ed.): The Olympic Games in Ancient Greece. Athen 1982

Drees, Luwig: Olympia. Götter, Künstler und Athleten. Stuttgart 1967

Fermor, Patrick L.: Rumeli. Griechische Erinnerungen. Salzburg 1973

Fermor, Patrick L.: Mani. Reise ins unentdeckte Griechenland. Salzurg 1974

Fourtouni, Eleni (Ed.): Gedichte griechischer Frauen. Athen 1981

Gallas, Klaus: Korfu. Das antike Kerkyra im Ionischen Meer. Geschichte, Kultur, Landschaft. Köln ²1987

Gallas, Klaus: Kreta. Von den Anfängen Europas bis zur kreto-venezianischen Kunst. Köln ⁴1988

Gallas, Klaus: Rhodos. Eine der sonnenreichsten Inseln des Mittelmeeres – ihre Geschichte, Kultur und Landschaft. Köln ⁴1988

Gallas, Klaus: Zypern. Sehen und Erleben. München 1990

Geck, Hinrich-Matthias: Die griechische Arbeitsmigration: Eine Analyse ihrer Ursachen und Wirkungen. Hanstein 1979

Georgiadis, Thrasybulos: Musik und Rhythmus bei den Griechen. Hamburg 1961

Gregorovius, Ferdinand: Geschichte der Stadt Athen im Mittelalter (2 Bde.). Stuttgart 1989

Grothusen, Klaus-Detlev: Griechenland. Südosteuropa – Handbuch Band 3. Göttingen 1980

Heidrich, Specht K.: Olympias Uhren gingen falsch. Die revidierte Geschichte der griechisch-archaischen Zeit. Berlin 1987

Hermanns, Hartmut / Lienau, Cay: Rückwanderung griechischer Gastarbeiter und Regionalstruktur ländlicher Räume in Griechenland. Schlußbericht. Münster 1982

Himmelmann, Nikolaus: Utopische Vergangenheit. Archäologie und moderne Kultur. Berlin 1976

Jens, Walter: Zur Antike. München 1978

Kaklamanáki, R.: Die Stellung der Griechin – in der Familie, in der Gesellschaft, im Staat. Athen ²1984

Kerényi, Karl: Auf den Spuren des Mythos. München 1967

Kohlhaas, Wilhelm: Candia, 1645–1669. Die Tragödie einer abendländischen Verteidigung mit dem Nachspiel Athen 1687. Studien zur Militärgeschichte, Militärwissenschaft und Konfliktforschung, Band 12. Osnabrück 1978

Lacey, W. K.: Die Familie im Antiken Griechenland. Mainz 1983

Lauffer, Siegfried: Griechenland. Lexikon der historischen Stätten. München 1989

Leontsakos, George S.: Musik. In: Südosteuropa-Handbuch Band 3. Göttingen 1980

Lüdecke, Hedwig: Im Paradies der Volksdichtung. Berlin 1948

Mantzarídou, Käthi: Was vor den Festtagen so gut schmeckt. Rezepte aus Griechenland für die Fastenzeit. München 1987

Molavaer, Janita: Als Ausländerin in Griechenland. Frankfurt/M. 1985

Puchner, Walter: Brauchtumserscheinungen im griechischen Jahreslauf. Wien 1977

Rühfel, Hilde: Kinderleben im klassischen Athen. Mainz 1984

Seidl, Wolf: Bayern in Griechenland. Die Geburt des griechischen Nationalstaates und die Regierung König Ottos. München 1981

Tzermias, Pavlos: Neugriechische Geschichte. Eine Einführung. Tübingen 1986

Unger, Liane: Zweite Generation und Rückwanderung: Rückkehr in die Heimat oder in die Fremde? Saarbrücken 1986

Wegner, Max: Musik und Tanz. Archaeologie Homerica Band III. Kapitel U. Göttingen 1968

Zakynthinos, Alexis D.: Discography of Greek Classical Music. Brasilia 1988

Neuere Veröffentlichungen griechischer Literatur in deutscher Sprache

Die Liste ist nicht erschöpfend. Übersetzungen, die in den 50er und 60er Jahren erschienen sind, sind meist vergriffen und werden hier nicht aufgeführt.

Chatsis, Dimítris: Das doppelte Buch (übersetzt von Luise Steller), Nachwort von Pantelís Karakásis, Romiosini, Köln 1983

Elýtis, Odysséas: Ausgewählte Gedichte (griechisch-deutsch) (übersetzt von Barbara Vierneisel-Schlörb und Antigone Kasolea), Nachwort von Hans Rudolf Hilty, Bibliothek Suhrkamp 696, Frankfurt a.M. 1980

Elýtis, Odysséas: Lieder der Liebe (übersetzt von Hans Eideneier, mit acht Collagen des Autors), Bibliothek Suhrkamp 745, Frankfurt a.M. 1981

Elýtis, Odysséas: Maria Nepheli. Ein szenisches Gedicht (Barbara Vierneisel-Schlörb unter Mitwirkung von Antigone Kasolea), Nachwort von Danae Coulmas, Bibliothek Suhrkamp 721, Frankfurt a.M. 1981

Elýtis, Odysséas: Neue Gedichte (griechisch-deutsch) (übersetzt von Barbara Vierneisel-Schlörb unter Mitwirkung von Antigone Kasolea), Suhrkamp 843, Frankfurt a.M. 1984

Elýtis, Odysséas: Sieben nächtliche Siebenzeiler, Orion (griechisch-deutsch) (übersetzt von Günter Dietz), Blaschke Verlag, St. Michael 1981

Elýtis, Odysséas: To Axion Esti, (übersetzt und Nachwort von Günter Dietz), Fischer Taschenbuch Verlag 680, Frankfurt a.M. 1983

Karapánu, Margaríta: Kassandra und der Wolf (übersetzt von Andrea Schellinger), Romiosini, Köln 1987

Karkavítas, Andréas: Der Bettler (übersetzt von Ulf-Dieter Klemm), Romiosini, Köln 1986

Kaváfis, Konstantínos: Brichst du auf gen Ithaka…. (übersetzt von Wolfgang Josing und Doris Gundert), Romiosini, 2. Auflage 1987

Kazantzákis, Níkos: Alexis Sorbas, Abenteuer auf Kreta (revidierte Neuausgabe von Isidora Rosenthal-Kamarinea), F.A. Hertig-Verlag, München-Berlin 1982, auch als Taschenbuch bei Rowohlt Taschenbuch-Verlag, rororo 158, Hamburg 1984

Kazantzákis, Níkos: Die letzte Versuchung (übersetzt von Werner Krebs), Rowohlt Taschenbuch Verlag, rororo 5464, Hamburg 1984

Kazantzákis, Níkos: Freiheit oder Tod (übersetzt von Helmut von den Steinen), Rowohlt Taschenbuch Verlag, rororo 1861, Hamburg 1975

Kazantzákis, Níkos: Griechische Passion (übersetzt von Werner Krebs), Rowohlt Taschenbuch Verlag, rororo 4747, Hamburg 1981

Kazantzákis, Níkos: Rechenschaft vor El Greco (übersetzt von Isidora Rosenthal-Kamarinea), Rowohlt Taschenbuch Verlag, rororo 4598, Hamburg 1983

Koú tovik, Dimosthénis: Der griechische Herbst der Eva-Anita Bengtson (übersetzt von Gaby Wurster) dialogos Verlag Gaby Wurster, Wannweil 1989

Makryjánnis, Jánnis: Wir, nicht ich (übersetzt von Lorenz Gyömörey), Papasissis, Athen 1988

Myrivílis, Strátis: Das Leben im Grab (übersetzt von Ulf-Dieter Klemm), Romiosini, Köln 1987

Papadiamántis, Aléxandros: Die Mörderin, Roman (übersetzt von Andrea Schellinger), Nachwort Danae Coulmas, Suhrkamp, Frankfurt a.M. 1989

Prevelákis, Pantelís: Die Chronik einer Stadt (übersetzt von Gisela von der Trenck), Suhrkamp, Frankfurt a.M. 1981

Rítsos, Jánnis: Die Nachbarschaften der Welt (übersetzt von Erasmus Schöfer), Romiosini, Köln 1984

Rítsos, Jánnis: Milos geschleift. Poeme und Gedichte (übersetzt von Helga Rost, mit einem Vorwort von Louis Aragon, mit Nachworten von Günter Kunert und Fritz Cremer) Wilhelm Heyne Verlag, München 1981

Roídis, Emmanuíl: Päpstin Johanna, hrsg. von Manfred S. Fischer (übersetzt von Paul Friedrich), 2. Auflage 1988, 2335, Kleine Reihe Sachon, 1

Satéli, Siránna: Die Traumtänzerin, Filigrane Geschichten (übersetzt von Gaby Wurtser), dialogos Verlag Gaby Wurster 1989

Sotiríu, Didó: Grüß mir die Erde, die uns beide geboren hat (übersetzt von Inge von Meerendonk), Romiosini, Köln 1985

Seféris, Giorgos: Logbücher. Poesie und Prosa (deutsch-griechisch) (übersetzt von Gisela von der Trenck), Schwiftinger Galerie-Verlag, Schwiftingen 1981

Seféris, Giorgos: Poesie (griechisch-deutsch) (übersetzt und mit einem Nachwort versehen von Christian Enzensberger), Suhrkamp Verlag, 2. Auflage 1987

Seféris, Giorgos: Sechzehn Haikus. Stratis der Seemann (griechisch-deutsch) (übersetzt von Günter Dietz), Horst Heiderhoff Verlag, Waldbrunn 1983

Seféris, Giorgos: Geheime Gedichte (griechisch-deutsch) (übersetzt von Timon Koulmassis und Danae Coulmas), Romiosini, Köln 1985

Tachtsís, Kostas: Dreimal unter der Haube (übersetzt von Wolfgang Josing), Romiosini, Köln 1984

Valtinós, Thanássis: Der Marsch der Neun (übersetzt von Johannes Weissert), Literarisches Colloquium Berlin, Berlin 1976

Valtinós, Thanássis: Die Legende des Andreas Kordopatis (übersetzt von Hans Eideneier u.a.), Vorwort von Hans Eideneier, Romiosini, Köln 1982

Vassilikós, Vassilis: Z (übersetzt von Vagelis Tsakiridis), Kiepenheuer & Witsch 1986

Venésis, Ilias: Äolische Erde (übersetzt von Roland Hampe), Philipp von Zabern Verlag, 2. Auflage 1977

Biografische Notiz

Klaus Gallas, Dr.-Ing., studierte Architektur, Archäologie, Ägyptologie und Byzantinische Kunstgeschichte. Ab 1963 längere Aufenthalte und kunstgeschichtliche Reiseführungen in den Mittelmeerländern und im vorderen Orient. Grabungstätigkeit auf Kreta und Zypern.
Publikationen: Byzantinisches Kreta (Gemeinschaftsarbeit, 1983); Kreta Ursprung Europas (auch Idee und Drehvorlage zum gleichnamigen ZDF-Film, 1984); verschiedene Kunstreiseführer und Fotobände u.a. über Rhodos, Korfú und die Ionischen Inseln. Der Autor lebt als freier Publizist in München.

Ulf-Dieter Klemm, Dr. iur., kennt Griechenland seit seinem zwölften Lebensjahr. Er hat mehrere Bücher aus dem Neugriechischen übersetzt. Seit 1986 arbeitet er als Kulturreferent an der Botschaft der Bundesrepublik Deutschland in Athen.

Einziges türkisches Kaffeehaus auf der Insel Rhodos in der Ódhos Sokratús.

Register

Ortsregister (incl. Standorte, Museen, Tempel etc.)

Adrianopel (Edirne) 112, 258
Aegáleo 14
Ägäis 4, 24, 25, 55, 56, 64, 65, 66, 77, 79, 116, 141, 143, 149, 160, 192, 213, 231-237, 241, 264, 281, 308
Ägäische Inseln 236 f, 265
Ägina 17, 26, 27, 187, 310
Ägypten 20, 57, 64, 108, 190, 269
Aëtos-Berg/Itháki 74
Agorá/Athen 8. Abb.: 16
Ajía Eléni 130, 135
Ajía Marína/Kreta 27
Kloster Ajía Láwra/Pelo ponnes 114
Ajía Rúmeli/Kreta 287
Ajía Sofía-Kirche/Monem vassía 144. Abb.: 32 u.
Ajía Triádha/Kreta 54, 56, 63, 285
Ájios Nikólaos/Kreta 311
Ájios Nikólaos /Peloponnes 303
Ájios Stéfanos 130
Ájios Wassílios-Kirche/Árta Abb.: 39 o.
Akrokorinth 187
Akropolis/Athen 7, 8, 9, 17, 20, 21, 72, 80, 171, 180, 261. Abb.: 9
Akrotíri/Santorin 66, 82. Abb.: 38 o., 46 u., 71, 83
Alalkomenai 74
Albanien 191, 192, 268, 269, 273
Alexandria 109, 152, 153, 160, 190, 262, 270
Alexandrúpolis 95
Ali Pascha-Moschee/Ioánnia Abb.: 36 u.
Alpheios-Fluß/Olympia 96
Altstadt (Pláka)/Athen 15- 17
Amári-Tal/Kreta Abb.: 45
Ambelákia (südl. vom Olymp) 200
Ambrakischer Golf 187
Totentempel Amenophis II. 143
AMI, Archäologisches Museum Iráklion 285. Abb.: 27, 60, 63
Anatolikós/Athen 10
Andros 168
Anemóspilia/Kreta 56, 58, 60, 61. Abb.: 46 o., 60
Ankara 266, 230
Antiochia 109
Amphi-Theater/Athen 180
Aóos-Quellen/Schlucht (Kónitsa/piros) 303. Abb.: 29
Aphaia-Tempel/Ägina 27
Apollon-Tempel/Bassae 72
Aráchowa/Böotien 95
Árachthos-Fluß 306

Archäologisches Museum/ Thessaloníki 189
Archánes/Júchtas (Kreta) 53, 59, 78, 285. Abb.: 68
Argolis 74
Argos 20
Aristoteles-Platz/Thessalo níki 308
Árta 264, 306. Abb.: 39 o.
Artemistempel/Korfú 80
Arkádhes/Kreta 18
Askitzím 130
Asturien 92
Athen 4, 7-17, 24, 25, 52, 72, 76, 77, 78, 80, 83, 85, 89, 90, 91, 92, 96, 97, 100, 101, 105, 107, 112, 115, 116, 117, 119, 120, 122, 125, 145, 152, 165, 171, 174, 175, 177, 178, 180, 182, 184, 185, 189, 192, 193, 195, 202, 203, 207, 212, 216, 217, 218, 221, 230, 234, 239, 241, 246, 248, 249, 252, 259, 260, 261, 262, 265, 267, 272, 278, 291, 301, 303, 307, 308, 311, 313. Abb.: 6, 9, 12, 16, 111, 173, 193, 270, 273
Athena-Tempel/Athen 8
Athener oder Búkuras- Theater/Athen 177
Athinás-Straße/Athen 203
Athos-Berg 108, 115, 117, 119, 120, 152. Abb.:228
Attika 8, 17, 20, 21, 22, 25, 26, 85, 86, 157, 187, 195, 274, 277, 308, 310, 311
Axós/Kreta 288. Abb.: 282

Bassae/Apollon-Tempel 72
Bayer. Staatsgemälde sammlungen/ München Abb.: 254
Böotien 95, 306
Bosporus 130
British Museum/London 72
Bulgarien 130, 131, 141, 195, 264, 265, 269, 273
Bunarbaschi/bei Troja 74, 75
Byzantinisches Museum/ Athen 125, 144
Byzantinisches Museum/ Rhodos Abb.: 123

Chalkedon 109
Chaniá/Kreta 146, 284, 312
Cháritos/Athen 17
Chíos 257
Christú Elkómenos-Kirche/ Monemwassía 144

Dafnés/Kreta Abb.: 31
Delos 69, 187, 286
Delphi 95, 98, 100, 179, 287, 307, 310.
    Abb.: 39 u.
Dhexamení-Platz/Athen 17
Deutsches (Archäologisches) Institut,
    Athen 72, 80, 81, 82, 162
Dhia/Insel vor Kreta 24
Dhitikós/Athen 10
Diktäische Grotte/Kreta 49
Dikte/Kreta 26
Diktynnaion-Heiligtum/Kreta 26
Dodekanés Inseln 95, 115, 117, 187, 230,
    281
Dodóni/piros 181

Edirne s. Adrianopel
Efjiros/Léfkas 81
Eleusis 15, 17, 308. Abb.: 207
Elis 98, 99, 101, 102
Énos/Kefalloniá 302
Epanomí/Thessaloníki 95
Epidauros (-Theater) 171, 179, 180, 181
Epídawros Liméra/Lako nien 143
Épiros 95, 181, 213, 265, 288, 303.
    Abb.: 36 u.
Episkopí/Santorin Ab.: 40, 126
Erechtheion/Akropolis Athen 8, 20, 21
Érisos/Kefalloniá Abb.: 186
Ermúpolis/Sýros 188
Esfigménon-Kloster/Berg Athos 108
Euböa 124, 187, 259, 313
Euxinischer Pontus 131

Fáliron/Athen 262
Fanár/ Istanbul 114, 256
Festós/Kreta Abb.: 63
Fíra/Santorin Abb.: 47, 67
Fiskárdho/Kefalloniá Abb.: 186
Fókis/Nordgriechenland 310
Fúrni/Kreta 54, 60, 285

Gájos/Insel Paxós 309, 310. Abb.:
    44 o., 290
Galeriusbogen/Thessaloníki Abb.:
    4. Umschlagseite
Gióna-Berge 310
Glyfáda/attische Küste 167
Górtyn/Kreta 287
Grámmos-Berge 274
Gránikos-Fluß 289
Grevená 310
Kunstmuseum Gulandrís, Andros 168

Hadriansbogen/Athen 26
Haghia Sofia/Konstantin opel 91, 110
Haimos-Halbinsel 131
Heräon/Samos 81
Herodes-Attikus-Theater/ Akropolis 171,
    173, 176, 181

Hissarlik/Troja 75
Hohe Pforte/Istanbul 76, 96, 114, 115, 192,
    194, 258
Hýdra Insel 195, 200, 312
Hymettós s. Imittós

Ida-Gebirge/Kreta 23, 49, 50, 209. Abb.:
    23, 45
Idäische Grotte/Kreta (Idaíon Antron) 49,
    50, 51, 209
Ierápetra/Kreta 292
Igumenítsa 307
Imbros 230, 236, 266
Imittós (Hymettós) 10, 14, 167
Ioánnina/piros 192, 268, 303, 307. Abb.:
    36 u.
Ioánnina-See 307
Ionische Inseln 115, 152, 171, 176, 187, 188,
    194, 197, 264. Abb.: 44 o., 189
Ionisches Meer 304, 307
Iráklion 18, 78, 192, 209, 285, 298, 311, 312.
    Abb. 198
Istanbul (Konstantinopel) 107, 108, 110,
    114, 116, 153, 194, 195, 230, 231, 236,
    256, 262, 265, 267
Itéa/Korinthischer Golf 310
Itháki (Ithaka) 24, 74, 80, 81
Ití/Lamía 302
Izmir s. Smyrna

Jéfira/Monemwassía 144, 145, 147
Jeráki/Peloponnes 144. Abb.: 36 u.r.
Jerusalem 107, 108, 109
Júchtas/Kreta 51, 53, 54, 55, 58
Jugoslawien 191, 196, 269, 273

Kairo 153, 190, 270
Kalamás-Fluß 307
Kalámata 180, 219, 284
Kalambáka 303
Kalávryta 269
Kamilári 285
Kapandríti 195
Káristos/Euböa 313
Kastanéai 95
Kastoría-See 307
Kateríni/Makedonien 215
Kátozákros/Kreta 82
Kavála 95, 181, 308
Kefalloniá 74, 188, 248, 302. Abb.: 186
Keramaikos-Friedhof/ Athen 81
Keratea 91
Kérkyra/Korfú 24, 74
Kifissiá/Athen 12, 239
Kifissós 307
Kióni/Léfkas 140
Museum Klávthmonos- Platz/Athen 163,
    262
Knossós/Kreta 50, 59, 77-80, 285
Kolonáki/Athen 17

Kónitsa/piros 303. Abb.: 29
Konstantinopel (Istanbul) 107, 108-111, 115, 117, 120, 122, 152, 154, 188, 192, 230, 255, 259, 261, 262, 266, 289, 293, 294, 298
Kopaís See/Böotien 306
Koraí/Athen 16
Korfú 24, 80, 146, 188, 192, 267, 291, 307. Abb.: 106, 121
Korinth 187, 262, 308, 310. Abb.: 41
Kós/Dodekanés 95
Kosáni/Nordgriechenland 310
Kostí 133
Kreta 7, 23-26, 49 ff., 77, 78, 79, 82, 98, 111, 112, 115, 117, 127, 140-145, 152, 176, 187, 188, 194, 205, 209, 213, 264, 265, 270, 284, 285-288, 291, 292, 295, 298, 302, 311, 312
- Altkreta, minoisches Kreta 21, 22, 55, 59, 61, 65, 82, 97, 285
- mykenische Eroberungen 24
- bronzezeitliches Kreta 26
- kretischer Zeus 49, 58
- kretisch-minoische Kultur 58 Abb.: 22, 23, 31, 48, 64, 65, 68, 79, 118, 173, 282
Kum Kaleh (Festungswerk)/ bei Troja 75
Kykladen 187, 188, 259
Kýthera 143, 188, 274. Abb.: 256

"Labyrinth" von Knossós 24, 59, 60, 78, 286
Lakkowíkia/Karála 95
Lakonien/Peloponnes 143, 147, 194. Abb.: 32
Langadás 129, 130, 137, 141. Abb.: 30
Laganás-Bucht/Zákynthos 302
Lárissa 140, 218, 307
Lárnaka/Zypern 139
Laureion, Laurion, Laurium, Laureotik s. Lavrion
Lavrion 85, 88-93, 304, 310. Abb.: 84, 87, 89, 92
Léfkas 80, 81, 140, 188, 295
Lémnos 236
Lepreon 102
Lésbos (Léswos) 163, 210, 211, 218, 287. Abb.: 1. US, 44 u.
Letriní 96
Libyen 63
Lithénes/Kreta Abb.: 118
Loutrá Ipatís 302
Lykabettós/Athen 7, 17, 119, 181

Makedonien 82, 95, 115, 130, 132, 135, 141, 196, 213, 215, 241, 264, 265, 266
Makrónissos Insel 4, 274
Makrytíchos/Kéfala (Kreta) 78
Máni/Halbinsel des Pelo ponnes 148, 219. Abb.: 33
Marathón-Stausee 307

Markthallen/Athinás-Straße (Athen) 203
Marússi 163
Mavroléfki 130
Mavrovúni 303
Melíki 130, 132, 134
Messará 49, 50
Messójia 10
Messolónghi 159, 257
Métsowo/Pindus-Gebirge 148, 149, 262, 303
Milos 86
Mistrá/Sparta 143, 144
Mitrópolis/Athen 17, 119, 120
Monemwassía/Lakonien 143-147, 312. Abb.: 32, 142, 147, 148, 159
Mórnos-Stausee 307
Moskau 110
München 27, 162, 163, 218
Mykene 64, 69, 70, 72, 73, 74, 209
Mytilíni/Lésbos 210
Mýthimna/Lésbos Abb.: 44 u.

Nationaltheater/Athen 178, 179, 180, 181
Nationalmuseum/Athen Abb.: 83, 103, 173
Nationalpinakothek/Athen 163, 165, 167. Abb.: 42 l.o., 42 l.u.
Nauplia 9, 114, 146, 195, 259, 261, 267. Abb.: 254
Náxos 24, 116
Néa Chalkydón/Athen 267
Néa Ionía 267
Néapolis/Athen 310
Néa Smyrni/Athen 267
Neméa 83
Nídha-Hochebene/Kreta 49, 50, 54. Abb.: 22, 23, 48, 51, 52
Nighríta/Makedonien, Sér res 95
Nike-Tempel/Akropolis (Athen) 72
Níkaia 267
Nikosía Abb.: 278
Nydhrí-Ebene/Kreta 81

Odhós Pandróssu/Athen 17
Odhós Plutárchu/Athen 17
Odhós Víssis/Athen 203
Olymp 187, 302, 304
Olympia 72, 77, 80, 81, 82, 95-102, 104, 105, 309
- Zeus-Tempel 96, 99 Abb.: 94, 99
Omónia/Athen 16

Päanía 167
Pagassitischer Golf 308
Palästina 108
Panajía-Kirche/Episkopí(S antorin) Abb.: 40, 126
Panajía Glykophilusa/ Lithénes (Kreta) Abb.: 118
Panagráti/Athen 179
Párgha/piros 95

Parnass(Parnassós)-Gebirge 187, 302, 310
Parnis 187
Parthenon/Akropolis 8, 21, 85, 90, 91.
 Abb.: 269
Pátras 114, 171, 192, 202, 257, 308
Patraischer Golf 308
Paxí/Paxós 309, 310. Abb.: 44 o., 290
Pélla/Nordgriechenland Abb.: 38 u.
Pelópi/Lésbos 218
Peloponnes 114, 143, 144, 146, 147, 148,
 187, 188, 194, 257, 259, 284, 286, 287,
 303, 308. Abb.: 32, 33, 36 u.
Pétra 304
Philíppi 181
Philipp II. von Makedonien, Grabgebäude
 82, 89
Phyrkos 102
Pílion-Gebirge 95, 148, 163, 219, 312
Pindos-Gebirge 148, 195, 288. Abb.: 36 r.
Pínios-Fluß 307
Piräus 4, 9, 12, 13, 15, 17, 112, 119, 161,
 171, 179, 261, 262, 271, 308, 311.
 Abb.: 198
Pláka/Athen 8, 16, 17, 77
Platía Philadhelfías/Athen 17
Plomári/Lésbos Abb.: 1. US
Pompeji 66, 77
Poseidon-Tempel/Kap Sunion 85
Prespásee 302
Prínos-Halbinsel/Léfkas 81
Propyläen/Akropolis, Athen 8
Protáton Basilika/Karyés/ Berg Athos 120
Psará 257
Psilorítis/Kreta 49
Psyttalía 308
Ptolemaís 310
Pýlos/Navarino, Peloponnes 258, 303
Pyrghos 96

Réthimnon/Kreta 210
Rhodos 115, 146, 187, 195, 291. Abb.: 113,
 123, 124
Rodhopú/Kreta 26
Rom 108, 109, 110, 255
Rumänien 196

Salamis 17, 20, 102, 308
Samariá-Schlucht/Kreta 287, 302
Samos 81, 83
Samothráke 234, 236
Santorin 64-67, 82, 171. Abb.: 40, 67, 71,
 83, 126
Saronischer Golf 4, 17, 308, 310
Sérres/Makedonien 95, 130, 212
Sèvres 266
Museum Sitía/Kreta Abb.: 79
Sizilien 64, 69, 109, 294
Skamander 75
Skíathos 156
Skópos-Berge 310

Smyrna (Izmir) 152, 153, 160, 174, 176, 185,
 235, 236, 262, 266
Solon 105
Sparta 25, 50, 102, 143, 145, 146, 287
Spétses 195, 200
Sporaden 187 259
Sunion, Kap/Sunion-Tem pel 4, 5, 85, 274
Sýntagma-Platz/Athen 16, 107, 259, 269.
 Abb.: 270
Syrakus/Sizilien 69
Syrien 108
Sýros Insel 116, 176, 188, 308

Schatzhaus des Atreus 50
Schatzhaus von Síphnos/ Delphi
 Abb.: 39 u.
Schwarzes Meer 190, 192, 200, 234, 235,
 289
Staatstheater Nordgriechenland/
 Thessaloníki 180, 181
Stathmós-Larísis/Athen 16
Stymphaliá-See/Arkadien 306

Tákka See 306
Taýgetos 187
Ténedos Insel 230, 236, 266
Thássos Insel 213, 232, 234
Theater-Museum im Kulturzentrum/
 Athen 177
Théatro Téchnis (Kunst theater)/Athen
 179, 180, 181
Theben 66, 143
Thera/Santorin 64
Thermaischer Golf 192, 308
Thesprotia/piros 95
Thessalien 20, 115, 148, 187, 264
Thessaloníki 95, 129, 146, 153, 161, 180,
 185, 187, 188, 189, 192, 202, 212, 216,
 217, 241, 249, 250, 252, 265, 267, 291,
 298, 308. Abb.: 4. US
Thesseion-Tempel/Athen Abb.: 16
Thiasós 129
Thorikos 88, 89
Thrakien 95, 115, 130, 131, 132, 135, 141,
 195, 230, 241, 264, 265
Thrakisches Theater 180
Tímios Stawrós/Psilorítis (Kreta) 49
Tínos Insel 116
Tiryns 70, 74, 81
Trípolis 306
Troja 25, 27, 28, 57, 66, 69, 70, 72-81, 218
Tsakálof/Athen 17
Tsakónia/Südpeloponnes 286
Tsamuría/Westküste in piros 288
Tsarúchis-Haus, Museum in Marússi/
 Athen 165
Türkei 190, 191, 230, 231- 237, 257, 264,
 266, 267, 278, 280, 281, 298, 299
Türkenberge (Turkovúnia) 14
Turkojitoniá/Kreta Abb.: 68

Uranópolis/Athos Abb.: 228

Várkiza/Athen 272
Vassilikón-Theatron s. Nationaltheater
Vegorítis-See 307
Venedig 123, 124, 146, 184, 188
Venezianisches Kastell/ Kýthera Abb.:256
Vergína 189
Vermión-Gebirge 310
Vesuv 66
Víkos-Schlucht/Piros 302
Vitsí-Berge 274

Vlychú-Schlucht 81
Vólos 180, 187, 308
Vorrés, Ion-Museum für moderne Kunst/
Päanía 167

Wathiá/Halbinsel Mani 148. Abb.: 33
Wukurestíu/Athen 16

Zákynthos (Zante) 159, 176, 188, 295, 302
Zygos Galerie/Athen 170
Zypern 55, 124, 139, 140, 153, 154, 230,
231, 236, 237, 264, 277, 280

Sachregister

Abfälle 309 f
Abtreibung 117, 221 ff
Ägäis-Konflikt 230
Ägäiskulturen 28, 64, 66, 77
Agglomeration Athen 4, 14, 15, 129, 308
Agorá 8, 129. Abb.: 16
AHEPA 191
Akáia s. Feuertanz
Altis 102, 104
Altkalendarier 117
Alytes 101
Amaltheia-Ziege 49
Anastenária-Fest /-Kult (21. Mai) 10,
129-138
- Anastenaríden 129-138
- Archianastenáris 133, 134, 136. Abb.: 30,
131, 135, 136, 137
Antenna 219
Apostaten/Apostatie 276
Archaik, archaische Epoche 20, 27, 81
Architektur 311 f
Arbeitsemigration 191, 200, 211, 251
- Zwangsemigranten 191
Argo 20
Aris 119
Aromunische Sprache der Vlachen 195
Athener Eule 85
Athener Kunstakademie 163
Athener (neorealistische) Schule 184
Australien 191, 196, 206
autokephal, Autokephalie 115, 261
Axión Estín 119, 120, 122

Balkankriege 264, 265
Bankensystem 201, 202
Bayern 259 ff
Bayernherrschaft (Vavaro kratía) 259
Bergbau 85, 310
Bergwerksrevier v. Lavrion 85 ff
Berliner Kongreß 264
Besatzung/Besetzung/2. Weltkrieg 196,
199, 251, 255, 268 ff, 281

Betsäulen (Ikonastássia) 122, 126, 127
Bevölkerungsaustausch 189, 195, 213, 230,
267
Bildende Kunst 151, 162 ff
Bilderstreit/-sturm (Ikono klasmus) 120,
122
griechische Binnenstruktur 187 ff
Blutopfer 129-138, 141. Abb.: 135
Busúki 5, 174, 175
Bronzezeit 19, 50, 55, 58, 60, 64, 66, 78, 80,
81, 285, 294
Bruttosozialprodukt 199 ff
Bürgerkrieg 196, 199, 251, 272 ff
Bundesrepublik Deutschland 190, 191, 199,
200, 206, 207, 211-219, 225, 311
Byzantinische (frühchristli che) Kunst/Kul-
tur/Male rei/Tradition/Erbe/Musik/ Epoche 120, 123-126, 132, 144, 145, 146, 152,
153, 160, 162, 163, 165, 166, 171, 172,
173, 176, 183, 195, 285, 289, 292, 293,
298, 312
Byzanz, byzantinisches Reich 108-111, 117,
123, 152, 153, 154, 162, 165, 230, 239,
255, 259

Chaniótikos (griech. Tanz) 284
Chassápikos (griech. Tanz) 285, 289
Chorós (Reigen/griechische Tanzform)
284, 285
Christliche Archäologische Gesellschaft
125

Dänische Dynastie 263
Dauliéris 134
attische Demen 25
Deutsches (Archäologisches) Institut,
Athen 72, 80, 81, 82, 162
Deutsch-griechische Wirtschaftsbeziehun-
gen 206 f
Dhimotiké (Volkssprache) 155, 156, 160,
177
Dhimotikí Musikí (Volks musik) 173, 284 ff

Diskus Abb.:63
dialogos Verlag 162
DIANA Partei 245
Doppelschalmei (Doppelaulos) = Kalámi 285
Dorischer Stil 8

EAM 269, 270, 271, 272, 280
EAR 244
EDA 245, 272, 275
Eforen 83
5. Eforía Byzantinón Archaiotíton (Denkmal schutzbehörde), Sparta 145
EKO 14
éllines orthódhoxi 117
Ellinikótita 153, 163, 165, 166
Emanzipation 221 ff
Emigration/Emigranten 190, 191, 213, 215, 217, 264, 275
EOKA 231
Epitheórissis 177, 178, 180
Epos von Albanien 263
ERT 248 f
ERE 244, 275, 278
Europäische Gemeinschaft 151, 153, 162, 199, 202, 205, 206, 212, 216, 217, 219, 230, 242, 244, 255, 279-281
Europäisches Kulturzentrum/Delphi 179
Exilregierung in Kairo (metaxás) 270, 171
Expressionismus 163, 165

Fastenspeisen ("Majirév máta") 297
Festlandsockel 232 ff
Feuertanz (Akáia) 129-138, 141. Abb.: 136, 137
Filioque 109
Film 151, 182 ff
griechisches Filmarchiv 182
Filmfestival Thessaloníki 185
griechisches Filmzentrum 185

Frauen-Spiele im antiken Olympia 104
Freiheitskampf/Unabhängigkeitskampf 96, 114, 143, 196, 197, 200, 255, 257, 259, 262
Friedensvertrag v. Adrian opel 258
Friedensvertrag v. Lausanne 195, 213, 266
Fruchtbarkeitskult 98
Frühlingsfest 1. Mai Abb.: 128
Fünfkampf 100

Gastarbeiter 199, 212, 218, 219
Gastfreundschaft s. Philoxe nía
Gerstenbrot 297 f
Gewerkschaften 250 ff
- G.S.E.E. (Dachverband) 251 f
Stadtrecht von Górtys 78
Gottesmutter der Barmher zigkeit 120
Grabmal des unbekannten Soldaten Abb.: 270

Gregorianischer Kalender 117
Griechische Gesellschaft, Athen 77
Griechische Gottheiten 19- 28. Abb.: 18
Griechischer Kernstaat (Palaeá Elládha) 187, 200, 255, 259, 262
Griechische Klassik 21
Griechische Küche 291 ff
Griechische Speisen 296 f
Griechische Tavernen (in Deutschland) 299
Griechische Taverne Nio chóri, Dreimühlenstr. 25, München Abb.:208
Griechische Taverne, Páxos Abb.: 290
Gudí 265

Hágion 'Oros 120
griechische Handelsstrukturen 200, 201, 202
Hebammentag 138
Heilige Synode 112, 115, 116
Heimatverbundenheit 192- 193
Hekate-Kult 139
Hekatombe der Elier 101
hellenika 162
Hierá Kínotis 120
Hochsprache (Katharewussa) 155, 156, 177
Hockey Abb.: 103
Hopliten 101

Ikonen 119 ff, 133, 134, 141, 144, 162, 167
-malerei 163
Ikonoklasmus s. Bilderstreit
Ikonostásia s. Betsäulen
Ilias 19, 69, 74, 154, 285, 288, 296
Ilios (H. Schliemann) 73, 74
Inflationsrate/Inflation 199, 202
IOC 95, 97
Ionischer Stil 8
Islamisches Gebot/Recht/ Islam 111
Isthmien von Korinth 100
Italien 200, 294
Ithographía 156

Janitscharen 112
Jermanós/Jermanídha 209 ff
Judasverbrennung 140
Junta/Obristen/-Diktatur/- Putsch 4, 16, 116, 152, 155, 161, 162, 166, 184, 202, 214, 221, 231, 232, 242, 244, 248, 264, 267, 274, 276, 277, 279-281. Abb.: 166
Justianischer Kalender 117

Kaffee 293 f
Kalamantianós (griech. Tanz) 283, 284, 285, 287, 288
Kalámi s. Doppelschalmei
deutsche Kampfflugzeuge Abb.: 269
Karagiósis (Schattentheater) 178, 179
Katharéwussa s. Hochsprache
Kíthara s. Leier
Klassizismus 16

Kléftiskos s. Tsámikos
Kleinasien 19, 69, 74, 108, 112, 126, 130,
    138, 139, 156, 157, 173, 174, 182, 184,
    187, 192, 194, 200, 213, 266, 288, 289, 293
Kleinasiatische Katastrophe 152, 160, 163,
    184, 230, 255, 259, 266f, 281
Klerus 114, 116, 117, 130
Klientelsystem (Rusfety-System) 193, 204,
    243, 262, 263, 281
Klöster 113-117, 298
Knabenlese 112
Komidyll 178
Konáki 133, 134, 136
Konstruktivismus 166
Korinthischer Stil 8
KPCKKE 196, 242-245, 249, 268, 272, 279,
    280, 313
- Auslands-KP 244, 245
Kretische Aufstände 264
Kretischer Stier 22
lateinische Kreuzfahrer/ Kreuzritter 111,
    146
4. Kreuzzug 108, 153, 188
Kreuzigungsdarstellungen 124
Kritischer Realismus 166
Kubismus 165, 168
Küstenmeer 234 f
Kuppelation 88, 90
Kynomartyrion (Hundsfolter) 139

Labyrinthtanz 59
Laikí Entechni Musikí 173
Lateinische Kirche 112
Landreform 200
Laúto (Laute) 289
Lavriotische Frage 92
Lazarus-Fest 139 f
-Passionszyklus 140
-lied 140
Leichenspiele des Pelops 98, 100
Siebensaitige Leier (Kíthara) 285, 287
Lingua franca 108
Linkskeynesianische Wachstumspolitik
    (Kasakos) 202
griechische Literatur 151, 154 ff
Londoner Abkommen 257, 258
Luftraum 235 f
Lyrik 155, 158 ff

Maikugeln 140, 141
Makedonischer Kampf 196, 264
Makedonische Kunstwerke 189
Malewisiótikos (griech. Tanz) 284
Malrasier-Wein 145
Manúsis (griech. Tanz) 284
Marienikone 120-122
Manierismus 167
Matriarchat, matriarchalisch 21, 22, 25, 49,
    61, 63, 66, 98, 104, 138
Medien 246 ff

Meerengenkonvention v. Lausanne 236
Megáli Ewdhomádha (Karwoche) 139
"Megáli Idéa"-Politik 230, 259, 266
Megalónissos (Großinsel) = Kreta 194
Mehrfachauslastung für Taxen 10, 203
Melissai 49
Menschenopfer 21, 57, 58
Metamórphosis-Fest 53, 141
Metaxás s. Exilregierung
Metaxás-Diktatur 248, 251, 267, 268, 270
Metropoliten/-palast 110, 112
Migration/Migranten 4, 213, 215, 217, 218
Mikró-Konstantínos-Lied 132
Milchsteine 77
Militärdiktatur (1935) 267
- Junta 277
Militärputsch 243
Minderheiten 195 ff
Miniatur-Fresko/Santorin 63
minoisch /e/er/es
- Kultur/Zeit/Welt/Epoche 19, 20, 22,
    24-26, 49, 50, 53, 55, 59-61, 63, 285, 287,
    306
- Religion/Opferhandlungen 25, 56, 57, 141
- Dame, Frauen, Mütter/ Fresko 60, 61, 66
- Tradition 66
- Kult/Mutterkult/Matriarchat 21, 53, 60,
    61, 209
- Vegetationsgöttin (Ariadne) /-Kult 24, 98
- Herrschaft/Joch 23, 59, 286
- Schiffe 64
- kykladische Stadt 65
- Palast/Architektur/Architekten/Darstel-
    lung/Tempel/Straße/Exponate 56, 57,
    61, 63, 66
- Zeus-Mythos 54
- Siedlung 143
- Abb.:38 o., 83
Mitáta-Hirtenhütten 50, 54, 209. Abb.: 22,
    48
Mizíthra 209, 298
Münchener Kunsthochschule/Münchner
    Schule 162, 163
Musik 151, 171 ff
mykenisch /e/er/es 81
- Kultur/Zeit/Epoche/Welt 19, 64, 66, 287
- Eroberungen 24
- Griechen/Griechenland 26, 60
- Festland 55
- Helden 66
- patriarchalische Ordnung 66
- Zentren 66
Mythen, Mythos 19-28
- Athena und Poseidon 20, 21
- Theseus und Ariadne 22-26
- Theseus-Mythos 25-26
- Artemis 26
- Zeus-Mythos 49 ff
- griechischer Mythos 57
- griechische Namen 193 ff

NATO 230, 232, 236, 237, 244, 275, 280
Naturlandschaft 303 ff
Néa Dimokratía - ND (Christdemokraten) 221, 243-245, 249, 252, 279, 280
Néa Skiní 178
Nebenhauptstadt = Thessa loníki 192
Nemeische Spiele 100
Neolithikum, neolithische Revolution 22, 49, 50, 291

OAE 204
Odyssee 4, 7, 16, 19, 74, 81, 157, 215, 285, 296
Olympiade/Festspiele 99, 100, 102, 104
Olympischer Friede 102
Olympische Spiele, Olympiade 5, 95 ff, 188
Omál (griech. Tanz) 284
Orthodox, Orthodoxie, orthodoxe Kirche/ Religion/Gläubige/Christ/Osterfest 107 ff, 119 ff, 129, 130, 132, 133, 139, 140, 144, 152, 194, 195, 214, 224, 243, 249, 256, 260
Osmanenherrschaft s. Türkenherrschaft
Osmanisches Feudalsystem 200
Osmanisches Reich/-Staat 8, 111, 112, 129, 152, 179, 200, 230, 231, 255-258, 265, 294
Oströmisches Reich 7, 110, 120, 255
Ost-/Westkirche 108, 109, 110, 119, 122, 123

PAKOE 13, 313
Palaeoelladhítes 188
PAK = PASOK 279
Panathenaien 22, 100
Panhellenische Ausstellung 168
Pankration 101
páppas/Papas 109, 144
Papyros-Blüten Abb.: 83
Parakrátos (inoffizieller Nebenstaat) 272, 275
Parakrátos 272, 275
Parteien/Parteienlandschaft 242 ff, 262. Abb.: 238
Partisanen s. Widerstand
Paschalinós (griech. Tanz) 284
PASOK (-Regierung) 11, 12, 14, 117, 191, 202, 203, 204, 233, 237, 240-245, 248-253, 279-281
PASOLK 245, 313
Patriarch/Patriarchat 108- 117, 152, 231, 261
- Patriarch des Abendlandes 109
- Ökumenischer Patriarch 117, 120
- Ökumenisches Patriarchat in Konstantinopel 107
- Ökumenisches Patriarchat in Rom 109
Patriarchat, patriarchalisch 22, 49, 51, 52, 98, 104, 121, 210, 215, 224, 243
Patroziniums-Tag des Ájios Jeórjios 95
Pax Alexii Calergii 112

Paximádhia 209
Peloponnesischer Krieg 102
Perestroika-Politik 190
Perikleisches Zeitalter 8
Períptera 203
Perserschutt 72
Pferdeopfer 55
Pflanzen und Tiere 301 ff
Phalluskult/-Symbol 129, 138, 141
Philhellenismus/Philhellenen 96, 196, 257, 259
Philoxenía (Gastfreundschaft) 130, 214, 219, 292
Phythische Spiele 100
Pidhichtós (griech. Tanz) 284
Pípisa-Klarinette 288, 289
Politisches System 239 ff
Politischer und literarischer Verlag (Politikés kai logo technikés Ekdhóssis) Prag 192
Prähistorisches Bilder- Schriftsystem 78, 80
Palast des Priamos 73
- Schatz des Priamos 76
Presse s. Zeitungen
Prika 221 ff
Prokurer 115
Prosa 155 ff

griechische Reeder 199, 200
Regentag (Fest im Sommer bei Dürre) 141
Regierungsblatt, zweispra chig Abb.:260
Reintegration/Integration 210, 212-214
Rembettika/Rembettiko 174, 175
- Rembettiki-Musik 5, 173, 175, 190, 288, 289
- Rembettis 175
- Abb.: 175
Remigranten/Remigration 147, 206, 210, 212-216, 219, 248
Retsína 5, 291, 295
Römisches Reich 152, 154, 255
Romios/Romi 7, 152, 187
Romiosini (= Griechentum; Gedichte v. J. Rít sos) 152, 187 ff
Romiosini Verlag 162
Rundfunk/Fernsehen 248 ff
Rusfetísystem s. Klientelsystem
Russisch-orthodoxe Kirche 110

Santúri 289
Salate 297 f
Sata 11
Satelliten-Fernsehsender 250
britische-französische Seeblokade 261, 263
Seeschlacht von Salamis 20, 85, 102, 255
Selbständige (Erwerbstätige) 202, 203, 215
Sirtáki (griech. Tanz) 5, 283 ff
Sirtós (griech. Tanz) 283, 285, 287, 288
Smog ('tó néfos) 12-15
Solonsche Verfassung 105, 226

Aléxis Sorbás 5, 157, 283, 287-289
Souveränität s. Unabhängigkeit
Sowjetunion/Rußland 110, 190, 191, 256, 257, 258, 264
Sozialisierungspolitik 203
Sozialversicherungssystem 216, 251, 252 f
griechische Sprache/Sprachen 154, 155, 195 ff
Staatsgründung 259
Süßspeisen 298 f
Surrealismus/Neo-Surrealismus 166
Sydhavlitís 136
Syntechnies 204
Schattentheater s. Karagiosis
Schattenwirtschaft/Parallelwirtschaft 205
Scheidungsrecht/Scheidungen 117, 214, 215, 224 ff
Schisma 109
Schlußakte von Helsinki 196
Schulsysteme 211, 212
Schutzmächte 258, 261
Schwalbenumzug 138, 139
Staatssektor 203, 204
Stadionlauf 100
Stieropfer 55. Abb.: 54

Tavli 181
Taxímata 127
Taxis 10-12, 203
Theater 151, 176 ff
Tiere 301 ff
Titusbrief 51, 52
Tomos 115, 116
'tó néfos 11, 13, 14, 17, 311
Totenopfer des Pelops 101
Tourismus/Touristen 199, 206, 215, 217, 226, 237, 275, 291, 302, 303, 304, 306, 307, 309, 311, 312. Abb.: 201
Tráta (griech. Tanz) 285
Trojanischer Krieg 27, 74
Tsakónikos (griech. Tanz) 284, 286
Tsámikos (oder Kléftikos, griech. Tanz) 285, 288
Türkenherrschaft/Osmanenherrschaft 8, 96, 112- 116, 146, 151, 152, 159,162, 188, 230, 266

türkisch-griechische Beziehungen 229 ff
türkisch-griechischer Krieg 264
türkische Küche 291-293, 298
Turkomerítes 190
Turmhäuser 148. Abb.: 33

Umweltprobleme 301 ff
Umweltschutzorganisationen s. PASOLK
Unabhängigkeitskampf s. Freiheitskampf
griechische Unabhängigkeit 9, 114, 196, 258, 264, 269
USA 190, 191, 217, 218, 242, 243, 248, 264, 275, 280
Vegetationsreligion/-Kult 58, 98
Venezianische /-Herrschaft/- Präsenz/ -Handelsinteressen 108, 111, 112, 123, 144-146, 152, 188, 194, 264, 312
Via Egnatia 192
Viergespann Abb.:103
Volkslieder 159
Volksmusik s. Dhimotikí Musikí -Gruppe 173, 184 ff,. Abb.: 282
Volkssprache s. Dhimotikí
Volkstanz 283 ff

Wälder 303 ff
Wahlgeschenk v. Papandreu Abb. 197
Wahlrecht 245
Waldbrände 304 f
Wasser und Gewässer 306 ff
griechischer Wein 294 f
1. Weltkrieg 265 f
Widerstand (2. Weltkrieg) 269, 272, 274. Abb.: 271
Wiener Kongreß 188
griechische Wirtschaft 199 ff

Xéni/Xénos 143, 145, 147, 292

Zeitungen (Presse) 246-248
Zentrumsunion 242, 243, 276, 278, 279
Zypernkonflikt 231, 237, 278, 280

Personen- und Namensregister

Achäer 53
Achilleus (Achill) 28
Adrianú, Kyvéli 178
Agamemmnon 25, 50, 57, 72, 209
Agnew, Spiro 190
Aiakos von Aigina 27, 28
Aias 28
Aigeus, König von Athen 17, 23, 25

Ägineteu 27, 28
Aigyptos 20
Aischylos 176, 178
Aithra 23
Albaner 194, 197
Alexander I., König von Makedonien 102
Alexander III. (der Große) 189, 196, 255, 289

Anagnostáki, Lúla 181
Andrógeos 22
Andrónikos, Manólis 82, 189
Andronikos I. Kommenos, 132
Andronikos II. 144
Andrutsópulos 278
Angelópulos, Theódoros 151, 176, 184, 185, 274
Aphaia (von Aigina) 26
Aphrodite 286
Apollon 27, 100, 286, 287. Abb.: 99
Aragon, Louis 158
Aravantinós, Pános 179
Archimedes 69
Ares 119
Argonauten 17, 190
Argyrópulos, Dimis Abb.: 201, 207
Ariadne 22, 24, 59, 285, 286. Abb.: 18
Aristophanes 151, 176, 180
Arkader 104
Artemis 24, 26, 57
Athena 8, 20, 21, 100
Athenágoras I. 107
Athenaios von Naukratis 138, 295
Avéroff 96, 262
Avramídis, Yánnis 170

Bachatóris, Kóstas 182
Bíris, Mános 16
Blauth, Franz Hermann 171. Abb.: 150
Boetticher, Adolf 70
Bótassis 195
Boundelmonti 288
Britomartis s. Artemis
Busiánis, Jórgos 165
Bubach, Erich 182
Byzantiner 110, 143, 144, 152, 293, 294, 296, 298, 299, 304

Caglayangil 234
Calvert, Frank 75
Cassavetes, John 185
Chandler, Richard 96
Chatsikyriákos-Ghíkas 165
Chatsópulos, K. 156
Chatzidákis, Mános 173, 174, 176, 179, 183, 184, 289
Chatzís, Dimítrios 191
Chortátsis, Geórgios 176
Christomános, Konstantínos 178, 179
Chrysóthemis 287
Chrysóstomos 113
Chuliarás, Níkos 166
Churchill, Winston 270, 272, 273
Churmuziádhis, A. 132
Cicero 69
Coubertin, Baron Pierre de 95-97
Coulomb, J. 61
Curtius, Ernst 75, 81, 82

Dädalos 7, 24, 285
Dadíras, Takis 183
Daifás, Ion 184
Damaskinós 272
Damianós, Aléxis 184
Dánaos von Argos 20
Dassin, Jules 185
Daume, Willi 97
Delijánnis, J. 82
Demeter 25, 98
Demosthenes 4
Dhísi, Marína 301, 313
Diem, Carl 96
Diestel, Johanna 76
Diktynna 26
Dioskurídes, Pedanius 296
Dimitrakópulos, Spýros 182
Dimítrios, 110, 120
Dímu, Níkos 175
Diodor 98
Dionysos 24
-Kult 131, 132
-Statue 132
Dörpfeld, Wilhelm 72, 73, 77, 80, 81
Dorer 19, 197
Drees, Ludwig 98, 101
Dúka, Máro 158
Dukakis, Michael 190, 191, 218
Dukas, Andronikos 132
Dukas, Konstantin 132
Duncan 79

Eftaníssii/Eftaníssios 188, 194
Elier 98
heilige Eléni (Helena) 129- 135
- Ikone 131-136
El Greco (Theotokópulos, Doménikos) 151, 152, 165
Elýtis, Odysséas 158, 160, 165, 173
Endeis 28
Endymion 97
Engel, Eduard 4
Engonópulos 166
Epiktetos 104
Epimenides 50, 52
Epiroten 187, 188, 288
Euripides 176
Eustratiádes, P. 82
Evangelátos, Spýros 180
Evans, Arthur 59, 60, 61, 77- 80
Evert, Miltiádis 197, 249
Eynard 201

Fabricius, Ernst 50
Fallmerayer, Jakob Philipp 196, 197, 239
Farandúri, María 237
Farmakídhes, Theófilos 115
Fassianós 166
Faure, Paul 50
Fauriel, Ch. 139

Fauvel 96
Feräos, Rígas 256
Férris, Kóstas 174
Fielder 91
Fínos, Filopímin 183
Florákis 313
Friedrich Wilhelm IV. 82
Fúntas, Jórgos 183
Fyfe, Theodore 79

Gage, Nicholas 161, 274
Gaia 99
Gallenos von Pergamon 298
Garufalís, Aris 172
Gasiádis, Kóstas und Dimítris 182
Gátsos, Níkos 180
Gavrás, Kóstas 158, 185. Abb.: 184
Georg I. (= Prinz Wilhelm) 82, 263
Georg II. 270, 272
Georgiádis, Vassílis 184
Germanós, Bischof von Patras 114
Gisíkis 278, 279
Goethe, Johann Wolfgang von 8
Gregor V. 114
Gregor VII. 109
Gropius, Georg 72
Güldenpfennig, S. 97
Gunarópulos, Jórgos 165
Gyömörey, Lorenz 239
Gýsis, Nikólaos 163

Hadrian 26
Hahn, J.G. von 75
Halbherr, Frederico 78
Hampe, Roland 76, 285, 286
Hansen, Christian 9
Hederer, Oswald 16
Hektor 28
Helena 4, 25
Hellene (=Ellinas) 152
Hellenen/Hellenismus 7, 104, 108, 196
Hepp, Joseph 182
Hera 104, 119
Herakles 17, 22, 27, 28, 97, 98
-, thebanischer 98
-, kretischer 98
Herodot 102, 104
Hesiod 19
Hess, Peter von Abb.: 254
Hipparchos 100
Hippodameia 98
Homer 7, 19, 24, 52, 69, 73- 75, 77, 80, 81, 151, 285. Abb.: 168
Horn, Pantelís 178, 197
Humbert 110

Iason 20, 98
Ikaros 7
Ikonómu, Thomás 178, 179
Ionü, Ismet 230

Ioannídis 277, 278
Ionier 21, 197
Iphigenie 25, 57
Iphitos, König von Elis 98
Ierónymos 116
Isaak II. Angelos 132
Johannes VIII 110
Johannes von Damaskos 122
Joseph III. 110
Juden 192, 197
Jung, C.G. 19

Kabasílas, Symeon 8
Kakojánnis, Michális 157, 183
Kakuri, K. 138
Kalligás 155
Kallimachos 286
Kalokairinós, Minos 78
Kalomíris, Manólis 172
Kálvos, Andréas 159, 264
Kambanéllis, Jákovos 181, 183
Kaniáris, Wlássis 166
Kapodístrias, Ioánnis 114, 115, 259.
    Abb.: 258
Karaíndru, Eléni 176
Karajátsis, N. 157
Karamanlís, Konstantínos 221, 233, 244, 275, 278- 280
Karapánu, Margarita 158
Karer 69
Karkavítsas, Andréas 156
Karyotákis, Kóstas 160, 174
Kasan(tsoglu), Elias 185
Kastriotis, Sophia 73
Katráki, Vásso 167. Abb.: 167
Katsáris, Cyprien 172
Kaváfis, Konstantínos 160, 190
Kavákos, G. 172
Kazantzákis, Níkos 157, 161, 184, 283, 284
Kekrops 20, 21
Kemal, Mustafa (Atatürk) 266
Kerényi, Karl 19
Kerullarios, Michael 109, 110
Kiepert, H. 75
Kleanthes, Stamatios 9
Kleften 257
Klenze, Leo von 9
Klytaimnestra 25
Koder, J. 293, 297
König, Renee 14
Koktopúlu, Maríka 181
Komnenos, Konstantin 132
Kóndoglu, Fótis 126, 163, 165. Abb.: 421.o.
Kondýlis 267
Konofágos, Konstantínos 93
Konstantin 267, 276
Konstantin der Große 109, 131
Konstantin IX. Monoma chos 109, 110
Konstantinídis, Jánnis 172
Konstantínos 129, 130, 133- 135

- Ikone 131-134, 136
Kordéllas, Andréas 91, 92
Koromilás, Dimítrios 178
Kornáros, V. 176
Koskotás 248
Kotopúli, Maríka 178
Kraus, Martin 8
Kreter 49 ff, 78, 97, 188, 192
Kukules, F. 293
Kun, Karolos 179, 180
Kúnduros, Níkos 157, 184
Kunéllis, Jánnis 170
Kurís 248
Kurtovik, Dimosténis 158
Kúvelas, Sotíris 250
Kyrieleis, Helmut 82
Kyrkós, Leónidas 244

Lambákis, Geórgios 126
Lambrákis 272, 275
Lambrinós 184
Láskos, Oréstis 183
Lechevalier 75
Leo I. 109
Leo IX. 109
Leon III. 120
Leontini, Georgios von 102
Leotsákos, Georg S. 171
Liberalis, Antonius 53
Liutprand, Bischof von Cremona 293, 297, 298
Livaneli 237
Lóngos, Gabrílis 182
Lorca, F.G. 179
Ludwig I. 72, 259
Lukanios 95
Lukas 121
Lykurgos 50
Lýtras, Nikifóros 163

Mackenzie 79
Mádras, Achilles 183
Makarésos 277
Makários 278. Abb.: 278
Makedonier 187-189
Makryjánnis 155
Manákis, Jannákis und Miltiádes 182
Maniótis, Jórgos 181
Mántzaros, Nikólaos 159, 171
Marinátos, Spyridon 65, 82
Markópulos, Jánnis 173, 174
Mávros, Geórgios 242
Mehmed II. Fati 110
Meincke, Minna 73
Menelaos 25
Merkúri, Melína 180, 181, 183, 185
Metaxás-Diktatur 116, 179, 183, 248, 251, 267-269
Meyer, H. 97
Miaúlis 195

Millisseus 49
Minoa 52, 143
Minoer 24, 49, 52, 55, 58-61, 64, 78, 82, 127, 143, 209, 285, 287, 294
Minos 7, 22-26, 50, 52, 64, 78, 79
Minotauros 23-25, 59, 60, 286
Minotís, Aléxis 181
Míssios, Chrónis 161
Mitrópulos, Dimítris 172
Mitsákis 175
Mitsotákis, Konstantinós 245, 280
Mohammed Ali 257
Montfaucon, Bernard de 72
Móralis, Jánnis 166
Müller, H. 50
Murat I. 112
Mykener 24, 25, 66, 77, 79, 209, 294
Myrivíllis, Strátis 156, 162
Mytarás, Dimítris 166

Nalpas, Gebrüder 185
Nausikaa 74
Neezer, Christoph 9, 197
Normannen 109

Odysseus 7, 17, 24, 74, 81
-, Palast des 81
Özal 230
Ohly, Dieter 27
Oinomaos 98
Osmanen s. Türken
Otto I. 9, 82, 115, 163, 197, 240, 259, 261, 263. Abb.: 254

Páchis, Ch. Abb.: 258
Palamás, Kostís 159-161
Pan 289
Papachristós, Andreas Abb.:168
Papadiamántis, Aléxandros 156
Papadópulos, Geórgios 194, 277
Papadopúlu, E. 12
Papágos 275
Papandreu, Andreas 12, 13, 107, 117, 119, 222, 230, 233, 234, 243-245, 248, 279, 280
Papandreu, Geórgios 242, 243, 271, 275, 279
Papaioánnu 175
Papás, Iríni 183
Papastefánu, Alexándra 172
Paris 25
Parthénis, Kóstas 165
Pashley, Robert 78
Pasiphae 22
Patroklos 28
Pattakós 277
Paul VI. 108
Paulus 51, 52
Pausanias 95, 97-99, 101, 105, 287
Paxinú, Katína 181
Peirithoos 25. Abb.: 99

Pelops 98, 101
Pendlebury, John D.S. 79
Penelope 81
Pentsíkis, Nikos Gabriel 166
Perikles 21, 197, 255
Persphone 25
Perser 20, 72, 102, 104, 132
Petrópulos, Ilias 175
Petrowna, Lyschina, Katha rina 73
Phäaken 24, 74
Phaiax 24
Phidias 21
Philipp II. 82, 189, 196
Phönizier 69
Phytagoras 50, 53
Pierrídis, Dimítris 167
Pindar 98, 104, 296
Platon 50, 65, 291, 301, 303, 304
Pláton, Nikólaos 82
Plinius 295
Plutarch 286, 291
Polítis, Fótos 179
Polítis, Kosmás 157
Polítis, Línos 154
Pontos-Griechen 190, 194, 206, 289
Porphyrios 53
Poseidon 8, 20, 21, 23, 27, 100
Prevelákis, Pantelis 157
Prokopíu, Jórgos 182
Prokopios von Kaisareia 298
Psycháris, J. 156
Psychopáïdis, Jánnis 166. Abb.:170
Puchner, Walter 138, 139, 141
Pythia 98

Rangavís 155
Rhadamanthys 50
Rítsos, Jánnis 145, 152, 158, 161
Roídis, Emmanuel 155
Rondíris, Dimítris 179
Rosenthal-Kamarinéa, Isi dora 162
Roß, Ludwig 72, 82
Rótas, Vassílis 179
Rothschild 201

Sachariádis 268, 272
Sakellarákis, Evi und
Ioánnis 50, 55, 56, 82, 285
Sakellaríu, Jannis 218, 219
Samarákis, Antónis 158
Sampsón, Níkos 278
Sartzetákis, Chrístos 119, 196
Satélli, Tiránna 158
Sarrópulos, Dionýssios 174
Seféris, Jórgos 154, 158, 161, 165, 173
Seraphim, Erzbischof von Athen und
Griechenland 107, 115, 116, 119
Serpieri, Enrico 91-93
Sgúros, Dimítris 172
Sikilianós, Ángelos 179

Simítis, Kóstas 204
Simítis, Spiros 219
Skalkóttas, Níkos 172
Slowejkoff, Petros 132
Sográfos, D. 163, 165
Solomós, Dionýssios 158, 159, 264
Solon 50
Sophokles 151, 176
Sotiríu, Didó 157, 192
Spanudákis, Stamátis 289. Abb.: 177
Spyridon Abb.: 106, 126
Spyropúlu, E. 12
Sútsas, Pantelís 177
Syngrós 92, 262
Schaubert, Eduard 9
Schiering, Wolfgang 80
Schinkel 80
Schliemann, Heinrich 69, 70, 72, 74-78, 80, 81. Abb.: 73
Stackelberg, Otto Magnus von 72
Stillmann, W.J. 78
Strabon 74

Tachtsís, K. 158
Tássos (Alévisos) Abb.: 166
Telamon 27, 28
Térpandros 287
Tersópulos, Theódoros 180
Thalétas 287
Themistokles 20, 85, 102
Theodora 131
Theodorákis, Míkis 151, 152, 159-161, 173, 174, 176, 180, 183, 184, 237, 279, 283, 289
Theodosius I. 95
Theodosius II. 95
Theófilos (Hatzimichail) 163, 165
Theotókis, K. 156
Theotokópulos, Doménikos s.El Greco
Theseus 8, 17, 22-26, 59, 286. Abb.: 18, 99
Thraker 187
Titus 52
Tómbros, Michael 168
Trikúpis, Ch. 156, 201, 262
Trítsis 107
Trivisás, Leon 180
Trojaner 28
Tsamadós 195
Tsarúchis, Ioánnis 163, 179, 180, 183. Abb.: 42, l.u.
Tsavéllas 184
Tsírkas, Strátis 157, 190
Tsitsánis, Vassílis 175
Tsóklis, Kóstas 166
Tsuderú, Virginía 221, 222
Türken/Osmanen 110, 112, 114, 143-146, 152, 178, 188, 192, 195, 197, 230, 255, 288, 293, 294, 301
Tzermiás, Pavlos 154, 157

Unger, L. 212

Valachen s. Vlachen
Vakaréllis, J. 172
Valtinós, Th. 158
Vamvakáris, Márkos 175
Várnalis, Kóstas 160
Vassilikós, Vassílis 158
Vassilíu, Spýros 165, 180, 183
Veakis, Emílios 179
Velestinlis, Rigas (Feräos) 114
Veluchiótis, Aris 270
Venésis, Ilias 156, 162
Venizélos, Elefthérios 200, 230, 265-267
Venezianer 8, 112, 114, 143, 144, 197, 298, 304
Vernardhákis, Dimítrios 177
Vilarás, Ioánnis 159
Vlachen 195
Vláchu, Eléni 246
Vratsános, Dímos 182
Vrysákis, Theódoros 163
Vúlgaris, Pantelís 184

Wagner, E. von 82
Wagner, Martin von 72
Wassilíu, Spiros Abb.: 43

Weber, T. 293, 297
Wilhelm s. Georg I.
Wilhelm II. 80
Winckelmann, Johann, Joachim 8, 71
Wittelsbach 201 259

Xarchákos, Stávros 173, 174
Xenákis, Jánnis 172
Xenophon 291
Xenópulos, Grigóris 178
Xerxes 100, 104
Xylúris, Jánnis 174

Zakýnthinos, Alexis, D. 172
Zérvos 184
Zeus 20, 21, 23, 49, 40, 51, 53, 99, 100, 102, 104, 119, 304
-kult 95
-Tempel in Olympia 96
-Spiele 97, 98
Zeus, Horkios 101
Zeus ,Olympios 101
Zigeuner 197
Zinkeisen, J.W. 294

Abbildungen zu den Kapitelanfängen

Kapitel 1: Athen. Souvenirladen in der Pláka.
Kapitel 2: Theseus und Ariadne auf einer kretischen Kanne aus Arkádhes (725-630 v. Chr.), Archäologisches Museum, Iráklion.
Kapitel 3: Kreta. Mitata-Hütte auf der Nídha-Hochebene.
Kapitel 4: Kreta. Grabung in dem Weindorf Archánes im Bereich von Turkojitoniá.
Kapitel 5: Stillgelegte Schachtanlage von Lavrion.
Kapitel 6: Olympia. Römischer Eingang zum antiken Stadion von 776 v. Chr.
Kapitel 7: Korfú. Kirchenfest des Insel-Heiligen Spyridon.
Kapitel 8: Kreta. Lithénes: Panajía Glykophilusa (16. Jh.)
Kapitel 9: Frühlingsfest 1. Mai, an dem man sich Blumen schenkt und selbst Autos damit schmückt.
Kapitel 10: Monemwassía.
Kapitel 11: Franz Hermann Blauth, »Kritische Annäherung an eine verschwindende Welt«, Nr. 5, Gemälde, 1981.
Kapitel 12: Kefallinía, Fiskárdho an der Nordspitze der Halbinsel Érisos.
Kapitel 13: Fischer im Hafen von Iráklion/Kreta.
Kapitel 14: Griechische Taverne in München, Dreimühlenstr. 25.
Kapitel 15: Zwei Frauen bei einem Fest.
Kapitel 16: Hafen von Uranópolis beim Berg Athos.
Kapitel 17: Partei-Embleme.
Kapitel 18: Einzug König Ottos von Griechenland in Nauplia am 6.2.1833 (Ausschnitt). Ölbild von Peter von Hess (Bayer. Staatsgemäldesammlungen, München).
Kapitel 19: Traditionelle Volksmusiker-Gruppe aus Axós/Kreta.
Kapitel 20: Taverne auf Páxos.
Kapitel 21: Neuer Trieb an einem alten Olivenbaum nach einem Waldbrand.

1. Umschlagseite: Lésbos, Plomári-Kafeneíon in einer ehemaligen Schule. Inschrift: »Athanasiádhu – Stiftung der Schulen von Plomári.«
4. Umschlagseite: Thessaloníki, Galeriusbogen (Anfang 4. Jh. n. Chr.)

Alle Fotos dieses Bandes, die keinen besonderen Autorenvermerk tragen, stammen von Klaus Gallas.

CIP-Kurztitelaufnahme der Deutschen Bibliothek:

Gallas, Klaus:
Griechenland : 21 Annäherungen an ein dreitausendjähriges Reiseziel ; Mythologie, Geschichte, Archäologie, Volkskultur, Politik, Wirtschaft, Gesellschaft, Kunst, Umwelt / Klaus Gallas u. Ulf-Dieter Klemm. – 1. Aufl. – Giessen : Anabas, 1990
   ISBN 3-87038-153-1
NE: Klemm, Ulf-Dieter:

1. Auflage April 1990
©Anabas-Verlag Günter Kämpf KG, Unterer Hardthof 25, D-6300 Gießen. Alle Rechte vorbehalten. Satz: Focus, Gießen. Lithos: Axel Eiling, Kaufungen und Fuldaer Verlagsanstalt. Druck und Bindung: Fuldaer Verlagsanstalt GmbH, Fulda. Printed in W.-Germany.
ISBN 3-87038-153-1

Reisen

Foto: Jürgen Heinemann

Roland, Janne und Gitta Günter

Von Rimini nach Ravenna

Die Adria-Küste und ihr
kulturelles Hinterland
mit Fotos von Jürgen Heinemann

Pbck., 408 S., 300 Abb., Karten und Pläne,
DM 29,80

*»Es ist ein ungewöhnlicher – und guter –
Reiseführer in eine Gegend Italiens, die man
fälschlicherweise für gewöhnlich hält.«*
(BuchJournal)

Roland und Gitta Günter

Urbino

Mittelalter, Renaissance und
Gegenwart einer berühmten
italienischen Stadt
mit Fotos von Jürgen Heinemann

Pbck., 156 S., 110 Abb., Stadtplan
DM 24,80

Roland Günter

Toskana

Alltag und Geschichte – Kunst und Kultur
Politik und Wirtschaft – Stadt und Land

Pbck., 335 S., über 400 Abb.,
Stadtpläne, Gesamtkarte der Region.
DM 29,80

*».. . ein Juwel in der Kette moderner
Reisebücher . . .« (DIE ZEIT)*

Hans Roth

Okzitanische Kirschen

Auf Nebenwegen
durch Frankreichs Süden

Pbck., 344 S., 260 Abb., Karten und Pläne,
DM 29,80

*». . . Geschichte von unten, engagiert,
subjektiv, anregend, ja aufregend . . .«
(Nürnberger Zeitung)*

anabas

Unterer Hardthof 25 · D–6300 Gießen

Gesamtverzeichnis anfordern!